SQL Para Leigos

Folha de Cola

Este lembrete consiste em diversas tabelas e listas úteis, contendo informações que surgem repetidamente ao trabalhar com o SQL. Em um único lugar, você pode obter uma resposta rápida a um número de diferentes questões que frequentemente surgem durante um esforço de desenvolvimento SQL.

Critérios SQL para Formulários

Para garantir que as tabelas de banco de dados sejam elaboradas de uma maneira que eles manterão seus dados de forma confiável, você precisa ter a certeza de que eles não estão sujeitos a anomalias de modificação. Ao normalizarmos seus bancos de dados, daremos a você esta garantia. Compare os critérios SQL na seguinte relação com as tabelas em seu banco de dados. Ao fazermos isso, alertaremos você sobre a possibilidade de anomalias, quando descobrir que seu banco de dados não está suficientemente normalizado.

- Formulário Normal Primário (1NF):

    A tabela deve ser bidimensional, com linhas e colunas.

    Cada linha deve conter dados que pertençam a um elemento ou uma parte de um elemento.

    Cada coluna deve conter dados de um único atributo de um elemento que vem sendo descrito.

    Cada célula (a intersecção de uma linha e uma coluna) da tabela deve possuir um único valor.

    Todos os registros em uma coluna devem ser do mesmo tipo.

    Cada coluna deve possuir um único nome.

    Duas linhas não podem ser idênticas.

    A ordem das colunas e das linhas não importa.

- Formulário Normal Secundário (2NF):

    A tabela deve estar no formulário normal primário (1NF).

    Todos os atributos não importantes (colunas) devem ser dependentes da tecla integral.

- Formulário Normal Terciário (3NF):

    A tabela deve estar no formulário normal secundário (2NF).

    A tabela não possui dependências transitivas.

- Formulário Normal de Domínio Principal (DK/NF):

    Toda restrição na tabela, trata-se de uma consequência lógica da definição de teclas e domínios.

Para Leigos®: A série de livros para iniciantes que mais vende no mundo.

SQL Para Leigos

Folha de Cola

Funções de Valor SQL

Estas funções de valor SQL realizam as operações sobre os dados. Tratam-se de todos os tipos de operações que poderiam concebivelmente ser realizadas nos itens de dados, mas são algumas das necessárias com mais frequência.

- Funções de Valor da String

Função	Efeito
SUBSTRING	Extrai uma sublinha de um recurso de linha
SUBSTRING SIMILAR	Extrai uma sublinha de um recurso de linha, utilizando POSIX-com base em expressões regulares
SUBSTRING_REGEX	Extrai de uma linha a primeira ocorrência de uma expressão padrão regular XQuery e devolve uma ocorrência de uma combinação substring.
TRANSLATE_REGEX	Extrai de uma linha a primeira ou qualquer ocorrência de uma expressão padrão regular XQuery e a substitui ou as substituem por uma linha de reposição XQuery.
UPPER	Converte um caractere de um conjunto em todas as letras maiúsculas
LOWER	Converte um caractere de um conjunto em todas as letras minúsculas
TRIM	Exclui espaços em branco à direita ou a esquerda
TRANSLATE	Transforma um recurso de um conjunto de um caractere definindo-o em outro
CONVERT	Transforma um recurso de um conjunto de um caractere, definindo-o em outro

- Funções de Valor Numérico

Função	Efeito
POSITION	Retorna a posição inicial de um conjunto de metas dentro de um conjunto de recursos
CHARACTER_LENGTH	Retorna o número de caracteres em um conjunto
OCTET_LENGTH	Retorna o número de octetos (bytes) em um conjunto de caracteres
EXTRACT	Extrai um único domínio de um datetime ou intervalo

- Funções de Valor de Datetime

Função	Efeito
CURRENT_DATE	Retorna a data atual
CURRENT_TIME(p)	Retorna a hora atual; (p) é a precisão de segundos
CURRENT_TIMESTAMP(p)	Retorna a data atual e a hora atual; (p) é a precisão de segundos

Funções de Configuração SQL

As funções de configuração SQL dão a você uma resposta rápida as questões que você possa ter sobre as características de seus dados como um todo. Quantas linhas uma tabela possui? Qual é o maior valor na tabela? Qual é o menor valor? Estes são os tipos de questões que as funções de configuração SQL podem responder a você.

COUNT	Retorna o número de linhas na tabela específica
MAX	Retorna o valor máximo que ocorre na tabela específica
MIN	Retorna o valor mínimo que ocorre na tabela específica
SUM	Adiciona valores em uma coluna específica
AVG	Retorna a média de todos os valores na coluna específica

Para Leigos®: A série de livros para iniciantes que mais vende no mundo.

Allen G. Taylor

Rio de Janeiro, 2016

SQL Para Leigos
Copyright © 2016 da Starlin Alta Editora e Consultoria Eireli. ISBN: 978-85-7608-967-4

Translated from original SQL For Dummies®, 8th Edition. Copyright © 2013 by John Wiley & Sons, Inc. ISBN 978-1-118-60796-1. This translation is published and sold by permission of John Wiley & Sons, Inc, the owner of all rights to publish and sell the same. PORTUGUESE language edition published by Starlin Alta Editora e Consultoria Eireli, Copyright © 2016 by Starlin Alta Editora e Consultoria Eireli.

Todos os direitos estão reservados e protegidos por Lei. Nenhuma parte deste livro, sem autorização prévia por escrito da editora, poderá ser reproduzida ou transmitida. A violação dos Direitos Autorais é crime estabelecido na Lei nº 9.610/98 e com punição de acordo com o artigo 184 do Código Penal.

A editora não se responsabiliza pelo conteúdo da obra, formulada exclusivamente pelo(s) autor(es).

Marcas Registradas: Todos os termos mencionados e reconhecidos como Marca Registrada e/ou Comercial são de responsabilidade de seus proprietários. A editora informa não estar associada a nenhum produto e/ou fornecedor apresentado no livro.

Impresso no Brasil — Edição, 2016.

Edição revisada conforme o Acordo Ortográfico da Língua Portuguesa de 2009.

Produção Editorial Editora Alta Books **Gerência Editorial** Anderson Vieira **Assistente Editorial** Carolina Giannini	**Supervisão Editorial (Controle de Qualidade)** Sergio de Souza **Produtor Editorial** Claudia Braga Thiê Alves	**Design Editorial** Aurélio Corrêa **Marketing Editorial** marketing@altabooks.com.br	**Gerência de Captação e Contratação de Obras** J. A. Rugeri Marco Pace autoria@altabooks.com.br	**Vendas Atacado e Varejo** Daniele Fonseca Viviane Paiva comercial@altabooks.com.br **Ouvidoria** ouvidoria@altabooks.com.br
Equipe Editorial	Bianca Teodoro Christian Danniel	Izabelli Carvalho Jessica Carvalho	Juliana de Oliveira Renan Castro	Silas Amaro

Tradução, Copidesque, Revisão Gramatical e Diagramação
Edson Furmankiewicz
Docware Assessoria Editorial

Revisão Técnica
Carmen Lucia Asp de Queiroz

Erratas e arquivos de apoio: No site da editora relatamos, com a devida correção, qualquer erro encontrado em nossos livros, bem como disponibilizamos arquivos de apoio se aplicáveis à obra em questão.

Acesse o site www.altabooks.com.br e procure pelo título do livro desejado para ter acesso às erratas, aos arquivos de apoio e/ou a outros conteúdos aplicáveis à obra.

Suporte Técnico: A obra é comercializada na forma em que está, sem direito a suporte técnico ou orientação pessoal/exclusiva ao leitor.

Dados Internacionais de Catalogação na Publicação (CIP)

T238s	Taylor, Allen G.
	   SQL para leigos / Allen G. Taylor. – Rio de Janeiro, RJ : Alta Books, 2015.
	   480 p. : il. ; 24 cm. – (Para leigos)
	
	   Inclui índice e apêndice.
	   Tradução de: SQL for dummies (8. ed.).
	   ISBN 978-85-7608-967-4
	
	   1. SQL (Linguagem de programação de computador). 2. Banco de dados - Gerência. 3. Banco de dados relacionais. 4. Linguagem de programação (Computadores). I. Título. II. Série.
	$\hspace{5cm}$ CDU 004.655.3SQL
	$\hspace{5cm}$ CDD 005.7565

Índice para catálogo sistemático:
1. SQL (Linguagem de programação de computador)   004.655.3SQL

(Bibliotecária responsável: Sabrina Leal Araujo – CRB 10/1507)

Rua Viúva Cláudio, 291 – Bairro Industrial do Jacaré
CEP: 20970-031 – Rio de Janeiro – Tels.: (21) 3278-8069/8419
www.altabooks.com.br – e-mail: altabooks@altabooks.com.br
www.facebook.com/altabooks – www.twitter.com/alta_books

Sobre o autor

Allen G. Taylor é um veterano de 30 anos da indústria de informática e autor de mais de 30 livros, incluindo *Crystal Reports 2008 For Dummies, Database Development For Dummies, Access Power Programming with VBA* e *SQL All-in-One For Dummies*. Ele dá palestras sobre bancos de dados, redes, inovação, astronomia e empreendedorismo no mundo todo. Ele também ensina o desenvolvimento de banco de dados por meio de um programa de educação on-line líder no setor. Para as últimas notícias sobre as atividades de Allen, visite www.DatabaseCentral.Info. Você pode entrar em contato com Allen em allen.taylor@ieee.org.

Dedicatória

Este livro é dedicado a Walker Taylor, que fará coisas incríveis quando crescer.

Agradecimentos do autor

Primeiro e mais importante, quero agradecer a ajuda de Jim Melton, editor da especificação ISO/ANSI para SQL. Sem seus esforços incansáveis, este livro, e de fato o próprio SQL como um padrão internacional, teriam muito menos valor. Andrew Eisenberg também contribuiu para meu conhecimento do SQL por meio dos seus textos. Quero agradecer a Michael Durthaler pelas sugestões úteis sobre a cobertura dos cursores. Também quero agradecer à minha editora de projetos Pat O'Brien, ao meu editor técnico Mike Chapple e à minha editora de aquisições Kyle Looper pelas contribuições fundamentais para a produção deste livro. Agradeço também à minha agente, Carole McClendon da Waterside Productions, pelo apoio de minha carreira.

Sumário Resumido

Introdução 1

Parte I: Guia Rápido para o SQL   3
Capítulo 1: Fundamentos de Banco de Dados Relacional 5
Capítulo 2: Fundamentos de SQL 21
Capítulo 3: Os Componentes do SQL 51

Parte II: Utilizando SQL para Construir Bancos de Dados 79
Capítulo 4: Construindo e Mantendo uma Estrutura Simples de Banco de Dados 81
Capítulo 5: Construindo um Banco de Dados Relacional Multitabela 105

Parte III: Armazenando e Recuperando Dados 137
Capítulo 6: Manipulando Dados 139
Capítulo 7: Tratando Dados Temporais 157
Capítulo 8: Especificando Valores 171
Capítulo 9: Utilizando Expressões de Valor SQL Avançadas 197
Capítulo 10: Obtendo os Dados Desejados 211
Capítulo 11: Usando Operadores Relacionais 243
Capítulo 12: Consultas Aninhadas 267
Capítulo 13: Consultas Recursivas 285

Parte IV: Controlando Operações 295
Capítulo 14: Segurança de Banco de Dados 297
Capítulo 15: Protegendo os Dados 313
Capítulo 16: Usando SQL dentro de Aplicativos 333

Parte V: Levando o SQL para o Mundo Real 347
Capítulo 17: Acessando Dados com ODBC e JDBC 349
Capítulo 18: Operando em Dados XML com SQL 359

Parte VI: Tópicos Avançados 381
Capítulo 19: Analisando um Conjunto de Dados com Cursores 383
Capítulo 20: Adicionando Capacidades Procedurais com Módulos Armazenamento Persistente 393
Capítulo 21: Tratando Erros 411
Capítulo 22: Gatilhos 423

Parte VII: A Parte dos Dez... 429
Capítulo 23: Dez Erros Comuns 431
Capítulo 24: Dez Dicas de Recuperação 435

Apêndice: Palavras reservadas do SQL:2011 439

Índice 443

Sumário

Introdução 1

Sobre este Livro 1
Quem Deve Ler este Livro? 2
Ícones Usados neste Livro 2
De Lá Pra Cá, Daqui Pra Lá 2

Parte 1: Guia Rápido para o SQL 3

Capítulo 1: Fundamentos de Banco de Dados Relacional 5

Monitorando Coisas 6
O Que É um Banco de Dados? 7
Tamanho e Complexidade do Banco de Dados 7
O Que É um Sistema de Gerenciamento de Banco de Dados? 8
Arquivos Simples 9
Modelo de Banco de Dados 11
    Modelo relacional 11
    Componentes de um banco de dados relacional 12
    Lidando com relações 12
    Aprecie a vista 14
    Esquemas, domínios e restrições 16
    O modelo de objetos desafiou o modelo relacional .. 18
    O modelo objeto-relacional 18
Considerações de Projeto de Banco de Dados 19

Capítulo 2: Fundamentos de SQL 21

O Que o SQL É e o Que Não É 21
Uma História (muito) Pequena 23
Instruções SQL 24
Palavras Reservadas 26
Tipos de Dados 26
    Numéricos exatos 27
    Numéricos aproximados 29
    Strings de caracteres 30
    Strings binárias 32
    Booleanos 33
    Datas e horas 33
    Intervalos 35
    Tipo XML 35
    Tipos ROW 38
    Tipos de coleção 39

SQL Para Leigos

Tipos REF 41
Tipos definidos pelo usuário 41
Resumo dos tipos de dados 44
Valores Nulos 46
Restrições 46
Usando SQL em um Sistema Cliente/Servidor 47
O servidor 47
O cliente 48
Utilizando SQL na Internet ou Intranet 49

Capítulo 3: Os Componentes do SQL 51

Linguagem de Definição de Dados 52
Quando "apenas faça" não é um bom conselho 52
Criando tabelas 53
Um quarto com vista 55
Resumindo tabelas em esquemas 61
Ordenando por catálogo 61
Familiarizando-se com instruções DDL 62
Linguagem de Manipulação de Dados 64
Expressões de valor 64
Predicados 68
Conectivos lógicos 69
Funções de conjunto 69
Subconsultas 71
Linguagem de Controle de Dados 71
Transações 71
Usuários e privilégios 73
Restrições de integridade referenciais podem colocar
   seus dados em risco 75
Delegando a responsabilidade pela segurança 77

Parte II: Utilizando SQL para Construir Bancos de Dados 79

Capítulo 4: Construindo e Mantendo uma Estrutura Simples de Banco de Dados 81

Usando uma Ferramenta RAD para Construir um Banco de Dados Simples 82
Decidindo o que monitorar 82
Criando uma tabela de banco de dados 83
Alterando a estrutura da tabela 90
Criando um índice 92
Excluindo uma tabela 94
Construindo POWER com a DDL do SQL 95
Utilizando o SQL com o Microsoft Access 95
Criando uma tabela 97
Criando um índice 101
Alterando a estrutura da tabela 102

Excluindo uma tabela 102
Excluindo um índice 103
Considerações de Portabilidade 103

Capítulo 5: Construindo um Banco de Dados Relacional Multitabela 105

Projetando um Banco de Dados 105
    Passo 1: Definindo objetos 106
    Passo 2: Identificando tabelas e colunas 106
    Passo 3: Definindo tabelas 107
    Domínios, conjuntos de caracteres, agrupamentos e conversões 111
    Acessando rapidamente seu banco de dados com chaves 112
Trabalhando com Índices 114
    Afinal, o que é um índice? 115
    Por que você deve querer um índice? 116
    Mantendo um índice 117
Mantendo a Integridade dos Dados 118
    Integridade de entidade 118
    Integridade de domínio 119
    Integridade referencial 120
    Logo quando você achava que era seguro… 123
    Potenciais áreas problemáticas 124
    Restrições 126
Normalizando o Banco de Dados 129
    Anomalias de modificação e formas normais 129
    Primeira forma normal 132
    Segunda forma normal 132
    Terceira forma normal 134
    Forma normal chave-domínio (DK/NF) 134
    Forma anormal 135

Parte III: Armazenando e Recuperando Dados 137

Capítulo 6: Manipulando Dados 139

Recuperando Dados 139
Criando Views 141
    A partir de tabelas 142
    Com uma condição de seleção 143
    Com um atributo modificado 144
Atualizando Views 145
Adicionando Novos Dados 146
    Adicionando dados uma linha de cada vez 146
    Adicionando dados a colunas selecionadas 148
    Adicionando um bloco de linhas a uma tabela 148
Atualizando os Dados Existentes 151
Transferindo Dados 154
Excluindo Dados Obsoletos 156

Capítulo 7: Tratando Dados Temporais ... 157

Entendendo Tempos e Períodos no SQL:2011 ... 158
Trabalhando com Tabelas de Período de Tempo de Aplicativo ... 159
    Designando chaves primárias em tabelas de período de tempo de aplicativo ... 162
    Aplicando restrições referenciais a tabelas de período de tempo de aplicativo ... 163
    Consultando tabelas de período de tempo de aplicativo ... 164
Trabalhando com Tabelas de Sistema Versionadas ... 165
    Designando chaves primárias em tabelas de sistema versionadas ... 167
    Aplicando restrições referenciais a tabelas de sistema versionadas ... 168
    Consultando tabelas de sistema versionadas ... 168
Monitorando Ainda Mais Dados Temporais com Tabelas Bitemporais ... 169

Capítulo 8: Especificando Valores ... 171

Valores ... 171
    Valores de linha ... 172
    Valores literais ... 172
    Variáveis ... 174
    Variáveis especiais ... 176
    Referências de coluna ... 176
Expressões de Valor ... 177
    Expressões de valor de string ... 178
    Expressões de valor numérico ... 179
    Expressões de valor de data e hora ... 179
    Expressões de valor de intervalo ... 180
    Expressões de valor condicionais ... 180
Funções ... 181
    Resumindo: usando funções de agregação ... 181
    Funções de valor ... 184

Capítulo 9: Utilizando Expressões de Valor SQL Avançadas ... 197

Expressões CASE Condicionais ... 197
    Usando CASE com condições de pesquisa ... 198
    Usando CASE com valores ... 200
    Um CASE especial — NULLIF ... 202
    Outro CASE especial — COALESCE ... 204
Conversões de Tipo de Dados CAST ... 205
    Usando CAST dentro do SQL ... 206
    Usando CAST entre o SQL e a linguagem host ... 206
Expressões de Valor de Linha ... 207

Capítulo 10: Obtendo os Dados Desejados ... 211

Cláusulas Modificadoras ... 211
Cláusulas FROM ... 213
Cláusulas WHERE ... 213
    Predicados de comparação ... 215

        BETWEEN 215
        IN e NOT IN 217
        LIKE e NOT LIKE 218
        SIMILAR 220
        NULL 220
        ALL, SOME, ANY 221
        EXISTS 224
        UNIQUE 225
        DISTINCT 225
        OVERLAPS 226
        MATCH 226
        Regras de integridade referencial e o predicado MATCH 228
    Conectivos Lógicos 230
        AND 230
        OR 231
        NOT 232
    Cláusulas GROUP BY 232
    Cláusulas HAVING 234
    Cláusulas ORDER BY 235
    FETCH Limitado 236
    Olhando através de uma Janela para Criar um Conjunto
        de Resultados 238
        Particionando uma janela em segmentos com NTILE 239
        Navegando dentro de uma janela 239
        Aninhando funções de janela 241
        Avaliando grupos de linhas 242

Capítulo 11: Usando Operadores Relacionais 243

    UNION 243
        A operação UNION ALL 245
        A operação CORRESPONDING 245
    INTERSECT 246
    EXCEPT 248
    Operadores de Junção 249
        Junção básica 249
        Equijunção 251
        Junção cruzada 253
        Junção natural 253
        Junção de condição 254
        Junção por nome de coluna 254
        Junção interna 255
        Junção externa 256
        Junção de união 259
    ON Versus WHERE 266

Capítulo 12: Consultas Aninhadas 267

    O Que Subconsultas Fazem 268
        Consultas aninhadas que retornam conjuntos de linhas 269

        Consultas aninhadas que retornam um valor único 272
        Os quantificadores ALL, SOME e ANY 275
        Consultas aninhadas que são um teste de existência 277
        Outras subconsultas correlacionadas 278
        UPDATE, DELETE e INSERT 282
        Recuperando alterações com pipelined DML 284

Capítulo 13: Consultas Recursivas 285

    O Que É Recursão? 285
        Houston, temos um problema 287
        Falha não é uma opção 287
    O Que É uma Consulta Recursiva? 288
    Onde Se Pode Usar uma Consulta Recursiva? 289
        Consultando da maneira difícil 290
        Economizando tempo com recursão 291
    Onde Mais Se Pode Usar uma Consulta Recursiva? 293

Parte IV: Controlando Operações 295

Capítulo 14: Segurança de Banco de Dados 297

    A Linguagem de Controle de Dados SQL 298
    Níveis de Acesso do Usuário 298
        O administrador de banco de dados 298
        Proprietários de objetos de banco de dados 299
        O público 300
    Concedendo Privilégios a Usuários 300
        Papéis 301
        Inserindo dados 302
        Visualizando dados 302
        Modificando dados da tabela 303
        Excluindo linhas obsoletas de uma tabela 304
        Referenciando tabelas relacionadas 304
        Usando domínios 305
        Fazendo instruções SQL para serem executadas 307
    Concedendo Privilégios entre Níveis 307
    Concedendo o Poder de Atribuir Privilégios 309
    Revogando Privilégios 310
    Usando GRANT e REVOKE Juntos para Economizar Tempo e Esforço 311

Capítulo 15: Protegendo os Dados 313

    Ameaças à Integridade dos Dados 313
        Instabilidade de plataforma 314
        Falha de equipamento 314
        Acesso concorrente 315

Reduzindo a Vulnerabilidade à Corrupção de Dados 317
    Usando transações SQL 318
    A transação padrão 319
    Níveis de isolamento 320
    A instrução inicial de transação implícita 322
    SET TRANSACTION 323
    COMMIT 324
    ROLLBACK 324
    Bloqueando objetos de banco de dados 324
    Fazendo o backup dos seus dados 325
    Pontos de salvamento e subtransações 325
Restrições dentro de Transações 327

Capítulo 16: Usando SQL dentro de Aplicativos 333

SQL em um Aplicativo 333
    Prestando atenção ao asterisco 334
    Pontos fortes e fracos do SQL 334
    Pontos fortes e fracos das linguagens procedurais 335
    Problemas ao combinar SQL com uma linguagem procedural 335
Conectando SQL a Linguagens Procedurais 336
    SQL embutido 336
    Linguagem modular 339
    Ferramentas RAD orientadas a objetos 342
    Utilizando o SQL com o Microsoft Access 343

Parte V: Levando o SQL para o Mundo Real 347

Capítulo 17: Acessando Dados com ODBC e JDBC 349

ODBC 350
    A interface ODBC 350
    Componentes do ODBC 351
ODBC em um Ambiente Cliente/Servidor 352
ODBC e a Internet 352
    Extensões de servidor 353
    Extensões de cliente 354
ODBC e uma Intranet 355
JDBC 355

Capítulo 18: Operando em Dados XML com SQL 359

Como a XML Se Relaciona com o SQL 359
O Tipo de Dados XML 360
    Quando usar o tipo XML 361
    Quando não usar o tipo XML 362

Mapeando SQL para XML e XML para SQL 362
    Mapeando conjuntos de caracteres 362
    Mapeando identificadores 363
    Mapeando tipos de dados 364
    Mapeando tabelas 364
    Tratando valores nulos 365
    Gerando o esquema XML 366
Funções SQL Que Operam sobre Dados XML 367
    XMLDOCUMENT 367
    XMLELEMENT 367
    XMLFOREST 368
    XMLCONCAT 368
    XMLAGG 369
    XMLCOMMENT 369
    XMLPARSE 370
    XMLPI 370
    XMLQUERY 370
    XMLCAST 371
Predicados 371
    DOCUMENT 371
    CONTENT 372
    XMLEXISTS 372
    VALID 372
Transformando Dados XML em Tabelas SQL 373
Mapeando Tipos Não Predefinidos de Dados para XML 375
    Domínio 375
    UDT Distinct Types 376
    Linha 377
    Array 378
    Multiconjunto 379
O Casamento de SQL e XML 379

Parte VI: Tópicos Avançados 381

Capítulo 19: Analisando um Conjunto de Dados com Cursores .. 383

Declarando um Cursor 384
    Expressão de consulta 385
    Cláusula ORDER BY 385
    Cláusula de atualização 387
    Sensibilidade 387
    Rolagem 388
Abrindo um Cursor 388
Buscando Dados a partir de uma Única Linha 390
    Sintaxe 390
    Direção de um cursor rolável 391
    Instruções DELETE e UPDATE posicionadas 391

Fechando um Cursor 392

Capítulo 20: Adicionando Capacidades Procedurais com Módulos Armazenamento Persistente 393

Instruções Compostas 393
    Atomicidade 394
    Variáveis 395
    Cursores 396
    Condições 396
    Tratando condições 397
    Condições que não são tratadas 400
    Atribuição 400
Fluxo das Instruções de Controle 400
    IF ... THEN ... ELSE ... END IF 401
    CASE ... END CASE 401
    LOOP ... ENDLOOP 402
    LEAVE 403
    WHILE...DO...END WHILE 404
    REPEAT...UNTIL...END REPEAT 404
    FOR...DO...END FOR 405
    ITERATE 405
Procedimentos Armazenados 406
Funções Armazenadas 407
Privilégios 408
Módulos Armazenados 409

Capítulo 21: Tratando Erros 411

SQLSTATE 411
Cláusula WHENEVER 413
Áreas de Diagnóstico 414
    Área de título de diagnóstico de título 414
    Área de detalhes de diagnóstico 416
    Exemplo de violação de restrição 418
    Adicionando restrições a uma tabela 419
    Interpretando as informações retornadas por SQLSTATE 419
Tratando Exceções 420

Capítulo 22: Gatilhos 423

Examinando algumas Aplicações dos Gatilhos 423
Criando um Gatilho 424
    Instrução e gatilhos de linha 425
    Quando um gatilho é disparado 425
    A instrução SQL disparada 425
    Uma definição de exemplo de gatilho 426
Disparando uma Sucessão de Gatilhos 426

Referenciando Valores Antigos e Novos 427
Disparando Vários Gatilhos em uma Única Tabela 428

Parte VII: A Parte dos Dez 429

Capítulo 23: Dez Erros Comuns 431

Supor Que seus Clientes Sabem do Que Eles Precisam.....................431
Ignorar o Escopo de Projeto 432
Considerar Apenas os Fatores Técnicos 432
Não Solicitar Feedback ao Cliente..432
Sempre Utilizar seu Ambiente de Desenvolvimento Favorito 433
Usar sua Arquitetura de Sistema Favorita de Maneira Exclusiva 433
Projetar Tabelas de Banco de Dados Isoladamente 433
Negligenciar Revisões de Projeto 434
Ignorar Testes Beta 434
Não Documentar seu Processo 434

Capítulo 24: Dez Dicas de Recuperação 435

Verifique a Estrutura do Banco de Dados 435
Use um Banco de Dados de Teste..436
Verifique as Consultas com Junções 436
Verifique as Consultas com Subseleções..436
Resuma os Dados com GROUP BY 436
Observe Restrições da Cláusula GROUP BY...................................437
Use Parênteses com AND, OR e NOT 437
Controle os Privilégios de Recuperação...437
Faça Backup de seus Bancos de Dados Regularmente...................438
Trate Condições de Erro Elegantemente.......................................438

Apêndice: Palavras reservadas do SQL:2011 439

Índice 443

Introdução

Bem-vindo ao desenvolvimento de banco de dados usando o SQL, a linguagem de consulta de banco de dados padrão da indústria. Muitas ferramentas do sistema de gerenciamento de banco de dados (SGBD) são executadas em uma variedade de plataformas de hardware. As diferenças entre as ferramentas podem ser grandes, mas todos os produtos sérios têm uma coisa em comum: eles suportam manipulação e acesso a dados por meio do SQL. Se você conhece SQL, você pode construir bancos de dados relacionais e obter informações úteis a partir deles.

Sobre este Livro

Sistemas de gerenciamento de banco de dados relacional são vitais para muitas organizações. As pessoas muitas vezes acham que criar e manter esses sistemas envolvem atividades extremamente complexas — o domínio dos gurus de banco de dados que têm esclarecimento que vai além daquele dos meros mortais. Este livro acaba com a mística do banco de dados. Neste livro, você irá:

- Conhecer os fundamentos dos bancos de dados.
- Entender como um SGBD é estruturado.
- Descobrir os principais componentes funcionais do SQL.
- Criar um banco de dados.
- Proteger um banco de dados contra danos.
- Operar sobre os dados do banco de dados.
- Determinar como obter a informação que você quer a partir de um banco de dados.

O objetivo deste livro é ajudá-lo a construir bancos de dados relacionais e obter informações valiosas a partir deles usando SQL. SQL é a linguagem padrão internacional usada para criar e manter bancos de dados relacionais. Esta edição inclui a versão mais recente do padrão, o SQL:2011.

Este livro não informa como projetar um banco de dados (faço isso em *Database Development For Dummies*). Aqui suponho que você ou alguém já criou um projeto válido. Então ilustro como implementar esse projeto usando o SQL. Se suspeitar que você não tem um bom projeto de banco de dados, então — sem dúvida — corrija seu projeto antes de tentar criar o banco de dados. Quanto mais cedo você detectar e corrigir os problemas em um projeto de desenvolvimento, mais baratas serão as correções.

Quem Deve Ler este Livro?

Se você precisa armazenar ou recuperar dados a partir de um SGBD, você pode fazer um trabalho muito melhor se tiver conhecimento de SQL. Você não precisa ser programador para usar o SQL e você não precisa conhecer linguagens de programação, como Java, C ou BASIC. A sintaxe do SQL é como aquela do idioma inglês.

Se você é programador, você pode incorporar o SQL aos seus programas. O SQL adiciona capacidades poderosas de manipulação e recuperação de dados às linguagens convencionais. Este livro mostra o que você precisa saber para usar a rica variedade de ferramentas e recursos do SQL dentro de seus programas.

Ícones Usados neste Livro

Dicas economizam uma grande quantidade de tempo e o mantêm longe de problemas.

Preste atenção às informações marcadas por este ícone — você pode precisar delas mais tarde.

Seguir o conselho que este ícone indica pode evitar grandes aflições. Ignore-o por sua conta e risco.

Este ícone alerta para a presença de detalhes técnicos que são interessantes, mas que não são absolutamente essenciais para compreender o tema sendo discutido.

De Lá Pra Cá, Daqui Pra Lá

Agora vem a parte divertida! Bancos de dados são as melhores ferramentas já inventadas para monitorar as coisas importantes para você. Depois de entender bancos de dados e dominar o SQL para fazer o que precisa ser feito, você adquire um tremendo poder. Colegas de trabalho recorrem a você quando eles precisam de informações cruciais. Gerentes buscam seu conselho. Jovens pedem seu autógrafo. Mas mais importante, você conhece, em um nível muito profundo, como sua organização realmente funciona.

Parte I

Nesta parte...

- Os fundamentos de bancos de dados relacionais
- Conceitos básicos de SQL
- Ferramentas fundamentais de banco de dados

Capítulo 1

Fundamentos de Banco de Dados Relacional

Neste capítulo
- Organizando informações
- Definindo "banco de dados" em termos digitais
- Decifrando o SGBD
- Analisando a evolução dos modelos de banco de dados
- Definindo "banco de dados *relacional*" (você pode relacionar as coisas?)
- Considerando os desafios do projeto de banco de dados

QL é uma linguagem especificamente projetada com bancos de dados em mente. O SQL permite às pessoas criar bancos de dados, adicionar e modificar dados a estes, e recuperar partes selecionadas dos dados. Desenvolvido na década de 1970 na IBM, o SQL cresceu e avançou ao longo dos anos para tornar-se o padrão da indústria. Ele é regido por um padrão formal mantido pela International Standards Organization (ISO).

Existem vários tipos de bancos de dados, cada um deles segue um modelo diferente de como os dados são organizados no banco de dados.

O SQL foi desenvolvido originalmente para operar em dados nos bancos de dados que seguem o *modelo relacional*. Recentemente, o padrão SQL internacional incorporou parte do *modelo de objetos*, resultando em estruturas híbridas chamadas banco de dados objeto-relacional. Neste capítulo, discutiremos o armazenamento de dados, dedicaremos uma seção à maneira como o modelo relacional se compara com outros principais modelos, e forneceremos uma análise dos recursos importantes dos bancos de dados relacionais.

Antes de falar do SQL, porém, vou definir precisamente o que quero dizer com o termo *banco de dados*. Seu significado mudou, assim como computadores mudaram a forma como as pessoas gravam e mantêm informações.

Monitorando Coisas

Hoje as pessoas usam computadores para executar muitas tarefas anteriormente realizadas com outras ferramentas. Computadores substituíram máquinas de escrever para criar e modificar documentos. Eles superaram calculadoras eletromecânicas como a melhor maneira de fazer cálculos. Eles também substituíram milhões de pedaços de papel, pastas de arquivos e armários de arquivo como o principal meio de armazenar informações importantes. Comparados com essas ferramentas antigas, é claro, computadores fazem muito mais, muito mais rápido — e com maior precisão. Mas esses benefícios aprimorados têm um custo: usuários de computador não mais têm acesso físico direto aos dados.

Quando os computadores falham ocasionalmente, os funcionários do escritório costumam se perguntar se a informatização realmente melhorou alguma coisa. Antigamente, uma pasta de arquivo em papel só "travava" se você a derrubasse — então você simplesmente se ajoelharia, pegaria os papéis e os colocaria de volta na pasta. Com exceção de terremotos ou outros grandes desastres, armários de arquivo nunca "caíam" e eles nunca forneciam uma mensagem de erro. O travamento de um disco rígido é totalmente outra questão: você não pode "recuperar" bits e bytes perdidos. Falhas mecânicas, elétricas e humanas podem fazer seus dados desaparecer no Grande Além, sem nunca mais retornar.

Tomar as precauções necessárias para se proteger contra perda acidental de dados permite que você comece a tirar vantagem da maior velocidade e precisão que os computadores oferecem.

Se estiver armazenando dados importantes, você tem quatro preocupações principais:

- O armazenamento dos dados tem de ser rápido e fácil porque é provável que você faça isso frequentemente.
- O meio de armazenamento deve ser seguro. Você não quer voltar mais tarde e descobrir que alguns (ou todos) dos seus dados desapareceram.
- Recuperar os dados têm de ser rápido e fácil, independentemente do número de itens que você armazena.
- Você precisa de uma maneira fácil de separar as informações exatas que você quer *agora*, das toneladas de dados que você *não* quer neste exato momento.

Os bancos de dados mais modernos atendem esses quatro critérios. Se você armazena mais de uma dúzia de itens de dados, você provavelmente quer armazenar esses itens em um banco de dados.

O Que É um Banco de Dados?

Ultimamente, o termo *banco de dados* é utilizado de maneira vaga, perdendo muito do seu significado original. Para algumas pessoas, um banco de dados é qualquer coleção de itens de dados (agendas de telefone, listas de lavanderia, rolos de pergaminho... qualquer coisa). Outras pessoas definem o termo de forma mais rigorosa.

Neste livro, defino um *banco de dados* como uma coleção autodescritiva dos registros integrados. E, sim, isso implica tecnologia de computador, incluindo linguagens de consulta como SQL.

Um *registro* é uma representação de algum objeto físico ou conceitual. Digamos, por exemplo, que você quer monitorar os clientes de uma empresa. Você atribui um registro a cada cliente. Cada registro tem vários *atributos*, como nome, endereço e número de telefone. Nomes, endereços individuais e etc. são os *dados*.

Um banco de dados consiste em dados e *metadados*. Metadados são os dados que descrevem a estrutura dos dados em um banco de dados. Se você sabe como seus dados são organizados, então você pode recuperá-los. Como o banco de dados contém uma descrição da sua própria estrutura, ele é *autodescritivo*. O banco de dados é *integrado* porque inclui não apenas os itens de dados, mas também as relações entre os itens de dados.

O banco de dados armazena os metadados em uma área chamada *dicionário de dados*, que descreve tabelas, colunas, índices, restrições e outros itens que compõem o banco de dados.

Uma vez que um sistema de arquivos simples (descrito mais adiante neste capítulo) não tem metadados, aplicativos escritos para funcionar com arquivos simples devem conter o equivalente dos metadados como parte do programa aplicativo.

Tamanho e Complexidade do Banco de Dados

Há bancos de dados de todos os tamanhos, desde coleções simples de alguns registros até sistemas gigantescos contendo milhões de registros. A maioria dos bancos de dados enquadra-se em uma de três categorias, que se baseiam no tamanho do próprio banco de dados, tamanho do equipamento em que ele é executado e tamanho da organização que o mantém:

- Um **banco de dados pessoal** é projetado para uso por uma única pessoa em um único computador. Esse banco de dados normalmente tem uma estrutura bastante simples e um tamanho relativamente pequeno.

- Um **banco de dados departamental** ou **banco de dados de grupo de trabalho** é usado pelos membros de um único departamento ou grupo de trabalho em uma organização. Esse tipo de banco de dados costuma ser maior do que um banco de dados pessoal e é necessariamente mais complexo; esse banco de dados deve lidar com múltiplos usuários que tentam acessar os mesmos dados simultaneamente.
- Um **banco de dados corporativo** pode ser enorme. Bancos de dados corporativos podem modelar o fluxo de informações críticas de todas as grandes organizações.

O Que É um Sistema de Gerenciamento de Banco de Dados?

Ainda bem que você perguntou. Um *sistema de gerenciamento de banco de dados* (*database management system*, SGBD) é um conjunto de programas utilizados para definir, administrar e processar bancos de dados e seus aplicativos associados. O banco de dados que é gerenciado é, em essência, uma estrutura que você constrói para armazenar dados valiosos. Um SGBD é a ferramenta utilizada para construir essa estrutura e operar nos dados contidos dentro do banco de dados.

Você pode encontrar muitos programas de SGBD no mercado hoje. Alguns são executados em máquinas grandes e poderosas, e outros em computadores pessoais, notebooks e tablets. Uma tendência forte, porém, é que esses produtos funcionem em múltiplas plataformas ou em redes que contêm diferentes classes de máquinas. Uma tendência ainda mais forte é armazenar dados em *data centers* ou até armazená-los em *nuvem*, que poderia ser uma nuvem pública gerenciada por uma grande empresa como a Amazon, Google ou Microsoft, via Internet ou pode ser uma nuvem privada operada pela mesma organização que armazena os dados em sua própria intranet.

Hoje em dia, *nuvem* é um jargão comentando incessantemente em círculos de aficionados por tecnologia. Como as coisas brancas pomposas no céu, ela tem bordas indistintas e parece flutuar em algum lugar lá fora. Na realidade, ela é uma coleção de recursos de computação que pode ser acessada por um navegador, por meio da Internet ou em uma intranet privada. A única coisa que distingue os recursos de computação na nuvem de recursos de computação semelhantes em um data center físico é o fato de que os recursos são acessíveis por meio de um navegador, em vez de um programa aplicativo que acessa diretamente esses recursos.

Um SGBD que é executado em plataformas de múltiplas classes, grandes e pequenas, é chamado *escalonável*.

O valor não está nos dados, mas na estrutura

Anos atrás, uma pessoa inteligente calculou que, se os seres humanos fossem reduzidos aos componentes de átomos de carbono, hidrogênio, oxigênio e nitrogênio (e vestígios de outros), só valeriam 97 centavos. Por mais que seja engraçada, ela é enganosa. As pessoas não são compostas de meras coleções isoladas de átomos. Nossos átomos transformam-se em enzimas, proteínas, hormônios e muitas outras substâncias que custariam milhões de dólares por grama no mercado farmacêutico. A estrutura precisa dessas combinações de átomos é o que agrega a elas maior valor. Por analogia, a estrutura de banco de dados torna possível interpretar dados aparentemente sem sentido. A estrutura traz à tona padrões, vertentes e tendências nos dados. Dados não estruturados — como átomos não combinados — têm pouco ou nenhum valor.

Seja qual for o tamanho do computador que hospeda o banco de dados — e independentemente de a máquina estar conectada a uma rede — o fluxo de informações entre o banco de dados e o usuário sempre é o mesmo. A Figura 1-1 mostra que o usuário se comunica com o banco de dados por meio do SGBD. O SGBD mascara os detalhes físicos do armazenamento do banco de dados para que o aplicativo só se preocupe com as características lógicas dos dados, não com a forma como os dados são armazenados.

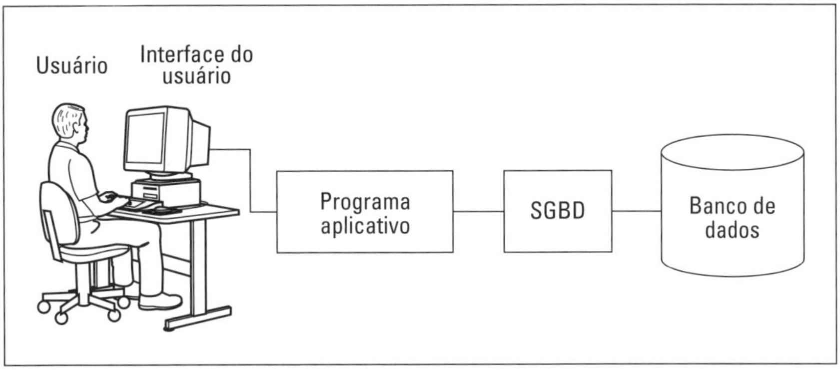

Figura 1-1: Um diagrama de blocos de um sistema de informação baseado em SGBD.

Arquivos Simples

Quanto ao local onde os dados estruturados são armazenados, o arquivo básico é o mais simples possível. Não, um arquivo simples não é uma pasta que foi esmagada sob uma pilha de livros. *Arquivos simples* são assim chamados porque eles têm uma estrutura mínima. Se fossem edifícios, eles dificilmente se destacariam do solo. Um arquivo básico é simplesmente uma coleção dos registros de dados, um após outro, em um formato especificado

— os dados, todos os dados e nada mais além dos dados — de fato, uma lista. Em termos de computador, um arquivo de dados não estruturado é um arquivo simples. Como o arquivo não armazena informações estruturais (metadados), sua sobrecarga (coisas no arquivo que não são dados, mas ocupam espaço de armazenamento) é mínima.

Digamos que você quer monitorar os nomes e endereços dos clientes de sua empresa em um sistema de arquivos simples. O sistema pode ter uma estrutura semelhante a esta:

```
Harold Percival   26262 S. Howards Mill Rd   Westminster    CA92683
Jerry Appel       32323 S. River Lane Rd     Santa Ana      CA92705
Adrian Hansen     232 Glenwood Court         Anaheim        CA92640
John Baker        2222 Lafayette St          Garden Grove   CA92643
Michael Pens      77730 S. New Era Rd        Irvine         CA92715
Bob Michimoto     25252 S. Kelmsley Dr       Stanton        CA92610
Linda Smith       444 S.E. Seventh St        Costa Mesa     CA92635
Robert Funnell    2424 Sheri Court           Anaheim        CA92640
Bill Checkal      9595 Curry Dr              Stanton        CA92610
Jed Style         3535 Randall St            Santa Ana      CA92705
```

Como você pode ver, o arquivo não contém nada além de dados. Cada campo tem comprimento fixo (o campo nome, por exemplo, sempre tem exatamente 15 caracteres) e nenhuma estrutura separa um campo de outro. A pessoa que criou o banco de dados atribuiu tamanhos e posições aos campos. Qualquer programa usando esse arquivo deve "saber" como cada campo foi definido, porque essa informação não está contida no banco de dados.

Essa baixa sobrecarga significa que operar em arquivos simples pode ser muito rápido. Mas a desvantagem é que programas aplicativos devem incluir a lógica que manipula os dados do arquivo em um nível muito detalhado. O aplicativo deve saber exatamente onde e como o arquivo armazena os dados. Assim, para pequenos sistemas, arquivos simples funcionam bem. Mas quanto maior um sistema é, mais incômodo torna-se um sistema de arquivos simples.

Usar um banco de dados em vez de um sistema de arquivo simples elimina o retrabalho. Embora os próprios arquivos do banco de dados possam ter mais sobrecarga, os aplicativos podem ser mais portáteis entre as várias plataformas de hardware e sistemas operacionais. Um banco de dados também torna mais fácil escrever programas aplicativos porque o programador não precisa conhecer os detalhes físicos de onde e como os dados são armazenados.

Os bancos de dados eliminam o retrabalho porque o SGBD lida com os detalhes da manipulação dos dados. Aplicativos escritos para operar em arquivos simples devem incluir esses detalhes no código do aplicativo. Se múltiplos aplicativos acessam os mesmos dados nos arquivos simples, todos esses aplicativos devem (de maneira redundante) incluir esse código de manipulação de dados. Mas se você usar um SGBD, não será absolutamente necessário incluir esse código nos aplicativos.

Claramente, se um aplicativo baseado em arquivo simples incluir o código de manipulação de dados, que é executado somente em um sistema operacional (SO) específico, a migração do aplicativo para um sistema operacional diferente é uma dor de cabeça esperando acontecer. Você tem de alterar todo o código específico do sistema operacional — e isso é só o começo. Migrar um aplicativo semelhante baseado em SGBD para outro sistema operacional é muito mais simples — menos passos complicados, menos consumo de aspirina.

Modelo de Banco de Dados

Os primeiros bancos de dados, no começo dos tempos (década de 1950), eram estruturados de acordo com um modelo hierárquico. Eles tinham problemas de redundância e sua rigidez estrutural dificultava a modificação do banco de dados. Logo depois vieram bancos de dados que seguiam o modelo de rede, que procurava eliminar as principais desvantagens do modelo hierárquico. Bancos de dados de rede têm redundância mínima, mas pagam por essa vantagem com complexidade estrutural.

Alguns anos mais tarde, o Dr. E. F. Codd na IBM desenvolveu o modelo *relacional*, que apresentava redundância mínima e uma estrutura fácil de compreender. A linguagem SQL foi desenvolvida para operar em bancos de dados relacionais. Com o tempo, bancos de dados relacionais colocaram bancos de dados hierárquicos e de rede na lata de lixo da história.

Um novo fenômeno é o surgimento dos chamados bancos de dados NoSQL, que não têm a estrutura dos bancos de dados relacionais e não utilizam a linguagem SQL. Não discutiremos bancos de dados NoSQL neste livro.

Modelo relacional

O Dr. Codd formulou pela primeira vez o modelo de banco de dados relacional em 1970, e esse modelo começou a aparecer em produtos cerca de uma década mais tarde. Ironicamente, a IBM não forneceu o primeiro SGBD relacional. Essa distinção foi para uma pequena start-up, que batizou seu produto de Oracle.

Bancos de dados relacionais quase substituíram completamente os tipos iniciais dos bancos de dados. Isso se deve, em grande parte, ao fato de permitir alterar a estrutura de um banco de dados relacional, sem precisar alterar ou modificar os aplicativos que se baseavam estruturas antigas. Suponha, por exemplo, que você adicione uma ou mais novas colunas a uma tabela de banco de dados. Você não precisa alterar nenhum dos aplicativos escritos anteriormente que processam essa tabela — a menos, é claro, que altere uma ou mais das colunas que esses aplicativos têm de usar.

Naturalmente, você terá problemas se remover uma coluna que um aplicativo existente precisa utilizar, independentemente do modelo de banco de dados usado. Uma das maneiras mais rápidas de fazer com que um aplicativo de banco de dados trave é solicitar que ele recupere algum dado que ele não contém.

Componentes de um banco de dados relacional

Bancos de dados relacionais obtêm sua flexibilidade porque os dados residem em tabelas que são predominantemente independentes entre si. Você pode adicionar, excluir ou alterar dados em uma tabela sem afetar os dados nas outras mesas, desde que a tabela afetada não seja *pai* de qualquer uma das outras tabelas. (Relações de tabela pai-filho são explicadas no Capítulo 5 e, não, elas não envolvem discutir mesadas durante o jantar.) Nesta seção, veremos em que essas tabelas consistem e como elas se relacionam com as outras partes de um banco de dados relacional.

Lidando com relações

Um banco de dados relacional é constituído por uma ou mais relações. Uma *relação* é uma matriz bidimensional de linhas e colunas, contendo entradas com valores exclusivos e nenhuma linha duplicada. Cada célula da matriz só pode ter um valor e nenhuma linha pode ser idêntica a outra. Se achar isso um pouco difícil de imaginar, eis um exemplo que colocará você em sintonia...

A maioria das pessoas conhece arrays *bidimensionais* de linhas e colunas, na forma de planilhas eletrônicas como o Microsoft Excel. Estatísticas de jogadores de beisebol, como aquelas impressas no verso de um *card* de beisebol, são um exemplo de uma matriz. No cartão de beisebol há colunas para o ano, time, jogos, vezes ao bastão, rebatidas válidas, pontos marcados, resultados das rebatidas, duplos, triplos, *home runs*, bases por bolas, roubadas e média de rebatidas. Uma linha abrange todos os anos em que o jogador jogou nas ligas principais. Você também pode armazenar esses dados em uma relação (uma tabela), que tem a mesma estrutura básica. A Figura 1-2 mostra uma tabela de banco de dados relacional que armazena as estatísticas de um jogador da liga principal. Na prática, essa tabela conteria as estatísticas para um time inteiro — ou talvez toda a liga.

Colunas na matriz são *autoconsistentes:* uma coluna tem o mesmo significado em todas as linhas. Se uma coluna contém o sobrenome de um jogador em uma linha, a coluna deve conter o sobrenome de um jogador em todas as linhas. A ordem em que linhas e colunas aparecem na matriz não tem nenhuma importância. No que diz respeito ao SGBD, não importa qual coluna é a primeira, qual é a próxima e qual é a última. O mesmo é válido para as linhas. O SGBD processa a tabela da mesma maneira independentemente da organização.

Figura 1-2:
Uma tabela mostrando as estatísticas de desempenho de um jogador de beisebol.

Player	Year	Team	Game	At Bat	Hits	Runs	RBI	2B	3B	HR	Walk	Steals	Bat. Avg.
Roberts	1988	Padres	5	9	3	1	0	0	0	0	1	0	.333
Roberts	1989	Padres	117	329	99	81	25	15	8	3	49	21	.301
Roberts	1990	Padres	149	556	172	104	44	36	3	9	55	46	.309

Cada coluna em uma tabela de banco de dados incorpora um único atributo da tabela, quase como aquela no *card* de baseball. O significado da coluna é o mesmo para cada linha da tabela. A tabela pode, por exemplo, conter os nomes, endereços e números de telefone de todos os clientes de uma organização. Cada linha na tabela (também chamada *registro* ou *tupla*) armazena os dados para um cliente individual. Cada coluna contém um único *atributo* — como número, nome, rua, cidade, estado, código postal ou número de telefone do cliente. A Figura 1-3 mostra algumas das linhas e colunas desse tipo de tabela.

As *relações* nesse modelo de banco de dados correspondem a *tabelas* em qualquer banco de dados que se baseia no modelo. Tente dizer isso dez vezes rápido.

Figura 1-3:
Cada linha de banco de dados contém um registro; cada coluna de banco de dados contém um único atributo.

Aprecie a vista

Uma das minhas vistas favoritas é do Vale Yosemite a partir da embocadura do Túnel Wawona, no final de um dia de primavera. A luz dourada banha a face nua do monte El Capitan, o Half Dome brilha ao longe e as Quedas do Véu de Noiva formam uma cascata prateada de água borbulhando, enquanto nuvens delicadas tecem um tapete no céu. Bancos de dados também têm "vistas", embora não tão pitorescas, chamadas de *visões (views)*. A beleza das views do banco de dados é sua utilidade absoluta ao trabalhar com os dados.

Tabelas podem conter muitas colunas e linhas. Às vezes todos esses dados são interessantes para você, outras não. Apenas algumas colunas de uma tabela podem ser interessantes para você; ou talvez você só queira ver as linhas que atendem certa condição. Algumas colunas de umas tabelas e algumas outras colunas de uma tabela relacionada podem ser interessantes para você. Para excluir dados que não são relevantes para suas necessidades atuais, você pode criar uma *view* — um subconjunto de um banco de dados que um aplicativo pode processar. Ela pode conter partes de uma ou mais tabelas.

Views às vezes são chamadas *tabelas virtuais*. Para o aplicativo ou usuário, views se comportam da mesma forma como tabelas. Views, porém, não têm existência independente. Views permitem analisar os dados, mas elas não são parte dos dados.

Digamos, por exemplo, que você está trabalhando com um banco de dados que tem uma tabela CUSTOMER e uma tabela INVOICE. A tabela CUSTOMER tem as colunas `CustomerID`, `FirstName`, `LastName`, `Street`, `City`, `State`, `Zipcode` e `Phone`. A tabela INVOICE tem as colunas `InvoiceNumber`, `CustomerID`, `Date`, `TotalSale`, `TotalRemitted` e `FormOfPayment`.

Um gerente nacional de vendas quer examinar uma tela que contém apenas o primeiro nome, último nome e número de telefone do cliente. Criar uma view a partir da tabela CUSTOMER que contém apenas as colunas `FirstName`, `LastName` e `Phone` permite que o gerente visualize o que ele precisa, sem ter de ver todos os dados indesejados nas outras colunas. A Figura 1-4 mostra a derivação da view do gerente nacional de vendas.

Um gerente de filial talvez queira examinar os nomes e números de telefone de todos os clientes cujos CEPs estão entre 90000 e 93999 (sul e centro da Califórnia). Uma view que impõe uma restrição nas linhas que ela recupera, assim como as colunas que ela exibe, faz o trabalho. A Figura 1-5 mostra as fontes para as colunas na view do gerente da filial.

Capítulo 1: Fundamentos de Banco de Dados Relacional

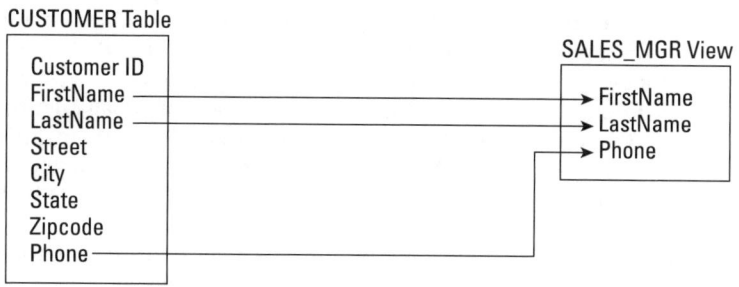

Figura 1-4:
A view do gerente de vendas deriva da tabela CUSTOMER.

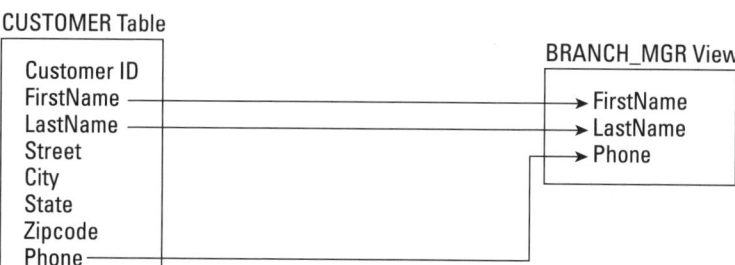

Zipcode >= 90000 AND Zipcode <= 93999

Figura 1-5:
A view do gerente da filial só inclui determinadas linhas da tabela CUSTOMER.

O gerente de contas a pagar talvez queira examinar os nomes dos clientes a partir da tabela CUSTOMER e `Date, TotalSale, TotalRemitted` e `FormOfPayment` da tabela INVOICE, em que `TotalRemitted` é menor do que `TotalSale`. O último seria o caso se o pagamento total ainda não tivesse sido feito. Essa necessidade requer uma view que é extraída de ambas as tabelas. A Figura 1-6 mostra os dados que fluem para a view do gerente de contas a pagar das tabelas CUSTOMER e INVOICE.

Views são úteis porque permitem extrair e formatar dados de banco de dados sem alterar fisicamente os dados armazenados. Elas também protegem os dados que você *não* quer exibir, porque esses dados não estão contidos nelas. O Capítulo 6 ilustra como criar uma view usando SQL.

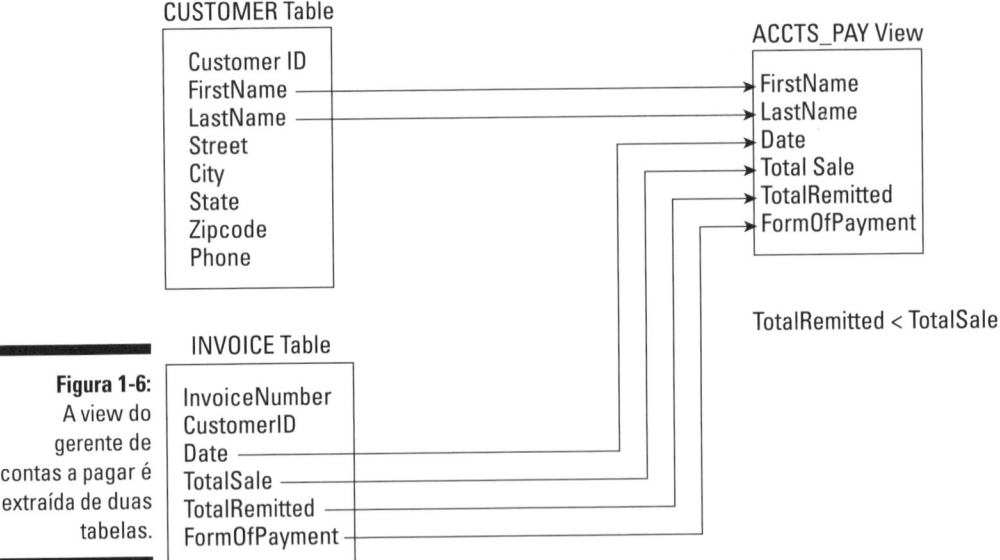

Figura 1-6: A view do gerente de contas a pagar é extraída de duas tabelas.

Esquemas, domínios e restrições

Um banco de dados é mais do que uma coleção de tabelas. Estruturas adicionais, em vários níveis, ajudam a manter a integridade dos dados. *Um esquema* de banco de dados fornece organização geral para as tabelas. O *domínio* de uma coluna da tabela informa quais valores você pode armazenar na coluna. É possível aplicar *restrições* a uma tabela de banco de dados para evitar que alguém (incluindo você) armazene dados inválidos na tabela.

Esquemas

A estrutura de um banco de dados inteiro é seu *esquema*, ou *visão conceitual*. Essa estrutura é também às vezes chamada *visão lógica completa* do banco de dados. O esquema é composto por metadados — como tal, ele é parte do banco de dados. Os metadados em si, que descrevem a estrutura do banco de dados, são armazenados em tabelas semelhantes às tabelas que armazenam dados regulares. Mesmo os metadados são dados; essa é a beleza deles.

Domínios

Um atributo de uma relação (isto é, uma coluna de uma tabela) pode assumir um número finito de valores. O conjunto de todos esses valores é o *domínio* do atributo.

Digamos, por exemplo, que você seja um vendedor de automóveis que lida com o cupê esportivo Curarri GT 4000 recém-lançado. Você monitora os carros no estoque em uma tabela de banco de dados que você chama de INVENTORY. Você chama uma das colunas da tabela `Color`, que contém a cor externa de cada carro. O GT 4000 é fabricado apenas em quatro cores: vermelho, preto, branco e cinza. Essas quatro cores são o domínio do atributo `Color`.

Restrições

Restrições são um componente importante, embora muitas vezes menosprezado, de um banco de dados. Restrições são regras que determinam quais valores os atributos da tabela podem assumir.

Aplicando restrições rígidas a uma coluna, você pode evitar que as pessoas insiram dados inválidos. É claro que todo valor que está legitimamente no domínio da coluna deve atender todas as restrições. Como mencionado na seção anterior, o domínio de uma coluna é o conjunto de todos os valores que ela pode conter. A restrição é uma limitação naquilo que uma coluna pode conter. As características de uma coluna de tabela, além das restrições que se aplicam a ela, determinam seu domínio.

No exemplo da concessionária de automóveis, você pode limitar o banco de dados a aceitar apenas esses quatro valores (mencionados na seção anterior) na coluna `Color`. Se um operador de entrada de dados tentar então inserir um valor na coluna `Color`, por exemplo, verde, o sistema não aceitará a entrada. A entrada de dados só prossegue depois que o operador inserir um valor válido no campo `Color`.

Você pode se perguntar o que acontece quando Curarri AutoWerks decide oferecer uma versão `forest green` do GT 4000 como uma opção de meio de ano. A resposta é (rufem os tambores, por favor)... está garantido o emprego para programadores de manutenção de banco de dados.

Esse tipo de coisa acontece o tempo todo e requer atualizações na estrutura do banco de dados. Somente as pessoas que sabem como modificar a estrutura do banco de dados (como você) serão capazes de evitar uma grande situação anormal.

O modelo de objetos desafiou o modelo relacional

O modelo relacional foi extraordinariamente bem-sucedido em uma ampla variedade de áreas de aplicação. Mas não faz tudo que se poderia querer. As limitações tornaram-se mais visíveis com o aumento da popularidade das linguagens de programação orientadas a objetos como C++, Java e C#. Essas linguagens são capazes de lidar com problemas mais complexos do que as linguagens tradicionais por causa dos seus recursos avançados, como sistemas de tipo extensível pelo usuário, encapsulamento, herança, vinculação dinâmica dos métodos, objetos complexos e compostos, e identidade de objetos.

Não explicarei todos os jargões neste livro (embora vamos discutir alguns desses termos mais adiante). Basta dizer que o modelo relacional clássico não combina bem com muitos desses recursos. Como resultado, foram desenvolvidos sistemas de gerenciamento de banco de dados com base no modelo de objetos. Mas a ideia nunca realmente decolou. Embora as linguagens de programação orientadas a objetos tenham se tornado muito populares, bancos de dados orientados a objetos não tiveram o mesmo sucesso.

Placar final: Bancos de dados relacionais 1, bancos de dados orientados a objetos 0.

O modelo objeto-relacional

Projetistas de banco de dados, como todo mundo, buscam constantemente o melhor de todos os mundos possíveis. Eles pensavam, "Não seria ótimo se pudéssemos ter as vantagens de um sistema de banco de dados orientado a objetos e ao mesmo tempo manter a compatibilidade com o sistema relacional que conhecemos e amamos?" Esse tipo de pensamento levou ao modelo híbrido objeto-relacional. SGBDs objeto-relacional estendem o modelo relacional para incluir suporte para modelagem de dados orientada a objetos. Recursos orientados a objetos foram adicionados ao padrão SQL internacional, permitindo que fornecedores de SGBD relacional transformassem seus produtos em SGBDs objeto-relacional, mantendo a compatibilidade com o padrão. Assim, embora o padrão SQL-92 descreva um modelo de banco de dados relacional puro, o SQL:1999 descreve um modelo de banco de dados relacional orientado a objetos. O SQL:2003 tem mais recursos orientados a objetos e as versões subsequentes do padrão SQL foram ainda mais longe nessa direção.

Neste livro, descreveremos o padrão SQL internacional da ISO/IEC. (Se você estiver curioso, a sigla IEC significa International Electrotechnical Commission, mas ninguém realmente se preocupa com isso. Quantas pessoas sabem o que as letras na sigla LASER significam?) O sistema descrito pelo padrão SQL da ISO/IEC é principalmente um modelo de banco de dados relacional. Também inclui as extensões orientadas a objetos para o padrão que foram introduzidas no SQL:1999 e as extensões adicionais incluídas em versões posteriores. Os recursos orientados a objetos do novo padrão permitirão que desenvolvedores apliquem bancos de dados SQL a problemas que são muito complexos para que possam ser resolvidos com o paradigma mais antigo puramente relacional. Fornecedores de sistemas SGBD estão incorporando os recursos orientados a objetos no padrão ISO a seus produtos. Alguns desses recursos estão presentes há anos, mas outros ainda devem ser incluídos.

Considerações de Projeto de Banco de Dados

Um banco de dados é uma representação de uma estrutura física ou conceitual, como uma organização, uma linha de montagem de automóveis ou as estatísticas de desempenho de todos os clubes de beisebol na liga principal. A precisão da representação depende do nível de detalhes do projeto de banco de dados. A quantidade de esforço que você coloca no projeto de um banco de dados deve depender do tipo de informações que você quer obter do banco de dados. Detalhes demais são um desperdício de esforço, tempo e espaço em disco rígido. Detalhes de menos podem tornar o banco de dados inutilizável.

Decida quanto detalhe você precisa agora e quanto você pode precisar no futuro — e então forneça exatamente esse nível de detalhe em seu projeto (nem mais, nem menos). Mas não se surpreenda se você tiver de ajustar o projeto mais tarde para atender as necessidades do mundo real.

Os atuais sistemas de gerenciamento de banco de dados, completos com interfaces gráficas de usuário atraentes e ferramentas de projeto intuitivas, podem dar ao iniciante em banco de dados uma falsa sensação de segurança. Esses sistemas fazem o projeto de um banco de dados parecer comparável a criar uma planilha ou envolver-se em alguma outra tarefa relativamente simples. Nada disso. O projeto de banco de dados é difícil. Se o projeto for feito de forma incorreta, não só seu banco de dados provavelmente terá um desempenho ruim, mas também ele pode tornar-se gradualmente mais corrompido ao longo do tempo. Muitas vezes o problema só aparece depois que você dedica muitos esforços para a entrada de dados. No momento em que você sabe que há um problema, ele já é sério. Em muitos casos, a única solução é reprojetar completamente o banco de dados e reinserir todos os dados. A vantagem é que ao terminar a segunda versão do mesmo banco de dados, você se dá conta que entende melhor como projetar um.

Capítulo 2
Fundamentos de SQL

Neste capítulo
- Entendendo o SQL
- Esclarecendo conceitos errôneos do SQL
- Analisando diferentes padrões SQL
- Conhecendo os comandos padrões e palavras reservadas do SQL
- Representando números, caracteres, datas, horas e outros tipos de dados
- Explorando valores nulos e restrições
- Colocando o SQL para funcionar em um sistema cliente/servidor
- Considerando o SQL em uma rede

SQL é uma linguagem flexível que pode ser usada de várias maneiras. É a ferramenta mais utilizada para comunicação com um banco de dados relacional. Neste capítulo, explicaremos o que o SQL é e o que ele não é — especificamente, o que distingue o SQL de outros tipos de linguagens de computação. Então introduziremos os comandos e os tipos de dados que o padrão SQL suporta e explicaremos dois conceitos-chave: *valores nulos* e *restrições*. Por fim, forneceremos uma visão geral de como SQL se encaixa no ambiente cliente/servidor, bem como na Internet e em intranets corporativas.

O Que o SQL É e o Que Não É

A primeira coisa a entender sobre o SQL é que o SQL não é uma *linguagem procedural*, como BASIC, C, C++, C# e Java. Para resolver um problema em uma dessas linguagens procedurais, você escreve um *procedimento* — uma sequência de comandos que executa uma operação específica uma após a outra até que a tarefa esteja concluída. O procedimento pode ser uma sequência linear simples ou pode fazer um loop, mas, em qualquer caso, o programador especifica a ordem de execução.

O SQL, por outro lado, é *não procedural*. Para resolver um problema usando o SQL, simplesmente informe o *SQL o que* você quer (como se você estivesse falando com o gênio de Aladim) em vez de instruir o sistema sobre *como obter* o que você quer. O sistema de gerenciamento de banco de dados (*database management system*, SGBD) decide a melhor maneira de obter o que você solicita.

Está bem. Acabei de dizer que o SQL não é uma linguagem procedural — e isso é essencialmente verdadeiro. Mas milhões de programadores mundo afora (e você provavelmente é um deles) estão acostumados a resolver problemas de uma forma procedural. Assim, nos últimos anos, houve muita pressão para adicionar algumas funcionalidades procedurais ao SQL — e o SQL agora incorpora recursos de uma linguagem procedural: blocos BEGIN, instruções IF, funções e (sim) procedimentos. Com essas facilidades adicionadas, você pode armazenar programas no servidor, em que vários clientes podem usar seus programas repetidamente.

Para ilustrar o que quero dizer com "informar o sistema o que você quer", suponha que você tem uma tabela EMPLOYEE a partir da qual você deseja recuperar as linhas que correspondem a todos os colaboradores seniores. Você quer definir um colaborador sênior como alguém acima de 40 anos de idade ou qualquer um que ganha mais de US$ 100.000 por ano. Você pode fazer a recuperação desejada usando a seguinte consulta:

```
SELECT * FROM EMPLOYEE WHERE Age > 40 OR Salary > 100000 ;
```

Essa instrução recupera todas as linhas da tabela EMPLOYEE em que o valor na coluna Age é maior que 40 ou o valor na coluna Salary é maior que 100.000. No SQL, você não tem de especificar como as informações são recuperadas. O mecanismo do banco de dados examina o banco de dados e ele mesmo decide como atender sua solicitação. Você só precisa especificar os dados que deseja recuperar.

Uma *consulta* é uma pergunta que você faz ao banco de dados. Se um dos dados no banco de dados atender as condições da sua consulta, o SQL recupera esses dados.

Implementações atuais do SQL não têm muitas das construções básicas de programação que são fundamentais para a maioria das outras linguagens. Aplicativos do mundo real geralmente exigem pelo menos algumas dessas construções de programação, razão pela qual o SQL é, na verdade, uma *sublinguagem de dados*. Mesmo com as extensões que foram adicionadas em 1999, 2003, 2005 e 2008, você ainda tem de usar o SQL em combinação com uma linguagem procedural (como C++) para criar um aplicativo completo.

Você pode extrair informações de um banco de dados de duas maneiras:

- **Fazendo uma consulta *ad hoc* a partir do teclado digitando apenas uma instrução SQL e lendo os resultados na tela.** As consultas a partir do teclado são apropriadas quando você quer uma resposta rápida a uma pergunta específica. Para atender uma necessidade imediata, talvez você precise solicitar informações que você nunca precisou antes a um banco de dados. É provável que você nunca precise dessas informações novamente, mas você precisa delas agora. Insira a instrução de consulta SQL apropriada a partir do teclado e, no devido tempo, o resultado aparece na tela.

✓ **Executando um programa que coleta informações do banco de dados e as exibe na tela ou em um relatório impresso.** Incorporar uma consulta SQL diretamente a um programa é uma boa maneira de realizar uma consulta complexa que provavelmente você executará novamente no futuro. Dessa forma, você pode programar uma consulta uma única vez para usar quantas vezes quiser. O Capítulo 16 explicará como incorporar o código SQL a programas escritos em outra linguagem de programação.

Uma História (muito) Pequena

O SQL se originou em um dos laboratórios de pesquisa da IBM, assim como a teoria do banco de dados relacional. No início da década 1970, à medida que os pesquisadores da IBM desenvolviam os primeiros sistemas SGBD relacionais (ou SGBDR), eles criaram uma sublinguagem de dados para operar nesses sistemas. Eles chamaram a versão de pré-lançamento de sublinguagem *SEQUEL* (*Structured English Query Language*, linguagem de consulta estruturada). Mas quando chegou a hora de lançar formalmente a linguagem de consulta como um produto, eles descobriram que outra empresa já havia registrado o nome do produto "Sequel". Portanto, os gênios de marketing da IBM decidiram dar ao produto lançado um nome que fosse diferente de SEQUEL, mas ainda reconhecível como um membro da mesma família. Assim, ela foi chamada de SQL.

A sintaxe do SQL é uma forma de inglês estruturado, que é de onde deriva seu nome original. Mas o SQL não é uma *linguagem* estruturada no sentido que os cientistas da computação entendem esse termo. Assim, apesar dos pressupostos de muitas pessoas, SQL não é um acrônimo para "linguagem de consulta estruturada". É uma sequência de três letras que não significam nada, assim como o nome da linguagem C não significa nada.

O trabalho da IBM com bancos de dados relacionais e o SQL era bem conhecido na indústria mesmo antes de a IBM introduzir seu produto de banco de dados relacional SQL/DS (SGBDR) em 1981. Na época, a Relational Software, Inc. (hoje Oracle Corporation) já havia lançado seu primeiro SGBDR. Esses produtos iniciais estabeleceram imediatamente o padrão para uma nova classe de sistemas de gerenciamento de banco de dados. Eles incorporaram o SQL, que se tornou o padrão de fato para sublinguagens de dados. Fornecedores de outros sistemas de gerenciamento de banco de dados relacional lançaram suas próprias versões do SQL. Normalmente, essas outras implementações continham toda a funcionalidade básica dos produtos IBM, estendida de várias maneiras que aproveitavam os pontos fortes do seu próprio produto SGBDR. Como resultado, embora quase todos os fornecedores usassem algum tipo de SQL, a compatibilidade entre as plataformas era deficiente.

Uma *implementação* é um SGBDR particular executando em uma plataforma de hardware específica.

Logo começou um movimento para criar um padrão SQL universalmente reconhecido para que todos pudessem seguir. Em 1986, o ANSI (o *American National Standards Institute*) lançou um padrão formal chamado *SQL-86*. O ANSI atualizou esse padrão em 1989 para *SQL-89* e novamente em 1992 para *SQL-92*. À medida que os fornecedores de SGBD continuavam a lançar novas versões dos seus produtos, eles tentavam fazer com que suas implementações seguissem mais estritamente esse padrão. Esse esforço trouxe como objetivo ter uma verdadeira portabilidade do SQL muito mais próxima da realidade.

LEMBRE-SE

A versão completa mais recente do padrão SQL é SQL:2011 (ISO/IEC 9075-X: 2011). Neste livro, descrevemos o SQL como o padrão SQL:2011 define a linguagem. Cada implementação do SQL específica difere em certa medida do padrão. Como o padrão SQL completo é abrangente, é improvável que as implementações atualmente disponíveis o suportem totalmente. Mas os fornecedores de SGBD estão trabalhando para suportar um subconjunto básico da linguagem SQL padrão. O padrão ISO/IEC completo está disponível para compra, mas dificilmente você vai querer comprá-lo a menos que queira criar seu próprio sistema de gerenciamento de banco de dados SQL padrão ISO/IEC. O padrão é *altamente* técnico e praticamente incompreensível para qualquer um que não seja especialista nessa linguagem de computação.

Instruções SQL

A linguagem de comandos SQL consiste em um número limitado de instruções que executam três funções de manipulação de dados: algumas delas definem dados, algumas manipulam dados e outras controlam dados. Discutiremos as instruções de definição de dados e as instruções de manipulação de dados nos capítulos 4 a 12; Os detalhes das instruções de controle de dados estão nos Capítulos 13 e 14.

Para seguir o SQL:2011, uma implementação deve incluir um conjunto básico de recursos essenciais. Ela também pode incluir extensões para o conjunto básico (que a especificação SQL:2011 também descreve). A Tabela 2-1 lista as instruções básicas, mais as instruções SQL:2011 estendidas. A lista é grande. Se você está entre os programadores que gostam de experimentar novas habilidades, vai alegrar-se.

Tabela 2-1	Instruções SQL:2011	
ADD	DEALLOCATE PREPARE	FREE LOCATOR
ALLOCATE CURSOR	DECLARE	GET DESCRIPTOR
ALLOCATE DESCRIPTOR	DECLARE LOCAL TEMPORARY TABLE	GET DIAGNOSTICS
ALTER DOMAIN	DELETE	GRANT PRIVILEGE
ALTER ROUTINE	DESCRIBE INPUT	GRANT ROLE

ALTER SEQUENCE GENERATOR	DESCRIBE OUTPUT	HOLD LOCATOR
ALTER TABLE	DISCONNECT	INSERT
ALTER TRANSFORM	DROP	MERGE
ALTER TYPE	DROP ASSERTION	OPEN
CALL	DROP ATTRIBUTE	PREPARE
CLOSE	DROP CAST	RELEASE SAVEPOINT
COMMIT	DROP CHARACTER SET	RETURN
CONNECT	DROP COLLATION	REVOKE
CREATE	DROP COLUMN	ROLLBACK
CREATE ASSERTION	DROP CONSTRAINT	SAVEPOINT
CREATE CAST	DROP DEFAULT	SELECT
CREATE CHARACTER SET	DROP DOMAIN	SET CATALOG
CREATE COLLATION	DROP METHOD	SET CONNECTION
CREATE DOMAIN	DROP ORDERING	SET CONSTRAINTS
CREATE FUNCTION	DROP ROLE	SET DESCRIPTOR
CREATE METHOD	DROP ROUTINE	SET NAMES
CREATE ORDERING	DROP SCHEMA	SET PATH
CREATE PROCEDURE	DROP SCOPE	SET ROLE
CREATE ROLE	DROP SEQUENCE	SET SCHEMA
CREATE SCHEMA	DROP TABLE	SET SESSION AUTHORIZATION
CREATE SEQUENCE	DROP TRANSFORM	SET SESSION CHARACTERISTICS
CREATE TABLE	DROP TRANSLATION	SET SESSION COLLATION
CREATE TRANSFORM	DROP TRIGGER	SET TIME ZONE
CREATE TRANSLATION	DROP TYPE	SET TRANSACTION
CREATE TRIGGER	DROP VIEW	SET TRANSFORM GROUP
CREATE TYPE	EXECUTE IMMEDIATE	START TRANSACTION
CREATE VIEW	FETCH	UPDATE
DEALLOCATE DESCRIPTOR		

Palavras Reservadas

Além das instruções, algumas outras palavras têm significado especial dentro do SQL. Essas palavras, juntamente com as instruções, são reservadas para usos específicos, assim você não pode usá-las como nomes de variáveis ou usá-las de qualquer outra forma que difere do uso projetado. Você pode facilmente ver porque tabelas, colunas e variáveis não devem receber nomes que apareçam na lista de palavras reservadas. Imagine a confusão que uma instrução como esta provocaria:

```
SELECT SELECT FROM SELECT WHERE SELECT = WHERE ;
```

Bem, chega desse assunto. A lista completa das palavras SQL reservadas está no Apêndice A.

Tipos de Dados

Dependendo de suas histórias, diferentes implementações do SQL suportam uma variedade de tipos de dados. A especificação SQL reconhece sete tipos gerais predefinidos:

- Numéricos
- Binário
- Strings
- Booleanos
- Datas e horas
- Intervalos
- XML

Dentro de cada um desses tipos gerais pode haver vários subtipos (numéricos exatos, numéricos aproximados, strings de caracteres, strings de bits, strings de objetos grandes). Além dos tipos predefinidos, o SQL suporta tipos de coleção, tipos construídos e tipos definidos pelo usuário. Discutiremos todos mais adiante neste capítulo.

DICA Caso utilize uma implementação do SQL que suporta tipos de dados que não estão descritos na especificação SQL, você pode manter seu banco de dados mais portátil evitando esses tipos de dados não descritos. Antes de decidir criar e usar um tipo de dado definido pelo usuário, certifique-se de que qualquer SGBD que você pode querer portar no futuro também suporta tipos definidos pelo usuário.

Numéricos exatos

Como você provavelmente pode imaginar pelo nome, os tipos de dados *numéricos exatos* permitem expressar o valor de um número de maneira precisa. Cinco tipos de dados se enquadram nessa categoria:

- INTEGER
- SMALLINT
- BIGINT
- NUMERIC
- DECIMAL

Tipos de dados INTEGER

Dados do tipo INTEGER não têm uma parte fracionária, e sua precisão depende da implementação específica do SQL. Como desenvolvedor de banco de dados, você não pode especificar a precisão.

A *precisão* de um número é o número máximo de dígitos significativos que o número pode ter.

Tipos de dados SMALLINT

O tipo de dado SMALLINT também é para números inteiros, mas a precisão de um SMALLINT em uma implementação específica não pode ser maior do que a precisão de um INTEGER na mesma implementação. Em muitas implementações, SMALLINT e INTEGER são os mesmos.

Se você estiver definindo uma coluna de tabela de banco de dados para armazenar dados de números inteiros e sabe que o intervalo de valores na coluna não poderá exceder a precisão dos dados SMALLINT na sua implementação, atribua à coluna o tipo SMALLINT em vez do tipo INTEGER. Essa atribuição pode permitir que o SGBD economize espaço de armazenamento.

Tipos de dados BIGINT

O tipo de dado BIGINT é definido como um tipo cuja precisão é, pelo menos, tão grande quanto à do tipo de INTEGER (podendo ser maior). A precisão exata de um tipo de dados BIGINT depende da implementação do SQL usada.

Tipos de dados NUMERIC

Dados NUMERIC podem ter um componente fracionário além do componente de número inteiro. Você pode especificar a precisão e a escala dos dados NUMERIC. (Lembre-se de que precisão é o número máximo de dígitos significativos possíveis).

LEMBRE-SE

A *escala* de um número é o número de dígitos na sua parte fracionária. A escala de um número não pode ser negativa ou maior do que a precisão desse número.

Se você especificar o tipo de dado NUMERIC, sua implementação do SQL fornece exatamente a precisão e escala que você solicita. Você pode especificar NUMERIC e obter uma precisão e escala padrão, ou NUMERIC (p) e obter a precisão especificada e a escala padrão ou NUMERIC (p,s) e obter tanto a precisão especificada como a escala especificada. Os parâmetros p e s são espaços reservados que seriam substituídos pelos valores reais em uma declaração de *dados*.

Digamos, por exemplo, que a precisão padrão do tipo de dado NUMERIC para sua implementação do SQL seja 12 e a escala padrão 6. Se você especificar uma coluna de banco de dados como tendo um tipo de dado NUMERIC, a coluna pode conter números até 999.999,999999. Se, por outro lado, você especificar um tipo de dado NUMERIC (10) para uma coluna, a coluna só poderá conter números com um valor máximo de 9.999,999999. O parâmetro (10) especifica o número máximo de dígitos possíveis no número. Se você especificar um tipo de dados NUMERIC (10,2) para uma coluna, a coluna só poderá conter números com um valor máximo de 99.999.999,99. Nesse caso, você ainda pode ter dez dígitos no total, mas apenas dois desses dígitos podem estar à direita da vírgula decimal.

DICA

Dados NUMERIC são utilizados para valores como a 595,72. Esse valor tem precisão de 5 (o número total de dígitos) e uma escala de 2 (o número de dígitos à direita da vírgula decimal). Um tipo de dados NUMERIC (5,2) é apropriado para esses números.

Tipos de dados DECIMAL

Os tipos de dados DECIMAL é semelhante ao NUMERIC. Esse tipo de dados pode ter um componente fracionário, e você pode especificar a precisão e a escala. A diferença é que sua implementação pode especificar uma precisão maior do que aquela que você especifica — se esse for o caso, a implementação utiliza a maior precisão. Se você não especificar a precisão ou a escala, a implementação utiliza valores padrão, como acontece com o tipo NUMERIC.

Um item que você especificar como NUMERIC (5,2) nunca pode conter um número com um valor absoluto maior que 999,99. Um item que você especifica como DECIMAL (5,2) sempre pode conter valores *até* 999,99, mas se sua implementação do SQL permite valores maiores, então o SGBD não rejeitará valores maiores que 999,99.

DICA

Use um tipo NUMERIC ou DECIMAL se seus dados têm pontos fracionários, e use o tipo INTEGER, SMALLINT ou BIGINT se seus dados sempre consistem em números inteiros. Use o tipo NUMERIC em vez do tipo DECIMAL se você quiser maximizar a portabilidade, porque um valor que você define como NUMERIC (5,2), por exemplo, tem o mesmo intervalo dos valores em todos os sistemas.

Numéricos aproximados

Algumas quantidades têm uma grande variedade de possíveis valores (muitas ordens de grandeza) que um computador com um determinado tamanho de registro não consegue representar todos os valores de uma maneira exata. (Exemplos de *tamanhos de registro* são 32 bits, 64 bits e 128 bits.) Normalmente, nesses casos, a exatidão não é necessária e uma aproximação é aceitável. O SQL define três tipos de dados NUMERIC aproximados para lidar com esses tipos de dados: REAL, DOUBLE PRECISION e FLOAT (como detalhado nas próximas três subseções).

Tipos de dados REAL

O tipo de dados REAL fornece número de ponto flutuante com uma precisão única — a precisão da qual a implementação do SQL depende. Em geral, o hardware que você usa determina a precisão. Uma máquina de 64 bits, por exemplo, fornece mais precisão do que uma máquina de 32 bits.

Um *número de ponto flutuante* é um número que contém um separador decimal. Este pode "flutuar" para locais diferentes no número, dependendo do valor do número. Os exemplos incluem 3,1, 3,14 e 3,14159 — e sim, todos os três podem ser usados como valores para π — cada um com uma precisão diferente.

Tipos de dados DOUBLE PRECISION

O tipo de dado DOUBLE PRECISION fornece um número de ponto flutuante com precisão dupla, cuja precisão, novamente, depende da implementação. Surpreendentemente, o significado da palavra DOUBLE também depende da implementação. A aritmética de precisão dupla é empregada principalmente por aplicações científicas. Diferentes disciplinas científicas têm necessidades diferentes na área da precisão. Algumas implementações SQL atendem a uma categoria de usuários e outras implementações atendem a outras categorias de usuários.

Em alguns sistemas, o tipo DOUBLE PRECISION tem exatamente o dobro da capacidade do tipo de dados REAL, tanto para a mantissa como para o expoente. (Se você se esqueceu do que você aprendeu na escola, pode representar qualquer número como uma *mantissa* multiplicada por dez elevado à potência fornecida por um expoente. Pode-se escrever 6.626, por exemplo, como 6,626E3. O número 6,626 é a mantissa, que você multiplica por dez elevado à terceira potência; nesse caso, *3* é o expoente).

Você não ganha nenhum benefício representando números que são bem próximos de 1 (como 6.626 ou mesmo 6.626.000) com um tipo de dado NUMERIC aproximado. Os tipos numéricos exatos também funcionam bem — e afinal de contas, eles são exatos. Para números muito próximos de 0 ou muito maiores do que 1, porém, como 6,626E-34 (um número muito pequeno), você deve usar um tipo NUMERIC aproximado. Tipos de dados NUMERIC exatos não podem conter esses números. Em outros sistemas, o tipo DOUBLE PRECISION oferece um pouco mais que o dobro da capacidade da mantissa — e um pouco menos que o dobro da capacidade do expoente que o tipo REAL. Em ainda outro tipo de sistema, o tipo DOUBLE PRECISION dá o dobro da capacidade da mantissa, mas a mesma capacidade do expoente que o tipo REAL. Nesse caso, a exatidão dobra, mas o intervalo não.

A especificação SQL não tenta ditar, arbitrar ou decretar o que significa DOUBLE PRECISION. A especificação exige apenas que a precisão *de* um número DOUBLE PRECISION seja maior que a precisão *de* um número REAL. Embora essa restrição seja relativamente fraca, é provável que seja a melhor possível, dadas as grandes diferenças que você encontra em hardware.

Tipos de dados FLOAT

O tipo de dados FLOAT é mais útil se você acha que algum um dia irá migrar seu banco de dados para uma plataforma de hardware com tamanhos diferentes de registro daqueles que estão disponíveis na sua plataforma atual. Usando o tipo de dado FLOAT, você pode especificar uma precisão — por exemplo, FLOAT (5). Se seu hardware suportar a precisão especificada com os circuitos de precisão única da máquina, então seu sistema atual usa a aritmética de precisão simples. Se, depois de migrar seu banco de dados, a precisão especificada exige aritmética de precisão dupla, então o sistema *utiliza* a aritmética de precisão dupla.

Ao usar FLOAT em vez de REAL ou DOUBLE PRECISION torna a migração dos seus bancos de dados para outro hardware mais fácil. Isso porque o tipo de dados FLOAT permite especificar a precisão e deixa que o hardware cuide de decidir qual aritmética utilizar, entre precisão simples ou dupla. (Lembre-se de que a precisão dos números REAL e DOUBLE PRECISION é dependente de hardware.)

Se você não tem certeza se deve usar os tipos de dados NUMERIC exatos (isto é, NUMERIC e DECIMAL), ou os tipos de dados NUMERIC aproximados (isto é, FLOAT e REAL), use os tipos NUMERIC exatos. Tipos de dados exatos exigem menos recursos do sistema — e, claro, dão resultados exatos (em vez de aproximados). Se o intervalo de possíveis valores dos seus dados for suficientemente grande para exigir o uso de tipos de dados aproximados, você provavelmente pode determinar esse fato com antecedência.

Strings de caracteres

Bancos de dados armazenam muitos tipos de dados, incluindo imagens gráficas, sons e animações. Você deve começar a sentir aromas diferentes com o que vem a seguir. Você consegue imaginar uma imagem tridimensional colorida de 1920 x 1080, 24 bits, de uma grande fatia de pizza de pepperoni na sua tela, enquanto uma amostra do cheirinho da pizza obtida no DiFilippi's Pizza Grotto é reproduzida por meio do seu cartão de supermultimídia? Essa configuração pode ser frustrante — pelo menos até você poder se dar ao luxo de também adicionar dados do tipo sabor a seu sistema. Infelizmente, você pode esperar muito tempo antes de o aroma e o sabor se tornarem tipos de dados SQL padrão. Hoje em dia, os tipos de dados que você usa mais comumente — depois dos tipos NUMERIC, é claro — são os tipos string de caracteres.

Há três tipos principais de dados CHARACTER:

- ✔ Dados de caractere fixo (CHARACTER ou CHAR)
- ✔ Dados de caracteres variados (CHARACTER VARYING ou VARCHAR)
- ✔ Dados de caracteres de objeto grande (CHARACTER LARGE OBJECT ou CLOB)

Há também três variantes desses tipos de dados de caractere:

- ✔ NATIONAL CHARACTER
- ✔ NATIONAL CHARACTER VARYING
- ✔ NATIONAL CHARACTER LARGE OBJECT

Os detalhes são discutidos a seguir.

Tipos de dados CHARACTER

Se definir o tipo de dados de uma coluna como CHARACTER ou CHAR, você pode especificar o número de caracteres que a coluna contém usando a sintaxe CHAR (x), onde x é o número de caracteres. Se especificar o tipo de dados de uma coluna como CHAR (16), por exemplo, o comprimento máximo de quaisquer dados que você pode inserir na coluna é 16 caracteres. Se você não especificar um argumento (isto é, não fornecer um valor no lugar do x, o SQL supõe um comprimento de campo de um caractere. Se você inserir dados em um campo CHARACTER de um comprimento específico e inserir menos caracteres do que o número especificado, o SQL preenche as áreas dos caracteres restantes com espaços em branco.

Tipos de dados CHARACTER VARYING

O tipo de dados CHARACTER VARYING é útil se o comprimento das entradas em uma coluna variar, mas você não quer que o SQL preencha o campo com espaços em branco. Esse tipo de dados permite armazenar exatamente o número de caracteres que o usuário insere. Não existe nenhum valor padrão para esse tipo de dado. Para especificar esse tipo de dado, use a forma CHARACTER VARYING (x) ou VARCHAR (x), onde x é o número máximo de caracteres permitido.

Tipos de dados CHARACTER LARGE OBJECT

O tipo de dados CHARACTER LARGE OBJECT (CLOB) foi introduzido no SQL:1999. Como o próprio nome diz, é usado com strings enormes de caracteres que são muito grandes para o tipo CHARACTER. CLOBs se comportam quase como strings de caracteres comuns, mas há uma série de restrições sobre o que você pode fazer com eles.

Por um lado, um CLOB não pode ser usado em um predicado PRIMARY KEY, FOREIGN KEY ou UNIQUE. Além disso, não pode ser usado em uma comparação, com exceção de igualdade ou desigualdade. Por causa de seu tamanho, os aplicativos geralmente não transferem CLOBs para ou a partir de um banco de dados. Em vez disso, um tipo de dado especial do lado do cliente chamado *localizador CLOB* é usado para manipular os dados CLOB.

É um parâmetro cujo valor identifica um objeto grande de string de caracteres.

Um predicado é uma instrução que pode ser logicamente True ou False.

Tipos de dados NATIONAL CHARACTER, NATIONAL CHARACTER VARYING e NATIONAL CHARACTER LARGE OBJECT

Vários idiomas têm alguns caracteres que diferem de quaisquer caracteres em outro idioma. Por exemplo, o alemão tem alguns caracteres especiais que não estão presentes no conjunto de caracteres do idioma inglês. Alguns idiomas, como o russo, têm um conjunto de caracteres muito diferente daquele do inglês. Por exemplo, se você especificar o conjunto de caracteres inglês como o padrão para seu sistema, você pode usar conjuntos de caracteres alternativos, porque os tipos de dados NATIONAL CHARACTER, NATIONAL CHARACTER VARYING e NATIONAL CHARACTER LARGE OBJECT funcionam da mesma maneira que os tipos de dados CHARACTER, CHARACTER VARYING e CHARACTER LARGE OBJECT — a única diferença é que o conjunto de caracteres que você especifica é diferente do conjunto de caracteres padrão.

Você pode especificar o conjunto de caracteres à medida que define uma coluna de tabela. Se você quiser, cada coluna pode usar um conjunto de caracteres diferente. O exemplo a seguir de uma instrução de criação de tabela usa vários conjuntos de caracteres:

```
CREATE TABLE XLATE (
   LANGUAGE_1 CHARACTER (40),
   LANGUAGE_2 CHARACTER VARYING (40) CHARACTER SET GREEK,
   LANGUAGE_3 NATIONAL CHARACTER (40),
   LANGUAGE_4 CHARACTER (40)   CHARACTER SET KANJI
   ) ;
```

Aqui a coluna LANGUAGE_1 contém os caracteres no conjunto de caracteres padrão da implementação. A coluna LANGUAGE_3 contém caracteres no conjunto de caracteres nacional da implementação. A coluna LANGUAGE_2 contém caracteres gregos. E a coluna LANGUAGE_4 contém caracteres kanji. Depois de uma longa ausência, conjuntos de caracteres asiáticos, como Kanji, estão agora disponíveis em muitos produtos de SGBD.

Strings binárias

Os tipos de dados de string BINARY foram introduzidos no SQL:2008. Considerando que os dados binários foram fundamentais para computadores digitais desde o computador de Atanasoff-Berry da década de 1930, esse reconhecimento da importância dos dados binários parece que chegou um pouco tarde ao SQL. (Antes tarde do que nunca, suponho). Existem três tipos binários diferentes, BINARY, BINARY VARYING e BINARY LARGE OBJECT.

Tipos de dados BINARY

Se definir o tipo de dado de uma coluna como BINARY, você pode especificar o número de bytes (octetos) que a coluna contém usando a sintaxe BINARY (x), onde x é o número de bytes. Se você especificar o tipo de dados de uma coluna como BINARY (16), por exemplo, a string binária deve ter um comprimento de 16 bytes. Dados BINARY devem ser inseridos como bytes, começando com o byte um.

Tipos de dados BINARY VARYING

Use o tipo BINARY VARYING ou VARBINARY quando o comprimento de uma string binária é uma variável. Para especificar esse tipo de dados, utilize a forma BINARY VARYING (x) ou VARBINARY (x), onde x é o número máximo de bytes permitidos. O tamanho mínimo da string é zero e o tamanho máximo é x.

Tipos de dados BINARY LARGE OBJECT

O tipo de dado BINARY LARGE OBJECT (BLOB) é usado com strings binárias enormes que são excessivamente grandes para o tipo BINARY. Imagens gráficas e arquivos de música são exemplos de strings binárias enormes. BLOBs se comportam como strings binárias comuns, mas o SQL coloca uma série de restrições sobre o que você pode fazer com eles.

Por um lado, você não pode usar um BLOB em um predicado PRIMARY KEY, FOREIGN KEY ou UNIQUE. Além disso, nenhum BLOB pode ser utilizado em comparações além daquelas para igualdade ou desigualdade. BLOBs são grandes, assim aplicativos geralmente não transferem BLOBs reais para ou a partir de um banco de dados. Em vez disso, eles usam um tipo especial de dados do lado do cliente chamado *localizador BLOB* para manipular os dados BLOB. O localizador é um parâmetro cujo valor identifica um objeto binário grande.

Booleanos

O tipo de dado BOOLEAN consiste nos valores de verdadeiro (*True*), falso (*False*) ou desconhecido (*Unknown*). Se um valor booleano verdadeiro ou falso for comparado a um valor NULL ou desconhecido, o resultado terá o valor desconhecido.

Datas e horas

O padrão SQL define cinco tipos de dados que lidam com datas e horas; eles são chamados *tipos de dados de data/hora* ou simplesmente *datetimes*. Existe uma sobreposição considerável entre esses tipos de dados, assim algumas implementações que você encontra podem não suportar todos os cinco.

> **CUIDADO!**
> Implementações que não suportam totalmente todos os cinco tipos de dados para as datas e horas podem resultar em problemas nos bancos de dados que você tenta migrar de outra implementação. Se você tiver problemas com a migração, verifique as implementações de origem e destino para ver como elas representam datas e horas.

Tipo de dado DATE

O tipo DATE armazena valores de ano, mês e dia de uma data, nessa ordem. O valor de ano tem quatro dígitos e os valores de mês e dia têm dois dígitos. Um valor DATE pode representar qualquer data desde o ano 0001 até o ano 9999. O comprimento de uma DATE é dez posições, como em 1957-08-14.

Tipo de dado TIME WITHOUT TIME ZONE

O tipo de dado TIME WITHOUT TIME ZONE armazena valores de hora, minuto e segundo do tempo. As horas e os minutos ocupam dois dígitos. O valor de segundos pode ter apenas dois dígitos, mas também pode expandir-se para incluir uma parte fracionária opcional. Portanto, esse tipo de dados pode representar um hora como 32 minutos e 58.436 segundos depois das 9:00 como 09:32:58.436.

A precisão da parte fracionária é dependente de implementação, mas tem, pelo menos, seis dígitos. Um valor TIME WITHOUT TIME ZONE ocupa oito posições (incluindo dois pontos) quando o valor não tem uma parte fracionária, ou nove posições (incluindo o separador decimal) mais o número de dígitos fracionários quando o valor não inclui uma parte fracionária. Você especifica os dados do tipo TIME WITHOUT TIME ZONE como TIME, o que lhe dá o padrão de nenhum dígito fracionário ou como TIME WITHOUT TIME ZONE (p), onde p é o número de posições de dígitos à direita do separador decimal. O exemplo no parágrafo anterior representa um tipo de dados de TIME WITHOUT TIME ZONE (3).

Tipo de dado TIMESTAMP WITHOUT TIME ZONE

O dado TIMESTAMP WITHOUT TIME ZONE inclui tanto data como hora. Os comprimentos e as restrições nos valores dos componentes do dado TIMESTAMP WITHOUT TIME ZONE são os mesmos que para DATE e para o dado TIME WITHOUT TIME ZONE, exceto por uma diferença: o comprimento padrão da parte fracionária do componente hora de um TIMESTAMP WITHOUT TIME ZONE é seis dígitos, em vez de zero.

Se o valor não tiver dígitos fracionários, o comprimento de um TIMESTAMP WITHOUT TIME ZONE terá 19 posições — dez posições de data, um espaço como separador e oito posições de hora, nessa ordem. Se dígitos fracionários estiverem presentes (seis dígitos é o padrão), o comprimento terá 20 posições mais o número de dígitos fracionários. A 20ª posição é para o separador decimal. Você especifica um campo como o tipo TIMESTAMP WITHOUT TIME ZONE usando TIMESTAMP WITHOUT TIME ZONE ou TIMESTAMP WITHOUT TIME ZONE (p), onde p é o número de posições dos dígitos fracionários. O valor de p não pode ser negativo e a implementação determina seu valor máximo.

Tipo de dado TIME WITH TIME ZONE

O tipo de dado `TIME WITH TIME ZONE` é o mesmo que o tipo de dado `TIME WITHOUT TIME ZONE`, exceto que esse tipo adiciona informações sobre o deslocamento em relação ao *Universal Time* (UTC, o sucessor de Greenwich Mean Time ou GMT). O valor do deslocamento pode variar de –12:59 a +13:00. Essa informação adicional ocupa mais seis posições de dígitos depois da hora — um hífen como separador, um sinal de adição ou subtração, e então o deslocamento em horas (dois dígitos) e minutos (dois dígitos) com dois pontos entre as horas e os minutos. Um valor `TIME WITH TIME ZONE` sem uma parte fracionária (o padrão) tem um comprimento de 14 posições. Se você especificar uma parte fracionária, o comprimento do campo terá 15 posições mais o número de dígitos fracionários.

Tipo de dado TIMESTAMP WITH TIME ZONE

O tipo de dado `TIMESTAMP WITH TIME ZONE` funciona da mesma maneira que o tipo de dado `TIMESTAMP WITHOUT TIME ZONE`, exceto que esse tipo de dado também inclui informações sobre o deslocamento em relação ao Universal Time. As informações adicionais ocupam mais seis posições de dígitos depois do registro de data/hora. (Consulte na seção anterior a forma das informações de fuso horário.) Incluir dados de fuso horário configura 25 posições para um campo sem nenhuma parte fracionária e 26 posições (mais o número de dígitos fracionários) para campos que incluem uma parte fracionária. (Seis é o número padrão de dígitos fracionários).

Intervalos

Os tipos de dados *de intervalo* estão estreitamente relacionados com os tipos de dados de data e hora. Um intervalo é a diferença entre dois valores de data e hora. Em muitos aplicativos que lidam com datas, horas ou ambos, às vezes é necessário determinar o intervalo entre duas datas ou dois horários.

O SQL reconhece dois tipos distintos de intervalos: o intervalo de *meses no ano* e o intervalo de *horas no dia*. Um intervalo de meses no ano é o número de anos e meses entre duas datas. Um intervalo de hora do dia é o número de dias, horas, minutos e segundos entre dois instantes em um mês. Você não pode misturar cálculos envolvendo um intervalo de meses do ano com cálculos que envolvem um intervalo de horas do dia, porque meses usam comprimentos variados (28, 29, 30 ou 31 dias de comprimento).

Tipo XML

XML é um acrônimo para eXtensible Markup Language, que define um conjunto de regras para adicionar marcação aos dados. A marcação estrutura os dados de uma forma que transmite o que os dados significam. XML permite o compartilhamento de dados entre plataformas muito diferentes.

O tipo de dado XML tem uma estrutura de árvore, assim um nó raiz pode ter nós filhos que, por sua vez, podem ter seus próprios filhos. Introduzido pela primeira vez no SQL:2003, o tipo XML foi detalhado no SQL/XML:2005 e ampliado ainda mais no SQL:2008. A edição de 2005 definiu cinco subtipos parametrizados e manteve o tipo XML inicial simples. Valores XML podem existir como instâncias de dois ou mais tipos, porque alguns dos subtipos são subtipos de outros subtipos. (Talvez devesse chamá-los subsubtipos ou mesmo subsubsubtipos. Felizmente, o SQL:2008 definiu uma maneira padrão de referir-se a subtipos).

Os modificadores primários do tipo XML são SEQUENCE, CONTENT e DOCUMENT. Os modificadores secundários são UNTYPED, ANY e XMLSCHEMA. A Figura 2-1 mostra a estrutura de árvore que ilustra as relações hierárquicas entre os subtipos.

```
                        XML (SEQUENCE)
                              |
                        XML (CONTENT(ANY))
                         /          \
    XML (CONTENT(XMLSCHEMA))   XML (CONTENT(UNTYPED))
                                      |
                                XML (DOCUMENT(ANY))
                                   /          \
                    XML (DOCUMENT(UNTYPED))   XML (DOCUMENT(XMLSCHEMA))
```

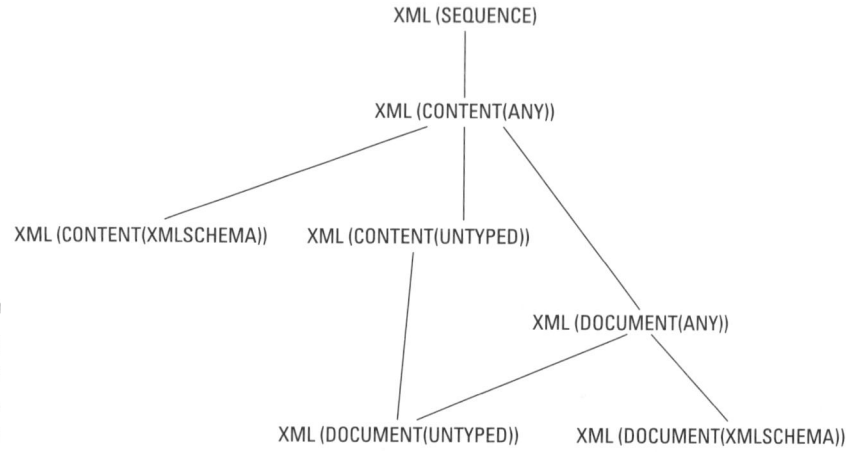

Figura 2-1: As relações dos subtipos XML.

A lista a seguir é um resumo dos tipos XML que você deve conhecer. Não se desespere se ela parecer grego (ou pior ainda, Linear A). Forneço uma explicação mais detalhada desses tipos no Capítulo 18. Organizei a lista para começar com os tipos mais básicos e terminar com os mais complicados:

- XML (SEQUENCE). Todo valor no XML é um valor SQL NULL ou uma sequência XQuery. Dessa forma, todos os valores XML são uma instância do tipo XML (SEQUENCE). *XQuery* é uma linguagem de consulta especificamente projetada para extrair informações de dados XML. Esse é o tipo XML mais básico.

  XML (SEQUENCE) é o menos restritivo entre os tipos XML. Ele pode aceitar valores que não são valores XML bem formados. Os outros tipos XML, por outro lado, não são tão indulgentes.

- XML (CONTENT (ANY)). Esse é um tipo ligeiramente mais restritivo do que XML (SEQUENCE). Cada valor XML que é um valor NULL ou um nó de documento XQuery (ou filho desse nó de documento) é uma instância desse tipo. Cada instância do XML (CONTENT (ANY))

também é uma instância do `XML(SEQUENCE)`. Valores XML do tipo `XML(CONTENT(ANY))` não são necessariamente bem formados. Esses valores podem ser resultados intermediários em uma consulta que são posteriormente reduzidos a valores bem formados.

- `XML(CONTENT(UNTYPED))`. Esse é mais restritivo do que `XML(ANY CONTENT)` e, portanto, qualquer valor do tipo `XML(CONTENT(UNTYPED))` também é uma instância do tipo `XML(CONTENT(ANY))` e do tipo `XML(SEQUENCE)`. Cada valor XML que é o valor nulo ou um valor não nulo do tipo `XML(CONTENT(ANY))` é um nó de documento XQuery *D*, de tal forma que o seguinte é verdadeiro para cada nó do elemento XQuery contido na árvore XQuery *T* enraizada em *D*:

  - A propriedade *type-name* é `xdt:untyped`.
  - A propriedade *nilled* é `False`.
  - Para cada nó de atributo XQuery contido em *T*, a propriedade tipo é `xdt:untypedAtomic`.
  - Para cada nó de atributo XQuery contido em *T*, a propriedade *type* é um valor do *type-name* `XML(CONTENT(UNTYPED))`.

- `XML(CONTENT(XMLSCHEMA))`. Esse é um segundo subtipo de `XML(CONTENT(ANY))` além de `XML(CONTENT(UNTYPED))`. Como tal, também é um subtipo de `XML(SEQUENCE)`. Todo valor XML que é um valor nulo ou um valor não nulo do tipo `XML(CONTENT(ANY))` e também é um nó de documento XQuery *D* de tal modo que cada nó de elemento XQuery que está contido na árvore XQuery *T* enraizado em *D*:

  - É válido de acordo com o esquema XML *S*, ou
  - É válido de acordo com um *namespace* XML *N* em um esquema *XML S*, ou
  - É válido de acordo com o componente *E* do esquema de declaração de elemento global em um esquema *S*, ou
  - É um valor do tipo `XML(CONTENT(XMLSCHEMA))`, cujo tipo de descritor inclui o descritor XML Schema registrado de *S*, e, se *N* for especificado, o URI do namespace XML de *N*, ou se *E* for especificado, o URI do namespace XML de *E* e o NCName XML de *E*.

- `XML(DOCUMENT(ANY))`. Esse é outro subtipo do tipo `XML(CONTENT(ANY))` com a restrição adicional de que instâncias do `XML(DOCUMENT(ANY))` são nós de documento que têm exatamente um nó de elemento XQuery, zero ou mais nós de comentário XQuery e zero ou mais nós de instrução de processamento XQuery.

- `XML(DOCUMENT(UNTYPED))`. Cada valor que é o valor `NULL` ou um valor não nulo do tipo `XML(CONTENT(UNTYPED))`, que é um nó de documento XQuery cuja propriedade `children` tem exatamente um nó de elemento XQuery, zero ou mais nós de comentário

XQuery e zero ou mais nós de instrução de processamento XQuery é um valor do tipo XML(DOCUMENT(UNTYPED)). Todas as instâncias do XML(DOCUMENT(UNTYPED)) também são exemplos de XML(CONTENT(UNTYPED)). Além disso, todas as instâncias de XML(DOCUMENT(UNTYPED)) também são instâncias de XML(DOCUMENT(ANY)). XML(DOCUMENT(UNTYPED)) é o mais restritivo dos subtipos, compartilhando as restrições de todos os outros subtipos. Qualquer documento que se qualifica como um XML(DOCUMENT(UNTYPED)) também é uma instância de todos os outros subtipos XML.

Tipos ROW

O tipo de dado ROW foi introduzido no SQL:1999. Ele não é tão fácil de entender e como um começo para o programador SQL intermediário, talvez você nunca o use. Afinal de contas, as pessoas sobreviveram muito bem sem ele entre 1986 e 1999.

Uma coisa notável sobre o tipo de dado ROW é que ele viola as regras da normalização que E. F. Codd declarou na época da teoria do banco de dados relacional. (Discutiremos mais essas regras no Capítulo 5). Uma das características definidoras da primeira forma normal é que um campo em uma linha de tabela não pode conter múltiplos valores. Um campo pode conter um e apenas um valor. Mas o tipo de dado ROW permite declarar que toda uma linha de dados esteja contida em um único campo em uma única linha de uma tabela — em outras palavras, uma linha aninhada em uma linha.

As *formas normais*, inicialmente enunciadas pelo Dr. Codd, são características definidoras dos bancos de dados relacionais. A inclusão do tipo ROW no padrão SQL foi a primeira tentativa de ampliar o SQL para além do modelo relacional puro.

Considere a seguinte instrução SQL, que define um tipo de ROW para as informações do endereço de uma pessoa:

```
CREATE ROW TYPE addr_typ (
   Street          CHARACTER VARYING (25),
   City            CHARACTER VARYING(20),
   State           CHARACTER (2),
   PostalCode      CHARACTER VARYING (9)
   ) ;
```

Depois que é definido, o novo tipo ROW pode ser usado na definição de tabela:

```
CREATE TABLE CUSTOMER (
   CustID          INTEGER         PRIMARY KEY,
   LastName        CHARACTER VARYING (25),
   FirstName       CHARACTER VARYING (20),
   Address         addr_typ,
   Phone           CHARACTER VARYING (15)
   ) ;
```

A vantagem aqui é que se você mantiver informações de endereço para múltiplas entidades — como clientes, fornecedores, colaboradores e acionistas — você só precisará definir os detalhes da especificação do endereço uma vez: na definição do tipo ROW.

Tipos de coleção

Depois que o SQL se libertou da camisa de força relacional com o SQL:1999, os tipos de dados que violam a primeira forma normal tornaram-se possíveis. Isso tornou possível que um campo contivesse toda uma coleção de objetos, em vez de apenas um único. O tipo ARRAY foi introduzido no SQL:1999, e o tipo MULTISET foi introduzido no SQL:2003.

Duas coleções só podem ser comparadas entre si se ambas são do mesmo tipo, ARRAY ou MULTISET, se seus tipos de elemento são comparáveis. Como arrays têm uma ordem definida de elementos, os elementos correspondentes a partir dos arrays podem ser comparados. Multiconjuntos não têm nenhuma ordem definida de elementos, mas você pode compará-los se (a) existir uma enumeração para cada multiconjunto que é comparado e (b) as enumerações podem ser correlacionadas.

Tipo ARRAY

O tipo de dado ARRAY viola a primeira forma normal (1NF), mas de uma maneira diferente daquela como o tipo ROW viola a 1NF. O tipo ARRAY, um tipo de coleção, não é um tipo distinto no mesmo sentido que CHARACTER e NUMERIC são tipos de dados distintos. Um tipo ARRAY simplesmente permite que apenas um dos outros tipos tenha múltiplos valores dentro de um único campo de uma tabela. Por exemplo, digamos que sua organização precisa ser capaz de entrar em contato com os clientes se eles estão no trabalho, em casa ou viajando. Você deseja manter múltiplos números de telefone para eles. Você pode fazer isso declarando o atributo Phone como um array, como mostrado no código a seguir:

```
CREATE TABLE CUSTOMER (
   CustID      INTEGER         PRIMARY KEY,
   LastName    CHARACTER VARYING (25),
   FirstName   CHARACTER VARYING (20),
   Address     addr_typ,
   Phone       CHARACTER VARYING (15) ARRAY [3]
   ) ;
```

A notação ARRAY [3] permite armazenar até três números de telefone na tabela CUSTOMER. Os três números de telefone representam um exemplo de um grupo de repetição. *Grupos de repetição* são inaceitáveis de acordo com a teoria clássica do banco de dados relacional, mas isso é um dos vários exemplos dos casos em que o SQL:1999 quebrou as regras. Quando o Dr. Codd especificou pela primeira vez as regras da normalização, ele trocou a flexibilidade funcional pela integridade de dados. O SQL:1999 retomou parte dessa flexibilidade funcional, ao custo de alguma complexidade estrutural adicional.

A complexidade estrutural maior pode se traduzir em integridade de dados comprometida se você não estiver totalmente ciente de todos os efeitos das ações que você executa no seu banco de dados. Arrays são ordenados no sentido de que cada elemento em um array está associado *exatamente a uma* posição ordinal no array.

Um array é uma coleção ordenada de valores, e a *cardinalidade* de um array é o número de elementos no array. Um array SQL pode ter qualquer cardinalidade de zero até e incluindo um número máximo declarado de elementos. Isso significa que a cardinalidade de uma coluna do tipo array pode variar entre uma linha e a seguinte. Um array pode ser atomicamente nulo, caso em que sua cardinalidade também seria nula. Um array nulo não é a mesma coisa que um array vazio, cuja cardinalidade seria zero. Um array que tem apenas elementos nulos teria uma cardinalidade maior do que zero. Por exemplo, um array com cinco elementos nulos teria uma cardinalidade de cinco.

Se um array tem uma cardinalidade que é menor do que o máximo declarado, as células não usadas no array são consideradas como inexistentes. Elas não são consideradas como contendo valores nulos; elas simplesmente não estão lá.

Você pode acessar elementos individuais em um array colocando seus subscritos entre colchetes. Se você tem um array chamado Phone, então Phone [3] referenciaria o terceiro elemento do array Phone.

Desde o SQL:1999, é possível descobrir a cardinalidade de um array invocando a função CARDINALITY. A capacidade de descobrir a cardinalidade máxima de um array usando a função ARRAY_MAX_CARDINALITY é nova no SQL:2011. Isso é muito útil porque permite escrever rotinas de uso geral que se aplicam a arrays com diferentes cardinalidades máximas. Rotinas com cardinalidades máximas codificadas diretamente só são aplicadas a arrays que têm uma dada cardinalidade máxima e teriam de ser reescritas para arrays de qualquer outra cardinalidade máxima.

Embora o SQL:1999 tenha introduzido o tipo de dados ARRAY e a capacidade de lidar com elementos individuais dentro de um array, ele não especificou nenhuma regra para remover elementos de um array. Essa omissão foi corrigida no SQL:2011 com a introdução da função TRIM_ARRAY, que permite remover elementos do final de um array.

Tipo MULTISET

Um *multiconjunto* é uma coleção não ordenada. Os elementos específicos do multiconjunto não podem ser referenciados; geralmente isso ocorre porque esses elementos não recebem posições ordinais específicas no multiconjunto.

Tipos REF

Tipos REF não são parte do SQL básico. Isso significa que um SGBD pode afirmar conformidade com o padrão SQL sem absolutamente implementar tipos REF. O tipo REF não é um tipo distinto de dado da maneira como CHARACTER e NUMERIC o são. Em vez disso, ele é um *ponteiro* para um item de dados, um tipo de linha ou um tipo abstrato de dado que reside em uma linha de uma tabela (um local). A desreferenciação do ponteiro pode recuperar o valor armazenado no local alvo.

Se está confuso, não se preocupe, você não está sozinho. Usar tipos REF exige um conhecimento prático dos princípios da programação orientada a objetos (OOP). Este livro não mergulha muito profundamente nas águas turvas do OOP. Na verdade, como os tipos REF não são parte do SQL básico, você estará em uma situação melhor se não usá-los. Se você quer portabilidade máxima entre plataformas SGBD, atenha-se ao SQL básico.

Tipos definidos pelo usuário

Tipos definidos pelo usuário (UDTs) representam mais um exemplo dos recursos introduzidos no SQL:1999, que vêm do mundo da programação orientada a objetos. Como programador SQL, você não mais está limitado aos tipos de dados definidos na especificação do SQL. Você pode definir seus próprios tipos de dados, usando os princípios dos tipos de dados abstratos (TADs) encontrados nas linguagens de programação orientadas a objetos como C++.

Um dos benefícios mais importantes dos UDTs é o fato de que você pode usá-los para eliminar a *diferença de impedância* entre o SQL e a linguagem host que "empacota" o SQL. Um problema de longa data com o SQL é o fato de que tipos de dados predefinidos do SQL não correspondem aos tipos de dados das linguagens host às quais instruções SQL são incorporadas. Agora, com UDTs, um programador de banco de dados pode criar tipos de dados dentro do SQL que correspondem aos tipos de dados da linguagem host.

Um UDT tem atributos e métodos, que são encapsulados no UDT. O mundo exterior pode ver as definições de atributo e os resultados dos métodos — mas as implementações específicas dos métodos permanecem ocultas da visualização. Acesso aos atributos e métodos de um UDT pode ser ainda mais restrito especificando que são públicos, privados ou protegidos:

- Atributos ou métodos **públicos** estão disponíveis para todos os usuários de um UDT.
- Atributos ou métodos **privados** só estão disponíveis para o próprio UDT.
- Atributos ou métodos **protegidos** estão disponíveis apenas para o próprio UDT ou seus subtipos.

Você vê a partir disso que o UDT no SQL comporta-se quase como uma classe em uma linguagem de programação orientada a objetos. Há duas formas de tipos definidos pelo usuário: tipos distintos e tipos estruturados.

Tipos distintos

Tipos distintos são os mais simples das duas formas de tipos definidos pelo usuário. O recurso definidor de um tipo distinto é que ele é expresso como um único tipo de dado. Ele é construído a partir de um dos tipos de dados predefinidos, chamado *tipo fonte*. Múltiplos tipos distintos que são baseados em um único tipo fonte são distintos entre si; assim, eles não são diretamente comparáveis. Por exemplo, você pode usar tipos distintos para distinguir entre diferentes moedas. Considere a seguinte definição de tipo:

```
CREATE DISTINCT TYPE USdollar AS DECIMAL (9,2) ;
```

Essa definição cria um novo tipo de dado para dólares norte-americanos (USdollar), com base no tipo de dado DECIMAL predefinido. Você pode criar outro tipo distinto de maneira semelhante:

```
CREATE DISTINCT TYPE Euro AS DECIMAL (9,2) ;
```

Agora você pode criar tabelas que usam esses novos tipos:

```
CREATE TABLE USInvoice (
    InvID       INTEGER     PRIMARY KEY,
    CustID      INTEGER,
    EmpID       INTEGER,
    TotalSale   USdollar,
    Tax         USdollar,
    Shipping    USdollar,
    GrandTotal  USdollar
    ) ;
```

```
CREATE TABLE EuroInvoice (
    InvID       INTEGER     PRIMARY KEY,
    CustID      INTEGER,
    EmpID       INTEGER,
    TotalSale   Euro,
    Tax         Euro,
    Shipping    Euro,
    GrandTotal  Euro
    ) ;
```

Tanto o tipo USdollar como o tipo Euro baseiam-se no tipo DECIMAL, mas as instâncias de um não podem ser comparadas diretamente com as instâncias do outro, ou com instâncias do tipo DECIMAL. No SQL, como no mundo real, é possível converter dólares americanos em euros, mas isso requer uma operação especial (CAST). Após a conversão ser concluída, as comparações são possíveis.

Tipos estruturados

A segunda forma do tipo definido pelo usuário — o tipo estruturado — é expressa como uma lista de definições de atributos e métodos em vez de baseado em um único tipo fonte predefinido.

Construtores

Ao criar um UDT estruturado, o SGBD gera automaticamente uma função de construtor para ele, atribuindo-lhe o mesmo nome que o UDT. O trabalho do construtor é inicializar os atributos do UDT de acordo com os valores padrão.

Modificadores e observadores

Ao criar um UDT estruturado, o SGDB gera automaticamente uma função modificadora (*mutator*) e uma função observadora (*observer*). Uma função *modificadora*, quando invocada, altera o valor de um atributo de um tipo estruturado. Uma função *observadora* é o oposto de uma função modificadora; seu trabalho é recuperar o valor de um atributo de um tipo estruturado. Você pode incluir funções observadoras nas instruções SELECT para recuperar valores a partir de um banco de dados.

Subtipos e supertipos

Pode existir uma relação hierárquica entre dois tipos estruturados. Por exemplo, um tipo chamado MusicCDudt tem um subtipo nomeado RockCDudt e outro subtipo chamado ClassicalCDudt. MusicCDudt é o supertipo desses dois subtipos. RockCDudt é um *subtipo adequado* de MusicCDudt se não houver nenhum subtipo de MusicCDudt que é um supertipo de RockCDudt. Se RockCDudt tem um subtipo chamado HeavyMetalCDudt, HeavyMetalCDudt também é um subtipo de MusicCDudt, mas ele não é um subtipo adequado de MusicCDudt.

Um tipo estruturado que não tem nenhum supertipo é chamado *supertipo máximo,* e um tipo estruturado que não tem nenhum subtipo é chamado *subtipo folha.*

Exemplo de um tipo estruturado

Você pode criar UDTs estruturados da seguinte maneira:

```
/ * Cria um UDT chamado MusicCDudt * /
CREATE TYPE MusicCDudt AS
/ * Especifica atributos * /
Title                   CHAR(40),
Cost                    DECIMAL(9,2),
SuggestedPrice          DECIMAL(9,2)
/ * Permite subtipos * /
NOT FINAL ;

CREATE TYPE RockCDudt UNDER MusicCDudt NOT FINAL ;
```

O subtipo `RockCDudt` herda os atributos do supertipo `MusicCDudt`.

```
CREATE TYPE HeavyMetalCDudt UNDER RockCDudt FINAL ;
```

Agora que você tem os tipos, você pode criar tabelas que os utilizam. Eis um exemplo:

```
CREATE TABLE METALSKU (
        Album         HeavyMetalCDudt,
        SKU           INTEGER) ;
```

Agora você pode adicionar linhas à nova tabela:

```
BEGIN
        / * Declara uma variável temporária a * /
        DECLARE a = HeavyMetalCDudt ;
        / * Executa a função de construtor * /
        SET a = HeavyMetalCDudt() ;
            / * Executa a primeira função modificadora * /
            SET a = a.title('Edward the Great') ;
            / * Executa a segunda função modificadora  * /
            SET a = a.cost(7.50) ;
            / * Executa a terceira função modificadora * /
            SET a = a.suggestedprice(15.99) ;
            INSERT INTO METALSKU VALUES (a, 31415926) ;
        END
```

Tipos definidos pelo usuário originados de tipos de coleção

Na seção anterior "Tipos distintos", ilustro como você pode criar um tipo definido pelo usuário a partir de um tipo predefinido, usando o exemplo da criação de um tipo USDollar a partir do tipo `DECIMAL`. A capacidade foi introduzida no SQL:1999. O SQL:2011 amplia essa capacidade permitindo criar um novo tipo definido pelo usuário a partir de um tipo de coleção. Isso permite que o desenvolvedor defina métodos no array como um todo, não apenas nos elementos individuais do array, como permitido pelo SQL:1999.

Resumo dos tipos de dados

A Tabela 2-2 lista vários tipos de dados e exibe literais que obedecem a cada tipo.

Tabela 2-2 — Tipos de dados

Tipo de dados	Valor de exemplo
CHARACTER (20)	'Amateur Radio '
VARCHAR (20)	'Amateur Radio'
CLOB (1000000)	'This character string is a million characters long...'
SMALLINT, BIGINT ou INTEGER	7500
NUMERIC ou DECIMAL	3425,432
REAL, FLOAT ou DOUBLE PRECISION	6,626E-34
BINARY (1)	'01100011'
VARBINARY (4)	'01100011110001101110 0110'
BLOB (1000000)	'10010011101010110101010101...'
BOOLEAN	'TRUE'
DATE	DATE '1957-08-14'
TIME (2) WITHOUT TIME ZONE[1]	TIME '12:46:02.43' WITHOUT TIME ZONE
TIME (3) WITH TIME ZONE	TIME '12:46:02.432-08:00' WITH TIME ZONE
TIMESTAMP WITHOUT TIME ZONE (0)	TIMESTAMP '1957-08-14 12:46:02' WITHOUT TIME ZONE
TIMESTAMP WITH TIME ZONE (0)	TIMESTAMP '1957-08-14 12:46:02-08:00' WITH TIME ZONE
INTERVAL DAY	INTERVAL '4' DAY
XML(SEQUENCE)	<Client>Vince Tenetria</Client>
ROW	ROW (Street VARCHAR (25), City VARCHAR (20), State CHAR (2), PostalCode VARCHAR (9))
ARRAY	INTEGER ARRAY [15]
MULTISET	Nenhum literal se aplica ao tipo MULTISET.
REF	Não é um tipo, mas um ponteiro
USER DEFINED TYPE	Tipo Currency baseado em DECIMAL

[1] *O argumento especifica o número de dígitos fracionários.*

LEMBRE-SE: Sua implementação do SQL pode não suportar todos os tipos de dados descritos nesta seção. Além disso, sua implementação pode suportar tipos de dados não padrão que não são descritos aqui. (Sua milhagem pode variar etc. Você sabe o que fazer.)

Valores Nulos

LEMBRE-SE

Se um campo de banco de dados contém um item de dado, esse campo tem um valor específico. Diz-se que um campo que não contém um item de dado tem um *valor nulo*. Tenha em mente que

- Em um campo numérico, um valor nulo não é o mesmo que valor de zero.
- Em um campo de caracteres, um valor nulo não é o mesmo que um espaço.

Tanto um zero numérico como um caractere de espaço em branco são valores definidos. Um valor nulo indica que o valor de um campo é indefinido — seu valor não é conhecido.

Há algumas situações em que um campo pode ter um valor nulo. A lista a seguir descreve algumas dessas situações e dá um exemplo de cada uma:

- **O valor existe, mas você ainda não sabe qual é o valor.** Você define NUMBER como nulo na linha Lifeforms da tabela Exoplanets antes de astrônomos descobrirem evidências inequívocas de vida fora do nosso sistema solar na galáxia da Via Láctea.

- **O valor ainda não existe.** Você define TOTAL_SOLD como nulo no SQL For Dummies, 8th Edition, linha da tabela BOOKS porque o primeiro conjunto de números de vendas trimestrais ainda não foi informado.

- **O campo não é aplicável para essa linha particular.** Você define SEX como nulo na linha C3PO de tabela EMPLOYEE porque C3PO é um androide que não tem sexo. (Você sabia isso.)

- **O valor está fora do intervalo.** Você define SALARY como nulo na linha Oprah Winfrey da tabela EMPLOYEE porque você projetou a coluna SALARY como o tipo NUMERIC (8,2) e contrato de Oprah exige pagar mais de US$ 999,999.99. (Você também sabia isso).

DICA

Um campo pode ter um valor nulo por muitas razões diferentes. Não pule para quaisquer conclusões precipitadas sobre o que significa um valor nulo particular.

Restrições

Restrições são limitações aplicadas aos dados que alguém pode inserir em uma tabela de banco de dados. Talvez você saiba, por exemplo, que entradas em uma coluna numérica particular devem estar dentro de certo intervalo. Se alguém cria uma entrada que está fora desse intervalo, então essa entrada deve ser um erro. Aplicar uma restrição de intervalo à coluna evita que esse tipo de erro aconteça.

Tradicionalmente, o programa aplicativo que usa o banco de dados aplica quaisquer restrições a um banco de dados. Os produtos SGBD mais recentes, porém, permitem aplicar restrições diretamente ao banco de dados. Essa abordagem tem várias vantagens. Se vários aplicativos usam o mesmo banco de dados, você aplica as restrições apenas uma única vez (em vez de várias vezes). Além disso, adicionar restrições no nível do banco de dados costuma ser mais simples do que adicioná-las a um aplicativo. Frequentemente, tudo o que você faz é fixar a cláusula apropriada na instrução CREATE.

Discutimos restrições e *asserções* (que são restrições que se aplicam a mais de uma tabela) em detalhes no Capítulo 5.

Usando SQL em um Sistema Cliente/Servidor

O SQL é uma sublinguagem de dados que funciona em um sistema autônomo ou em um sistema multiusuário. O SQL funciona particularmente bem em um sistema cliente/servidor. Nesse tipo de sistema, os usuários em múltiplas máquinas clientes que se conectam a uma máquina servidor podem acessar — por meio de uma rede de área local (LAN) ou outro canal de comunicação — um banco de dados que reside no servidor ao qual eles estão conectados. O programa aplicativo em uma máquina cliente contém comandos de manipulação de dados SQL. A parte do SGBD que reside no cliente envia esses comandos para o servidor ao longo do canal de comunicação que conecta o servidor ao cliente. No servidor, a parte do servidor do SGDB interpreta e executa o comando SQL e então envia os resultados de volta para o cliente ao longo do canal de comunicação. Você pode codificar operações muito complexas no SQL no cliente, e então decodificar e executar essas operações no servidor. Esse tipo de configuração resulta no uso mais eficaz da largura de banda do canal de comunicação.

Se você recuperar dados usando o SQL em um sistema cliente/servidor, somente os dados que você quer são enviados pelo canal de comunicação entre o servidor e o cliente. Em contraposição, um sistema simples de compartilhamento de recursos, com inteligência mínima no servidor, deve enviar blocos enormes de dados por todo o canal para dar-lhe o dado que você deseja. Esse tipo de transmissão maciça pode desacelerar consideravelmente as operações. A arquitetura cliente/servidor complementa as características do SQL para fornecer bom desempenho a um custo moderado em pequenas, médias e grandes redes.

O servidor

A menos que ele receba uma solicitação de um cliente, o servidor não faz nada; ele simplesmente permanece disponível e esperando. Mas se múltiplos clientes exigem serviços ao mesmo tempo, os servidores devem responder rapidamente. Os servidores geralmente diferem das máquinas clientes em termos da quantidade de dados que eles manipulam. Eles têm uma grande quantidade de armazenamento em disco muito rápido, otimizado para acesso e recuperação rápidos aos dados. E como eles devem lidar com o tráfego que vem simultaneamente de múltiplas máquinas cliente, os servidores precisam de máquinas multiprocessadas.

O que o servidor é

O *servidor* (abreviação de *servidor de banco de dados*) é a parte de um sistema cliente/servidor que mantém o banco de dados. O servidor também armazena o software de servidor — a parte de um sistema de gerenciamento de banco de dados que interpreta os comandos vindos de clientes e traduz esses comandos em operações no banco de dados. O software de servidor também formata os resultados das solicitações de recuperação e envia os resultados de volta para o cliente solicitante.

O que o servidor faz

O trabalho do servidor é relativamente simples. Tudo o que um servidor precisa fazer é ler, interpretar e executar comandos que chegam por toda a rede a partir dos clientes. Esses comandos estão em uma de muitas sublinguagens de dados.

Uma sublinguagem não se qualifica como uma linguagem completa — ela implementa apenas parte de uma linguagem. Uma sublinguagem de dados pode, por exemplo, lidar apenas com a manipulação de dados. A sublinguagem tem operações de inserir, atualizar, excluir e selecionar dados, mas não pode ter estruturas de controle de fluxo como loops DO, variáveis locais, funções, procedimentos ou entrada/saída para impressoras. O SQL é a sublinguagem de dados mais comum em uso hoje e tornou-se um padrão da indústria. Na verdade, o SQL suplantou sublinguagens de dados proprietárias nas máquinas em todas as classes de desempenho. Com o SQL:1999, o SQL adquiriu muitos dos recursos ausentes nas sublinguagens tradicionais. Mas o SQL ainda não é uma linguagem completa de programação de uso geral; ela deve ser combinada com uma linguagem host para criar um aplicativo de banco de dados.

O cliente

A parte *cliente* de um sistema cliente/servidor consiste em um componente de hardware e em um componente de software. O componente de hardware é o computador cliente e sua interface com a rede de área local. Esse hardware do cliente pode ser muito semelhante (ou mesmo idêntico) ao hardware do servidor. O software é o componente que o distingue do cliente.

O que o cliente é

A principal tarefa do cliente é fornecer uma interface com o usuário. No que diz respeito ao usuário, a máquina cliente *é* o computador, e a interface com o usuário *é* o aplicativo. O usuário talvez nem mesmo perceba que o processo envolve um servidor. O servidor geralmente permanece invisível — muitas vezes em outra sala. Além da interface com o usuário, o cliente também contém o programa aplicativo e a parte cliente do SGBD. O programa aplicativo executa a tarefa específica que você requer (por exemplo, em contas a receber ou entrada de pedidos). A parte cliente do SGBD executa os comandos do programa aplicativo e troca dados e comandos de manipulação de dados SQL com a parte do servidor do SGBD.

O que o cliente faz

A parte cliente de um SGBD exibe informações na tela e responde à entrada do usuário transmitida por meio do teclado, mouse ou outro dispositivo de entrada. O cliente também pode processar os dados que chegam de um link de telecomunicações ou de outras estações na rede. A parte cliente do SGBD faz todo o "pensamento" específico do aplicativo. Para um desenvolvedor, a parte cliente de um SGBD é a parte interessante. A parte servidor só lida com as solicitações da parte cliente de uma maneira mecânica e repetitiva.

Utilizando SQL na Internet ou Intranet

A operação de banco de dados na Internet e em intranets difere fundamentalmente da operação de banco de dados em um sistema cliente/servidor tradicional. A diferença é principalmente no lado do cliente. Em um sistema cliente/servidor tradicional, a maior parte da funcionalidade do SGBD reside na máquina do cliente. Em um sistema de banco de dados baseado na Internet, a maior parte ou todo o SGBD reside no servidor. O cliente pode hospedar nada além de um navegador web. No máximo, o cliente contém um navegador e uma extensão de navegador, como um complemento do Firefox ou um controle ActiveX. Assim, o "centro da massa" conceitual do sistema desloca-se para o servidor. Essa mudança tem várias vantagens:

- A parte cliente do sistema (navegador) é barata ou até gratuita.
- Você tem uma interface com o usuário padronizada.
- O cliente é fácil de manter.
- Você tem uma relação cliente/servidor padronizada.
- Você tem um meio comum de exibir dados multimídia.

As principais desvantagens de executar manipulações no banco de dados por meio da Internet envolvem segurança e integridade dos dados:

- Para proteger as informações contra acessos indesejados ou adulteração, tanto o servidor web como o navegador cliente devem suportar criptografia forte.
- Navegadores não fazem verificações adequadas da entrada de dados.
- Tabelas de banco de dados que residem em servidores diferentes podem tornar-se dessincronizadas.

Extensões de cliente e servidor projetadas para responder a essas preocupações tornam a Internet um lugar viável para aplicações de banco de dados de produção. A arquitetura de uma intranet é semelhante àquela da Internet, mas a segurança é uma preocupação menor. Como a organização que mantém a intranet tem controle físico sobre todas as máquinas cliente — bem como os servidores e a rede que liga esses componentes juntos — uma intranet sofre muito menos exposição aos esforços de hackers mal-intencionados. Erros de entrada de dados e dessincronização de banco de dados, contudo, ainda são preocupações.

Capítulo 3
Os Componentes do SQL

Neste capítulo
- Criando bancos de dados
- Manipulando dados
- Protegendo bancos de dados

SQL é uma linguagem de consulta especial projetada para criar e manter dados em bancos de dados relacionais. Embora os fornecedores de sistemas de gerenciamento de banco de dados relacionais tenham suas próprias implementações SQL, um padrão ISO/IEC (revisto em 2011) define e controla o que o SQL é. Todas as implementações diferem do padrão em graus variados. Seguir de perto o padrão é o segredo para executar um banco de dados (e seus aplicativos associados) em mais de uma plataforma.

Embora não seja uma linguagem de programação de propósito geral, o SQL contém algumas ferramentas impressionantes. Três linguagens no SQL oferecem tudo o que você precisa para criar, modificar, manter e garantir a segurança de um banco de dados relacional:

- **A linguagem de definição de dados (DDL).** A parte do SQL que você usa para criar (definir completamente) um banco de dados, modificar sua estrutura e excluí-lo quando você não mais precisar dele.

- **A linguagem de manipulação de dados (DML).** A parte de SQL que executa a manutenção de banco de dados. Usando essa ferramenta poderosa, você pode especificar o que você quer fazer com os dados em seu banco de dados — inseri-los, alterá-los, removê-los ou recuperá-los.

- **A linguagem de controle de dados (DCL).** A parte do SQL que evita que seu banco de dados seja corrompido. Usado corretamente, o DCL oferece segurança para seu banco de dados; o nível de proteção depende da implementação. Se seu aplicativo não fornece proteção suficiente, você deve adicionar essa proteção ao seu programa aplicativo.

Este capítulo oferece uma introdução a essas três linguagens.

Linguagem de Definição de Dados

A linguagem de definição de dados (DDL) é a parte do SQL que você usa para criar, alterar ou excluir os elementos básicos de um banco de dados relacional. Elementos básicos incluem tabelas, views, esquemas, catálogos, clusters e possivelmente também outras coisas. Nas seções a seguir, discutiremos a hierarquia de contenção, que relaciona esses elementos entre si e analisa os comandos que operam nesses elementos.

No Capítulo 1, menciono tabelas e esquemas, observando que um *esquema* é uma estrutura geral que contém tabelas. Tabelas e esquemas são dois elementos da *hierarquia de contenção* de um banco de dados relacional. É recomendável dividir a hierarquia de contenção desta maneira:

- Tabelas contêm colunas e linhas.
- Esquemas contêm tabelas e views.
- Catálogos contêm esquemas.

O próprio banco de dados contém catálogos. Às vezes, o banco de dados é chamado de *cluster*. Mencionamos cluster novamente mais adiante neste capítulo na seção sobre ordenação por catálogo.

Quando "apenas faça" não é um bom conselho

Suponha que você decidiu criar um banco de dados para sua organização. Entusiasmado com a perspectiva de construir uma estrutura útil, valiosa e totalmente íntegra de grande importância para o futuro de sua empresa, você senta-se na frente do computador e começa a inserir instruções CREATE SQL. Certo?

Bem, não. Não é bem assim. Na verdade, isso é uma receita para desastre. Muitos projetos de desenvolvimento de banco de dados dão errado desde o início, à medida que emoção e entusiasmo tomam o lugar de um planejamento cuidadoso. Mesmo que você tenha uma ideia clara de como estruturar seu banco de dados, *anote tudo no papel* antes de tocar no teclado.

É aqui que o desenvolvimento de banco de dados tem algumas semelhanças com um jogo de xadrez. No meio de um jogo de xadrez complicado e competitivo, você vê o que pode parecer uma boa jogada. O impulso de fazer essa jogada pode ser irresistível. Mas há boas chances de que você não percebeu alguma coisa. Grandes mestres aconselham os jogadores iniciantes — só em parte como brincadeira — a sentarem-se sobre as mãos. Se sentar-se sobre as mãos evita que você faça uma jogada imprudente, então que assim seja: sente-se sobre suas mãos. Se você estudar a posição um pouco mais, você pode descobrir uma jogada ainda melhor — ou você pode até ver uma jogada brilhante de contra-ataque que o adversário pode fazer. Mergulhar na criação de um banco de dados sem planejamento antecipado suficiente pode levar a uma estrutura de banco de dados que, na melhor das hipóteses, é abaixo da ideal. Na pior das hipóteses, pode ser desastroso, um convite aberto à corrupção de dados. Sentar sobre suas mãos provavelmente não ajudará, mas isso *ajudará* a pegar um lápis em uma das mãos e começar a mapear seu projeto de banco de dados no papel. Para obter ajuda para decidir o que incluir em seu projeto, verifique meu livro *Database Development For Dummies*, que abrange o planejamento detalhadamente.

Tenha em mente os seguintes procedimentos ao planejar seu banco de dados:

- Identifique todas as tabelas.
- Defina as colunas que cada tabela deve conter.
- Atribua a cada tabela uma *chave primária* que você pode garantir que é única. (Discutimos chaves primárias nos Capítulos 4 e 5).
- Certifique-se de que todas as tabelas no banco de dados têm pelo menos uma coluna em comum com (pelo menos) uma outra tabela no banco de dados. Essas colunas compartilhadas funcionam como links lógicos que permitem relacionar informações em uma tabela com as informações correspondentes em outra tabela.
- Coloque cada tabela na *terceira forma normal* (3FN) ou superior para evitar anomalias de inserção, exclusão e atualização. (Discutiremos a normalização de banco de dados no Capítulo 5).

Depois de concluir o projeto no papel e verificar que ele é sólido, você está pronto para transferir o projeto para o computador. Você pode fazer essa pequena mágica digitando instruções CREATE SQL. É mais provável que você utilize a interface gráfica com o usuário (GUI) do SGBD para criar os elementos de seu projeto. Se você usar uma interface gráfica, a entrada será convertida "por debaixo dos panos" em SQL pelo SGBD.

Criando tabelas

Uma tabela de banco de dados se parece muito com uma tabela de planilha: um array bidimensional composto por linhas e colunas. Você pode criar uma tabela utilizando o comando SQL CREATE TABLE. Dentro do comando, você pode especificar o nome e tipo de dado de cada coluna.

Depois de criar uma tabela, você pode começar a carregar dados nela. (Carregar dados é uma função DML, não uma função DDL). Se os requisitos mudarem, você pode alterar a estrutura de uma tabela usando o comando ALTER TABLE. Se uma tabela perdurar mais que sua utilidade ou tornar-se obsoleta, você pode excluí-la com o comando DROP. As várias formas dos comandos CREATE e ALTER, em conjunto com o comando DROP, compõem a DDL do SQL.

Suponha que você seja projetista de banco de dados e você não quer que as tabelas de banco de dados transformem-se em guacamole, à medida que você faz atualizações ao longo do tempo. Você decide estruturar as tabelas de banco de dados de acordo com a melhor forma normalizada para que você possa manter a integridade dos dados.

> **LEMBRE-SE** *A normalização*, um campo extenso de estudo por si só, é uma maneira de estruturar tabelas de banco de dados para que as atualizações não introduzam anomalias. Cada tabela criada contém colunas que correspondem aos atributos que estão rigidamente conectados entre si.

Você pode, por exemplo, criar uma tabela CUSTOMER com os atributos `CUSTOMER.CustomerID`, `CUSTOMER.FirstName`, `CUSTOMER.LastName`, `CUSTOMER.Street`, `CUSTOMER.City`, `CUSTOMER.State`, `CUSTOMER.Zipcode` e `CUSTOMER.Phone`. Todos esses atributos estão mais estreitamente relacionados com a entidade cliente do que com qualquer outra entidade em um banco de dados que pode conter muitas tabelas. Esses atributos contêm todas as informações relativamente permanentes sobre o cliente que sua organização mantém em arquivo.

A maioria dos sistemas de gerenciamento de banco de dados fornece uma ferramenta gráfica para criar tabelas de banco de dados. Você também pode criar essas tabelas usando um comando SQL. O exemplo a seguir demonstra um comando que cria a tabela CUSTOMER:

```
CREATE TABLE CUSTOMER (
    CustomerID      INTEGER             NOT NULL,
    FirstName       CHAR (15),
    LastName        CHAR (20)           NOT NULL,
    Street          CHAR (25),
    City            CHAR (20),
    State           CHAR (2),
    Zipcode         CHAR (10),
    Phone           CHAR (13) ) ;
```

Para cada coluna, você deve especificar o nome (por exemplo, `CustomerID`), o tipo de dados (por exemplo, um `INTEGER`) e possivelmente uma ou mais restrições (por exemplo, `NOT NULL`).

A Figura 3-1 mostra uma parte da tabela CUSTOMER com alguns dados de exemplo.

> **LEMBRE-SE** Se a implementação do SQL que você usa não aplicar totalmente a versão mais recente do padrão SQL do ISO/IEC, a sintaxe que você precisa usar pode ser diferente da sintaxe que forneço neste livro. Leia a documentação do usuário que acompanha o SGBD para obter informações específicas.

File Edit View Insert Format Records Tools Window Help

CUSTOMER : Table

CustomerID	FirstName	LastName	Street	City	State	Zipcode	Phone
1	Bruce	Chickenson	3330 Mentone Street	San Diego	CA	92025	619-555-1234
2	Mini	Murray	3330 Pheasant Run	Jefferson	ME	04380	207-555-2345
3	Nikki	McBurrain	3330 Waldoboro Road	E. Kingston	NH	03827	603-555-3456
4	Adrianne	Smith	3330 Foxhall Road	Morton	IL	61550	309-555-4567
5	Steph	Harris	3330 W. Victoria Circle	Irvine	CA	92612	714-555-5678
(AutoNumber)							

Record: 6 of 6

Datasheet View

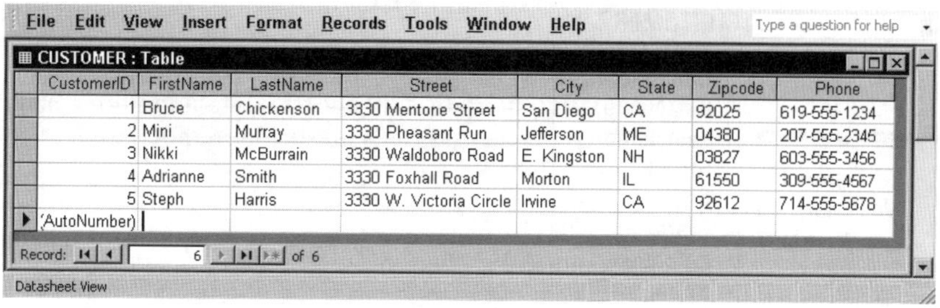

Figura 3-1: Use o comando CREATE TABLE para criar a tabela CUSTOMER.

Um quarto com vista

Às vezes, você quer recuperar informações específicas da tabela CUSTOMER. Você não quer analisar tudo — apenas colunas e linhas específicas. Você precisa de uma visualização (view).

Uma *views* é uma tabela virtual. Na maioria das implementações, uma view não tem existência física independente. A definição da view só existe nos metadados do banco de dados, mas os dados vêm da(s) tabela(s) a partir das quais você deriva a view. Os dados da view não são fisicamente duplicados em outro lugar no armazenamento em disco online. Algumas views consistem em colunas e linhas específicas de uma única tabela. Outras, conhecidas como *views multitabela*, são extraídas de duas ou mais tabelas.

View de tabela única

Às vezes quando você tem uma pergunta, os dados que lhe dão a resposta residem em uma única tabela em seu banco de dados. Se as informações desejadas existem em uma única tabela, você pode criar uma view de tabela única dos dados. Por exemplo, suponha que você quer analisar os nomes e números de telefone de todos os clientes que moram no estado de New Hampshire. Você pode criar uma view da tabela CUSTOMER, que contém apenas os dados que você deseja. A seguinte instrução SQL cria essa view:

```
CREATE VIEW NH_CUST AS
   SELECT CUSTOMER.FirstName,
         CUSTOMER.LastName,
         CUSTOMER.Phone
      FROM CUSTOMER
      WHERE CUSTOMER.State = 'NH' ;
```

A Figura 3-2 mostra como você deriva a view da tabela CUSTOMER.

Figura 3-2:
Você deriva a view NH_CUST da tabela CUSTOMER.

CUSTOMER Table
- Customer ID
- FirstName
- LastName
- Street
- City
- State
- Zipcode
- Phone

NH_CUST View
- FirstName
- LastName
- Phone

WHERE State = 'NH'

DICA

Esse código está correto, mas um pouco prolixo. Você pode realizar a mesma tarefa com menos digitação se sua implementação SQL supor que todas as referências da tabela são as mesmas que as da cláusula FROM. Se seu sistema fizer essa suposição padrão razoável, você pode reduzir a instrução às seguintes linhas:

```
CREATE VIEW NH_CUST AS
   SELECT FirstName, LastName, Phone
      FROM CUSTOMER
      WHERE STATE = 'NH';
```

Embora a segunda versão seja mais fácil de ler e escrever, ela é mais vulnerável a um erro dos comandos ALTER TABLE. Esse erro não é um problema para esse caso simples, que não tem JOIN, mas views com JOIN são mais robustas quando usam nomes totalmente qualificados. Abordamos JOIN no Capítulo 11.

Criando uma view multitabela

Na maioria dos casos, você precisa extrair os dados de duas ou mais tabelas para responder sua pergunta. Suponha, por exemplo, que você trabalha para uma loja de artigos esportivos e quer enviar uma mala direta promocional para todos os clientes que compraram equipamentos de esqui desde que a loja abriu no ano passado. Você precisa de informações da tabela CUSTOMER, da tabela PRODUCT, da tabela INVOICE e da tabela INVOICE_LINE. Você pode criar uma view multitabela que mostra os dados necessários. Depois de criar a view, você pode usar essa mesma view repetidamente. Sempre que você usar a view, esta reflete quaisquer alterações ocorridas nas tabelas subjacentes desde a última vez que você a utilizou.

O banco de dados dessa loja de artigos esportivos contém quatro tabelas: CUSTOMER, PRODUCT, INVOICE e INVOICE_LINE. As tabelas são estruturadas como mostrado na Tabela 3-1.

Tabela 3-1   Tabelas do banco de dados de uma loja de artigos esportivos

Tabela	Coluna	Tipo de dados	Restrição
CUSTOMER	CustomerID	INTEGER	NOT NULL
	FirstName	CHAR (15)	
	LastName	CHAR (20)	NOT NULL
	Street	CHAR (25)	
	City	CHAR (20)	
	State	CHAR (2)	
	Zipcode	CHAR (10)	
	Phone	CHAR (13)	
PRODUCT	ProductID	INTEGER	NOT NULL
	Name	CHAR (25)	
	Description	CHAR (30)	
	Category	CHAR (15)	
	VendorID	INTEGER	
	VendorName	CHAR (30)	
INVOICE	InvoiceNumber	INTEGER	NOT NULL
	CustomerID	INTEGER	
	InvoiceDate	DATE	
	TotalSale	NUMERIC (9,2)	
	TotalRemitted	NUMERIC (9,2)	
	FormOfPayment	CHAR (10)	
INVOICE_LINE	LineNumber	INTEGER	NOT NULL
	InvoiceNumber	INTEGER	NOT NULL
	ProductID	INTEGER	NOT NULL
	Quantity	INTEGER	
	SalePrice	NUMERIC (9,2)	

Observe que algumas das colunas da Tabela 3-1 contêm a restrição NOT NULL. Essas colunas são as chaves primárias das respectivas tabelas ou colunas que você decide que *devem* conter um valor. A chave primária de uma tabela deve identificar de maneira única cada linha. Para fazer isso, a chave primária deve conter um valor não nulo em cada linha. (Discutiremos chaves em detalhes no Capítulo 5).

As tabelas referenciam umas às outras por meio das colunas que têm em comum. A lista a seguir descreve essas relações (como mostrado na Figura 3-3):

- A tabela CUSTOMER representa *uma relação de um para muitos* com a tabela INVOICE. Um cliente pode fazer várias compras, gerando várias faturas. Cada fatura, porém, é de um único cliente.
- A tabela INVOICE representa uma relação de um para muitos com a tabela INVOICE_LINE. Uma fatura pode ter múltiplas linhas, mas cada linha aparece em uma única fatura.
- A tabela PRODUCT também representa uma relação de um para muitos com a tabela INVOICE_LINE. Um produto pode aparecer em mais de uma linha em uma ou mais faturas. Mas cada linha refere-se apenas com único produto.

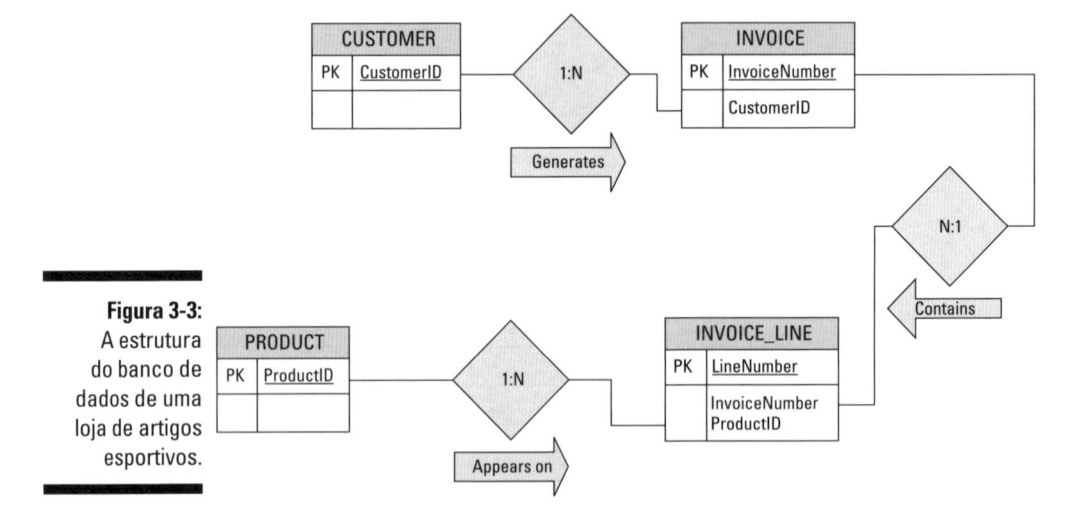

Figura 3-3: A estrutura do banco de dados de uma loja de artigos esportivos.

A tabela CUSTOMER relaciona-se com a tabela INVOICE por meio da coluna `CustomerID`. A tabela INVOICE relaciona-se com a tabela INVOICE_LINE pela coluna `InvoiceNumber`. A tabela PRODUCT relaciona-se com a tabela INVOICE_LINE pela coluna `ProductID`. Esses vínculos são o que tornam o banco de dados um banco de dados *relacional*.

Para acessar as informações sobre os clientes que compraram equipamentos de esqui, você precisa de `FirstName`, `LastName`, `Street`, `City`, `State` e `Zipcode` da tabela CUSTOMER; `Category` da tabela PRODUTC;

`InvoiceNumber` da tabela INVOICE; e `LineNumber` da tabela INVOICE_LINE. Você pode criar a view desejada por etapas usando as seguintes instruções:

```sql
CREATE VIEW SKI_CUST1 AS
    SELECT FirstName,
        LastName,
        Street,
        City,
        State,
        Zipcode,
        InvoiceNumber
    FROM CUSTOMER JOIN INVOICE
    USING (CustomerID) ;
CREATE VIEW SKI_CUST2 AS
    SELECT FirstName,
        LastName,
        Street,
        City,
        State,
        Zipcode,
        ProductID
    FROM SKI_CUST1 JOIN INVOICE_LINE
    USING (InvoiceNumber) ;
CREATE VIEW SKI_CUST3 AS
    SELECT FirstName,
        LastName,
        Street,
        City,
        State,
        Zipcode,
        Category
    FROM SKI_CUST2 JOIN PRODUCT
    USING (ProductID) ;
CREATE VIEW SKI_CUST AS
    SELECT DISTINCT FirstName,
        LastName,
        Street,
        City,
        State,
        Zipcode
    FROM SKI_CUST3
    WHERE CATEGORY = 'Ski' ;
```

Essas instruções `CREATE VIEW` combinam dados de múltiplas tabelas usando o operador `JOIN`. A Figura 3-4 mostra um diagrama do processo.

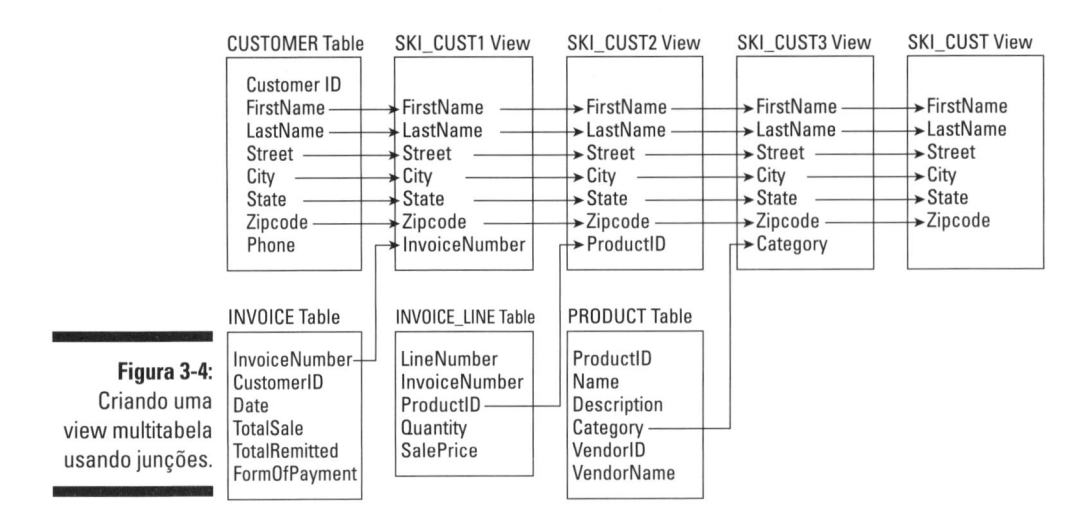

```
CUSTOMER Table    SKI_CUST1 View    SKI_CUST2 View    SKI_CUST3 View    SKI_CUST View

Customer ID
FirstName ──────→ FirstName ──────→ FirstName ──────→ FirstName ──────→ FirstName
LastName ───────→ LastName ───────→ LastName ───────→ LastName ───────→ LastName
Street ─────────→ Street ─────────→ Street ─────────→ Street ─────────→ Street
City ───────────→ City ───────────→ City ───────────→ City ───────────→ City
State ──────────→ State ──────────→ State ──────────→ State ──────────→ State
Zipcode ────────→ Zipcode ────────→ Zipcode ────────→ Zipcode ────────→ Zipcode
Phone             InvoiceNumber     ProductID         Category

INVOICE Table     INVOICE_LINE Table    PRODUCT Table
InvoiceNumber     LineNumber            ProductID
CustomerID        InvoiceNumber         Name
Date              ProductID             Description
TotalSale         Quantity              Category
TotalRemitted     SalePrice             VendorID
FormOfPayment                           VendorName
```

Figura 3-4: Criando uma view multitabela usando junções.

Eis um resumo das quatro instruções `CREATE VIEW`

- A primeira instrução combina colunas da tabela CUSTOMER com uma coluna da tabela INVOICE para criar a view `SKI_CUST1`.

- A segunda instrução combina `SKI_CUST1` com uma coluna da tabela INVOICE_LINE para criar a view `SKI_CUST2`.

- A terceira instrução combina `SKI_CUST2` com uma coluna da tabela PRODUCT para criar a view `SKI_CUST3`.

- A quarta instrução filtra todas as linhas que não têm uma categoria de `Ski`. O resultado é uma view `SKI_CUST` que contém os nomes e endereços de todos os clientes que compraram pelo menos um produto na categoria `Ski`.

A palavra-chave `DISTINCT` na quarta cláusula `SELECT` de `CREATE VIEW` assegura que você tenha apenas uma entrada para cada cliente, mesmo que alguns clientes tenham feito várias compras de itens de esqui. (Discutiremos `JOIN` em detalhes no Capítulo 11).

É possível criar uma view multitabela com uma única instrução SQL. Mas se você acha que uma ou todas as instruções anteriores são complexas, imagine a complexidade que uma única instrução teria se ela executasse todas as funções. Prefiro simplicidade à complexidade, portanto, sempre que possível, escolho a maneira mais simples de executar uma função, mesmo que isso não seja o mais "eficiente".

Resumindo tabelas em esquemas

Uma tabela consiste em linhas e colunas e geralmente lida com um tipo específico de entidade, como clientes, produtos ou faturas. O trabalho útil geralmente requer informações sobre várias (ou muitas) entidades relacionadas. Organizacionalmente, você reúne as tabelas que você associa a essas entidades, de acordo com um esquema lógico. Um *esquema lógico* é a estrutura de organização de uma coleção de tabelas relacionadas.

LEMBRE-SE: Um banco de dados também tem um *esquema físico* — que representa a organização física dos dados e seus itens associados (como índices) em dispositivos de armazenamento do sistema. Quando menciono "o esquema" de um banco de dados, estou me referindo ao esquema lógico, não ao esquema físico.

Em um sistema em que vários projetos dissociados podem residir lado a lado, você pode atribuir todas as tabelas relacionadas a um esquema. Você pode reunir outros grupos de tabelas em esquemas próprios.

DICA: Certifique-se de nomear seus esquemas para garantir que ninguém misture acidentalmente tabelas de um projeto com tabelas de outro. Cada projeto tem seu próprio esquema associado; você pode distingui-lo de outros esquemas pelo nome. Ver alguns nomes de tabela (como CLIENTE, PRODUTO etc.) aparecer em vários projetos é, no entanto, comum. Se existir alguma probabilidade de ambiguidade de nomes, qualifique também o nome da tabela usando o nome do esquema (como em `SCHEMA_NAME.TABLE_NAME`). Se você não qualificar um nome de tabela, o SQL atribui essa tabela ao esquema padrão.

Ordenando por catálogo

Para sistemas de banco de dados muito grandes, múltiplos esquemas talvez não sejam suficientes. Em um grande ambiente de banco de dados distribuído com muitos usuários, você pode até descobrir nomes de esquemas duplicados. Para evitar essa situação, o SQL adiciona outro nível à hierarquia de contenção: o catálogo. Um *catálogo* é uma coleção nomeada de esquemas.

Você pode *qualificar* um nome de tabela usando um nome de catálogo e um nome de esquema. Essa salvaguarda é a melhor maneira de garantir que ninguém confunda a tabela em um esquema com uma tabela que tem o mesmo nome em algum outro esquema que tem o mesmo nome de esquema. (Dizer o quê? Bem, algumas pessoas simplesmente não conseguem pensar em diferentes nomes). O nome qualificado do catálogo aparece no seguinte formato:

```
CATALOG_NAME.SCHEMA_NAME.TABLE_NAME
```

DICA

No topo da hierarquia de contenção do banco de dados estão os *clusters*. Sistemas raramente requerem o uso de todo o escopo da hierarquia de contenção; acessar o nível do catálogo é na maioria dos casos suficiente. Um catálogo contém esquemas; um esquema contém tabelas e views; tabelas e views contêm colunas e linhas.

O catálogo também contém o *esquema de informações*. O esquema de informações contém as tabelas do sistema. As tabelas do sistema contêm os metadados associados com os outros esquemas. No Capítulo 1, definimos um banco de dados como uma coleção autodescritiva de registros integrados. Os metadados contidos nas tabelas do sistema são o que compõem o banco de dados autodescritivo.

Como os catálogos são identificados pelo nome, você pode ter vários catálogos em um banco de dados. Cada catálogo pode ter vários esquemas e cada esquema pode ter múltiplas tabelas. Obviamente, cada tabela pode ter múltiplas colunas e linhas. As relações hierárquicas são mostradas na Figura 3-5.

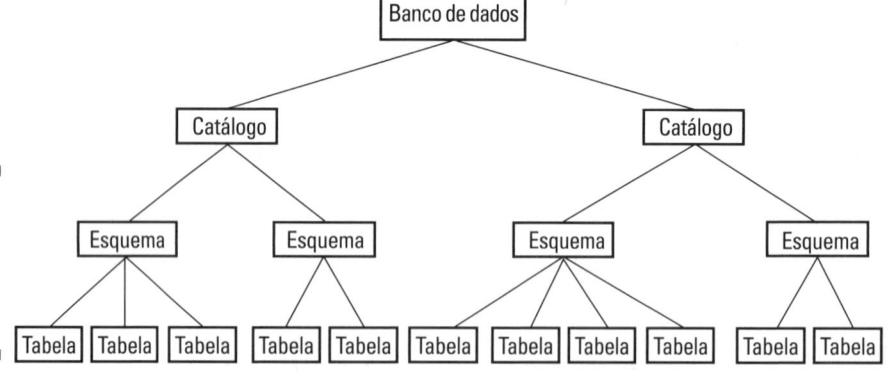

Figura 3-5:
A estrutura hierárquica de um banco de dados SQL típico.

Familiarizando-se com instruções DDL

A linguagem de definição de dados do SQL (DDL) lida com a estrutura de um banco de dados. Ela é diferente da linguagem de manipulação de dados (descrita mais adiante neste capítulo), que lida com os dados contidos nessa estrutura. A DDL consiste nestas três instruções:

- ✔ CREATE. Você usa as várias formas dessa instrução para criar as estruturas essenciais do banco de dados.
- ✔ ALTER. Você usa essa instrução para alterar as estruturas que foram criadas.
- ✔ DROP. Você aplica essa instrução a estruturas criadas com a instrução CREATE para excluí-las.

Nas seções a seguir, forneceremos uma breve descrição das instruções DDL. Nos capítulos 4 e 5, utilizamos essas instruções nos exemplos.

CREATE

Você pode aplicar a instrução CREATE SQL a um grande número de objetos SQL, incluindo esquemas, domínios, tabelas e views. Usando a instrução CREATE SCHEMA, você não apenas pode criar um esquema, mas também identificar o proprietário e especificar um conjunto de caracteres padrão. Eis um exemplo dessa instrução:

```
CREATE SCHEMA SALES
   AUTHORIZATION SALES_MGR
   DEFAULT CHARACTER SET ASCII_FULL ;
```

Utilize a instrução CREATE DOMAIN para aplicar restrições a valores de coluna. As restrições que você aplica a um domínio determinam quais objetos o domínio pode ou não conter. Você pode criar domínios depois de estabelecer um esquema. O exemplo a seguir mostra como usar esta instrução:

```
CREATE DOMAIN Age AS INTEGER
   CHECK (AGE > 20) ;
```

Você cria tabelas usando a instrução CREATE TABLE e você cria views usando a instrução CREATE VIEW. No início deste capítulo, mostramos exemplos dessas duas instruções. Ao usar a instrução CREATE TABLE, você pode especificar restrições nas colunas da nova tabela ao mesmo tempo.

Eventualmente você pode querer especificar restrições que não se relacionam especificamente a uma tabela, mas se aplicam a todo um esquema. Use a instrução CREATE ASSERTION para especificar essas restrições.

Também há instruções CREATE CHARACTER SET, CREATE COLLATION e CREATE TRANSLATION, que lhe dão a flexibilidade de criar novos conjuntos de caracteres, sequências de intercalação ou tabelas de conversão. (*Sequências de intercalação* definem a ordem em que você executa comparações ou seleções. *Tabelas de conversão* controlam a conversão de strings de caracteres de um conjunto de caracteres para outro). Você pode criar algumas outras coisas (que não discutiremos aqui), como é possível deduzir a partir da Tabela 2-1 no Capítulo 2.

ALTER

Depois de criar uma tabela, você não necessariamente limita-se a essa mesma tabela para sempre. Ao usar a tabela, você pode descobrir que ela não é tudo o que você precisa que ela seja. Você pode usar a instrução ALTER TABLE para alterar a tabela adicionando, modificando ou excluindo uma coluna na tabela. Além de tabelas, você também pode usar ALTER para alterar colunas e domínios.

DROP

Excluir uma tabela de um esquema de banco de dados é fácil. Basta usar uma instrução DROP TABLE <tablename>. Você exclui todos os dados da tabela, bem como os metadados que definem a tabela no dicionário de dados. É quase como se a tabela nunca existisse. Você também pode usar a instrução DROP para excluir tudo o que foi criado por uma instrução CREATE.

> **LEMBRE-SE** DROP não funcionará se romper a integridade referencial. Discutimos a integridade referencial mais adiante neste capítulo.

Linguagem de Manipulação de Dados

Embora o DDL seja parte do SQL que cria, modifica ou exclui estruturas de banco de dados, ele não lida com os próprios dados. A manipulação dos dados é o trabalho da linguagem de manipulação de dados (DML). Algumas instruções DML são lidas como frases comuns do idioma inglês e são fáceis de entender. Infelizmente, como o SQL lhe dá controle muito refinado de seus dados, outras instruções DML podem ser diabolicamente complexas.

Se uma instrução DML incluir múltiplas expressões, cláusulas, predicados (mais sobre estes mais adiante neste capítulo) ou subconsultas, entender o que essa instrução tenta fazer pode ser um desafio. Depois de lidar com algumas dessas instruções, você pode até considerar alternar para uma linha mais fácil de trabalho, como cirurgia cerebral ou eletrodinâmica quântica. Felizmente, uma atitude tão drástica não é necessária. Você pode compreender instruções SQL complexas dividindo-as em componentes básicos e analisando-os uma parte de cada vez.

As instruções DML que você pode usar são INSERT, UPDATE, DELETE, MERGE e SELECT. Essas instruções podem consistir em uma variedade de partes, incluindo múltiplas cláusulas. Cada cláusula pode incorporar expressões de valor, conectivos lógicos, predicados, funções agregadas e subconsultas. Você pode fazer boas discriminações entre os registros do banco de dados e extrair mais informações de seus dados incluindo essas cláusulas em suas instruções. No Capítulo 6, discutiremos o funcionamento dos comandos DML e, nos Capítulos de 7 a 13, aprofundaremos os detalhes desses comandos.

Expressões de valor

Você pode usar *expressões de valor* para combinar dois ou mais valores. Há vários tipos de expressões de valor, correspondentes aos diferentes tipos de dados:

- Numérico
- String
- Data/hora
- Intervalo
- Booleano
- Definido pelo usuário
- Linha
- Coleção

Os tipos booleanos, tipos definidos pelo usuário, tipos de linha e tipos de coleção foram introduzidos no SQL:1999. Algumas implementações talvez não suportem todos ainda. Se você quiser usar esses tipos de dados, certifique-se de que sua implementação inclui aqueles que você quer usar.

Expressões de valor numérico

Para combinar valores numéricos, use os operadores de adição (+), subtração (-), multiplicação (*) e divisão (/). As linhas a seguir são exemplos das expressões de valor numérico:

```
12 - 7
15/3 - 4
6 * (8 + 2)
```

Os valores nesses exemplos são *literais numéricos*. Esses valores também podem ser nomes de coluna, parâmetros, variáveis de host ou subconsultas — desde que esses nomes de coluna, parâmetros, variáveis de host ou subconsultas sejam avaliados como um valor numérico. Eis alguns exemplos:

```
SUBTOTAL + TAX + SHIPPING
6 * MILES/HOURS
:months/12
```

Os dois pontos no último exemplo, sinalizam que o termo seguinte (months) é um parâmetro ou uma variável de host.

Expressões de valor de string

Expressões de valor de string podem incluir o *operador de concatenação* (| |). Use concatenação para unir duas strings de texto, como mostrado na Tabela 3-2.

Tabela 3-2	Exemplos de strings de concatenação
Expressão	*Resultado*
`'military ' || 'intelligence'`	`'military intelligence'`
`CITY|| ' ' ||STATE|| ' '||ZIP`	Uma string única com cidade, estado e CEP, cada um separado por um espaço simples.

LEMBRE-SE

Algumas implementações SQL usam + como o operador de concatenação em vez de ||. Verifique na sua documentação qual operador sua implementação usa.

Algumas implementações podem incluir outros operadores de string além de concatenação, mas o SQL padrão ISO não suporta esses operadores. A concatenação se aplica a strings binárias, bem como as strings de texto.

Expressões de valor de data e hora e de intervalo

Expressões de valor de data e hora lidam com (surpresa!) datas e horas. Dados de `DATE`, `TIME`, `TIMESTAMP` e tipos `INTERVAL` podem aparecer em expressões de valor de data e hora. O resultado de uma expressão de valor de data e hora sempre é outra data e hora. Você pode adicionar ou subtrair um intervalo de uma data e hora e especificar as informações de fuso horário.

Eis um exemplo de uma expressão de valor de data e hora:

```
DueDate + INTERVAL '7' DAY
```

Uma biblioteca pode usar essa expressão para determinar quando enviar um aviso de atraso da entrega. O exemplo a seguir especifica uma hora, em vez de uma data:

```
TIME '18:55:48' AT LOCAL
```

DICA

As palavras-chave `AT LOCAL` indicam que a hora refere-se ao fuso horário local.

Expressões valor de intervalo lidam com a diferença (o tempo transcorrido) entre uma data e hora e outra. Há dois tipos de intervalos: *ano/mês* e *dia/hora*. Você não pode combinar os dois em uma expressão.

Como um exemplo de um intervalo, suponha que alguém devolva um livro à biblioteca após a data de vencimento. Usando uma expressão de valor de intervalo como aquela do exemplo a seguir, você pode calcular quantos dias o livro está atrasado e avaliar uma multa correspondentemente:

```
(DateReturned - DateDue) DAY
```

Como um intervalo pode ser de uma variedade ano/mês ou dia/hora, você precisa especificar o tipo a usar. (No exemplo anterior, especificamos DAY).

Expressões de valor booleano

Uma *expressão de valor booleano* testa o valor de verdade de um predicado. O exemplo a seguir é uma expressão de valor booleano:

```
(Class = SENIOR) IS TRUE
```

Se ele fosse uma condição para recuperar linhas de uma tabela de alunos, apenas as linhas contendo os registros dos alunos seniores seriam recuperados. Para recuperar os registros de todos os alunos não seniores, você pode usar o seguinte:

```
NOT (Class = SENIOR) IS TRUE
```

Alternativamente, você pode usar:

```
(Class = SENIOR) IS FALSE
```

Para recuperar cada linha que tem um valor nulo na coluna CLASS, use:

```
(Class = SENIOR) IS UNKNOWN
```

Expressões de valor de tipo definido pelo usuário

Descrevemos os tipos de dados definidos pelo usuário no Capítulo 2. Se necessário, você pode definir seus próprios tipos de dados, em vez de ter de se contentar com aqueles disponibilizados pelo SQL. Expressões que incorporam elementos de dados do tipo definido pelo usuário devem ser avaliadas como um elemento do mesmo tipo.

Expressões de valor de linha

Uma *expressão de valor de linha*, não surpreendentemente, especifica um valor de linha. O valor de linha pode consistir em uma expressão de valor ou duas ou mais expressões de valor separadas por vírgulas. Por exemplo:

```
('Joseph Tykociner', 'Professor Emeritus', 1918)
```

Essa é uma linha em uma tabela do corpo docente, mostrando o nome, classificação e ano de contratação de um membro do corpo docente.

Expressões de valor de coleção

A *expressão de valor de coleção* é avaliada como um array.

Expressões de valor de referência

Uma *expressão de valor de referência* é avaliada com um valor que referencia algum outro componente de banco de dados, como uma coluna de tabela.

Predicados

Predicados são os equivalentes SQL a proposições lógicas. A instrução a seguir é um exemplo de uma proposição:

"O aluno é sênior."

Em uma tabela contendo informações sobre alunos, o domínio da coluna CLASS pode ser SENIOR, JUNIOR, SOPHOMORE, FRESHMAN ou NULL. Você pode usar o predicado CLASS = SENIOR para filtrar as linhas para as quais o predicado é falso, retendo apenas aquelas para as quais o predicado é verdadeiro. Às vezes, o valor de um predicado em uma linha é desconhecido (NULL). Nesses casos, você pode optar por descartar a linha ou retê-la. (Afinal de contas, o aluno *poderia* ser sênior). O curso correto de ação depende da situação.

Class = SENIOR é um exemplo de um *predicado de comparação*. O SQL tem seis operadores de comparação. Um predicado simples de comparação usa um destes operadores. A Tabela 3-3 mostra os predicados de comparação e alguns exemplos legítimos, bem como falsos de sua utilização.

Tabela 3-3 Operadores de comparação e predicados de comparação

Operador	Comparação	Expressão
=	Igual a	Class = SENIOR
<>	Não igual a	Class <> SENIOR
<	Menor que	Class < SENIOR
>	Maior do que	Class > SENIOR
<=	Menor que ou igual a	Class <= SENIOR
>=	Maior que ou igual a	Class >= SENIOR

No exemplo anterior, apenas as duas primeiras entradas na Tabela 3-3 (Class = SENIOR e Class <> SENIOR) fazem sentido. SOPHOMORE é considerado maior que SENIOR porque SO vem depois de SE na sequência de intercalação padrão, que é classificada em ordem alfabética crescente. Essa interpretação, porém, provavelmente não é a que você quer.

Conectivos lógicos

Conectivos lógicos permitem construir predicados complexos a partir daqueles mais simples. Digamos, por exemplo, que você quer identificar crianças prodígio em um banco de dados de alunos do Ensino Médio. Duas proposições que podem identificar esses alunos podem ser lidas desta maneira:

"O aluno é sênior."

"A idade do aluno é inferior a 14 anos."

Você pode usar o conectivo lógico AND para criar um predicado composto que isola os registros dos alunos que você deseja, como no exemplo a seguir:

```
Class = SENIOR AND Age < 14
```

Se você usar o conectivo AND, ambos os predicados componentes devem ser verdadeiros para que o predicado composto seja verdadeiro. Use o conectivo OR quando você quer que o predicado composto seja avaliado como verdadeiro se qualquer um dos predicados componentes é verdadeiro. NOT é o terceiro conectivo lógico. Estritamente falando, NOT não conecta dois predicados, mas em vez disso inverte o valor de verdadeiro do predicado individual ao qual você o aplica. Tomemos, por exemplo, a expressão a seguir:

```
NOT (Class = SENIOR)
```

Essa expressão é verdadeira somente se Class não for igual a SENIOR.

Funções de conjunto

Às vezes, as informações que você deseja extrair de uma tabela não se relacionam a linhas individuais, mas a conjuntos de linhas. O SQL fornece cinco *funções de conjunto* (ou *de agregação*) para lidar com essas situações. Essas funções são COUNT, MAX, MIN, SUM e AVG. Cada função executa uma ação que extrai dados de um conjunto de linhas, em vez de a partir de uma única linha.

COUNT

A função COUNT retorna o número de linhas na tabela especificada. Para contar o número de seniores precoces no exemplo de banco de dados do Ensino Médio, use a seguinte instrução:

```
SELECT COUNT (*)
    FROM STUDENT
        WHERE Grade = 12 AND Age <14 ;
```

MAX

Use a função MAX para retornar o valor máximo que ocorre na coluna especificada. Suponha que você queira encontrar o aluno mais antigo inscrito em sua escola. A instrução a seguir retorna a linha apropriada:

```
SELECT FirstName, LastName, Age
    FROM STUDENT
    WHERE Age = (SELECT MAX(Age) FROM STUDENT);
```

Essa instrução retorna todos os alunos cujas idades são iguais à idade máxima. Isto é, se a idade do aluno mais velho for 23 anos, essa instrução retorna os primeiros nomes, sobrenomes e a idade de todos os alunos com 23 anos de idade.

Essa consulta utiliza uma subconsulta. A subconsulta SELECT MAX(Age) FROM STUDENT é incorporada à consulta principal. Discutimos subconsultas (também chamadas *consultas aninhadas*) no Capítulo 12.

MIN

A função MIN age como MAX exceto que MIN procura o valor mínimo na coluna especificada, em vez do valor máximo. Para localizar o aluno mais jovem matriculado, use a seguinte consulta:

```
SELECT FirstName, LastName, Age
    FROM STUDENT
    WHERE Age = (SELECT MIN(Age) FROM STUDENT);
```

Essa consulta retorna todos os alunos com idade igual à do mais jovem.

SUM

A função SUM soma os valores em uma coluna especificada. A coluna deve ser um dos tipos de dado numérico e o valor da soma deve estar dentro do intervalo desse tipo. Assim, se a coluna é do tipo SMALLINT, a soma não deve ser maior que o limite superior do tipo de dados SMALLINT. No banco de dados de varejo no início deste capítulo, a tabela INVOICE contém um registro de todas as vendas. Para encontrar o valor total em dólares de todas as vendas registradas no banco de dados, use a função SUM da seguinte forma:

```
SELECT SUM(TotalSale) FROM INVOICE;
```

AVG

A função AVG retorna a média de todos os valores na coluna especificada. Assim como a função SUM, AVG é aplicada apenas a colunas com um tipo de dados numérico. Para encontrar o valor das vendas médias, considerando todas as transações no banco de dados, use a função AVG desta maneira:

```
SELECT AVG(TotalSale) FROM INVOICE
```

Nulos não têm um valor, assim se qualquer uma das linhas na coluna `TotalSale` contiver valores nulos, essas linhas são ignoradas no cálculo do valor das vendas médias.

Subconsultas

Subconsultas, como você pode ver na seção "Funções de conjunto" no início deste capítulo, são consultas dentro de uma consulta. Em qualquer lugar que você pode usar uma expressão em uma instrução SQL, você também pode usar uma subconsulta. Subconsultas são ferramentas poderosas para relacionar informações em uma tabela com informações em outra tabela; você pode incorporar (ou *aninhar*) uma consulta em uma tabela, dentro de uma consulta em outra tabela. Incorporando uma subconsulta a outra, você permite o acesso das informações a partir de duas ou mais tabelas para gerar um resultado final. Usando subconsultas corretamente, você pode recuperar praticamente todas as informações desejadas a partir de um banco de dados. Não se preocupe com quantos níveis de subconsultas seu banco de dados suporta. Ao começar a construir subconsultas aninhadas, você esgotará seu entendimento sobre o que está fazendo muito antes de seu banco de dados esgotar os níveis de subconsultas que ele suporta.

Linguagem de Controle de Dados

A linguagem de controle de dados (DCL) tem quatro comandos: `COMMIT`, `ROLLBACK`, `GRANT` e `REVOKE`. Esses comandos protegem o banco de dados contra danos, tanto acidentais como intencionais.

Transações

Seu banco de dados é mais vulnerável a danos quando você ou outra pessoa o altera. Mesmo em um sistema de único usuário, fazer uma alteração pode ser perigosa para um banco de dados. Se ocorrer uma falha de software ou hardware enquanto a alteração está em andamento, um banco de dados pode permanecer em um estado indeterminado o qual está em algum lugar entre o local onde ele estava antes da operação de mudança ter começado e onde ele estaria se a operação de alteração fosse concluída com sucesso.

O SQL protege seu banco de dados restringindo as operações que podem alterar o banco de dados, de modo que elas só possam ocorrer dentro de transações. Durante uma transação, o SQL registra todas as operações realizadas nos dados em um arquivo de log. Se alguma coisa interromper a transação antes de a instrução `COMMIT` concluir a transação, você pode restaurar o sistema ao estado original emitindo uma instrução ROLLBACK. A instrução ROLLBACK processa o log de transações no sentido inverso, desfazendo todas as ações que aconteceram na transação. Depois de reverter o banco de dados ao estado antes do início da transação, você pode esclarecer o que causou o problema e tentar a operação novamente.

Como um problema de hardware ou software pode possivelmente ocorrer, seu banco de dados é suscetível a danos. Para minimizar o risco de danos, os atuais SGBDs fecham a janela de vulnerabilidade o máximo possível executando todas as operações que afetam o banco de dados em uma transação e então confirmando todas essas operações de uma só vez, no final da transação. Sistemas de gerenciamento de banco de dados modernos usam o registro em log em conjunto com transações para garantir que problemas de hardware, software ou operacionais não danifiquem os dados. Depois que uma transação foi confirmada, ela permanece segura contra todas as falhas de sistema, exceto as mais catastróficas. Antes da confirmação, as transações incompletas podem ser revertidas aos seus pontos de partida e aplicadas novamente, depois que o problema é corrigido.

Em um sistema multiusuário, é possível que ocorra corrupção do banco de dados ou resultados incorretos mesmo se não acontecerem falhas de hardware ou software. Interações entre dois ou mais usuários que acessam a mesma tabela simultaneamente podem causar problemas sérios. Restringindo as alterações de modo que elas só ocorram *dentro das* transações, o SQL também trata esses problemas.

Colocando todas as operações que afetam o banco de dados em transações, você pode isolar as ações de um usuário daquelas de outro usuário. Esse isolamento é fundamental se você quer certificar-se de que os resultados obtidos a partir do banco de dados estão corretos.

Você pode se perguntar como a interação entre dois usuários pode produzir resultados imprecisos. Eis um exemplo engraçado/assustador: suponha que Donna leia um registro em uma tabela de banco de dados. Um instante depois (mais ou menos), David altera o valor de um campo numérico nesse registro. Agora Donna grava um valor de volta nesse campo, com base no valor que ela leu inicialmente. Como Donna desconhece a alteração que David fez, o valor após a operação de gravação de Donna está incorreto.

Outro problema pode ocorrer se Donna gravar em um registro e então David ler esse registro. Se Donna reverter sua transação, David não saberá que essa reversão ocorreu e irá basear suas ações no valor que ele leu, o que não reflete o valor que está no banco de dados após a reversão. Isso soa como o enredo de um episódio do *I Love Lucy* — o evento é bom para um enredo de uma comédia, mas é ruim para o gerenciamento de dados.

Usuários e privilégios

Outra grande ameaça à integridade dos dados são os próprios usuários. Algumas pessoas não devem ter nenhum acesso aos dados. Outras só devem ter acesso restrito a alguns dos dados, mas não acesso ao restante. Algumas (dica: *não* muitas) devem ter acesso ilimitado a tudo no banco de dados. Você precisa de um sistema para classificar os usuários e para atribuir privilégios de acesso aos usuários em diferentes categorias.

O criador de um esquema especifica quem é considerado o proprietário. Como o proprietário de um esquema, você pode conceder privilégios de acesso aos usuários especificados. Quaisquer privilégios que você não concede explicitamente são negados. Você também pode revogar os privilégios que você já concedeu. Um usuário deve passar por um procedimento de autenticação para provar sua identidade antes que ele possa acessar os arquivos que você o autoriza a usar. Os detalhes desse procedimento dependem da implementação.

O SQL fornece a capacidade de proteger os seguintes objetos de banco de dados:

- Tabelas
- Colunas
- Views
- Domínios
- Conjuntos de caracteres
- Intercalações
- Conversões

Discutimos conjuntos de caracteres, intercalações e conversões no Capítulo 5.

O SQL suporta vários tipos de proteção: *ver, adicionar, modificar, excluir, referenciar* e *usar* bancos de dados. Ele também suporta proteções associadas com a execução das rotinas externas.

Você permite acesso usando a instrução GRANT e remove acesso usando a instrução REVOKE. Controlando o uso da instrução SELECT, o DCL controla quem pode ver um objeto de banco de dados como uma tabela, coluna ou view. Controlar a instrução INSERT determina quem pode adicionar novas linhas em uma tabela. Restringir o uso da instrução UPDATE aos usuários autorizados lhe dá controle de quem pode modificar linhas de tabela; restringir a instrução DELETE controla quem pode excluir linhas de tabela.

Se uma tabela em um banco de dados contém como uma chave estrangeira uma coluna, que é uma chave primária em outra tabela no banco de dados, você pode adicionar uma restrição à primeira tabela de modo que referencie a segunda tabela. (O Capítulo 5 descreve chaves estrangeiras). Quando uma tabela referencia outra, um usuário da primeira tabela pode ser capaz de deduzir as informações sobre o conteúdo da segunda. Como o proprietário da segunda tabela, talvez você queira evitar esse tipo de bisbilhotagem. A instrução GRANT REFERENCES lhe dá esse poder. A seção a seguir discute o problema de uma referência renegada — e como a instrução GRANT REFERENCES evita isso. Usando a instrução GRANT USAGE, é possível controlar quem pode usar — ou mesmo ver — o conteúdo de um domínio, conjunto de caracteres, intercalação ou conversão. (Abordaremos os dispositivos de segurança no Capítulo 14.)

A Tabela 3-4 resume as instruções SQL para conceder e revogar privilégios.

Tabela 3-4	Tipos de proteção
Operação de proteção	*Instrução*
Permite que o usuário veja uma tabela	GRANT SELECT
Impede que o usuário veja a tabela	REVOKE SELECT
Permite que o usuário adicione linhas a uma tabela	GRANT INSERT
Impede que o usuário adicione linhas a uma tabela	REVOKE INSERT
Permite que o usuário altere dados nas linhas da tabela	GRANT UPDATE
Impede que o usuário altere dados nas linhas da tabela	REVOKE UPDATE
Permite que o usuário exclua linhas da tabela	GRANT DELETE
Impede que o usuário exclua linhas da tabela	REVOKE DELETE
Permite que o usuário referencie uma tabela	GRANT REFERENCES
Impede que o usuário referencie uma tabela	REVOKE REFERENCES
Permite que o usuário use um domínio, conjunto de caracteres, conversão ou intercalação	GRANT USAGE ON DOMAIN, GRANT USAGE ON CHARACTER SET, GRANT USAGE ON COLLATION, GRANT USAGE ON TRANSLATION
Impede que o usuário use um domínio, conjunto de caracteres, intercalação ou conversão	REVOKE USAGE ON DOMAIN, REVOKE USAGE ON CHARACTER SET, REVOKE USAGE ON COLLATION, REVOKE USAGE ON TRANSLATION

Você pode atribuir diferentes níveis de acesso a diferentes pessoas, dependendo das necessidades delas. Os comandos a seguir oferecem alguns exemplos dessa capacidade:

```
GRANT SELECT
     ON CUSTOMER
     TO SALES_MANAGER;
```

O exemplo anterior permite que uma pessoa — o gerente de vendas — veja a tabela CUSTOMER.

O exemplo a seguir permite que qualquer pessoa com acesso ao sistema veja a lista de preços de varejo:

```
GRANT SELECT
     ON RETAIL_PRICE_LIST
     TO PUBLIC;
```

O exemplo a seguir permite que o gerente de vendas modifique a lista de preços de varejo. Ele pode alterar o conteúdo das linhas existentes, mas ele não pode adicionar ou excluir linhas:

```
GRANT UPDATE
     ON RETAIL_PRICE_LIST
     TO SALES_MANAGER;
```

O exemplo a seguir permite que o gerente de vendas adicione novas linhas à lista de preços de varejo:

```
GRANT INSERT
     ON RETAIL_PRICE_LIST
     TO SALES_MANAGER;
```

Agora, graças a esse último exemplo, o gerente de vendas também pode excluir linhas indesejáveis da tabela:

```
GRANT DELETE
     ON RETAIL_PRICE_LIST
     TO SALES_MANAGER;
```

Restrições de integridade referenciais podem colocar seus dados em risco

Você pode achar que se você pode controlar quem vê, cria, modifica e exclui dados em uma tabela, você estará bem protegido. Contra a maioria das ameaças, você está. Um hacker experiente, contudo, ainda pode saquear a casa usando um método indireto.

Um banco de dados relacional corretamente projetado tem *integridade referencial*, o que significa que os dados em uma tabela no banco de dados são consistentes com os dados em todas as outras tabelas. Para garantir a integridade referencial, projetistas de banco de dados aplicam restrições às tabelas que limitam os dados que os usuários podem inserir nas tabelas. Mas eis a desvantagem dessa proteção: se você tem um banco de dados com restrições de integridade referencial, um usuário pode criar uma nova tabela que usa uma coluna em uma tabela confidencial como uma chave estrangeira. Essa coluna funciona então como um link, por meio do qual alguém pode roubar informações confidenciais. Oops.

Digamos, por exemplo, que você é analista de ações do famoso Wall Street. Muitas pessoas acreditam na exatidão das seleções de suas ações, então sempre que você recomenda uma ação aos assinantes, muitas pessoas compram essa ação e o valor sobe. Você mantém sua análise em um banco de dados, que contém uma tabela chamada FOUR_STAR. Suas principais recomendações para o próximo boletim informativo estão nessa tabela. Naturalmente, você restringe o acesso a FOUR_STAR de modo que as informações não vazem para o público investidor antes que os assinantes pagantes recebam o boletim informativo.

Mas você continua vulnerável se alguém conseguir criar uma nova tabela que usa o campo do nome da ação de FOUR_STAR como uma chave estrangeira, como mostrado no exemplo a seguir do comando:

```
CREATE TABLE HOT_STOCKS (
    Stock CHARACTER (30) REFERENCES FOUR_STAR
    ) ;
```

O hacker pode agora tentar inserir o nome de todas as ações na New York Stock Exchange, American Stock Exchange e NASDAQ na tabela. As inserções que são bem-sucedidas informam ao hacker quais ações correspondem às ações que você nomeia em sua tabela confidencial. Não demora muito para que o hacker extraia toda sua lista das ações.

Você pode se proteger contra golpes como esse no exemplo anterior tomando muito cuidado sobre como inserir instruções semelhantes a isto:

```
GRANT REFERENCES (Stock)
    ON FOUR_STAR
    TO SECRET_HACKER;
```

É claro que eu estou exagerando aqui. Você nunca concederia nenhum tipo de acesso a uma tabela crucial a uma pessoa suspeita, concederia? Não se você percebeu o que estava fazendo. Mas os atuais hackers não são apenas inteligentes tecnicamente. Eles também são mestres da *engenharia social*, a arte de enganar as pessoas a fazer o que elas normalmente não fariam. Reforce o alerta máximo sempre que alguém de fala mansa mencionar qualquer coisa relacionada a suas informações confidenciais.

Evite conceder privilégios a pessoas que podem abusar deles. Acredite, as pessoas não vêm com garantias impressas em suas testas. Mas se você não emprestaria seu novo carro para uma pessoa fazer uma viagem longa, você provavelmente também não deve conceder a ela o privilégio REFERENCES em uma tabela importante.

O exemplo anterior oferece uma boa razão para manter um controle cuidadoso do privilégio REFERENCES. Eis duas outras razões pelas quais você deve manter o controle cuidadoso de REFERENCES:

- Se a outra pessoa especificar uma restrição em HOT STOCKS usando uma opção RESTRICT e você tentar excluir uma linha de sua tabela, o SGBD informará que você não pode, porque fazer isso violaria uma restrição de integridade referencial.

- Se usar o comando DROP para excluir a tabela, talvez descubra que outra pessoa deve usar DROP para excluir a restrição dela (ou a tabela dela) antes.

Moral da história: permitir que uma outra pessoa especifique restrições de integridade em sua tabela não apenas introduz uma potencial falha de segurança, mas também significa que o outro usuário às vezes atrapalha.

Delegando a responsabilidade pela segurança

Para manter seu sistema seguro, você deve restringir severamente os privilégios de acesso que você concede, bem como as pessoas a quem você concede esses privilégios. Mas é provável que as pessoas que não podem fazer seus trabalhos porque não têm acesso o perturbem constantemente. Para preservar sua sanidade mental, você provavelmente precisará delegar uma parte da responsabilidade pela manutenção da segurança do banco de dados. O SQL fornece essa delegação por meio da cláusula WITH GRANT OPTION. Considere o seguinte exemplo:

```
GRANT UPDATE
    ON RETAIL_PRICE_LIST
    TO SALES_MANAGER WITH GRANT OPTION;
```

Essa instrução é semelhante ao exemplo anterior de GRANT UPDATE pelo fato de que a instrução permite que o gerente de vendas atualize a lista de preços de varejo. A cláusula WITH GRANT OPTION também dá a ele o direito de conceder o privilégio de atualização para qualquer pessoa que ele quiser. Se usar essa forma da instrução GRANT, você não deve confiar apenas na pessoa que tem o direito de usar o privilégio de forma inteligente, mas também confiar que ela escolha sabiamente a quem conceder os privilégios.

A última palavra sobre confiança — portanto, a última palavra sobre vulnerabilidade — é executar uma instrução desta maneira:

```
GRANT ALL PRIVILEGES
    ON FOUR_STAR
    TO Benedict_Arnold WITH GRANT OPTION;
```

Seja *extremamente* cuidadoso sobre o uso de instruções como essa. Conceder todos os privilégios, juntamente com a opção de concessão, deixa-o exposto ao máximo. Benedict Arnold era um dos generais de confiança de George Washington durante a Guerra Revolucionária Americana. Ele desertou para os britânicos, tornando-se assim o traidor mais odiado da história americana. Você não quer que algo como isso aconteça com você.

Parte II
Utilizando SQL para Construir Bancos de Dados

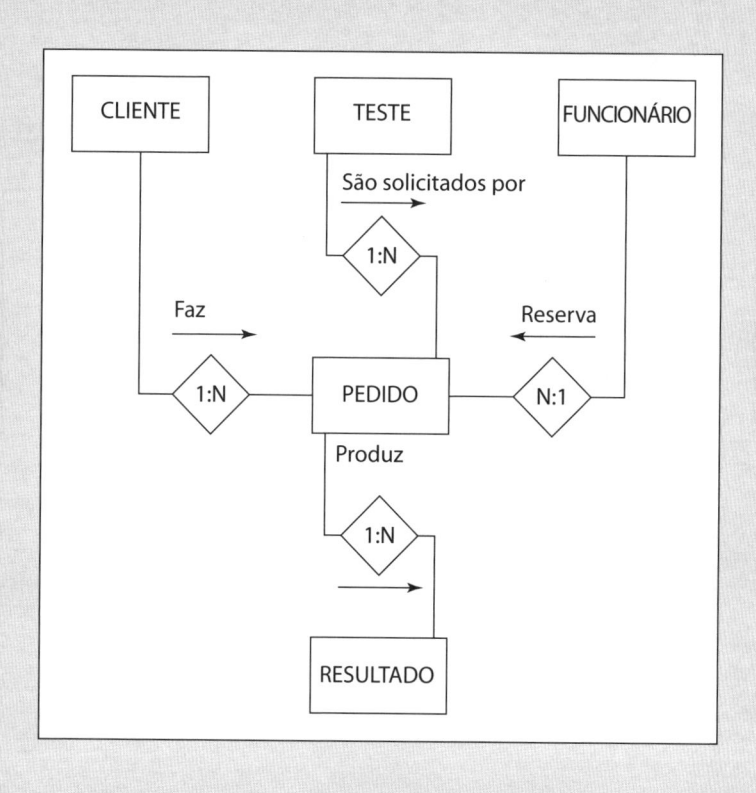

Nesta parte...

- Criando estruturas simples
- Estabelecendo relações entre tabelas

Capítulo 4

Construindo e Mantendo uma Estrutura Simples de Banco de Dados

Neste capítulo

▶ Usando RAD para construir, alterar e remover uma tabela de banco de dados
▶ Utilizando o SQL para construir, alterar e remover uma tabela de banco de dados
▶ Migrando seu banco de dados para outro SGBD

A história da informática muda tão rapidamente que às vezes o ritmo acelerado das gerações tecnológicas pode ser confuso. Linguagens de alto nível (chamadas de *terceira geração*) como FORTRAN, COBOL, BASIC, Pascal e C foram as primeiras linguagens utilizadas para construir e alterar grandes bancos de dados. Linguagens posteriores incluíam alguns recursos especificamente projetados para uso com bancos de dados — como dBASE, Paradox e R:BASE. (Assim, essas eram linguagens de terceira geração e meia? Não importa). O próximo passo nessa evolução foi o surgimento de ambientes de desenvolvimento como Access, PowerBuilder e C++ Builder, as chamadas linguagens de quarta geração (4GLs). Agora as coisas foram além das gerações numeradas e alcançaram as ferramentas de desenvolvimento rápido de aplicativos (RAD) e ambientes de desenvolvimento integrado (IDEs) como Eclipse e Visual Studio .NET, que podem ser usados com qualquer uma de uma série de linguagens (como C, C++, C#, Python, Java, Visual Basic ou PHP). Você os utiliza para transformar componentes de aplicativo em aplicativos de produção.

LEMBRE-SE

Como o SQL não é uma linguagem completa, ele não se encaixa perfeitamente em uma das categorias geracionais que acabamos de mencionar. Ele também não é um IDE. Ele faz uso dos comandos na forma de uma linguagem de terceira geração, mas é essencialmente não procedural, como uma linguagem de quarta geração. Não importa como você classifica o SQL, você pode usá-lo em conjunto com um IDE ou com ferramentas de desenvolvimento de terceira e quarta gerações mais antigas. Você mesmo pode escrever o código SQL ou você pode mover objetos na tela e fazer com que o ambiente de desenvolvimento gere o código equivalente para você. Os comandos passados para o banco de dados remoto são SQL puro em ambos os casos.

Neste capítulo, analisaremos como utilizar uma ferramenta RAD para construir, alterar e excluir uma tabela simples e então discutiremos como construir, alterar e excluir a mesma tabela usando o SQL.

Usando uma Ferramenta RAD para Construir um Banco de Dados Simples

As pessoas usam bancos de dados porque querem monitorar informações importantes. Às vezes, as informações que elas querem monitorar são simples, outras não. Um bom sistema de gerenciamento de banco de dados fornece o que você precisa nos dois casos. Alguns SGBDs fornecem o SQL. Outros, como ferramentas *RAD*, fornecem um ambiente gráfico orientado a objetos. Alguns SGBDs suportam as duas abordagens. Nas seções a seguir, mostraremos como construir um banco de dados simples com uma única tabela usando uma ferramenta gráfica de projeto de banco de dados. Uso o Microsoft Access nos exemplos, mas o procedimento é semelhante a outros ambientes de desenvolvimento baseados no Windows.

Decidindo o que monitorar

O primeiro passo ao criar um banco de dados é decidir o que você deseja monitorar. Por exemplo, imagine que você acabou de ganhar 248 milhões de dólares na loteria. (Não há problema em *imaginar* algo como isso. Na vida real, é tão provável quanto encontrar seu carro esmagado por um meteorito gigante). Amigos e conhecidos sobre os quais você não ouvia falar havia anos de repente saem da toca. Alguns têm oportunidades de negócios infalíveis e imperdíveis em que eles querem que você invista. Outros representam causas dignas que poderiam se beneficiar de seu apoio. Como um bom administrador de sua nova riqueza, você percebe que algumas oportunidades de negócios não são tão boas quanto outras, e algumas causas não são tão dignas quanto outras. Você decide colocar todas as opções em um banco de dados para que você possa monitorá-las e fazer julgamentos justos e equitativos.

Você decide monitorar as informações a seguir sobre seus amigos e parentes:

- Primeiro nome
- Sobrenome
- Endereço
- Cidade

Capítulo 4: Construindo e Mantendo uma Estrutura Simples... 83

- Estado ou região
- Código postal
- Telefone
- Grau de afinidade (sua relação com a pessoa)
- Proposta
- Negócios ou caridade

Você decide colocar todos os itens listados em uma única tabela de banco de dados; você não precisa de algo elaborado.

Criando uma tabela de banco de dados

Ao abrir o ambiente de desenvolvimento Access 2013, você se depara com a tela mostrada na Figura 4-1. De lá, você pode construir uma tabela de banco de dados de várias maneiras diferentes. Eu começo com a visualização *Datasheet*, porque essa abordagem mostra como criar um banco de dados a partir do zero. Continue lendo.

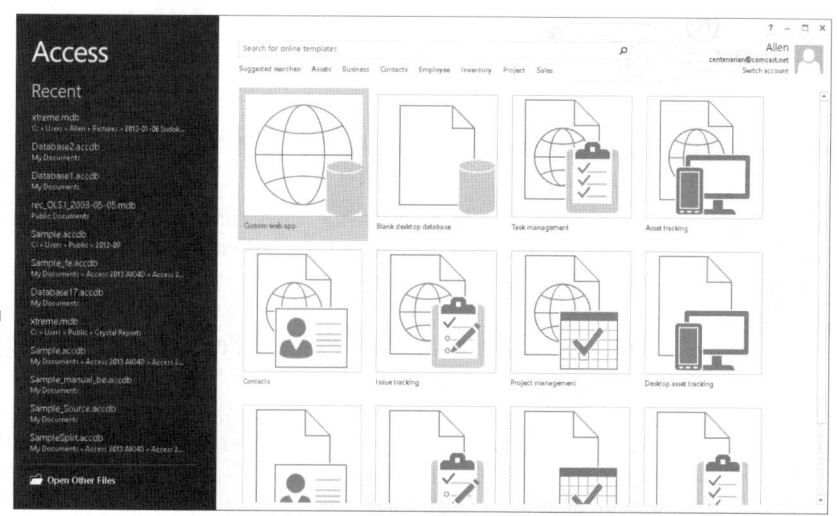

Figura 4-1: A tela de abertura do Microsoft Access.

Construindo uma tabela de banco de dados na visualização Datasheet

Por padrão, o Access 2013 é aberto na visualização Datasheet. Para construir um banco de dados Access na visualização Datasheet, clique duas vezes no modelo Blank Desktop Database.

Sua folha de dados do Access está pronta para você começar a inserir dados na Tabela 1, a primeira tabela em seu banco de dados, como mostrado na Figura 4-2. Você pode mudar o nome da tabela para algo mais significativo depois. O Access fornece ao seu novo banco de dados o nome padrão `Database1` (ou `Database31` se você já criou 30 bancos de dados e não se preocupou em atribuir a eles nomes significativos). É melhor atribuir ao banco de dados um nome significativo no início apenas para evitar confusão.

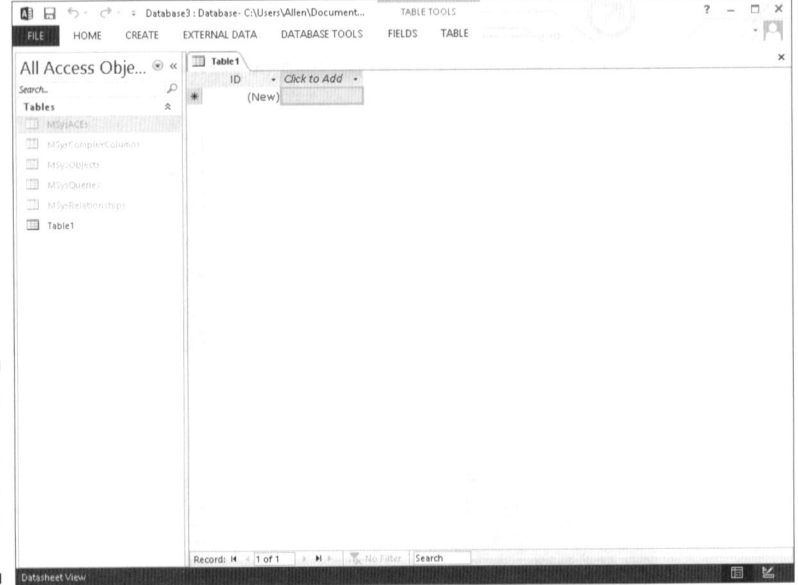

Figura 4-2: A visualização Datasheet no ambiente de desenvolvimento Access.

Esse é o método de começar do zero, mas você tem várias maneiras diferentes de criar uma tabela de banco de dados Access. O próximo usa visualização Design.

Construindo uma tabela de banco de dados na visualização Design

Na visualização Datasheet (consulte a Figura 4-2), construir uma tabela de banco de dados é muito fácil: você simplesmente começa a inserir dados. Essa abordagem, porém, é propensa a erros porque os detalhes são facilmente ignorados. A melhor maneira de criar uma tabela é na visualização Design seguindo estes passos:

1. Com o Access aberto na visualização Datasheet (o padrão), clique na guia Home na faixa de opções, e então clique em View abaixo do ícone no canto superior esquerdo da janela. Selecione Design View no menu suspenso.

   Ao selecionar Design View, uma caixa de diálogo aparece e solicita que você insira um nome de tabela.

Capítulo 4: Construindo e Mantendo uma Estrutura Simples... 85

2. **Insira** POWER **(para o prêmio da loteria) e clique em OK.**

A visualização Design (mostrada na Figura 4-3) aparece.

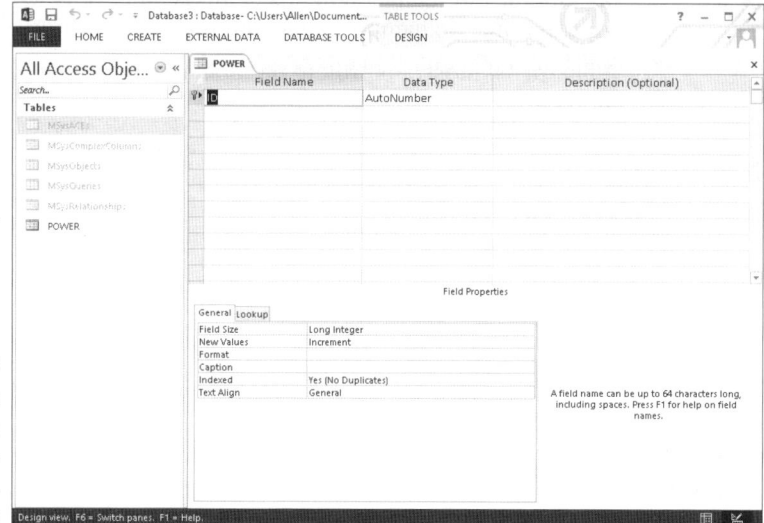

Figura 4-3:
A tela inicial da visualização Design.

Observe que a janela é dividida em áreas funcionais. Duas delas são especialmente úteis ao construir tabelas de banco de dados:

- *Opções da visualização Design.* Um menu ao longo da parte superior da janela oferece as opções Home, Create, External Data, Database Tools e Design. Quando a faixa de opções é exibida, as ferramentas disponíveis na visualização Design são representadas pelos ícones logo abaixo do menu. Na Figura 4-3, o destaque mostra que os ícones Design e Primary Key estão selecionados.

- *Painel Field Properties.* Nessa área para definir campos de banco de dados, o cursor pisca na coluna Field Name da primeira linha. O Access sugere que você especifique uma chave primária aqui, dê-lhe o nome **ID** e o tipo de dados `AutoNumber`.

AutoNumber, um tipo de dado do Access, não é um tipo SQL padrão; ele incrementa um número inteiro no campo por um automaticamente sempre que você adiciona um novo registro a uma tabela. Esse tipo de dado garante que o campo que você usa como uma chave primária não será duplicado e, portanto, permanece único.

3. **Na área Field Properties, altere o Field Name da chave primária de ID para** `ProposalNumber`.

O Field Name sugerido para a chave primária, ID, não é muito informativo. Se você se acostumar a mudá-lo para algo mais significativo (e/ou fornecer informações adicionais na coluna Description), é mais fácil monitorar a finalidade dos campos em seu banco de dados. Aqui, o nome do campo é suficientemente descritivo.

A Figura 4-4 mostra o projeto da tabela de banco de dados nesse momento.

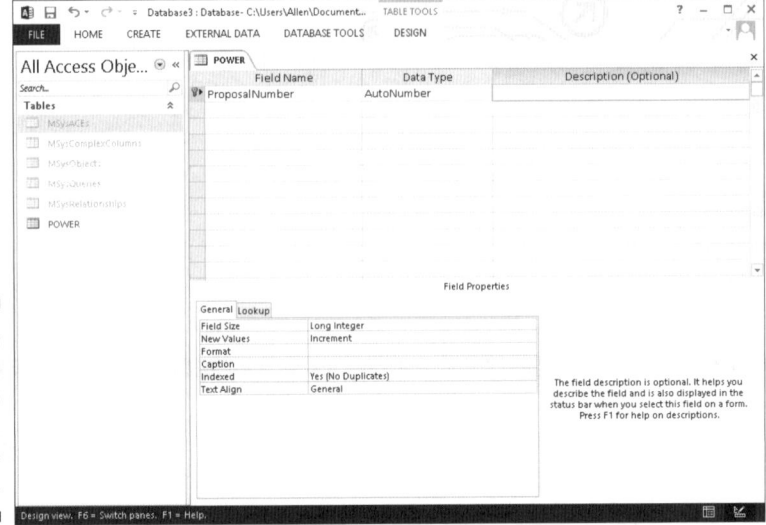

Figura 4-4: Usando um nome de campo descritivo para definir a chave primária.

4. **No painel Field Properties, verifique as suposições que o Access criou automaticamente sobre o campo ProposalNumber.**

    A Figura 4-4 mostra as seguintes suposições:

    - O tamanho do campo foi definido como *Long Integer*.
    - Novos valores são obtidos por incremento.
    - A indexação é exigida e duplicatas não são permitidas.
    - O alinhamento do texto é geral.

    Como frequentemente é o caso, as suposições que o Access faz são boas para aquilo que você quer fazer. Se algumas das suposições estiverem incorretas, você pode substituí-las inserindo novos valores.

5. **Especifique o restante dos campos que você quer que essa tabela contenha.**

    A Figura 4-5 mostra a visualização Design depois que você entrou no campo FirstName.

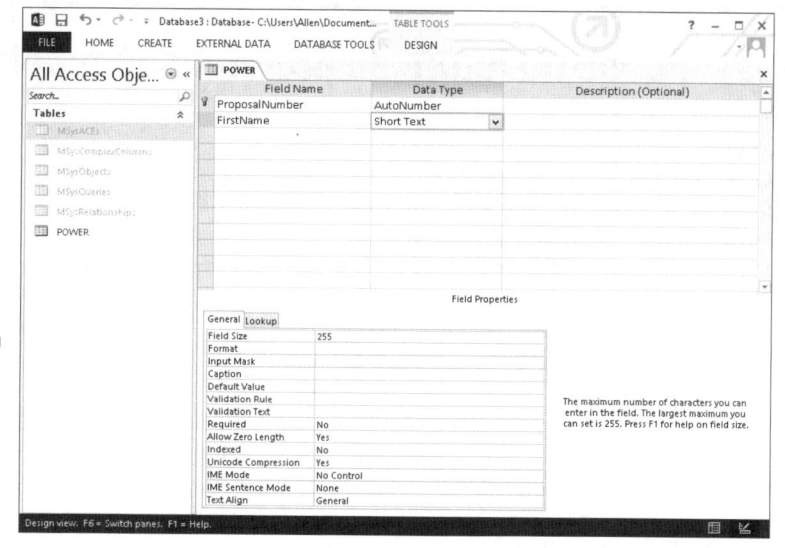

Capítulo 4: Construindo e Mantendo uma Estrutura Simples...

Figura 4-5:
A janela de criação de tabela após FirstName foi definida.

> **DICA**
>
> O tipo de dado para `FirstName` é `Short Text`, em vez de `AutoNumber`, assim as propriedades de campo que são aplicadas a ele são diferentes. Aqui o Access atribuiu a `FirstName` o Field Size padrão para dados de texto curto, que tem 255 caracteres. Eu não conheço muitas pessoas cujos nomes são tão longos. O Access é inteligente o suficiente para alocar apenas espaço de memória realmente necessário para uma entrada. Ele não aloca cegamente 255 bytes, independentemente do que é inserido. Mas outros ambientes de desenvolvimento talvez não tenham essa capacidade. Gosto de atribuir valores razoáveis a comprimentos de campo. Isso evita problemas quando passo de um ambiente de desenvolvimento para outro.

Aqui a suposição padrão feita pelo Access é que `FirstName` não é um campo exigido. Você pode inserir um registro na tabela POWER e deixar o campo `FirstName` em branco, o que leva em conta as pessoas que só tem um nome, como Cher ou Bono.

6. **Altere o Field Size do `FirstName` para 15.**

   Para um resumo sobre por que isso é uma boa ideia, consulte o quadro "Pense no futuro ao projetar sua tabela".

Pense no futuro ao projetar sua tabela

Em alguns ambientes de desenvolvimento (exceto o Microsoft Access), reduzir o tamanho do campo `FirstName` a 15 economiza 240 bytes para *cada registro no banco de dados* se você usar caracteres ASCII (UTF-8), 480 bytes se você utilizar caracteres UTF-16 ou 960 bytes se você usar caracteres UTF-32. Isso faz sentido. Enquanto você está nisso, dê uma olhada em outras suposições default, para algumas outras propriedades de campo e tente antecipar como você pode usá-las, à medida que o tamanho do banco de dados aumenta. Alguns desses campos requerem atenção imediata para torná-los mais eficientes (`FirstName` é um exemplo prático); outros só se aplicam a casos relativamente obscuros.

Você pode observar outra propriedade de campo que aparece muito: a propriedade Indexed. Se você não antecipar a necessidade de recuperar um registro por meio de um dado campo, então não desperdice a capacidade de processamento para indexá-lo. Observe, porém, que em uma grande tabela com muitas linhas, você pode acelerar bastante as recuperações indexando o campo que você usa, para identificar o registro que você deseja recuperar. O diabo — ou, nesse caso, um potencial aumento de desempenho — está nos detalhes ao projetar suas tabelas de banco de dados.

7. Para garantir que você pode recuperar um registro rapidamente a partir da tabela Power pelo `LastName` (o que *é* provável), altere a propriedade Indexed do `LastName` para `Yes (Duplicates OK)` como mostrado na Figura 4-6.

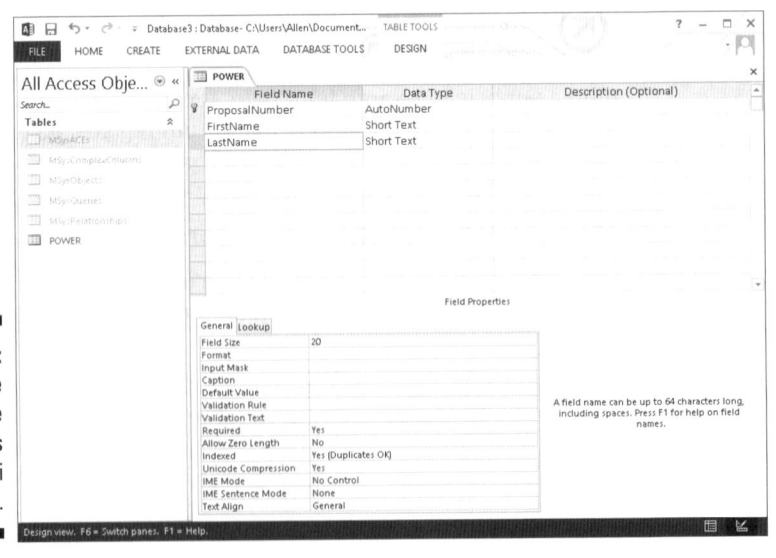

Figura 4-6: A janela de criação de tabela depois de LastName foi definida.

Capítulo 4: Construindo e Mantendo uma Estrutura Simples... 89

A figura mostra algumas mudanças que fiz no painel Field Properties:

- Reduzi o tamanho máximo do campo de 255 a 20.
- Alterei Required para Yes, Allow Zero Length para No e Indexed para Yes (Duplicates OK). Quero que cada proposta inclua o sobrenome da pessoa responsável por ela. Um nome de comprimento zero não é permitido e o campo `LastName` será indexado.
- Permito duplicatas; dois ou mais proponentes podem ter o mesmo sobrenome. Isso é praticamente certo no caso da tabela POWER; espero propostas de todos os três de meus irmãos, assim como de meus filhos e da filha solteira, sem mencionar meus primos.
- A opção (No Duplicates) Yes, que *não selecionei*, na verdade seria apropriada para um campo que é a chave primária de uma tabela. A chave primária de uma tabela nunca deve conter duplicatas.

8. Insira o restante dos campos, mudando o Field Size padrão para algo apropriado em todos os casos.

A Figura 4-7 mostra o resultado.

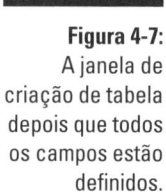

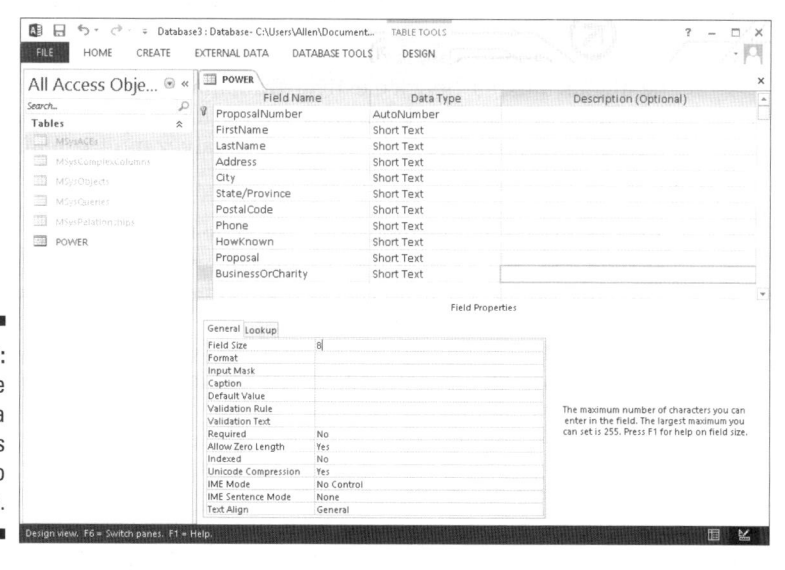

Figura 4-7: A janela de criação de tabela depois que todos os campos estão definidos.

Como você pode ver na Figura 4-7, o campo para negócios ou caridade (`BusinOrCharity`) não é indexado. Não há por que indexar um campo que só tem duas possíveis entradas; a indexação não diminui a seleção o suficiente para valer a pena.

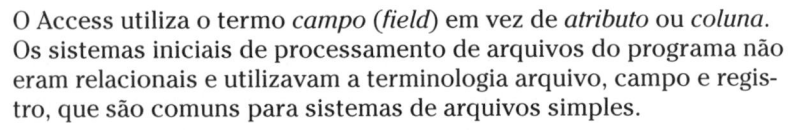

O Access utiliza o termo *campo* (*field*) em vez de *atributo* ou *coluna*. Os sistemas iniciais de processamento de arquivos do programa não eram relacionais e utilizavam a terminologia arquivo, campo e registro, que são comuns para sistemas de arquivos simples.

9. **Salve sua tabela clicando no ícone de disquete no canto superior esquerdo da janela.**

Manter um olho no futuro é sábio ao desenvolver seu banco de dados. Uma boa ideia (por exemplo) é salvar com frequência à medida que você desenvolve; basta clicar nesse ícone de disquete de vez em quando. Fazer isso pode economizar muito retrabalho entediante no caso de falta de energia ou outro evento adverso. Além disso, embora não destrua o planeta se você atribuir o mesmo nome a um banco de dados e a uma das tabelas que o banco de dados contém, isso pode tornar-se um pouco confuso para administradores e usuários posteriores. Como regra, é mais útil (e mais gentil) sugerir dois nomes diferentes.

Depois de salvar sua tabela, você pode achar que precisa ajustar o projeto inicial, como descrito na próxima seção, "Alterando a estrutura da tabela".

Alterando a estrutura da tabela

Frequentemente tabelas de banco de dados recém-criadas precisam de alguns ajustes. Se você estiver trabalhando para outra pessoa, seu cliente pode solicitar depois que você criou o banco de dados que ele quer monitorar outro item de dados — talvez muitos mais. Isso significa que você tem que voltar à prancheta.

Se você estiver construindo um banco de dados para seu próprio uso, as deficiências na estrutura tornam-se inevitavelmente aparentes *depois* que você cria a estrutura (isso provavelmente é uma cláusula na Lei de Murphy). Por exemplo, digamos que você comece a receber propostas de outros países e precise adicionar uma coluna `Country`. Ou você tem um banco de dados mais antigo que não incluía endereços de e-mail — momento de atualizá-lo. Nesta seção, mostraremos como usar o Access para modificar uma tabela. Outras ferramentas RAD têm capacidades comparáveis e funcionam de uma forma similar.

Se chegar o momento em que você precisa atualizar suas tabelas de banco de dados, pare para avaliar todos os campos que elas usam. Por exemplo, você também pode adicionar um segundo campo `Address` para pessoas com endereços complexos e um campo `Country` para propostas de outros países.

Embora seja relativamente fácil atualizar as tabelas de banco de dados, sempre que possível você deve evitar fazer isso. É provável que quaisquer aplicativos que dependem da estrutura antiga do banco de dados quebrem e precisem ser corrigidos. Se houver vários aplicativos, essa tarefa pode ser bem difícil. Tente antecipar expansões que talvez sejam necessárias no futuro e faça provisões para elas. É preferível incorporar uma pequena sobrecarga extra ao banco de dados a atualizar uma quantidade enorme de aplicativos escritos há vários anos. O conhecimento de como eles funcionam provavelmente já desapareceu e essencialmente eles podem ser incorrigíveis.

Para inserir novas linhas e acomodar as mudanças, abra a tabela e siga estes passos:

1. **Na janela de criação de tabela, clique com o botão direito no pequeno quadrado colorido à esquerda do campo City para selecionar essa linha e escolha Insert Rows no menu que aparece.**

   Uma linha em branco aparece acima da posição do cursor e empurra para baixo todas as linhas existentes, como mostrado na Figura 4-8.

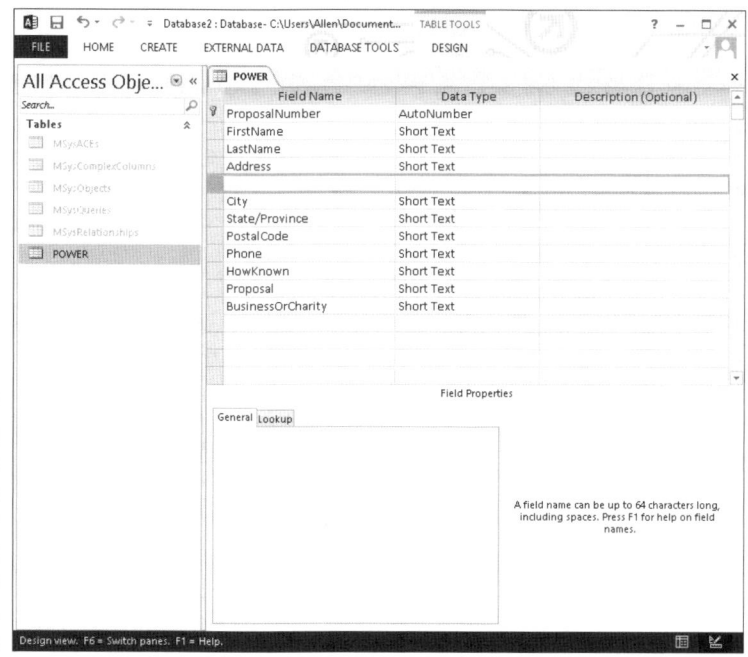

Figura 4-8: A janela de criação de tabela depois de dar espaço a uma segunda linha de endereço.

2. **Insira os campos que você deseja adicionar à sua tabela.**

   Adicionei um campo `Address2` acima do campo `City` e um campo `Country` acima do campo `Phone`.

3. **Depois de terminar as modificações, salve a tabela antes de fechá-la.**

   O resultado deve ser semelhante à Figura 4-9.

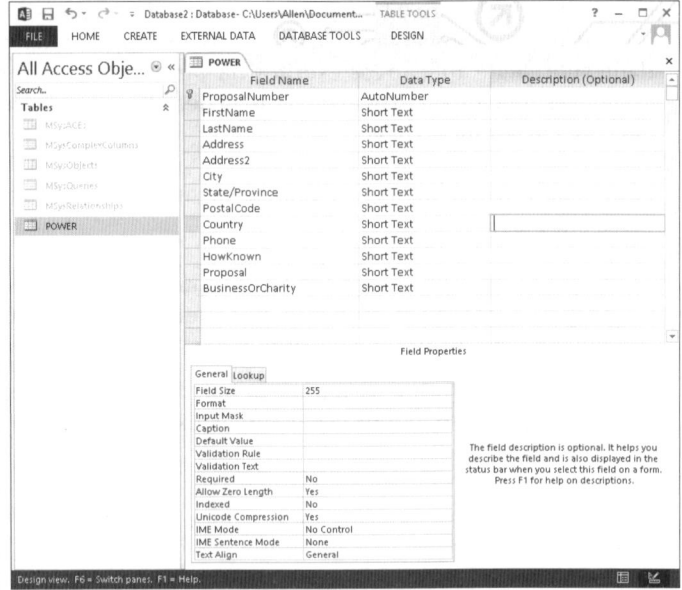

Figura 4-9: Sua definição da tabela revisada deve ser semelhante a esta.

Criando um índice

Em qualquer banco de dados, você precisa de uma maneira rápida para acessar os registros de interesse. (Isso nunca é mais verdadeiro do que ao ganhar na loteria – o número de propostas de investimento e caridade que você recebe pode facilmente transformar-se em milhares). Digamos, por exemplo, que você quer analisar todas as propostas das pessoas que dizem ser seu irmão. Supondo que nenhum de seus irmãos mudou o sobrenome por motivos ostentosos ou profissionais, você pode isolar essas ofertas baseando sua recuperação no conteúdo do campo LastName, como mostra a consulta SQL *ad hoc* a seguir:

```
SELECT * FROM POWER
   WHERE LastName = 'Marx' ;
```

Essa estratégia pode não funcionar para as propostas apresentadas por meios-irmãos e cunhados, assim você precisa analisar um campo diferente, como mostrado no exemplo a seguir:

```
SELECT * FROM POWER
   WHERE HowKnown = 'brother-in-law'
      OR
      HowKnown = 'half brother' ;
```

O SQL varre a tabela, uma linha de cada vez, procurando entradas que satisfazem a condição da cláusula WHERE. Se a tabela POWER for grande (dezenas de milhares de registros), você pode acabar esperando um pouco. Você pode acelerar as coisas aplicando *índices* à tabela POWER.

Capítulo 4: Construindo e Mantendo uma Estrutura Simples...

(Um *índice* é uma tabela de ponteiros. Cada linha no índice aponta para uma linha correspondente na tabela de dados.)

Você pode definir um índice para todas as diferentes maneiras como você pode querer acessar seus dados. Se adicionar, alterar ou excluir linhas na tabela de dados, você não terá de reordenar a tabela — só precisará atualizar os índices. Atualizar um índice é muito mais rápido que classificar uma tabela. Depois de estabelecer um índice com a ordenação desejada, você pode usar esse índice para acessar linhas na tabela de dados quase que instantaneamente.

DICA

Como o campo `ProposalNumber` é único, além de curto, usar esse campo é a maneira mais rápida de acessar um registro individual. Essas qualidades o tornam um candidato ideal para uma chave primária. E como chaves primárias geralmente são a maneira mais rápida de acessar os dados, *a chave primária de toda e qualquer tabela, sempre deve estar indexada*; o Access indexa as chaves primárias automaticamente. Para usar esse campo, porém, você deve conhecer o `ProposalNumber` do registro que você deseja. Você pode querer criar índices adicionais com base em outros campos, como `LastName`, `PostalCode` ou `HowKnown`. Para uma tabela que você indexa em `LastName`, depois que uma busca localiza a primeira linha contendo um `LastName` de `Marx`, a pesquisa encontrou todos eles. As chaves de índice para todas as linhas `Marx` são armazenadas uma após a outra. Você pode recuperar `Chico`, `Groucho`, `Harpo`, `Zeppo` e `Karl` quase tão rapidamente quanto você pode acessar os dados apenas sobre `Chico`.

Índices adicionam uma sobrecarga ao sistema, o que desacelera as operações. Você deve equilibrar essa desaceleração com a velocidade que você ganha acessando os registros por meio de um índice.

DICA

Eis algumas dicas para escolher bons campos de indexação:

- Indexar os campos que você usa com frequência para acessar registros sempre é uma boa ideia. Você pode acessar rapidamente os registros sem muita latência.

- Não se preocupe em criar índices para campos que você *nunca* usa, como chaves de recuperação. Criar índices desnecessários é um desperdício de tempo e espaço de memória e você não ganha nada.

- Não crie índices para campos que não diferenciam um registro de vários outros. Por exemplo, o campo `BusinessOrCharity` simplesmente divide os registros da tabela em duas categorias; ele não é bom para índice.

LEMBRE-SE

A eficácia de um índice varia entre um aplicativo e outro. Se você migrar um banco de dados de uma plataforma para outra, os índices que tiveram o melhor desempenho no primeiro sistema talvez não tenham o mesmo desempenho na nova plataforma. De fato, o desempenho pode ser pior do que se você simplesmente não indexasse o banco de dados. Experimente vários esquemas de indexação para ver qual fornece o melhor desempenho geral e otimize seus índices de modo que nem a velocidade de recuperação nem a velocidade de atualização sofram com a migração.

Para criar um índice para a tabela POWER, basta selecionar Yes for Indexed no painel Field Properties da janela de criação de tabela.

O Access faz dois truques úteis automaticamente: ele cria um índice para `PostalCode` (porque esse campo é usado frequentemente para consultas) *e* ele indexa a chave primária. (Ah, o progresso. Tenho de amá-lo.)

`PostalCode` não é uma chave primária e não é necessariamente única; o oposto é verdadeiro para `ProposalNumber`. Você já criou um índice para `LastName`. Faça o mesmo para `HowKnown`, porque é provável que ambos sejam utilizados para recuperações.

Depois de criar todos seus índices, não se esqueça de salvar a nova estrutura da tabela antes de fechá-la.

Se você usar uma ferramenta RAD diferente do Microsoft Access, as informações nesta seção não se aplicam a você. Mas o processo geral é bem semelhante.

Excluindo uma tabela

Ao criar uma tabela (como a tabela POWER descrita neste capítulo) com a estrutura exata que você deseja, talvez você precise criar algumas versões intermediárias ao longo do caminho. Ter essas tabelas de variantes em seu sistema pode confundir as pessoas mais tarde; portanto, exclua-as agora enquanto ainda estão frescas em sua mente. Para fazer isso, clique com o botão direito do mouse na tabela que você deseja excluir na lista All Tables no lado esquerdo da janela. Um menu aparece, e uma das opções que ele oferece é Delete. Ao clicar em Delete, como mostrado na Figura 4-10, a tabela é removida do banco de dados.

Certifique-se *realmente* do que você está fazendo. Ao clicar em Delete, essa tabela, e todo o trabalho que você fez nela, desaparecerá.

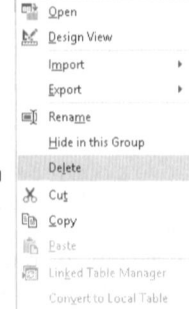

Figura 4-10: Selecione Delete para excluir uma tabela.

Capítulo 4: Construindo e Mantendo uma Estrutura Simples...

LEMBRE-SE

Se o Access excluir uma tabela, ele também remove todas as tabelas auxiliares, incluindo todos os índices que a tabela pode ter.

Construindo POWER com a DDL do SQL

Todas as funções de definição de banco de dados que podem ser executadas com uma ferramenta RAD (como o Access), também são possíveis se você usar o SQL para construir a tabela. Claro, usar o SQL não é tão glamoroso — em vez de clicar com o mouse nas opções de menu, insira os comandos a partir do teclado. Pessoas que preferem manipular objetos visuais acham que as ferramentas RAD são fáceis de entender e usar. As pessoas que ficam mais felizes transformando palavras em instruções lógicas acham que os comandos SQL são mais fáceis de usar.

DICA

Vale a pena tornar-se proficiente no uso de ambos os métodos, porque algumas coisas são mais facilmente representadas usando a técnica orientada a objetos (mouse), e outras são mais facilmente manipuladas digitando comandos SQL.

Nas seções a seguir, usaremos o SQL para criar a mesma tabela de antes, e então faremos as mesmas operações de alteração e exclusão que fizemos com a ferramenta RAD na primeira parte deste capítulo.

Utilizando o SQL com o Microsoft Access

O Access é projetado como uma ferramenta de desenvolvimento rápido de aplicativos (RAD) que não requer programação. Você pode escrever e executar instruções SQL no Access, mas tem de usar um método de *back-door* para fazer isso. Para abrir um editor básico em que você pode inserir o código SQL, siga estes passos:

1. **Abra o banco de dados e clique na guia CREATE para exibir o menu na parte superior da janela.**
2. **Clique em Query Design na seção Queries.**

   A caixa de diálogo Show Table aparece.
3. **Selecione a tabela POWER. Clique no botão Add e então clique no botão Close para fechar a caixa de diálogo.**

   Fazer isso produz a tela mostrada na Figura 4-11.

   Uma imagem da tabela POWER e seus atributos aparecem na parte superior da área de trabalho e uma grade Query By Example (QBE) aparece abaixo dela. O Access espera que você insira uma consulta agora usando a grade QBE. (Você *pode* fazer isso, com certeza, mas isso não diria nada sobre como usar o SQL no ambiente do Access).

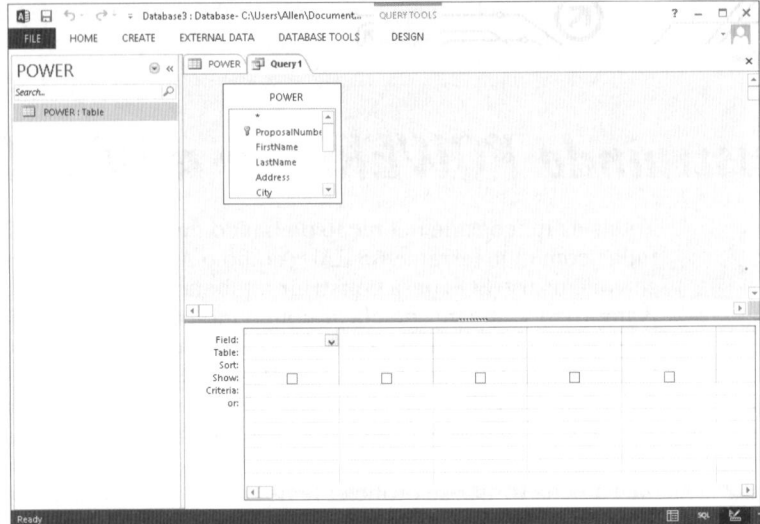

Figura 4-11:
A tela Query com a tabela POWER selecionada.

4. **Clique na guia Home e então no ícone View no canto esquerdo da faixa de opções.**

   Um menu permanece suspenso, mostrando as diferentes visualizações disponíveis para você no modo Query, como mostrado na Figura 4-12.

Figura 4-12:
As visualizações do banco de dados disponíveis no modo Query.

Uma dessas visualizações é SQL View.

5. **Clique em SQL View para exibir a guia SQL View Object.**

   Como a Figura 4-13 mostra, a guia View Object SQL fez a suposição (muito racional) de que você deseja recuperar algumas informações da tabela POWER, assim escreveu a primeira parte para você. A guia não sabe exatamente o que você deseja recuperar; portanto, só exibe a parte com a qual ela sente-se segura.

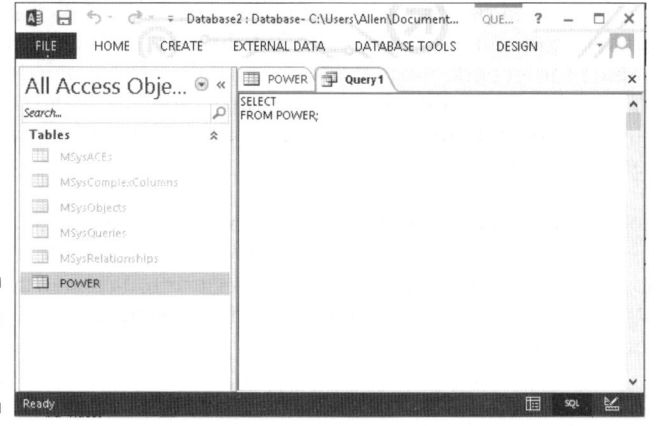

Figura 4-13: A guia Object na SQL View.

Eis o que foi escrito até agora:

```
SELECT
FROM POWER ;
```

6. **Insira um asterisco (*) na área em branco na primeira linha e adicione uma cláusula WHERE após a linha FROM.**

   Se já inseriu alguns dados na tabela POWER, você pode fazer uma recuperação com algo como:

   ```
   SELECT *
   FROM POWER
      WHERE LastName = 'Marx' ;
   ```

   Certifique-se de que o ponto e vírgula (;) é a última coisa na instrução SQL. Você precisa movê-lo para baixo logo depois de POWER até o fim da próxima linha para baixo.

7. **Ao concluir, clique no ícone de disquete Save.**

   O Access solicita um nome para a consulta que você acabou de criar.

8. **Digite um nome e clique em OK.**

Sua instrução é salva e pode ser executada como uma consulta mais tarde.

Criando uma tabela

Se estiver trabalhando com o Access ou com um SGBD de nível corporativo com todos os recursos — como o Microsoft SQL Server, Oracle 11g ou IBM DB2 — para criar uma tabela de banco de dados com o SQL, você deve inserir as mesmas informações que você digitaria se criasse a tabela com uma ferramenta RAD. A diferença é que a ferramenta RAD o ajuda fornecendo uma interface visual — sob a forma de uma caixa de diálogo de criação de tabela (ou algum esqueleto de entrada de dados similar) — e evitando que você insira nomes, tipos ou tamanhos inválidos no campo.

LEMBRE-SE

O SQL não lhe dá tanta ajuda assim. Você deve saber o que está fazendo no início; descobrir as coisas ao longo do caminho pode levar a resultados menos que desejáveis. Você deve inserir toda a instrução CREATE TABLE antes de o SQL até mesmo analisá-la, sem ter a indicação de que você cometeu erros na instrução.

No SQL padrão do ISO/IEC, a instrução que cria uma tabela de monitoramento de proposta (idêntica àquela criada no início do capítulo) usa a seguinte sintaxe:

```
CREATE TABLE POWERSQL (
    ProposalNumber       INTEGER       PRIMARY KEY,
    FirstName            CHAR (15),
    LastName             CHAR (20),
    Address              CHAR (30),
    City                 CHAR (25),
    StateProvince        CHAR (2),
    PostalCode           CHAR (10),
    Country              CHAR (30),
    Phone                CHAR (14),
    HowKnown             CHAR (30),
    Proposal             CHAR (50),
    BusinessOrCharity    CHAR (1) );
```

As informações contidas na instrução SQL são essencialmente as mesmas informações que você insere usando a interface gráfica com o usuário do Access. A coisa interessante sobre o SQL é que a linguagem é universal. A mesma sintaxe padrão funciona independentemente do produto SGBD compatível com o padrão que você usa.

No Access 2013, criar objetos de banco de dados, como tabelas, é um pouco mais complicado. Você não pode simplesmente digitar uma instrução CREATE (como aquela que acabamos de fornecer) na guia SQL View Object. Isso ocorre porque a guia SQL View Object só está disponível como uma ferramenta de consulta; você tem de tomar algumas medidas extras para informar o Access que você está prestes a inserir uma consulta de definição de dados, em vez de uma consulta normal que solicita informações do banco de dados. Uma complicação adicional: como a criação da tabela é uma ação que pode comprometer a segurança do banco de dados, ela é desativada por padrão. Você deve dizer ao Access que isso é um banco de dados confiável antes de ele aceitar uma consulta de definição de dados.

Capítulo 4: Construindo e Mantendo uma Estrutura Simples...

1. **Clique na guia Create na faixa de opções para exibir os ícones da funcionalidade de criação.**

2. **Clique em Query Design na seção Queries.**

   Isso exibe a caixa de diálogo Show Table, que nesse momento contém várias tabelas de sistema junto com a tabela POWER.

3. **Selecione POWER e clique no botão Add.**

   Como vimos no exemplo anterior, uma imagem da tabela POWER e seus atributos aparece na metade superior da área de trabalho.

4. **Clique no botão de fechar da caixa de diálogo Show Table.**

5. **Clique na guia Home e então no ícone View na extremidade esquerda da faixa de opções e, em seguida, escolha SQL View a partir do menu suspenso que aparece.**

   Como no exemplo anterior, o Access o "ajudou" colocando SELECT FROM POWER no editor SQL. Desta vez, você não quer a ajuda.

6. **Exclua SELECT FROM POWER e (no lugar dele) insira a consulta de definição de dados fornecida anteriormente, como a seguir:**

```
CREATE TABLE POWERSQL (
    ProposalNumber      INTEGER     PRIMARY KEY,
    FirstName           CHAR (15),
    LastName            CHAR (20),
    Address             CHAR (30),
    City                CHAR (25),
    StateProvince       CHAR (2),
    PostalCode          CHAR (10),
    Country             CHAR (30),
    Phone               CHAR (14),
    HowKnown            CHAR (30),
    Proposal            CHAR (50),
    BusinOrCharity      CHAR (1) );
```

Neste ponto, sua tela deve ser semelhante à Figura 4-14.

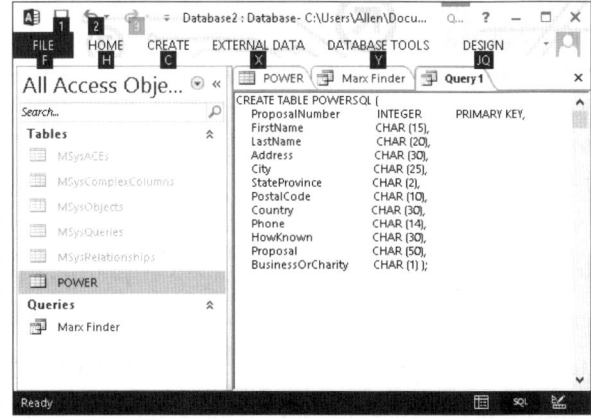

Figura 4-14: Consulta de definição de dados para criar uma tabela.

Parte II: Utilizando SQL para Construir Bancos de Dados

7. **Depois de clicar na guia Design da faixa de opções, clique no ícone Run de ponto de exclamação vermelho.**

   Fazer isso executa a consulta, o que cria a tabela POWERSQL (como mostrado na Figura 4-15).

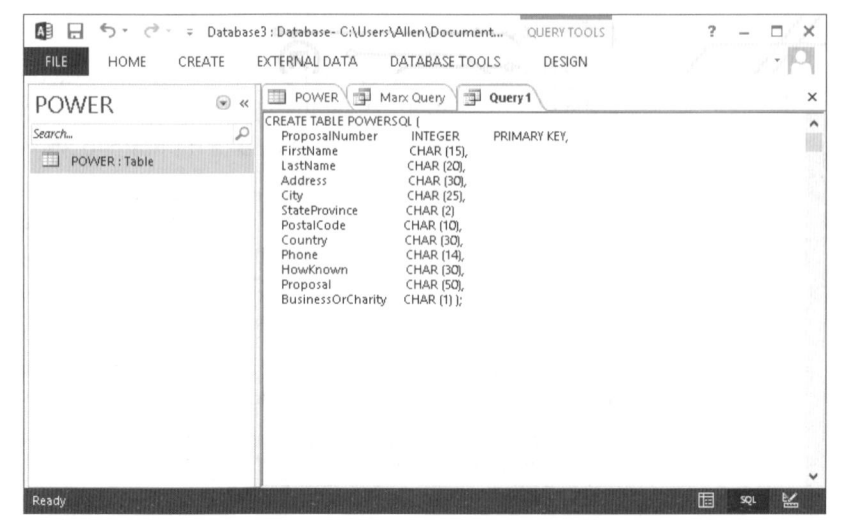

Figura 4-15: Eis a tabela POWERSQL.

Você deve ver POWERSQL listada sob All Access Objects na coluna à esquerda da janela. Nesse caso, deu tudo certo. Ou talvez você não veja a tabela na lista All Access Objects. Nesse caso, continue lendo (e avançando).

O Access 2013 faz tudo possível para protegê-lo contra hackers mal-intencionados e contra seus próprios erros involuntários. Como a execução de uma consulta de definição de dados é potencialmente perigosa para o banco de dados, o Access tem um padrão que evita que a consulta seja executada. Se isso aconteceu com você, a POWERSQL *não aparecerá* na coluna à esquerda da janela, porque a consulta não foi executada. Em vez disso, a barra de mensagens pode aparecer abaixo da faixa de opções, com esta mensagem concisa:

```
Security Warning: Certain content in the database
has been disabled.
```

Se você vir essa mensagem, passe para as próximas etapas.

8. **Clique na guia File e, no menu ao lado esquerdo, escolha Options.**

   A caixa de diálogo Access Options é exibida.

9. **Selecione Trust Center na caixa de diálogo Access Options.**

10. **Clique no botão Trust Center Settings quando ele aparece.**

11. Selecione Message Bar no menu à esquerda e então especifique Show the Message Bar clicando no botão de opção se ele ainda não estiver selecionado.
12. Clique para voltar ao local onde você pode executar a consulta de definição de dados que cria a tabela POWERSQL.
13. Execute a consulta.

Tornar-se proficiente no SQL oferece benefícios de longo prazo porque essa linguagem será usada ainda por muito tempo. É provável que o esforço que você coloca para tornar-se especialista em uma ferramenta de desenvolvimento particular produza um menor retorno sobre o investimento. Mesmo que a ferramenta RAD mais recente seja maravilhosa, ela será substituída por uma tecnologia mais recente entre três a cinco anos. Se você conseguir recuperar seu investimento na ferramenta durante esse período de tempo, ótimo! Use-a. Se não, pode ser prudente manter-se fiel às ferramentas testadas e aprovadas. Treine seu pessoal em SQL e seu investimento em treinamento pagará dividendos durante um período muito mais longo.

Criando um índice

Índices são uma parte importante de qualquer banco de dados relacional. Eles servem como ponteiros para as tabelas que contêm os dados de interesse. Usando um índice, você pode acessar diretamente um registro específico sem ter de varrer a tabela sequencialmente, um registro de cada vez, para encontrar esse registro. Para tabelas realmente grandes, índices são uma necessidade; sem os índices, talvez você tenha de esperar *anos* em vez de segundos por um resultado. (Bem, tudo bem, talvez você não precise realmente esperar *anos*. Algumas consultas, porém, podem realmente demorar esse tempo todo se você deixar que elas continuem em execução. A menos que você não tenha nada melhor a fazer com o tempo de seu computador, provavelmente seria melhor se você abortasse a recuperação e seguisse em frente sem o resultado. A vida continua).

Por incrível que pareça, o padrão SQL não fornece um meio para criar um índice. Os fornecedores de SGBD distribuem suas próprias implementações da função. Como essas implementações não são padronizadas, elas podem ser diferentes entre si. A maioria dos fornecedores oferece a função de criação de índice adicionando um comando `CREATE INDEX` ao SQL.

Mesmo que dois fornecedores possam usar as mesmas palavras para o comando (`CREATE INDEX`), a forma como o comando opera pode não ser a mesma. É provável que você encontre um bom número de cláusulas dependentes de implementação. Estude cuidadosamente a documentação do SGBD para determinar como usar esse SGBD específico para criar índices.

Alterando a estrutura da tabela

Para alterar a estrutura de uma tabela existente, use o comando ALTER TABLE do SQL. O SQL interativo em sua estação cliente não é tão conveniente como uma ferramenta RAD. A ferramenta RAD exibe a estrutura de sua tabela, o que permite que você então a modifique. Usando o SQL, você deve conhecer com antecedência a estrutura da tabela e como você deseja modificá-la. No prompt de tela, você deve digitar o comando apropriado para realizar a alteração. Mas se você deseja incorporar as instruções de alteração de tabela a um programa aplicativo, então usar o SQL geralmente é a maneira mais fácil de fazer isso.

Para adicionar um segundo campo de endereço da tabela POWERSQL, use o seguinte comando DDL:

```
ALTER TABLE POWERSQL
   ADD COLUMN Address2 CHAR (30);
```

Você não precisa ser um guru em SQL para decifrar esse código. Mesmo analfabetos confessos em informática provavelmente entendem isso. O comando altera uma tabela chamada POWERSQL adicionando uma coluna à tabela. A coluna é chamada Address2, é do tipo de dados CHAR e tem 30 caracteres. Esse exemplo demonstra a facilidade com que você pode alterar a estrutura das tabelas do banco de dados usando comandos DDL do SQL.

O SQL padrão fornece essa instrução para adicionar uma coluna a uma tabela e permite excluir uma coluna existente de forma semelhante, como no código a seguir:

```
ALTER TABLE POWERSQL
   DROP COLUMN Address2;
```

Excluindo uma tabela

Excluir tabelas de banco de dados que você não mais precisa é fácil. Basta usar o comando DROP TABLE, como a seguir:

```
DROP TABLE POWERSQL;
```

O que pode ser mais simples? Se excluir uma tabela utilizando DROP, você apaga todos os dados e metadados. Nenhum vestígio da tabela permanece. Isso funciona muito bem na maioria das vezes. A única vez que isso não funciona é se outra tabela no banco de dados referenciar aquela que você está tentando excluir. Isso é chamado *restrição de integridade referencial*. Nesse caso, o SQL exibirá uma mensagem de erro em vez de excluir a tabela.

Excluindo um índice

CUIDADO! Se excluir uma tabela emitindo um comando DROP TABLE, você também exclui os índices associados a essa tabela. Às vezes, porém, você pode querer manter uma tabela, mas remover um índice dela. O padrão SQL não define um comando DROP INDEX, mas de qualquer maneira a maioria das implementações inclui o comando. Esse comando é útil se o sistema ficar muito lento e você descobre que suas tabelas não estão indexadas de maneira ideal. Corrigir um problema de índice pode melhorar drasticamente o desempenho — o que encantará os usuários que já se acostumaram a longos tempos de espera na fila das agências bancárias no quinto dia útil do mês.

Considerações de Portabilidade

Qualquer implementação SQL que provavelmente você use pode ter extensões que fornecem características que o padrão SQL não abrange. Alguns desses recursos podem aparecer na próxima versão do padrão SQL. Outros são únicos de uma implementação específica e provavelmente são destinados a permanecer dessa maneira.

Frequentemente extensões facilitam a criação de um aplicativo que atende suas necessidades e você ficará tentado a usá-las. Usar as extensões pode ser o melhor processo, mas esteja ciente das vantagens e desvantagens: se você quiser migrar seu aplicativo para outra implementação SQL, talvez você precise reescrever aquelas partes em que você usou as extensões que seu novo ambiente não suporta.

DICA Quanto mais você sabe sobre as implementações existentes e tendências de desenvolvimento, melhor as decisões que você tomará. Pense na probabilidade desse tipo de migração no futuro — e também se a extensão que você está avaliando é única de sua implementação ou relativamente disseminada. O uso de uma extensão pode ser melhor no longo prazo, mesmo que sua utilização faça com que você economize algum tempo agora. Por outro lado, talvez você descubra que não há razão para não usar a extensão. Você decide.

Capítulo 5
Construindo um Banco de Dados Relacional Multitabela

Neste capítulo
- Decidindo o que incluir em um banco de dados
- Determinando as relações entre os itens de dados
- Vinculando tabelas relacionadas com chaves
- Projetando para integridade de dados
- Normalizando o banco de dados

Neste capítulo, veremos um exemplo de como criar um banco de dados multitabela. O primeiro passo para criar qualquer banco de dados é identificar o que incluir e o que não incluir. Os próximos passos envolvem decidir como os itens incluídos se relacionam entre si e então criar as tabelas correspondentemente. Também discutiremos como usar *chaves*, que permitem acessar registros individuais e índices de forma rápida.

Um banco de dados deve fazer mais do que simplesmente armazenar seus dados. Ele também deve evitar que os dados sejam corrompidos. Na última parte deste capítulo, veremos como proteger a integridade de seus dados. *Normalização* é um dos métodos chave que você pode usar para proteger a integridade de um banco de dados. Discutiremos as várias formas normais e apontaremos os tipos de problemas que a normalização resolve.

Projetando um Banco de Dados

Para projetar um banco de dados, siga estes passos básicos (veremos detalhes de cada passo nas seções depois desta lista):

1. **Decida quais objetos você deseja incluir em seu banco de dados.**
2. **Determine quais desses objetos devem ser tabelas e quais devem ser colunas nessas tabelas.**

3. **Defina tabelas com base na maneira como você precisa organizar os objetos.**

    Opcionalmente, talvez você queira designar uma coluna de tabela ou uma combinação de colunas como uma chave. *Chaves* fornecem uma maneira rápida de localizar uma linha de interesse em uma tabela.

As seções a seguir abordam esses passos em detalhes, bem como algumas outras questões técnicas que surgem durante o projeto do banco de dados.

Passo 1: Definindo objetos

O primeiro passo para criar um banco de dados é decidir quais aspectos do sistema são importantes o suficiente para incluir no modelo. Trate cada aspecto como um objeto e crie uma lista de todos os objetos em que você pode pensar. Nessa fase, não tente decidir como esses objetos se relacionam entre si. Apenas tente enumerar todos eles.

Você pode achar útil reunir uma equipe diversificada de pessoas que, de uma forma ou outra, conhecem o sistema que você está modelando. Essas pessoas podem debater e responder às ideias uns dos outros. Trabalhando juntos, você provavelmente desenvolverá um conjunto mais completo e preciso dos objetos importantes do que você faria por conta própria.

Quando você tem um conjunto razoavelmente completo de objetos, passe para o próximo passo: decidir como esses objetos se relacionam entre si. Alguns dos objetos são entidades principais (mais sobre elas em um minuto) que são cruciais para lhe dar os resultados que você deseja. Outros objetos são subsidiários a essas entidades principais. Em última análise, você pode decidir que alguns objetos absolutamente não pertencem ao modelo.

Passo 2: Identificando tabelas e colunas

As *entidades principais* são convertidas em tabelas de banco de dados. Cada entidade principal tem um conjunto de *atributos* — as colunas da tabela. Muitos bancos de dados de negócios, por exemplo, têm uma tabela CUSTOMER que mantém o controle dos nomes, endereços e outras informações permanentes dos clientes. Cada atributo de um cliente — como nome, rua, cidade, estado, CEP, número de telefone e endereço de e-mail — torna-se uma coluna (e um título de coluna) na tabela CUSTOMER.

Se você espera encontrar um conjunto de regras para ajudá-lo a identificar quais objetos devem ser tabelas e quais atributos do sistema pertencem a quais tabelas, pense novamente: talvez você tenha algumas razões para atribuir um determinado atributo a uma tabela e outras razões para atribuir *o mesmo atributo* a outra tabela. Você deve basear seu julgamento em dois objetivos:

- As informações que você deseja obter a partir do banco de dados
- Como você quer usar essas informações

Decidir como estruturar as tabelas de banco de dados envolve os futuros usuários do banco de dados, bem como as pessoas que tomam decisões com base nas informações extraídas do banco de dados. Se você propuser o que você acha que é uma estrutura razoável, mas não é consistente com a maneira como as pessoas usarão as informações, na melhor das hipóteses o uso de seu sistema será frustrante — e pode até mesmo gerar informações erradas, o que é ainda pior. Não deixe que isso aconteça! Faça seu melhor esforço para decidir como estruturar suas tabelas.

Dê uma olhada em um exemplo para demonstrar o processo de pensamento que faz parte da criação de um banco de dados multitabela. Suponha que você acabou de abrir o VetLab, um laboratório de microbiologia clínica que testa amostras biológicas enviadas por veterinários. Você deseja controlar várias coisas, incluindo o seguinte:

- Clientes
- Testes que você executa
- Funcionários
- Pedidos
- Resultados

Cada uma dessas entidades tem atributos associados. Cada cliente tem um nome, endereço e outras informações de contato. Cada teste tem um nome e uma taxa padrão. Cada funcionário tem informações de contato, bem como classificação de cargos e remuneração. Para cada pedido, você precisa saber quem o encomendou, quando ele foi encomendado e qual teste foi encomendado. Para cada resultado do teste, você precisa saber o resultado do teste, se os resultados foram preliminares ou conclusivos, e o número do pedido do teste.

Passo 3: Definindo tabelas

Agora você quer definir uma tabela para cada entidade e uma coluna para cada atributo. A Tabela 5-1 mostra como você pode definir as tabelas VetLab introduzidas na seção anterior.

Tabela 5-1	Tabelas VetLab
Tabela	*Colunas*
CLIENT	Client Name
	Address 1
	Address 2
	City
	State
	Postal Code
	Phone
	Fax
	Contact Person
TESTS	Test Name
	Standard Charge
EMPLOYEE	Employee Name
	Address 1
	Address 2
	City
	State
	Postal Code
	Home Phone
	Office Extension
	Hire Date
	Job Classification
	Hourly/Salary/Commission
ORDERS	Order Number
	Client Name
	Test Ordered
	Responsible Salesperson
	Order Date
RESULTS	Result Number
	Order Number
	Result
	Date Reported
	Preliminary/Final

Você pode criar as tabelas definidas na Tabela 5-1 usando uma ferramenta de desenvolvimento rápido de aplicativos (RAD), ou utilizando a linguagem de definição de dados (DDL) do SQL, como mostra o código a seguir:

```
CREATE TABLE CLIENT (
     ClientName          CHAR (30)       NOT NULL,
     Address1            CHAR (30),
     Address2            CHAR (30),
     City                CHAR (25),
     State               CHAR (2),
     PostalCode          CHAR (10),
     Phone               CHAR (13),
     Fax                 CHAR (13),
     ContactPerson       CHAR (30) ) ;

CREATE TABLE TESTS (
     TestName            CHAR (30)       NOT NULL,
     StandardCharge      CHAR (30) ) ;

CREATE TABLE EMPLOYEE (
     EmployeeName        CHAR (30)       NOT NULL,
     Address1            CHAR (30),
     Address2            CHAR (30),
     City                CHAR (25),
     State               CHAR (2),
     PostalCode          CHAR (10),
     HomePhone           CHAR (13),
     OfficeExtension     CHAR (4),
     HireDate            DATE,
     JobClassification   CHAR (10),
     HourSalComm         CHAR (1) ) ;

CREATE TABLE ORDERS (
     OrderNumber         INTEGER         NOT NULL,
     ClientName          CHAR (30),
     TestOrdered         CHAR (30),
     Salesperson         CHAR (30),
     OrderDate           DATE ) ;

CREATE TABLE RESULTS (
     ResultNumber        INTEGER         NOT NULL,
     OrderNumber         INTEGER,
     Result              CHAR (50),
     DateReported        DATE,
     PrelimFinal         CHAR (1) ) ;
```

Essas tabelas se relacionam entre si por meio dos atributos (colunas) que elas compartilham, como descreve a seguinte lista:

- A tabela CLIENT relaciona-se com a tabela ORDERS pela coluna `ClientName`.
- A tabela TESTS relaciona-se com a tabela ORDERS pela coluna `TestName (TestOrdered)`.
- A tabela EMPLOYEE relaciona-se com a tabela ORDERS pela coluna `EmployeeName (Salesperson)`.
- A tabela RESULTS relaciona-se com a tabela ORDERS pela coluna `OrderNumber`.

Se você quiser que uma tabela funcione como parte integrante de um banco de dados relacional, vincule essa tabela a pelo menos uma outra tabela no banco de dados, utilizando uma coluna comum. A Figura 5-1 mostra as relações entre as tabelas.

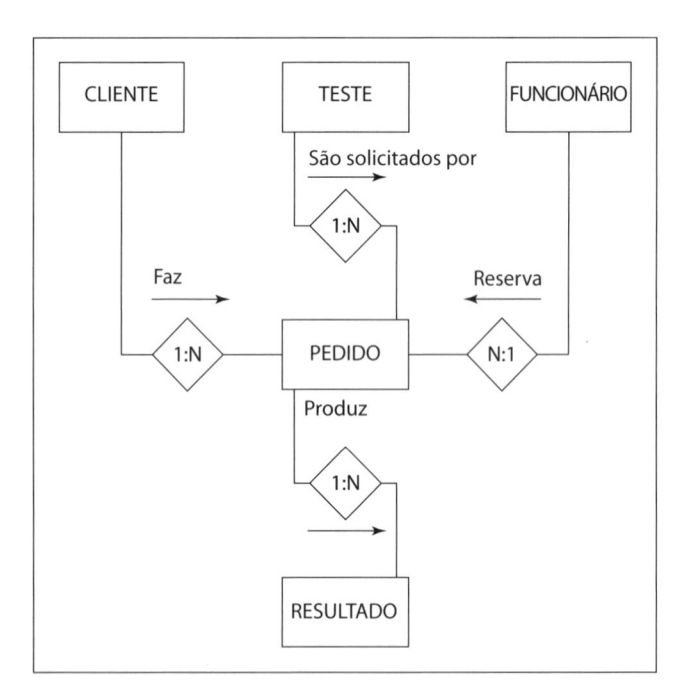

Figura 5-1: Tabelas e links do banco de dados VetLab.

Os links na Figura 5-1 ilustram quatro diferentes relações *de um para muitos*. O losango no centro de cada relação mostra a cardinalidade máxima de cada extremidade da relação. O número 1 representa o lado "um" da relação, e N denota o lado "muitos".

- Um cliente pode fazer muitos pedidos, mas cada pedido é feito por um único cliente.

- Cada teste pode aparecer em muitos pedidos, mas cada pedido requer somente um único teste.

- Cada pedido é feito por somente um único funcionário (ou vendedor), mas cada vendedor pode fazer (e, você espera, fará) vários pedidos.

- Cada pedido pode produzir vários resultados preliminares de testes e um resultado final, mas cada resultado está associado a somente um único pedido.

Como você pode ver no código, o atributo que vincula uma tabela com outra pode ter um nome diferente em cada tabela. Ambos os atributos devem, porém, ter tipos de dados correspondentes. Nesse ponto, não incluí nenhuma restrição de integridade referencial com o objetivo de evitar fornecer muitas ideias de uma só vez. Abrangeremos a integridade referencial mais adiante neste capítulo, depois de lançar as bases para entendê-la.

Domínios, conjuntos de caracteres, agrupamentos e conversões

Embora tabelas sejam os principais componentes de um banco de dados, elementos adicionais também desempenham um papel. No Capítulo 1, definimos o *domínio* de uma coluna em uma tabela como o conjunto de todos os valores que a coluna pode assumir. Estabelecer domínios bem definidos para as colunas em uma tabela, por meio da utilização de restrições, é uma parte importante do projeto de um banco de dados.

Pessoas que se comunicam no inglês americano padrão não são as únicas que usam bancos de dados relacionais. Outros idiomas — mesmo alguns que usam outros conjuntos de caracteres — funcionam igualmente bem. Mesmo se seus dados estiverem em inglês, alguns aplicativos ainda podem exigir um conjunto de caracteres especializado. O SQL permite especificar o conjunto de caracteres que você deseja usar. Na verdade, você pode usar um conjunto de caracteres diferente para cada coluna em uma tabela se precisar. Essa flexibilidade geralmente não está disponível em outras linguagens além do SQL.

Uma *intercalação*, ou *sequência de intercalação*, é um conjunto de regras que determina como strings em um conjunto de caracteres são comparadas entre si. Cada conjunto de caracteres tem uma intercalação padrão. Na intercalação padrão do conjunto de caracteres ASCII, *A* vem antes de *B*, *B* vem antes de *C*. Uma comparação, portanto, considera *A* como menor que *B* e considera *C* como maior que *B*. O SQL permite aplicar diferentes intercalações a um conjunto de caracteres. Esse grau de flexibilidade geralmente não está disponível em outras linguagens, assim agora você tem outra razão para amar o SQL.

Às vezes você insere dados em um banco de dados com base em um conjunto de caracteres, mas quer lidar com os dados em outro conjunto de caracteres. Talvez você tenha dados no conjunto de caracteres alemão (por exemplo), mas a impressora não suporta caracteres alemães que não estão incluídos no conjunto de caracteres ASCII. O SQL permite *converter* strings de caracteres de um conjunto de caracteres em outro. A conversão pode transformar um caractere em dois, como quando o ü alemão torna-se o ASCII *ue*, ou alterar minúsculas para maiúsculas. Você pode até mesmo converter um alfabeto em outro (por exemplo, hebraico em ASCII).

Acessando rapidamente seu banco de dados com chaves

Uma boa regra para o projeto de banco de dados é certificar-se de que cada linha em uma tabela de banco de dados é distinguível de todas as outras linhas; cada linha deve ser única. Às vezes, você pode querer extrair dados de seu banco de dados para um propósito específico (como uma análise estatística) e, fazendo isso, acabar criando tabelas em que as linhas não são necessariamente únicas. Para um propósito tão limitado, esse tipo de duplicação não importa. As tabelas que você pode usar na solução de problemas não tão específicos, porém, não devem conter linhas duplicadas.

Uma *chave* é um atributo (ou combinação de atributos) que identifica de maneira única uma linha em uma tabela. Para acessar uma linha em um banco de dados, você deve de alguma maneira distinguir essa linha de todas as outras linhas. Como as chaves devem ser únicas, elas fornecem esse tipo de mecanismo de acesso.

Além disso, uma chave nunca deve conter um valor nulo. Se você usar chaves nulas, talvez você não consiga distinguir entre duas linhas que contêm um campo de chave nulo.

No exemplo do laboratório de veterinária, você pode designar colunas apropriadas como chaves. Na tabela CLIENT, `ClientName` é uma boa chave. Essa chave pode distinguir cada cliente individual de todos os outros clientes. Portanto, inserir um valor nessa coluna torna-se obrigatório para todas as linhas na tabela. `TestName` e `EmployeeName` são boas chaves para as tabelas TESTS e EMPLOYEE. `OrderNumber` e `ResultNumber` são boas chaves para as tabelas ORDERS e RESULTS. Certifique-se de inserir um valor único para cada linha.

Você pode ter dois tipos de chaves: *primárias* e *estrangeiras*. As chaves que discutimos no parágrafo anterior são exemplos de chaves primárias; elas garantem a unicidade. Veremos chaves primárias e estrangeiras nas duas próximas seções.

Chaves primárias

Uma *chave primária* é uma coluna ou combinação de colunas em uma tabela com valores que identificam de maneira única as linhas na tabela.

Capítulo 5: Construindo um Banco de Dados Relacional...

Para incorporar a ideia das chaves ao banco de dados VetLab, especifique a chave primária de uma tabela ao criar a tabela. No exemplo a seguir, uma única coluna é suficiente (supondo que todos os clientes do VetLab têm nomes únicos):

```
CREATE TABLE CLIENT (
    ClientName          CHAR (30)     PRIMARY KEY,
    Address1            CHAR (30),
    Address2            CHAR (30),
    City                CHAR (25),
    State               CHAR (2),
    PostalCode          CHAR (10),
    Phone               CHAR (13),
    Fax                 CHAR (13),
    ContactPerson       CHAR (30)
    ) ;
```

A restrição PRIMARY KEY substitui a restrição NOT NULL, dada na definição anterior da tabela CLIENT. A restrição PRIMARY KEY implica a restrição NOT NULL, porque uma chave primária não pode ter um valor nulo.

Embora a maioria dos SGBDs permita criar uma tabela sem uma chave primária, todas as tabelas em um banco de dados devem ter uma. Com isso em mente, substitua a restrição NOT NULL em todas as tabelas. Em meu exemplo, as tabelas TESTS, EMPLOYEE, ORDERS e RESULTS devem ter a restrição PRIMARY KEY, como no exemplo a seguir:

```
CREATE TABLE TESTS (
    TestName            CHAR (30)     PRIMARY KEY,
    StandardCharge      CHAR (30) ) ;
```

Às vezes, não existe uma única coluna em uma tabela que possa garantir a unicidade. Nesses casos, use uma *chave composta* — uma combinação de colunas que garantem a unicidade quando usadas juntas. Imagine que alguns dos clientes do VetLab são redes com escritórios em várias cidades. ClientName não é suficiente para distinguir entre duas filiais do mesmo cliente. Para lidar com essa situação, você pode definir uma chave composta desta maneira:

```
CREATE TABLE CLIENT (
    ClientName          CHAR (30)     NOT NULL,
    Address1            CHAR (30),
    Address2            CHAR (30),
    City                CHAR (25)     NOT NULL,
    State               CHAR (2),
    PostalCode          CHAR (10),
    Phone               CHAR (13),
    Fax                 CHAR (13),
    ContactPerson       CHAR (30),
    CONSTRAINT BranchPK    PRIMARY KEY
      (ClientName, City)
    ) ;
```

Como uma alternativa ao uso de uma chave composta para identificar de maneira única um registro, você pode deixar o SGBD atribuir uma chave primária automaticamente, como o Access faz ao sugerir que o primeiro campo em uma nova tabela deve ser nomeado ID e ser do tipo Autonumber. Essa chave não tem nenhum significado por si só. Seu único propósito é ser um identificador único.

Chaves estrangeiras

Uma *chave estrangeira* é uma coluna ou grupo de colunas em uma tabela que corresponde a ou referencia uma chave primária em outra tabela no banco de dados. Uma chave estrangeira não tem de ser única, mas deve identificar de forma única a(s) coluna(s) na tabela particular que a chave referencia.

Se a coluna `ClientName` for a chave primária na tabela CLIENT (por exemplo), cada linha na tabela CLIENT deve ter um valor único na coluna `ClientName`. `ClientName` é uma chave estrangeira na tabela ORDERS. Essa chave estrangeira corresponde à chave primária da tabela CLIENT, mas a chave não precisa ser única na tabela ORDERS. Na verdade, você espera que a chave estrangeira *não seja* única; se cada um de seus clientes fez um único pedido e então nunca encomendou novamente, você sairia do negócio rapidamente. Você espera que muitas linhas na tabela ORDERS correspondam com cada linha na tabela CLIENT, indicando que quase todos seus clientes são clientes habituais.

A seguinte definição de tabela ORDERS mostra como você pode adicionar o conceito de chaves estrangeiras a uma instrução `CREATE`:

```
CREATE TABLE ORDERS (
    OrderNumber       INTEGER            PRIMARY KEY,
    ClientName        CHAR (30),
    TestOrdered       CHAR (30),
    Salesperson       CHAR (30),
    OrderDate         DATE,
    CONSTRAINT NameFK FOREIGN KEY (ClientName)
      REFERENCES CLIENT (ClientName),
    CONSTRAINT TestFK FOREIGN KEY (TestOrdered)
      REFERENCES TESTS (TestName),
    CONSTRAINT SalesFK FOREIGN KEY (Salesperson)
      REFERENCES EMPLOYEE (EmployeeName)
) ;
```

Nesse exemplo, as chaves estrangeiras na tabela ORDERS vinculam essa tabela às chaves primárias das tabelas CLIENT, TESTS e EMPLOYEE.

Trabalhando com Índices

A especificação SQL não aborda o tema dos índices, mas essa omissão não significa que os índices são partes raras ou mesmo opcionais de um sistema de banco de dados. Cada implementação SQL suporta índices, mas você não encontrará nenhum acordo universal sobre como suportá-los. No Capítulo 4, mostramos como criar um índice usando o Microsoft Access, uma ferramenta de desenvolvimento rápido de aplicativos (RAD). Consulte a documentação de seu sistema de gerenciamento de banco de dados específico (SGBD) para ver como ele implementa índices.

Afinal, o que é um índice?

Os dados geralmente aparecem em uma tabela na ordem em que você inseriu inicialmente as informações. Essa ordem pode não ter nada a ver com a ordem em que mais tarde você quer processar os dados. Digamos, por exemplo, que você quer processar a tabela CLIENT na ordem `ClientName`. O computador deve primeiro classificar a tabela na ordem `ClientName`. Classificar os dados dessa forma leva tempo. Quanto maior a tabela, maior o tempo de classificação. E se você tem uma tabela com 100.000 linhas? Ou uma tabela com um milhão de linhas? Em alguns aplicativos, esses tamanhos de tabela não são raros. Os melhores algoritmos de classificação teriam de fazer cerca de 20 milhões de comparações e milhões de trocas para colocar a tabela na ordem desejada. Mesmo se você usar um computador muito rápido, talvez você não queira esperar tanto tempo.

Índices podem economizar muito tempo. Um *índice* é uma *tabela de suporte* ou auxiliar que acompanha uma tabela de dados. Para cada linha na tabela de dados, há uma linha correspondente na tabela de índice. A ordem das linhas na tabela de índice é diferente.

A Tabela 5-2 é um pequeno exemplo de uma tabela de dados para o laboratório de veterinária.

Tabela 5-2		Tabela CLIENT		
ClientName	*Address1*	*Address2*	*City*	*State*
Butternut Animal Clinic	5 Butternut Lane		Hudson	NH
Amber Veterinary, Inc.	470 Kolvir Circle		Amber	MI
Vets R Us	2300 Geoffrey Road	Suite 230	Anaheim	CA
Doggie Doctor	32 Terry Terrace		Nutley	NJ
The Equestrian Center	Veterinary	7890 Paddock Parkway	Gallup	NM
Dolphin Institute	1002 Marine Drive		Key West	FL
J. C. Campbell, Credit Vet	2500 Main Street		Los Angeles	CA
Wenger's Worm Farm	15 Bait Boulevard		Sedona	AZ

Aqui as linhas não estão em ordem alfabética por `ClientName`. Na verdade, elas não estão em nenhuma ordem útil. As linhas estão simplesmente na ordem em que alguém inseriu os dados.

Um índice para essa tabela CLIENT pode se parecer com a Tabela 5-3.

Tabela 5-3   **Índice dos nomes de clientes para a tabela CLIENT**

ClientName	Ponteiro para a tabela de dados
Amber Veterinary, Inc.	2
Butternut Animal Clinic	1
Doggie Doctor	4
Dolphin Institute	6
J. C. Campbell, Credit Vet	7
The Equestrian Center	5
Vets R Us	3
Wenger's Worm Farm	8

O índice contém o campo que forma a base do índice (nesse caso, `ClientName`) e um ponteiro para a tabela de dados. O ponteiro em cada linha de índice indica o número da linha correspondente na tabela de dados.

Por que você deve querer um índice?

Se quiser processar uma tabela na ordem `ClientName` e tiver um índice organizado na ordem `ClientName`, você pode executar a operação quase tão rápido quanto se a própria tabela de dados já estivesse na ordem `ClientName`. Você pode navegar pelo índice indo imediatamente para o registro correspondente usando o ponteiro do índice.

Se você usar um índice, o tempo de processamento da tabela é proporcional a N, onde N é o número de registros na tabela. Sem um índice, o tempo de processamento para a mesma operação é proporcional a $N \lg N$, onde $\lg N$ é o logaritmo de N na base 2. Para tabelas pequenas, a diferença é insignificante, mas, para tabelas grandes, a diferença é significativa. Em tabelas grandes, a execução de algumas operações não é prática sem a ajuda de índices.

Suponha que você tenha uma tabela contendo 1.000.000 registros (N = 1.000.000), e processar cada registro ocupa um milissegundo (um milésimo de segundo). Se você tiver um índice, processar toda a tabela leva apenas 1.000 segundos — menos de 17 minutos. Sem um índice, você precisa passar pela tabela aproximadamente 1.000.000 × 20 vezes para alcançar o mesmo resultado. Esse processo levaria 20.000 segundos — mais de cinco horas e meia. Acho que você concorda que a diferença entre 17 minutos e cinco horas e meia é substancial. Isso é apenas um exemplo da diferença que a indexação faz ao processar registros.

Mantendo um índice

Depois de criar um índice, você deve mantê-lo. Felizmente, você não tem de pensar muito sobre manutenção — seu SGBD mantém os índices automaticamente para você, atualizando-os sempre que você atualiza as tabelas de dados correspondentes. Esse processo leva algum tempo extra, mas vale a pena. Ao criar um índice e seu SGBD o mantém, o índice está sempre disponível para acelerar o processamento de dados, não importa quantas vezes você precisa chamá-lo.

O melhor momento para criar um índice é ao mesmo tempo em que você cria sua tabela de dados correspondente. Se criar o índice inicial e o SGBD começar a mantê-lo simultaneamente, você não precisa passar pela dor de cabeça de construir o índice mais tarde; toda a operação ocorre em uma única longa sessão. Tente antecipar todas as maneiras como você pode querer acessar os dados, e então crie um índice *para cada possibilidade*.

Alguns produtos SGBD fornecem a capacidade de desativar a manutenção de índice. Talvez você queira desativá-lo em alguns aplicativos em tempo real em que atualizar os índices exige uma grande quantidade de tempo e você tem muito pouco tempo extra. Você pode até mesmo optar por atualizar os índices como uma operação separada fora dos horários de pico. Como de costume, a regra é "faça o que funciona para você".

Não caia na armadilha de criar um índice para recuperar pedidos que provavelmente você nunca vai usar. A manutenção do índice é uma operação extra que o computador deve executar sempre que ele modifica o campo de índice ou adiciona ou exclui uma linha da tabela de dados — e essa operação afeta o desempenho. Para um desempenho ideal, crie somente os índices que você espera utilizar como chaves de recuperação — e somente para tabelas que contêm um grande número de linhas. Do contrário, índices podem degradar o desempenho.

Talvez você precise compilar algo como um relatório mensal ou trimestral que exige que os dados estejam em uma ordem estranha que você normalmente não precisa. Crie um índice um pouco antes de executar esse relatório periódico, execute o relatório e então descarte o índice para não sobrecarregar o SGBD com a manutenção do índice durante o longo período entre relatórios.

Mantendo a Integridade dos Dados

Um banco de dados só é valioso se você tiver certeza razoável de que os dados que ele contém estão corretos. Em bancos de dados de medicina e aeroespaciais, por exemplo, dados incorretos podem levar à perda da vida. Dados incorretos em outros aplicativos podem ter consequências menos graves, mas ainda podem ser prejudiciais. Projetistas de banco de dados devem se dedicar ao máximo para garantir que dados incorretos nunca sejam inseridos nos bancos de dados que eles produzem. Isso nem sempre é possível, mas *é* possível pelo menos garantir que os dados inseridos sejam válidos. Manter *a integridade dos dados* significa assegurar que os dados inseridos em um sistema de banco de dados atendam as restrições que foram estabelecidas para eles. Por exemplo, se um campo do banco de dados é do tipo Date, o SGBD deve rejeitar qualquer entrada nesse campo que não seja uma data válida.

Alguns problemas não podem ser detectados no nível do banco de dados. O programador de aplicativo deve interceptar esses problemas antes que possam danificar o banco de dados. Todo mundo responsável por lidar com o banco de dados de alguma forma deve estar ciente das ameaças à integridade dos dados e tomar as medidas adequadas para eliminar essas ameaças.

Bancos de dados podem experimentar vários tipos distintos de integridade — e alguns problemas que podem afetar a integridade. Nas seções a seguir, discutimos três tipos de integridade: *entidade*, *domínio* e *referencial*. Também analisamos alguns dos problemas que podem ameaçar a integridade dos dados.

Integridade de entidade

Cada tabela em um banco de dados corresponde a uma entidade no mundo real. Essa entidade pode ser física ou conceitual, mas, em certo sentido, a existência da entidade é independente do banco de dados. Uma tabela tem *integridade de entidade* se a tabela for totalmente consistente com a entidade que ela modela. Para ter integridade de entidade, uma tabela deve ter uma chave primária que identifica de maneira única cada linha na tabela. Sem uma chave primária, você não pode certificar-se de que a linha recuperada é a que você quer.

Para manter a integridade de entidade, certifique-se de especificar que a coluna (ou grupo de colunas) que compõem a chave primária é NOT NULL. Além disso, você deve restringir a chave primária para que seja UNIQUE. Algumas implementações SQL permitem adicionar essas restrições à definição de tabela. Em outras implementações, porém, você deve aplicar a restrição mais tarde, depois de especificar como adicionar, alterar ou excluir dados da tabela.

> A melhor maneira de garantir que sua chave primária seja NOT NULL e UNIQUE é dar à chave a restrição PRIMARY KEY ao criar a tabela, como mostrado no exemplo a seguir:
>
> ```
> CREATE TABLE CLIENT (
>    ClientName        CHAR (30)    PRIMARY KEY,
>    Address1          CHAR (30),
>    Address2          CHAR (30),
>    City              CHAR (25),
>    State             CHAR (2),
>    PostalCode        CHAR (10),
>    Phone             CHAR (13),
>    Fax               CHAR (13),
>    ContactPerson     CHAR (30)
>    ) ;
> ```
>
> Uma alternativa é utilizar NOT NULL em combinação com UNIQUE, como mostrado no exemplo a seguir:
>
> ```
> CREATE TABLE CLIENT (
>    ClientName        CHAR (30)    NOT NULL,
>    Address1          CHAR (30),
>    Address2          CHAR (30),
>    City              CHAR (25),
>    State             CHAR (2),
>    PostalCode        CHAR (10),
>    Phone             CHAR (13),
>    Fax               CHAR (13),
>    ContactPerson     CHAR (30),
>    UNIQUE (ClientName) ) ;
> ```

Integridade de domínio

Você normalmente não pode garantir que um item de dados particular em um banco de dados está correto, mas você *pode* determinar se um item de dados é válido. Muitos itens de dados têm um número limitado de valores possíveis. Se você criar uma entrada que não é um dos valores possíveis, essa a entrada deve ser um erro. Os Estados Unidos, por exemplo, têm 50 estados mais o Distrito de Columbia, Porto Rico e algumas possessões. Cada uma dessas áreas tem um código de dois caracteres que o Serviço Postal dos EUA reconhece. Se seu banco de dados tiver uma coluna State, você pode impor *a integridade de domínio* exigindo que qualquer entrada nessa coluna seja um dos códigos de dois caracteres reconhecidos. Se um operador inserir um código que não está na lista de códigos válidos, essa entrada quebra a integridade de domínio. Se testar a integridade de domínio, você pode recusar a aceitar qualquer operação que causa essa violação.

Surgem preocupações de integridade de domínio se você adicionar novos dados a uma tabela usando a instrução INSERT ou a instrução

UPDATE. Você pode especificar um domínio para uma coluna usando uma instrução CREATE DOMAIN antes de utilizar essa coluna em uma instrução CREATE TABLE, como mostrado no exemplo a seguir, que cria uma tabela para os times de beisebol da liga principal:

```
CREATE DOMAIN LeagueDom CHAR (8)
   CHECK (VALUE IN ('American', 'National'));
CREATE TABLE TEAM (
   TeamName            CHAR (20)              NOT NULL,
   League              LeagueDom              NOT NULL
   ) ;
```

O domínio da coluna League inclui apenas dois valores válidos: American e National. Seu SGBD só permite que você confirme uma entrada ou atualize a tabela TEAM se a coluna League da linha que você está adicionando tiver um valor 'American' ou 'National'.

Integridade referencial

Mesmo se cada tabela em seu sistema tiver a integridade de entidade e integridade de domínio, você ainda pode ter um problema por causa das inconsistências na forma como uma tabela se relaciona com outra. Na maioria dos bancos de dados multitabela bem projetados, cada tabela contém pelo menos uma coluna que referencia uma coluna em outra tabela no banco de dados. Essas referências são importantes para manter a integridade geral do banco de dados. As mesmas referências, porém, tornam possíveis as chamadas anomalias de atualização. *Anomalias de atualização* são problemas que podem ocorrer depois que você atualiza os dados em uma linha de uma tabela de banco de dados. As próximas seções examinam um exemplo típico e sugerem como lidar com ele.

Problemas entre tabelas pai e filho

As relações entre as tabelas geralmente não são bidirecionais. Uma tabela geralmente é dependente de outra. Digamos, por exemplo, que você tem um banco de dados com uma tabela CLIENT e uma tabela ORDERS. Pode-se imaginar um cenário em que você insere um cliente na tabela CLIENT antes de ele fazer qualquer pedido. Mas você só pode inserir um pedido na tabela ORDERS se já tiver uma entrada na tabela CLIENT para o cliente que está fazendo esse pedido. A tabela ORDERS é dependente da tabela CLIENT. Esse tipo de arranjo é muitas vezes chamado *relação pai-filho*, em que CLIENT é a tabela pai e ORDERS é a tabela filho. O filho é dependente do pai.

Geralmente, a chave primária da tabela pai é uma coluna (ou grupo de colunas) que aparece na tabela filho. Dentro da tabela filho, essa mesma coluna (ou grupo) é uma chave estrangeira. Tenha em mente, porém, que uma chave estrangeira não precisa ser única.

Surgem anomalias de atualização de diversas formas entre as tabelas pai e filho. Um cliente muda de residência, por exemplo, e você quer excluir as informações dele do banco de dados. Se ele já fez alguns pedidos (que você gravou na tabela ORDERS), excluí-lo da tabela CLIENT pode ser um problema. Você teria registros na tabela ORDERS (filho) para os quais você não tem registros correspondentes na tabela CLIENT (pai). Podem surgir problemas semelhantes se você adicionar um registro a uma tabela filho sem fazer uma adição correspondente à tabela pai.

LEMBRE-SE

As chaves estrangeiras correspondentes em todas as tabelas filho devem refletir quaisquer alterações na chave primária de uma linha em uma tabela pai; caso contrário, o resultado é uma anomalia de atualização.

Exclusões em cascata — use com cuidado

Você pode eliminar a maioria dos problemas de integridade referencial controlando cuidadosamente o processo de atualização. Em alguns casos, você precisa fazer as exclusões em *cascata* de uma tabela pai para seus filhos. Ao fazer uma exclusão em cascata para remover uma linha de uma tabela pai, você também exclui todas as linhas das tabelas filho cujas chaves estrangeiras correspondem à chave primária da linha excluída na tabela pai. Dê uma olhada no exemplo a seguir:

```
CREATE TABLE CLIENT (
    ClientName          CHAR (30)       PRIMARY KEY,
    Address1            CHAR (30),
    Address2            CHAR (30),
    City                CHAR (25)       NOT NULL,
    State               CHAR (2),
    PostalCode          CHAR (10),
    Phone               CHAR (13),
    Fax                 CHAR (13),
    ContactPerson       CHAR (30)
    ) ;

CREATE TABLE TESTS (
    TestName            CHAR (30)       PRIMARY KEY,
    StandardCharge      CHAR (30)
    ) ;

CREATE TABLE EMPLOYEE (
    EmployeeName        CHAR (30)       PRIMARY KEY,
    ADDRESS1            CHAR (30),
    Address2            CHAR (30),
    City                CHAR (25),
    State               CHAR (2),
    PostalCode          CHAR (10),
    HomePhone           CHAR (13),
    OfficeExtension     CHAR (4),
    HireDate            DATE,
    JobClassification   CHAR (10),
    HourSalComm         CHAR (1)
    ) ;
```

```
CREATE TABLE ORDERS (
   OrderNumber         INTEGER           PRIMARY KEY,
   ClientName          CHAR (30),
   TestOrdered         CHAR (30),
   Salesperson         CHAR (30),
   OrderDate           DATE,
   CONSTRAINT NameFK FOREIGN KEY (ClientName)
      REFERENCES CLIENT (ClientName)
         ON DELETE CASCADE,
   CONSTRAINT TestFK FOREIGN KEY (TestOrdered)
      REFERENCES TESTS (TestName)
         ON DELETE CASCADE,
   CONSTRAINT SalesFK FOREIGN KEY (Salesperson)
      REFERENCES EMPLOYEE (EmployeeName)
         ON DELETE CASCADE
) ;
```

A restrição `NameFK` nomeia `ClientName` como uma chave estrangeira que referencia a coluna `ClientName` na tabela CLIENT. Se excluir uma linha da tabela CLIENT, você também exclui automaticamente todas as linhas na tabela ORDERS que têm o mesmo valor na coluna `ClientName` como aqueles na coluna `ClientName` da tabela CLIENT. Exclusões em cascata vão da tabela CLIENT até a tabela ORDERS. O mesmo é verdadeiro para as chaves estrangeiras na tabela ORDERS que referenciam as chaves primárias das tabelas TESTS e EMPLOYEE.

Formas alternativas para controlar anomalias de atualização

Talvez você não queira fazer uma exclusão em cascata. Em vez disso, talvez você queira alterar a chave estrangeira da tabela filho para um valor `NULL`. Considere a seguinte variante do exemplo anterior:

```
CREATE TABLE ORDERS (
   OrderNumber         INTEGER           PRIMARY KEY,
   ClientName          CHAR (30),
   TestOrdered         CHAR (30),
   SalesPerson         CHAR (30),
   OrderDate           DATE,
   CONSTRAINT NameFK FOREIGN KEY (ClientName)
      REFERENCES CLIENT (ClientName),
   CONSTRAINT TestFK FOREIGN KEY (TestOrdered)
      REFERENCES TESTS (TestName),
   CONSTRAINT SalesFK FOREIGN KEY (Salesperson)
      REFERENCES EMPLOYEE (EmployeeName)
         ON DELETE SET NULL
) ;
```

A restrição `SalesFK` nomeia a coluna `Salesperson` como uma chave estrangeira que referencia a coluna `EmployeeName` da tabela EMPLOYEE. Se um vendedor sair da empresa, você exclui a linha dele da tabela EMPLOYEE. Novos vendedores são então atribuídos às respectivas contas, mas, por enquanto, excluir seu nome da tabela EMPLOYEE faz com que todos os seus pedidos na tabela ORDER recebam um valor nulo na coluna `Salesperson`.

Você também pode evitar a inconsistência de dados em um banco de dados usando um destes métodos:

- **Só permita uma adição a uma tabela filho depois que uma linha correspondente existe na tabela pai.** Se não permitir linhas em uma tabela filho sem uma linha correspondente na tabela pai, você evita a ocorrência de linhas "órfãs" na tabela filho. Isso ajuda a manter a consistência entre as tabelas.

- **Recuse-se a permitir alterações em chave primária de uma tabela.** Se não permitir alterações na chave primária de uma tabela, você não precisa se preocupar em atualizar as chaves estrangeiras em outras tabelas que dependem dessa chave primária.

Logo quando você achava que era seguro...

A única coisa com que você pode contar nos bancos de dados (como na vida) é mudança. Certo? Você cria um banco de dados, completo com tabelas, restrições e linhas e linhas de dados. Então a gerência faz uma solicitação para alterar a estrutura. Como você adiciona uma nova coluna a uma tabela que já existe? Como você exclui uma coluna que você não mais precisa? Que venha o SQL para nos salvar!

Adicionando uma coluna a uma tabela existente

Suponha que sua empresa institua uma diretriz afirmando que todos os funcionários terão uma festa de aniversário. Para dar à coordenadora da festa o aviso advertindo do que ela precisa ao planejar essas festas, você tem de adicionar uma coluna `Birthday` à tabela EMPLOYEE. Como eles dizem nas Bahamas, "sem problemas!" Basta usar a instrução `ALTER TABLE`. Veja como:

```
ALTER TABLE EMPLOYEE
    ADD COLUMN Birthday DATE ;
```

Agora tudo o que você tem de fazer é adicionar as informações de aniversário a cada linha na tabela e você pode continuar fazendo festas. (A propósito, *onde* você disse que trabalha?)

Excluindo uma coluna de uma tabela existente

Agora, suponha que uma crise econômica atinge sua empresa e ela não mais pode se dar ao luxo de financiar festas de aniversário pródigas. Mesmo em uma economia em crise, as taxas pagas a DJs subiram muito. Não mais festas significa que não mais é necessário manter os dados de aniversário. Com a instrução ALTER TABLE, você também pode lidar com essa situação.

```
ALTER TABLE EMPLOYEE
   DROP COLUMN Birthday ;
```

Ah, bem, foi divertido enquanto durou.

Potenciais áreas problemáticas

A integridade dos dados está sujeita a ataques de uma variedade de ambientes. Alguns desses problemas só surgem em bancos de dados multitabela; outros podem acontecer mesmo em bancos de dados que contêm apenas uma única tabela. Você quer reconhecer e minimizar todas essas ameaças potenciais.

Dados de entrada ruins

Os documentos de origem ou arquivos de dados que você usa para preencher o banco de dados podem conter dados ruins. Esses dados podem ser uma versão corrompida dos dados corretos, ou podem não ser os dados que você deseja. Uma *verificação de intervalo* informa se os dados têm integridade de domínio. Esse tipo de verificação captura alguns — mas não todos — os problemas. (Por exemplo, valores de campo incorretos que estão dentro do intervalo aceitável — mas continuam incorretos — não são identificados como problemas).

Erro de operador

Seus dados de origem podem estar corretos, mas o operador de entrada de dados transcreve de forma incorreta os dados. Esse tipo de erro pode levar aos mesmos tipos de problemas que aqueles dos dados de entrada ruins. Algumas das soluções também são as mesmas. Verificações de intervalo ajudam, mas não são infalíveis. Outra solução consiste em solicitar que um segundo operador valide de maneira independente todos os dados. Essa abordagem é cara porque a validação independente exige duas vezes o número de pessoas e o dobro do tempo. Mas em alguns casos em que a integridade dos dados é fundamental, o esforço e a despesa extra podem valer a pena.

Falha mecânica

Se você experimentar uma falha mecânica, como uma falha de disco, os dados da tabela podem ser destruídos. Bons backups são sua principal defesa contra esse problema.

Má intenção

Considere a possibilidade de que alguém talvez *queira* corromper os dados. Sua primeira linha de defesa contra a corrupção intencional é negar acesso ao banco de dados a qualquer um que pode ter uma intenção maliciosa e restringir os usuários autorizados, de modo que eles só possam acessar os dados de que necessitam. Sua segunda defesa é manter os backups de dados em um local seguro. Reavalie periodicamente os recursos de segurança de sua instalação. Ser um pouco paranoico não prejudica.

Redundância de dados

Redundância de dados — os mesmos itens de dados surgindo em múltiplos locais — é um grande problema com o modelo de banco de dados hierárquico, mas o problema também pode infestar bancos de dados relacionais. Não apenas essa redundância desperdiça espaço de armazenamento e desacelera o processamento, como também pode levar à corrupção séria dos dados. Se você armazenar o mesmo item de dados em duas tabelas diferentes em um banco de dados, o item em uma dessas tabelas pode mudar enquanto o item correspondente na outra tabela permanece o mesmo. Essa situação gera uma discrepância, e talvez não haja como determinar qual versão é a correta. Essa é uma boa razão para manter a redundância de dados ao mínimo.

Embora certa quantidade de redundância seja necessária para que a chave primária de uma tabela funcione como uma chave estrangeira em outra, você deve tentar evitar a repetição de quaisquer itens de dados para além disso.

Depois de eliminar a maior parte da redundância de um projeto de banco de dados, você pode achar que o desempenho é agora inaceitável. Operadores muitas vezes usam determinadamente um pouco de redundância para acelerar o processamento. No banco de dados VetLab, por exemplo, a tabela ORDERS só contém o nome do cliente para identificar a origem de cada pedido. Se preparar um pedido, você deve associar a tabela ORDERS com a tabela CLIENT para obter o endereço do cliente. Se essa associação das tabelas faz com que o programa que imprime os pedidos execute muito lentamente, você pode decidir armazenar o endereço do cliente de forma redundante na tabela ORDERS, bem como na tabela CLIENT. Então, pelo menos, você pode imprimir os pedidos mais rapidamente — mas à custa de reduzir a velocidade e complicar qualquer atualização do endereço do cliente.

Uma prática comum é projetar inicialmente um banco de dados com pouca redundância e com alto grau de normalização e, depois de descobrir que aplicativos importantes executam lentamente, adicionar seletivamente redundância e desnormalizar. A palavra-chave aqui é *seletivamente*. A redundância que você agrega deve ter um propósito específico e, como você conhece muito bem o perigo que ela representa, toma medidas adequadas para assegurar que ela não cause mais problemas do que resolve. (Para informações adicionais, consulte mais adiante a seção "Normalizando o banco de dados").

Excedendo a capacidade de seu SGBD

Um sistema de banco de dados pode funcionar corretamente durante anos e então começar a experimentar erros intermitentes que se tornam progressivamente mais graves. Isso pode ser um sinal de que você está se aproximando de um dos limites da capacidade do sistema. Há, afinal de contas, limites quanto ao número de linhas que a tabela pode ter. Há também limites quanto a colunas, restrições e vários outros recursos do banco de dados. Verifique o conteúdo e o tamanho atuais do banco de dados contra as especificações listadas na documentação de seu SGBD. Se você está perto do limite em qualquer área, considere atualizar para um sistema com maior capacidade. Ou talvez você queira arquivar dados mais antigos que não mais estão ativos e então excluí-los do banco de dados.

Restrições

No início deste capítulo, discutimos restrições como mecanismos para garantir que os dados que você insere em uma coluna de tabela estão no domínio dessa coluna. Uma *restrição* é uma regra de aplicativo que o SGBD impõe. Depois de definir um banco de dados, você pode incluir restrições (como `NOT NULL`) a uma definição de tabela. O SGBD assegura que você nunca possa confirmar nenhuma transação que viola uma restrição.

Há três tipos de restrições:

- Uma **restrição de coluna** impõe uma condição em uma coluna em uma tabela.
- Uma **restrição de tabela** coloca uma restrição especificada em toda uma tabela.
- Uma **asserção** é uma restrição que pode afetar mais de uma tabela.

Restrições de coluna

Um exemplo de uma restrição de coluna é mostrado na instrução a seguir da linguagem de definição de dados (DDL):

```
CREATE TABLE CLIENT (
   ClientName          CHAR (30)      NOT NULL,
   Address1            CHAR (30),
   Address2            CHAR (30),
   City                CHAR (25),
   State               CHAR (2),
   PostalCode          CHAR (10),
   Phone               CHAR (13),
   Fax                 CHAR (13),
   ContactPerson       CHAR (30)
   ) ;
```

A instrução aplica a restrição NOT NULL à coluna ClientName, especificando que ClientName não pode assumir um valor nulo. UNIQUE é outra restrição que você pode aplicar a uma coluna. Essa restrição especifica que cada valor na coluna deve ser único. A restrição CHECK é particularmente útil porque pode receber qualquer expressão válida como um argumento. Considere o seguinte exemplo:

```
CREATE TABLE TESTS (
    TestName         CHAR (30)       NOT NULL,
    StandardCharge   NUMERIC (6,2)
        CHECK (StandardCharge >= 0.0
        AND StandardCharge <= 200.0)
) ;
```

A taxa padrão do VetLab para um teste sempre deve ser maior ou igual a zero. E nenhum dos testes padrão custa mais de US$ 200. A cláusula CHECK não aceita nenhuma das entrada que esteja fora do intervalo 0 <= StandardCharge <= 200. Outra forma de declarar a mesma restrição é:

```
CHECK (StandardCharge BETWEEN 0.0 AND 200.0)
```

Restrições de tabela

A restrição PRIMARY KEY especifica que a coluna à qual se aplica é uma chave primária. Essa restrição aplica-se a toda a tabela e é equivalente a uma combinação das restrições de coluna NOT NULL e UNIQUE. Você pode especificar essa restrição em uma instrução CREATE, como mostrado no exemplo a seguir:

```
CREATE TABLE CLIENT (
    ClientName      CHAR (30)   PRIMARY KEY,
    Address1        CHAR (30),
    Address2        CHAR (30),
    City            CHAR (25),
    State           CHAR (2),
    PostalCode      CHAR (10),
    Phone           CHAR (13),
    Fax             CHAR (13),
    ContactPerson   CHAR (30)
) ;
```

Restrições nomeadas, como a restrição NameFK no exemplo na seção anterior "Exclusões em cascata — use com cuidado", podem ter algumas funcionalidades adicionais. Suponha, por exemplo, que você quer fazer um carregamento em massa de vários milhares de potenciais clientes para sua tabela PROSPECT. Você tem um arquivo que contém principalmente potencias clientes nos Estados Unidos, mas com alguns potenciais clientes canadenses espalhados por todo o arquivo. Normalmente, você quer restringir a tabela PROSPECT para incluir apenas os potenciais clientes norte-americanos, mas você não quer que esse carregamento em massa seja interrompido sempre que ele alcança um dos registros canadenses. (Códigos postais canadenses incluem letras e números, mas os códigos postais dos EUA contêm apenas números). Você pode optar por não impor uma restrição em `PostalCode` até que o carregamento em massa esteja completo e então você pode restaurar a aplicação da restrição mais tarde.

Inicialmente, sua tabela PROSPECT foi criada com a seguinte instrução `CREATE TABLE`:

```
CREATE TABLE PROSPECT (
    ClientName      CHAR (30)    PRIMARY KEY,
    Address1        CHAR (30),
    Address2        CHAR (30),
    City            CHAR (25),
    State           CHAR (2),
    PostalCode      CHAR (10),
    Phone           CHAR (13),
    Fax             CHAR (13),
    ContactPerson   CHAR (30),
    CONSTRAINT Zip CHECK (PostalCode BETWEEN 0 AND 99999)
) ;
```

Antes do carregamento em massa, você pode desativar a aplicação da restrição `Zip`:

```
ALTER TABLE PROSPECT
    CONSTRAINT Zip NOT ENFORCED;
```

Depois que o carregamento está completo, você pode restaurar a aplicação da restrição:

```
ALTER TABLE PROSPECT
    CONSTRAINT Zip ENFORCED;
```

Nesse ponto, você pode eliminar todas as linhas que não atendem a restrição com:

```
DELETE FROM PROSPECT
    WHERE PostalCode NOT BETWEEN 0 AND 99999 ;
```

Asserções

Uma *asserção* especifica uma restrição para mais de uma tabela. O exemplo a seguir usa uma condição de pesquisa extraída de duas tabelas para criar uma asserção:

```
CREATE TABLE ORDERS (
   OrderNumber           INTEGER           NOT NULL,
   ClientName            CHAR (30),
   TestOrdered           CHAR (30),
   Salesperson           CHAR (30),
   OrderDate             DATE
   ) ;

CREATE TABLE RESULTS (
   ResultNumber          INTEGER           NOT NULL,
   OrderNumber           INTEGER,
   Result                CHAR (50),
   DateOrdered           DATE,
   PrelimFinal           CHAR (1)
   ) ;

CREATE ASSERTION
  CHECK (NOT EXISTS (SELECT * FROM ORDERS, RESULTS
    WHERE ORDERS.OrderNumber = RESULTS.OrderNumber
    AND ORDERS.OrderDate > RESULTS.DateReported)) ;
```

Essa asserção garante que os resultados de teste não são informados antes de o teste ser pedido.

Normalizando o Banco de Dados

Algumas maneiras de organizar os dados são melhores que outras. Algumas são mais lógicas. Algumas são mais simples. Algumas são melhores para evitar inconsistências ao começar a usar um banco de dados. Sim, modificar um banco de dados abre todo um outro ninho de problemas e (felizmente) soluções, conhecidos respectivamente como...

Anomalias de modificação e formas normais

Uma série de problemas — chamada *anomalias de modificação* — pode infestar um banco de dados se você não estruturar o banco de dados corretamente. Para evitar esses problemas, você pode *normalizar* a estrutura do banco de dados. A normalização geralmente implica dividir uma tabela de banco de dados em duas tabelas mais simples.

Anomalias de modificação são assim chamadas porque são geradas pela adição, alteração ou exclusão de dados de uma tabela de banco de dados.

Para ilustrar como anomalias de modificação podem ocorrer, considere a tabela mostrada na Figura 5-2.

	SALES	
Customer_ID	Product	Price
1001	Laundry detergent	12
1007	Toothpaste	3
1010	Chlorine bleach	4
1024	Toothpaste	3

Figura 5-2: Essa tabela SALES leva a anomalias de modificação.

Suponha, por exemplo, que sua empresa vende produtos de limpeza doméstica e de cuidados pessoais e você cobra de todos os clientes o mesmo preço por cada produto. A tabela SALES monitora tudo para você. Agora suponha que o cliente 1001 mudou-se da região e não é mais um cliente. Você não se importa com o que ele comprou no passado, porque ele não vai comprar nada de sua empresa novamente. Você quer excluir a linha dele da tabela. Se fizer isso, porém, você não apenas perde o fato de que o cliente 1001 comprou sabão em pó, mas também o fato de que cobrou US$ 12 pelo produto. Essa situação é chamada *anomalia de exclusão*. Ao excluir um fato (que o cliente 1.001 comprou sabão em pó), você inadvertidamente exclui outro fato (que sabão em pó custa US$ 12).

Você pode usar a mesma tabela para ilustrar uma anomalia de inserção. Por exemplo, suponha que você quer adicionar desodorante em bastão a sua linha de produtos a um preço de US$ 2. Você só pode adicionar esses dados à tabela SALES depois que um cliente comprar desodorante em bastão.

O problema com a tabela SALES na figura é que essa tabela lida com mais de um aspecto das vendas: a tabela armazena não apenas produtos que os clientes compram, mas também quanto os produtos custam. Para eliminar as anomalias, você tem de dividir a tabela SALES em duas, cada uma tratando apenas de um tema ou uma ideia, como mostrado na Figura 5-3.

A Figura 5-3 mostra a tabela SALES dividida em duas:

- CUST_PURCH, que lida com as compras individuais feitas pelos clientes.
- PROD_PRICE, que lida com o preços dos produtos.

Capítulo 5: Construindo um Banco de Dados Relacional... 131

CUST_PURCH		PROD_PRICE	
Customer_ID	Product	Product	Price
1001	Laundry detergent	Laundry detergent	12
1007	Toothpaste	Toothpaste	3
1010	Chlorine bleach	Chlorine bleach	4
1024	Toothpaste		

Figura 5-3:
Dividindo a tabela SALES em duas.

Agora você pode excluir a linha para o cliente de 1001 CUST_PURCH sem perder o fato de que sabão em pó custa US$ 12. (O custo do sabão em pó agora é armazenado em PROD_PRICE). Você também pode adicionar o desodorante em bastão a PROD_PRICE se alguém comprou ou não o produto. Informações de compra são armazenadas em outro local, na tabela CUST_PURCH.

O processo de dividir uma tabela em várias tabelas, cada uma das quais com um tema único, é chamado *normalização*. Uma operação de normalização que resolve um problema não pode afetar outros problemas. Você pode ter de realizar várias operações sucessivas de normalização para reduzir cada tabela resultante a um tema único. Cada tabela de banco de dados deve lidar com um — e apenas um — tema principal. Às vezes (como você provavelmente adivinhou) pode ser difícil determinar que uma tabela *realmente* lida com dois ou mais temas.

Você pode classificar as tabelas de acordo com os tipos de anomalias de modificação às quais elas estão sujeitas. Em um artigo de 1970, E. F. Codd, o primeiro a descrever o modelo relacional, identificou três fontes de anomalias de modificação e definiu a primeira, segunda e terceira *formas normais* (1NF, 2NF, 3FN) como soluções para esses tipos de anomalias. Nos anos seguintes, Codd e outros descobriram tipos adicionais de anomalias e especificaram novas formas normais para lidar com elas. A forma normal de Boyce-Codd (BCNF), a quarta forma normal (4NF) e a quinta forma normal (5NF) proporcionaram um grau maior de proteção contra anomalias de modificação. Mas somente em 1981 um artigo, escrito por Ronald Fagin, descreveu a forma normal de chave de domínio, ou DK/NF, (que tem toda uma seção própria mais adiante neste capítulo). Usar essa última forma normal permite *garantir* que a tabela está livre de anomalias de modificação.

As formas normais são *aninhadas* no sentido de que uma tabela que está na 2NF *também* está automaticamente na 1NF. Do mesmo modo, uma tabela na 3NF está automaticamente na 2NF etc. Para a maioria das aplicações práticas, colocar um banco de dados na 3NF é suficiente para assegurar um alto grau de integridade. Para ter certeza absoluta da integridade, você deve colocar o banco de dados na DK/NF; para saber mais sobre as razões, passe para a seção "Forma normal chave-domínio (DK/NF)".

DICA: Depois de normalizar um banco de dados o máximo possível, talvez você queira fazer desnormalizações selecionadas para melhorar o desempenho. Se fizer isso, esteja ciente dos tipos de anomalias que agora podem ser possíveis.

Primeira forma normal

Para estar na primeira forma normal (1NF), a tabela deve ter as seguintes qualidades:

- A tabela é bidimensional com linhas e colunas.
- Cada linha contém dados que pertencem a alguma coisa ou são parte de uma coisa.
- Cada coluna contém dados para um único atributo da coisa que ela descreve.
- Cada célula (intersecção de uma linha e uma coluna) da tabela deve ter apenas um único valor.
- Todas as entradas em qualquer coluna devem ser do mesmo tipo. Se, por exemplo, a entrada em uma linha de uma coluna contém um nome de funcionário, todas as outras linhas também devem conter nomes de funcionários nessa coluna.
- Cada coluna deve ter um nome único.
- Duas linhas não podem ser idênticas (isto é, cada linha tem de ser única).
- A ordem das colunas e a ordem das linhas não são significativas.

A tabela (relação) na primeira forma normal é imune a alguns tipos de anomalias de modificação, mas continua sujeita a outras. A tabela SALES mostrada na Figura 5-2 está na primeira forma normal e, como discutido anteriormente, a tabela está sujeita a anomalias de exclusão e inserção. A primeira forma normal pode ser útil em alguns aplicativos, mas pode não ser confiável em outros.

Segunda forma normal

Para apreciar a segunda forma normal, você deve entender a ideia da dependência funcional. Uma *dependência funcional* é uma relação entre dois ou mais atributos. Um atributo é funcionalmente dependente do outro se o valor do segundo atributo determinar o valor do primeiro. Se você conhecer o valor do segundo, é possível determinar o valor do primeiro.

Suponha, por exemplo, que uma tabela tem atributos (colunas) `StandardCharge`, `NumberOfTests` e `TotalCharge` que se relacionam por meio da seguinte equação:

```
TotalCharge = StandardCharge * NumberOfTests
```

`TotalCharge` é funcionalmente dependente tanto de `StandardCharge` como de `NumberOfTests`. Se conhecer os valores de `StandardCharge` e `NumberOfTests`, você pode determinar o valor de `TotalCharge`.

Cada tabela na primeira forma normal deve ter uma chave primária única. Essa chave pode consistir em uma ou mais colunas. Uma chave que consiste em mais de uma coluna é chamada *chave composta*. Para que estejam na segunda forma normal (2NF), todos os atributos não chave (colunas) devem depender de toda a chave. Assim, cada relação que está na 1NF com uma chave de atributo única está automaticamente na segunda forma normal. Se uma relação tem uma chave composta, todos os atributos não chave devem depender de todos os componentes da chave. Se houver uma tabela em que alguns atributos não chave não dependem de todos os componentes da chave, divida a tabela em duas ou mais tabelas de modo que — em cada uma das novas tabelas — todos os atributos não chave dependam de todos os componentes da chave primária.

Parece confuso? Veja um exemplo para esclarecer o tema. Considere uma tabela como a tabela SALES na Figura 5-2. Em vez de gravar apenas uma única compra para cada cliente, você adiciona uma linha sempre que um cliente compra um item pela primeira vez. Uma diferença adicional é que os clientes com privilégios (aqueles com valores `Customer_ID` de 1001 a 1007) obtêm um desconto sobre o preço normal. A Figura 5-4 mostra algumas das linhas dessa tabela.

Figura 5-4: Na tabela SALES_TRACK, as colunas Customer_ID e Product constituem uma chave composta.

SALES_TRACK		
Customer_ID	Product	Price
1001	Laundry detergent	11.00
1007	Toothpaste	2.70
1010	Chlorine bleach	4.00
1024	Toothpaste	3.00
1010	Laundry detergent	12.00
1001	Toothpaste	2.70

Na Figura 5-4, `Customer_ID` não identifica de maneira única uma linha. Nas duas linhas, `Customer_ID` é 1001. Nas duas outras linhas, `Customer_ID` é 1010. A combinação da coluna `Customer_ID` e da coluna `Product` identifica de maneira única uma linha. Essas duas colunas juntas são uma chave composta.

Se não fosse pelo fato de que alguns clientes se qualificam para um desconto e outros não, a tabela não estaria na segunda forma normal, porque `Price` (um atributo não chave) dependeria apenas de parte da chave (`Product`). Como alguns clientes se qualificam para um desconto, `Price` depende tanto de `CustomerID` como de `Product`, e a tabela está na segunda forma normal.

Terceira forma normal

Tabelas na segunda forma normal são especialmente vulneráveis a alguns tipos de anomalias de modificação — em particular, aquelas que vêm de dependências transitivas.

Uma *dependência transitiva* ocorre quando um atributo depende de um segundo atributo, que depende de um terceiro atributo. Exclusões em uma tabela com essa dependência podem causar a perda indesejada de informações. A relação na terceira forma normal é uma relação na segunda forma normal sem dependências transitivas.

Analise novamente a tabela SALES na Figura 5-2 que, como você sabe, está na primeira forma normal. Desde que restrinja as entradas para permitir apenas uma única linha para cada `Customer_ID`, você tem uma chave primária de atributo único, e a tabela está na segunda forma normal. Mas a tabela ainda está sujeita a anomalias. E se o cliente 1010 não estiver contente com a água sanitária, por exemplo, e devolve o item para obter um reembolso? Você deseja remover a terceira linha da tabela, que registra o fato de que o cliente 1.010 comprou água sanitária. Você tem um problema: se remover essa linha, você também perde o fato de que a água sanitária tem um preço de US$ 4. Essa situação é um exemplo de uma dependência transitiva. `Price` depende de `Product` que, por sua vez, depende de `Customer_ID` da chave primária.

Dividir a tabela SALES em duas tabelas resolve o problema da dependência transitiva. As duas tabelas mostradas na Figura 5-3, CUST_PURCH e PROD_PRICE, compõem um banco de dados que está na terceira forma normal.

Forma normal chave-domínio (DK/NF)

Depois que um banco de dados está na terceira forma normal, você eliminou a maioria das probabilidades de anomalias de modificação, mas não todas. Formas normais além da terceira são definidas para resolver alguns desses problemas remanescentes. A forma normal de Boyce-Codd (BCNF), a quarta forma normal (4NF) e a quinta forma normal (5NF) são exemplos dessas formas. Cada forma elimina uma possível anomalia de modificação, mas não evita todas as possíveis anomalias de modificação. Mas a forma normal de chave de domínio oferece essa garantia.

A relação está na forma *normal de chave de domínio (DK/NF)* se cada restrição na relação for uma consequência lógica da definição das chaves e dos domínios. Uma *restrição* nessa definição é qualquer regra que é precisa o suficiente para que você possa avaliar se ela é ou não é verdadeira. Uma *chave* é um identificador único de uma linha em uma tabela. Um *domínio* é o conjunto de valores permitidos de um atributo.

Analise mais uma vez o banco de dados na Figura 5-2, que está na 1NF, para ver o que você deve fazer para colocar esse banco de dados na DK/NF.

Tabela: SALES (Customer_ID, Product, Price)
Chave: Customer_ID
Restrições:
1. Customer_ID determina Product
2. Product determina Price
3. Customer_ID deve ser um inteiro > 1000

Para impor a restrição 3 (que Customer_ID deve ser um número inteiro maior que 1000), você pode simplesmente definir o domínio para Customer_ID, para incorporar essa restrição. Isso torna a restrição uma consequência lógica do domínio da coluna CustomerID. O Product depende de Customer_ID, e Customer_ID é uma chave, assim você não tenha nenhum problema com a restrição 1, que é uma consequência lógica da definição da chave. A restrição 2 *é* um problema. Price depende de (é uma consequência lógica de) Product, e Product não é uma chave. A solução é dividir a tabela SALES em duas tabelas. Uma tabela usa Customer_ID como uma chave e a outra utiliza Product como uma chave. Essa configuração é o que você tem na Figura 5-3. O banco de dados na Figura 5-3, além de estar na 3FN, também está na DK/NF.

Se possível projete seus bancos de dados para que eles estejam na DK/NF. Se você puder fazer isso, então impondo as restrições de chave e domínio, você faz com que todas as restrições sejam cumpridas, e as anomalias de modificação não sejam possíveis. Se a estrutura de um banco de dados for projetada de forma que evita que ele seja colocado na DK/NF, então você tem que incorporar as restrições ao programa aplicativo que usa o banco de dados. O próprio banco de dados não garante que as restrições serão cumpridas.

Forma anormal

Como na vida, também nos bancos de dados: Às vezes ser anormal compensa. Você pode se empolgar com normalização e ir longe demais. Você pode dividir um banco de dados em tantas tabelas que tudo se torna complicado e ineficiente. O desempenho pode despencar. Muitas vezes, a estrutura ideal para seu banco de dados é um pouco desnormalizada. Na verdade, bancos de dados práticos (pelo menos, aqueles realmente grandes) quase nunca são normalizados até alcançar a DK/NF. Mas você quer normalizar os bancos de dados o máximo possível para eliminar a possibilidade de corrupção de dados que resulte das anomalias de modificação.

Depois de normalizar o banco de dados na medida do possível, crie algumas recuperações como um teste preliminar. Se o desempenho não for satisfatório, examine seu projeto para ver se a desnormalização seletiva melhoraria o desempenho sem sacrificar a integridade. Adicionando cuidadosamente redundância em locais estratégicos e desnormalizando *apenas o suficiente*, você pode chegar a um banco de dados que é, ao mesmo tempo, eficiente e seguro contra anomalias.

Parte III
Armazenando e Recuperando Dados

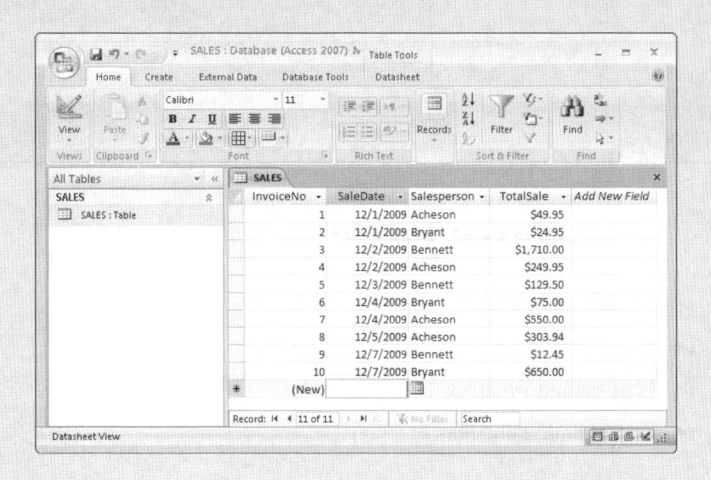

Nesta parte...

- Gerenciando dados
- Monitorando o tempo
- Processando valores
- Construindo consultas

Capítulo 6
Manipulando Dados

Neste capítulo
- Lidando com dados
- Recuperando os dados desejados de uma tabela
- Exibindo apenas as informações selecionadas de uma ou mais tabelas
- Atualizando as informações nas tabelas e views
- Adicionando uma nova linha a uma tabela
- Alterando alguns ou todos os dados em uma linha da tabela
- Excluindo uma linha da tabela

O s Capítulos 3 e 4 mostram que criar uma estrutura de banco de dados sólida é fundamental para manter a integridade dos dados. As coisas em que você está realmente interessado, porém, são os próprios dados — não na estrutura deles. Em um determinado momento, você provavelmente vai querer fazer uma de quatro coisas com os dados: adicioná-los a tabelas, recuperar e exibi-los, alterá-los ou excluí--los das tabelas.

A princípio, a manipulação de banco de dados é bastante simples. Entender como adicionar dados a uma tabela não é difícil — você pode adicionar seus dados uma linha de cada vez ou em lote. Alterar, excluir ou recuperar uma ou mais linhas da tabela também é fácil na prática. O principal desafio da manipulação de banco de dados é *selecionar* as linhas que você quer alterar, excluir ou recuperar. Os dados que você quer podem residir em um banco de dados que contém um grande volume de dados que você *não* quer. Felizmente, se você puder especificar o que você deseja usando uma instrução SQL SELECT, o computador faz toda a pesquisa para você. Acho que isso significa que manipular um banco de dados com o SQL é muito fácil. Adicionar, alterar, excluir e recuperar é fácil! (Hum! Talvez "fácil" possa ser um pouco exagerado). Pelo menos você começa de uma maneira fácil com a recuperação de dados simples.

Recuperando Dados

A tarefa de manipulação de dados que os usuários executam mais frequentemente é recuperar as informações selecionadas de um banco de dados. Talvez você queira recuperar o conteúdo de uma linha entre milhares em uma tabela. Talvez você queira recuperar todas as linhas que atendem uma condição ou uma combinação de condições. Você pode até querer recuperar todas as linhas da tabela. Uma instrução SQL particular, a instrução SELECT, executa todas essas tarefas para você.

O uso mais simples da instrução SELECT é recuperar todos os dados de todas as linhas de uma tabela especificada. Para fazer isso, use a seguinte sintaxe:

```
SELECT * FROM CUSTOMER ;
```

O asterisco * é um caractere curinga que significa *tudo*. Nesse contexto, o asterisco é um caractere substituto para obter uma lista de todos os nomes de coluna da tabela CUSTOMER. Como resultado dessa instrução, todos os dados em todas as linhas e colunas da tabela CUSTOMER aparecem na tela.

Instruções SELECT podem ser muito mais complicadas do que a instrução nesse exemplo. De fato, algumas instruções SELECT podem ser tão complicadas que elas são praticamente indecifráveis. Essa potencial complexidade é resultado do fato de que você pode adicionar múltiplas cláusulas modificadoras à instrução básica. O Capítulo 10 abrange as cláusulas modificadoras em detalhes; neste capítulo, discutimos brevemente a cláusula WHERE, que é o método mais comumente usado para restringir as linhas que uma instrução SELECT retorna.

A instrução SELECT com uma cláusula WHERE tem a seguinte forma geral:

```
SELECT lista_de_colunas FROM nome_da_tabela
   WHERE condição ;
```

A lista de colunas especifica quais colunas você deseja exibir. A instrução só exibe as colunas que você lista. A cláusula FROM especifica de qual tabela você deseja exibir as colunas. A cláusula WHERE exclui as linhas que não satisfazem a condição especificada. A condição pode ser simples (por exemplo, WHERE CUSTOMER_STATE = 'NH') ou pode ser composta (por exemplo, WHERE CUSTOMER_STATE='NH' AND STATUS='Active').

O exemplo a seguir mostra uma condição composta dentro de uma instrução SELECT:

```
SELECT FirstName, LastName, Phone FROM CUSTOMER
   WHERE State = 'NH'
   AND Status = 'Active' ;
```

Essa instrução retorna os nomes e os números de telefone de todos os clientes ativos que residem em New Hampshire. A palavra-chave AND significa que, para uma linha se qualificar para recuperação, essa linha deve atender duas condições: State = 'NH' e Status = 'Active'.

O SQL em ferramentas proprietárias

Usar instruções `SELECT` SQL não é a única maneira de recuperar dados de um banco de dados. Se você estiver interagindo com o banco de dados por meio de um SGBD, esse sistema provavelmente já possui as ferramentas proprietárias para a manipulação de dados. Você pode usar essas ferramentas (muitas das quais são bem intuitivas) para adicionar, excluir, alterar ou consultar seu banco de dados.

Muitos *front-ends* SGBD oferecem a opção de usar ferramentas proprietárias ou o SQL. Em alguns casos, as ferramentas proprietárias não podem expressar tudo o que você pode expressar usando o SQL. Se você precisa executar uma operação que a ferramenta proprietária não pode tratar, talvez você precise usar o SQL. Então, uma boa ideia é conhecer o SQL, mesmo se você usar uma ferramenta proprietária na maior parte do tempo. Para executar de maneira bem-sucedida uma operação que é muito complexa para a ferramenta proprietária, você precisa compreender claramente como o SQL funciona e o que ele pode fazer.

Criando Views

A estrutura de um banco de dados projetada de acordo com princípios sólidos — incluindo normalização adequada (ver o Capítulo 5) — maximiza a integridade dos dados. Essa estrutura, porém, muitas vezes não é a melhor maneira de analisar os dados. Vários aplicativos podem usar os mesmos dados, mas cada aplicativo pode ter uma ênfase diferente. Um dos recursos mais poderosos do SQL é sua capacidade de usar views de dados, que são estruturadas de forma diferente da maneira como tabelas de banco de dados armazenam os dados. As tabelas que você usa como fontes para colunas e linhas em uma view são as *tabelas de base*. O Capítulo 3 discute views como parte da linguagem de definição de dados (DDL); esta seção examina views no contexto da recuperação e manipulação de dados.

A instrução `SELECT` sempre retorna um resultado na forma de uma tabela virtual. Uma *view* é um tipo especial de tabela virtual. Você pode distinguir uma view de outras tabelas virtuais, porque os metadados do banco de dados contêm a definição de uma view. Essa distinção dá a uma view um grau de persistência que outras tabelas virtuais não possuem.

Você pode manipular uma view da mesma maneira como você pode manipular uma tabela real. A diferença é que os dados de uma view não têm existência independente. A view deriva os dados da tabela ou tabelas a partir da qual você extrai as colunas da view. Cada aplicativo pode ter suas próprias views únicas dos mesmos dados.

Considere o banco de dados VetLab que descrevemos no Capítulo 5. Esse banco de dados contém cinco tabelas: CLIENT, TESTS, EMPLOYEE, ORDERS e RESULTS. Suponha que o gerente nacional de marketing quer ver de quais estados os pedidos da empresa estão chegando. Algumas dessas informações estão na tabela CLIENT; algumas estão na tabela ORDERS. Suponha que o responsável pelo controle de qualidade quer comparar a data do pedido de um teste com a data em que o resultado final do teste chegou. Essa comparação requer alguns dados da tabela ORDERS e alguns da tabela de RESULTS. Para atender necessidades como essas, você pode criar views que lhe dão exatamente os dados que você deseja em cada caso.

A partir de tabelas

Para o gerente de marketing, você pode criar a view mostrada na Figura 6-1.

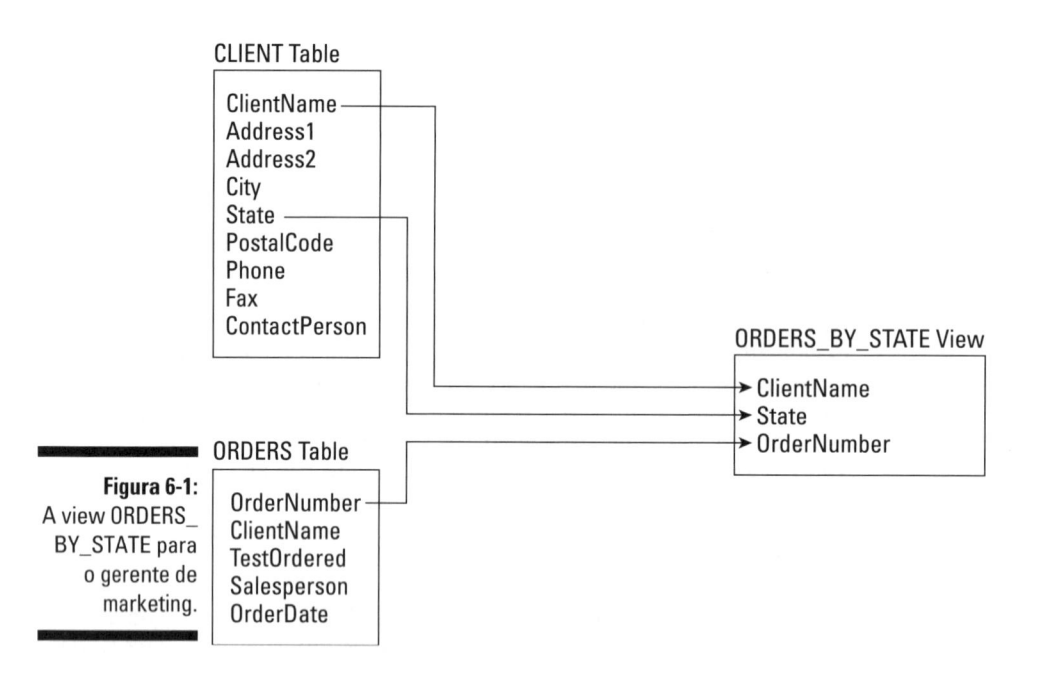

Figura 6-1: A view ORDERS_BY_STATE para o gerente de marketing.

A instrução a seguir cria a view do gerente de marketing:

```
CREATE VIEW ORDERS_BY_STATE
     (ClientName, State, OrderNumber)
  AS SELECT CLIENT.ClientName, State, OrderNumber
  FROM CLIENT, ORDERS
  WHERE CLIENT.ClientName = ORDERS.ClientName ;
```

Observe que prefixei `ClientName` com a tabela que o contém, mas não fiz isso para `State` e `OrderNumber`. Isso porque `State` aparece apenas na tabela CLIENT e `OrderNumber` só aparece na tabela ORDERS, portanto, não há ambiguidades. Mas `ClientName` aparece em CLIENT e ORDERS, assim o identificador adicional é necessário.

A nova view tem três colunas: `ClientName`, `State` e `OrderNumber`. `ClientName` aparece nas tabelas CLIENT e ORDERS e funciona como o link entre as duas tabelas. A nova view extrai informações `State` da tabela CLIENT e recebe o `OrderNumber` da tabela ORDERS. No exemplo anterior, você declara os nomes das colunas explicitamente na nova view.

LEMBRE-SE Você não precisa dessa declaração se os nomes forem os mesmos que os nomes das colunas correspondentes nas tabelas de origem. O exemplo na seção a seguir mostra uma instrução `CREATE VIEW` semelhante, exceto que os nomes da coluna da view são implícitos em vez de explícitos.

Com uma condição de seleção

O responsável pelo controle de qualidade requer uma view diferente do que aquela que o gerente de marketing usa, como mostrado no exemplo na Figura 6-2.

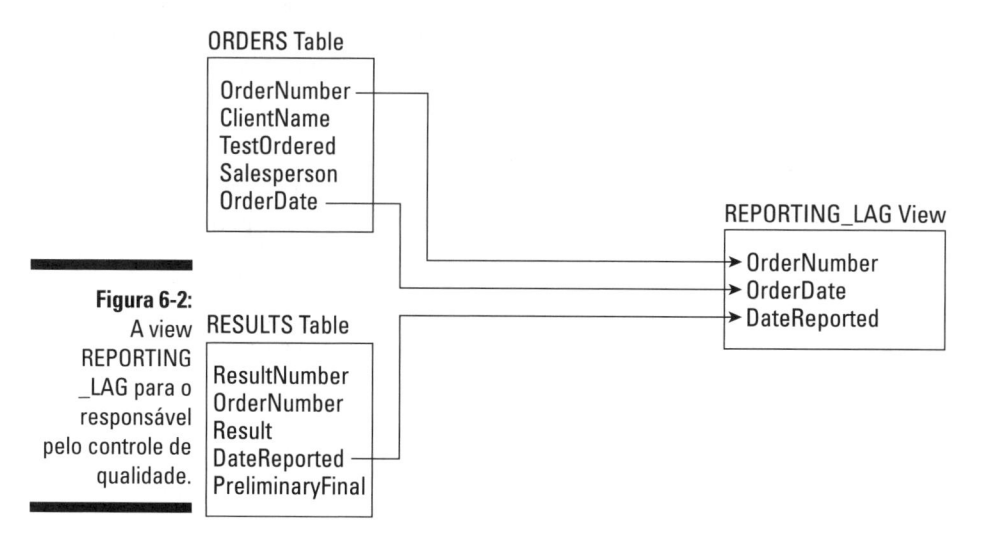

Figura 6-2: A view REPORTING_LAG para o responsável pelo controle de qualidade.

ORDERS Table
- OrderNumber
- ClientName
- TestOrdered
- Salesperson
- OrderDate

RESULTS Table
- ResultNumber
- OrderNumber
- Result
- DateReported
- PreliminaryFinal

REPORTING_LAG View
- OrderNumber
- OrderDate
- DateReported

Eis o código que cria a view na Figura 6-2:

```
CREATE VIEW REPORTING_LAG
   AS SELECT ORDERS.OrderNumber, OrderDate, DateReported
   FROM ORDERS, RESULTS
   WHERE ORDERS.OrderNumber = RESULTS.OrderNumber
   AND RESULTS.PreliminaryFinal = 'F' ;
```

Essa view contém informações da data do pedido da tabela ORDERS e informações da data do relatório final da tabela RESULTS. Apenas as linhas que têm um `'F'` na coluna `PreliminaryFinal` da tabela RESULTS aparecem na view `REPORTING_LAG`. Também observe que a lista de colunas na view ORDERS_BY_STATE é opcional. A view `REPORTING_LAG` funciona bem sem essa lista.

Com um atributo modificado

As cláusulas `SELECT` nos exemplos nas duas seções anteriores contêm apenas nomes de coluna. Você também pode incluir expressões na cláusula `SELECT`. Suponha que o proprietário do VetLab está comemorando um aniversário e quer dar a todos os clientes um desconto de 10%. Ele pode criar uma view baseada na tabela ORDERS *e na* tabela TESTS. Ele pode construir essa tabela como mostrado no seguinte exemplo de código:

```
CREATE VIEW BIRTHDAY
   (ClientName, Test, OrderDate, BirthdayCharge)
   AS SELECT ClientName, TestOrdered, OrderDate,
      StandardCharge * .9
   FROM ORDERS, TESTS
   WHERE TestOrdered = TestName ;
```

Note que a segunda coluna na view `BIRTHDAY` — `Test` — corresponde à coluna `TestOrdered` na tabela ORDERS, que também corresponde à coluna `TestName` na tabela TESTS. A Figura 6-3 mostra como criar essa view.

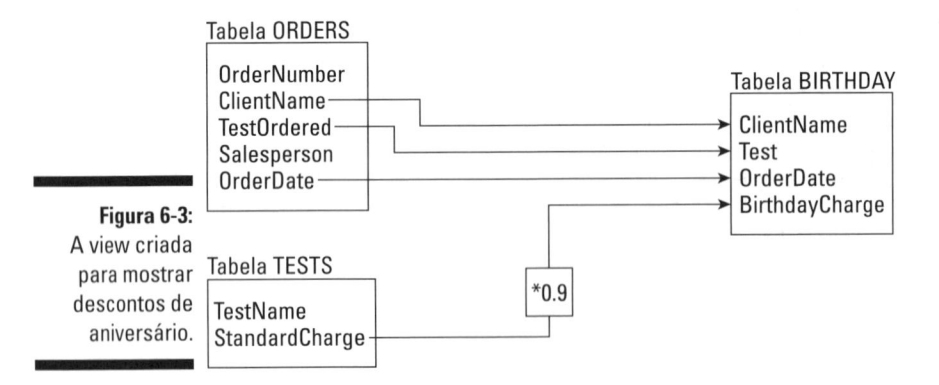

Figura 6-3: A view criada para mostrar descontos de aniversário.

Tabela ORDERS
- OrderNumber
- ClientName
- TestOrdered
- Salesperson
- OrderDate

Tabela TESTS
- TestName
- StandardCharge

Tabela BIRTHDAY
- ClientName
- Test
- OrderDate
- BirthdayCharge

*0.9

Você pode construir uma view baseada em várias tabelas, como mostrado nos exemplos anteriores, ou pode construir uma view baseada em uma única tabela. Se você não precisa de algumas das colunas ou linhas em uma tabela, crie uma view para ocultar esses elementos e então trabalhe com a view, em vez de com a tabela original. Essa abordagem assegura que os usuários só vejam as partes da tabela que são relevantes para a tarefa em questão.

Outra razão para criar uma view é para fornecer segurança para as tabelas subjacentes. Talvez você queira disponibilizar algumas colunas nas suas tabelas para consulta e ocultar outras. Você pode criar uma view que só inclui as colunas que você deseja disponibilizar e então conceder acesso amplo a essa view e ao mesmo tempo restringir o acesso às tabelas, a partir das quais você deriva a view. (O Capítulo 14 explora a segurança de banco de dados e descreve como conceder e revogar privilégios de acesso a dados.)

Atualizando Views

Depois de criar uma tabela, essa tabela é automaticamente capaz de acomodar inserções, atualizações e exclusões. Views não necessariamente têm a mesma capacidade. Se atualizar uma view, você está na verdade atualizando a tabela subjacente. Eis alguns potenciais problemas que podem ocorrer ao atualizar as views:

- **Algumas views podem extrair componentes de duas ou mais tabelas.** Se você atualizar essa view, as tabelas subjacentes podem não ser atualizadas adequadamente.
- **Uma view pode incluir uma expressão em uma lista SELECT.** Como as expressões não são mapeadas diretamente para as linhas nas tabelas, o SGBD não saberá como atualizar uma expressão.

Suponha que você crie uma view usando a seguinte instrução:

```
CREATE VIEW COMP (EmpName, Pay)
   AS SELECT EmpName, Salary+Comm AS Pay
   FROM EMPLOYEE ;
```

Você pode achar que pode atualizar `Pay` usando esta instrução:

```
UPDATE COMP SET Pay = Pay + 100 ;
```

Infelizmente, essa abordagem não faz sentido. Isso porque a tabela subjacente não tem nenhuma coluna `Pay`. Você não pode atualizar algo que não existe na tabela base.

Mantenha a seguinte regra em mente sempre que você pensar em atualizar as views: você só pode atualizar uma coluna em uma view se ela corresponder a uma coluna em uma tabela base subjacente.

Adicionando Novos Dados

Cada tabela de banco de dados começa vazia. Depois de criar uma tabela, usando o DDL do SQL ou uma ferramenta RAD, essa tabela não é nada além de uma estrutura que não contém nenhum dado. Para tornar a tabela útil, você deve colocar alguns dados nela. Esses dados podem ou não estar armazenados em um formato digital. Seus dados podem aparecer em uma das seguintes formas:

- **Ainda não compilados em nenhum formato digital.** Se os dados ainda não estão em um formato digital, alguém provavelmente terá de inserir os dados manualmente, um registro de cada vez. Você também pode inserir dados usando scanners ópticos e sistemas de reconhecimento de voz, mas o uso desses dispositivos para entrada de dados é relativamente raro.

- **Compilados em algum tipo de formato digital.** Se os dados já estão em um formato digital — mas talvez não no formato das tabelas de banco de dados que você usa — você tem que converter os dados no formato adequado e então inseri-los no banco de dados.

- **Compilados no formato digital correto.** Se os dados já estão em um formato digital e no formato correto, você está pronto para transferi-los para um novo banco de dados.

As seções a seguir abordam como adicionar dados a uma tabela quando eles existem em cada uma dessas três formas. Dependendo da forma atual dos dados, você pode ser capaz de transferi-los para o banco de dados em uma única operação, ou talvez precise inserir aos dados um registro de cada vez. Cada registro de dados que você insere corresponde a uma única linha em uma tabela de banco de dados.

Adicionando dados uma linha de cada vez

A maioria dos SGBDs suporta entrada de dados baseada em formulário. Esse recurso permite criar um formulário de tela que tem um campo para cada coluna em uma tabela de banco de dados. Rótulos de campo no formulário permitem determinar facilmente quais dados são inseridos em cada campo. O operador de entrada de dados insere todos os dados para uma única linha no formulário. Depois que o SGBD aceita a nova linha, o sistema limpa o formulário para aceitar outra linha. Assim, você pode facilmente adicionar dados a uma tabela uma linha de cada vez.

Entrada de dados baseada em formulário é fácil e menos suscetível a erros de entrada de dados do que usar uma lista de *valores separados por vírgula*. O principal problema com a entrada de dados baseada em formulário é que ela não é padrão; cada SGBD tem seu próprio método para criar formulários. Essa diversidade, porém, não é um problema para o operador de entrada de dados. Geralmente você pode fazer o formulário parecer o mesmo entre um SGBD e outro. (Talvez o operador de entrada de dados não sofra muito, mas o desenvolvedor de aplicativo deve voltar à parte inferior da curva de aprendizagem sempre que alterar as ferramentas de desenvolvimento.) Outro possível problema com a entrada de dados baseada em formulário é que algumas implementações podem não permitir uma ampla variedade de testes de validação nos dados que você insere.

A melhor maneira de manter um alto nível de integridade de dados em um banco de dados é não inserir dados errados no banco de dados. Você pode evitar a entrada de alguns dados errados aplicando restrições aos campos em um formulário de entrada de dados. Essa abordagem permite garantir que o banco de dados só aceite valores de dados do tipo correto e dentro de um intervalo predefinido. Essas restrições não evitam todos os erros possíveis, mas podem pegar alguns erros.

Se a ferramenta de projeto de formulário no SGBD não permitir aplicar todas as verificações de validade que você precisa para garantir a integridade dos dados, construa sua própria tela, aceite entradas de dados em variáveis e verifique as entradas usando o código do programa aplicativo. Depois que tiver certeza de que todos os valores inseridos para uma linha da tabela são válidos, você pode adicionar essa linha usando o comando SQL INSERT.

Se você inserir os dados para uma única linha em uma tabela de banco de dados, o comando INSERT usa a seguinte sintaxe:

```
INSERT INTO tabela_1 [(coluna_1, coluna_2, ..., coluna_n)]
   VALUES (valor_1, valor_2, ..., valor_n) ;
```

Como indicado pelos colchetes ([ ]), a lista dos nomes de colunas é opcional. A ordem padrão da lista de colunas é a ordem das colunas na tabela. Se você colocar VALUES na mesma ordem que as colunas na tabela, esses elementos serão inseridos nas colunas corretas — quer você especifique ou não as colunas explicitamente. Se quiser especificar os VALUES em alguma ordem além da ordem das colunas na tabela, você deve listar os nomes das colunas na mesma ordem que a lista de valores na cláusula VALUES.

Para inserir um registro na tabela CUSTOMER, por exemplo, use esta sintaxe:

```
INSERT INTO CUSTOMER (CustomerID, FirstName, LastName,
   Street, City, State, Zipcode, Phone)
   VALUES (:vcustid, 'David', 'Taylor', '235 Loco Ave.',
   'El Pollo', 'CA', '92683', '(617) 555-1963') ;
```

O primeiro VALUE na terceira linha, vcustid, é uma variável que você incrementa com o código do programa depois que você insere cada nova linha da tabela. Essa abordagem garante que não haja nenhuma duplicação do CustomerID (que é a chave primária para essa tabela e deve ser única). O restante dos valores são itens de dados em vez de variáveis que *contém* itens de dados. Claro, você também pode armazenar os dados para essas colunas em variáveis, se quiser. A instrução INSERT funciona igualmente bem quer você use variáveis ou uma cópia explícita dos próprios dados para formar os argumentos da palavra-chave VALUES.

Adicionando dados a colunas selecionadas

Às vezes você quer reservar a existência de um objeto mesmo que ainda não tenha todos os fatos sobre esse objeto. Se tiver uma tabela de banco de dados para esses objetos, você pode inserir uma linha para o novo objeto sem preencher os dados em todas as colunas. Se quiser que a tabela esteja na primeira forma normal, você deve inserir dados suficientes para distinguir a nova linha de todas as outras linhas na tabela. (Para as complexidades das formas normais, incluindo a primeira, consulte o Capítulo 5). Inserir a chave primária da nova linha é suficiente para esse propósito. Além da chave principal, insira quaisquer outros dados que você tem sobre o objeto. Colunas nas quais você insere os dados não devem conter nulos.

O exemplo a seguir mostra essa entrada parcial de linha:

```
INSERT INTO CUSTOMER (CustomerID, FirstName, LastName)
    VALUES (:vcustid, 'Tyson', 'Taylor') ;
```

Você insere apenas o número de identificação único e o nome do cliente na tabela do banco de dados. As outras colunas nessa linha contêm valores nulos.

Adicionando um bloco de linhas a uma tabela

Carregar uma tabela de banco de dados uma linha de cada vez usando instruções INSERT pode ser entediante, especialmente se isso é tudo o que você faz. Inserir dados em um formulário, mesmo que seja ergonômico e cuidadosamente projetado por seres humanos, torna-se cansativo depois de um tempo. Obviamente, se tiver uma maneira confiável de inserir os dados automaticamente, você descobrirá ocasiões em que a entrada automática é melhor do que solicitar que uma pessoa sente-se na frente de um teclado e digite.

A entrada automática de dados é viável, por exemplo, se os dados existirem em formato eletrônico porque alguém já inseriu os dados manualmente. Se esse for o caso, não há nenhuma razão para repetir a história. Transferir dados de um arquivo de dados para outro é uma tarefa que um computador pode executar com envolvimento humano mínimo. Se você conhece as características dos dados de origem e a forma desejada da tabela de destino, um computador pode (a princípio) realizar a transferência de dados automaticamente.

Copiando de um arquivo de dados externo

Suponha que você está construindo um banco de dados para um novo aplicativo. Alguns dados de que você precisa já existem em um arquivo de computador. O arquivo pode ser um arquivo simples ou uma tabela em um banco de dados criada por um SGBD diferente daquele que você usa. Os dados podem estar no código ASCII ou EBCDIC ou em algum formato proprietário misterioso. O que você faz?

A primeira coisa que você faz é esperar e rezar para que os dados que você quer estejam em um formato amplamente utilizado. Se os dados estiverem em um formato popular, você tem uma boa chance de encontrar um utilitário de conversão de formato, que pode converter os dados em um ou mais *outros* formatos populares. Seu ambiente de desenvolvimento, provavelmente pode importar pelo menos um desses formatos; se você tiver muita *sorte*, seu ambiente de desenvolvimento pode lidar com o formato de dados atual diretamente. Em computadores pessoais, os formatos Access, xBASE e MySQL são os mais utilizados. Se os dados que você quer estiverem em um desses formatos, a conversão deve ser fácil. Se o formato dos dados for menos comum, talvez eles precisem passar por uma conversão de dois passos.

Se os dados estiverem em um formato antigo, proprietário ou extinto, como um último recurso, você pode recorrer a um serviço profissional de conversão de dados. Essas empresas se especializam em converter dados do computador de um formato para outro. Elas lidam com centenas de formatos — a maioria dos quais ninguém nem mesmo ouviu falar. Forneça a um desses serviços uma fita ou disco contendo os dados no formato original e você recebe de volta os mesmos dados convertidos em qualquer formato que você especificar.

Transferindo todas as linhas entre tabelas

Um problema menos grave do que lidar com dados externos é selecionar os dados que já existem em uma tabela no banco de dados e combinar esses dados com dados compatíveis em outra tabela. Esse processo funciona bem se a estrutura da segunda tabela é idêntica à estrutura da primeira tabela — isto é, cada coluna na primeira tabela tem uma coluna correspondente na segunda tabela, e os tipos de dados das colunas correspondentes se correlacionam. Nesse caso, você pode combinar o conteúdo das duas tabelas usando o operador relacional UNION. O resultado é uma *tabela virtual* (isto é, uma que não tem existência independente) que contém os dados das duas tabelas de origem. Discutimos os operadores relacionais, incluindo UNION, no Capítulo 11.

Transferindo colunas e linhas selecionadas entre tabelas

Geralmente, a estrutura dos dados na tabela de origem não é idêntica à estrutura da tabela na qual você deseja inserir os dados. Talvez apenas algumas das colunas correspondam, e essas são as colunas que você quer transferir. Combinando instruções SELECT com um UNION, você pode especificar quais colunas das tabelas de origem incluir na tabela virtual de resultados.

Incluindo cláusulas WHERE nas instruções SELECT, você pode restringir as linhas inseridas na tabela de resultados àquelas que satisfazem condições específicas. (Abordamos cláusulas WHERE extensivamente no Capítulo 10.)

Suponha que você tem duas tabelas, PROSPECT e CUSTOMER e deseja listar todos aqueles que residem no estado de Maine, que aparecem em qualquer uma das tabelas. Você pode criar uma tabela virtual de resultados que contém as informações desejadas; basta usar o seguinte comando:

```
SELECT FirstName, LastName
    FROM PROSPECT
    WHERE State = 'ME'
UNION
SELECT FirstName, LastName
    FROM CUSTOMER
    WHERE State = 'ME' ;
```

Eis uma análise detalhada:

- As instruções SELECT especificam que as colunas incluídas na tabela de resultados são FirstName e LastName.
- As cláusulas WHERE restringem as linhas incluídas àquelas com o valor 'ME' na coluna State.
- A coluna State não é incluída na tabela de resultados, mas está presente nas tabelas PROSPECT e CUSTOMER.
- O operador UNION combina os resultados da instrução SELECT em PROSPECT com os resultados da SELECT em CUSTOMER, exclui todas as linhas duplicadas e então exibe o resultado.

Outra forma de copiar dados de uma tabela em um banco para outra é aninhar uma instrução SELECT dentro de uma instrução INSERT. Esse método (conhecido como *subseleção* e discutido em detalhes no Capítulo 12) não cria uma tabela virtual; em vez disso, duplica os dados selecionados. Você pode selecionar todas as linhas da tabela CUSTOMER, por exemplo, e inserir essas linhas na tabela PROSPECT. Naturalmente, isso só funciona se as estruturas das tabelas CUSTOMER e PROSPECT são idênticas. Se você quiser inserir apenas os clientes que residem em Maine na tabela PROSPECT, um SELECT simples com uma condição na cláusula WHERE faz o truque, como mostrado no exemplo a seguir:

```
INSERT INTO PROSPECT
   SELECT * FROM CUSTOMER
   WHERE State = 'ME' ;
```

Mesmo que essa operação crie dados redundantes (agora você está armazenando dados de cliente tanto na tabela PROSPECT como na tabela CUSTOMER), talvez você queira fazer isso para melhorar o desempenho das recuperações. Mas tenha cuidado com a redundância! Para manter a consistência dos dados, certifique-se de não inserir, atualizar ou excluir linhas em uma tabela sem inserir, atualizar ou excluir as linhas correspondentes na outra tabela. Outro potencial problema é a possibilidade de que a instrução INSERT pode gerar chaves primárias duplicadas. Se até mesmo um potencial cliente preexistente tiver uma chave primária de ProspectID que se correlaciona com a chave primária correspondente (CustomerID) de um cliente que você está tentando inserir na tabela PROSPECT, a operação de inserção falhará. Se ambas as tabelas tiverem chaves primárias autoincrementáveis, não é recomendável que comecem com o mesmo número. Certifique-se de que os dois blocos de números estão bem separados um do outro.

Atualizando os Dados Existentes

Você pode contar com uma coisa nesse mundo — mudança. Se você não gosta do atual estado das coisas, basta esperar um pouco. Em pouco tempo, as coisas serão diferentes. Como o mundo está em constante mudança, os bancos de dados que costumavam modelar os aspectos do mundo também precisam mudar. Um cliente pode mudar de endereço. A quantidade de um produto em estoque pode mudar (porque você espera que alguém compre um item de vez em quando). Estatísticas de desempenho da temporada de um jogador de basquete mudam sempre que ele joga em outra partida. Se seu banco de dados contém esses itens, você tem de atualizá-lo periodicamente.

O SQL fornece a instrução UPDATE para alterar dados em uma tabela. Utilizando uma única instrução UPDATE, você pode alterar uma, algumas ou todas as linhas em uma tabela. A instrução UPDATE usa a seguinte sintaxe:

```
UPDATE nome_da_tabela
    SET coluna_1 = expressão_1, coluna_2 = expressão_2,
    ..., coluna_n = expressão_n
    [WHERE predicados] ;
```

A cláusula WHERE é opcional. Ela especifica as linhas que você está atualizando. Se você não usar uma cláusula WHERE, todas as linhas da tabela serão atualizadas. A cláusula SET especifica os novos valores para as colunas que você está alterando.

Considere a tabela CUSTOMER mostrada na Tabela 6-1.

Tabela 6-1		Tabela CUSTOMER	
Name	*City*	*Area Code*	*Telephone*
Abe Abelson	Springfield	(714)	555-1111
Bill Bailey	Decatur	(714)	555-2222
Chuck Wood	Philo	(714)	555-3333
Don Stetson	Philo	(714)	555-4444
Dolph Stetson	Philo	(714)	555-5555

As listas de clientes mudam de vez em quando — uma vez que as pessoas se mudam, mudam seus números de telefone etc. Suponha que Abe Abelson mude-se de Springfield para Kankakee. Você pode atualizar o registro dele na tabela usando a seguinte instrução UPDATE

```
UPDATE CUSTOMER
   SET City = 'Kankakee', Telephone = '666-6666'
   WHERE Name = 'Abe Abelson' ;
```

Essa instrução provoca as alterações mostradas na Tabela 6-2.

Tabela 6-2   Tabela CUSTOMER após UPDATE em uma linha

Name	City	Area Code	Telephone
Abe Abelson	Kankakee	(714)	666-6666
Bill Bailey	Decatur	(714)	555-2222
Chuck Wood	Philo	(714)	555-3333
Don Stetson	Philo	(714)	555-4444
Dolph Stetson	Philo	(714)	555-5555

Você pode usar uma instrução semelhante para atualizar múltiplas linhas. Suponha que Philo passa por um crescimento populacional explosivo e agora requer seu próprio DDD. Você pode alterar todas as linhas para os clientes que residem em Philo usando uma única instrução UPDATE, como a seguir:

```
UPDATE CUSTOMER
   SET AreaCode = '(619)'
   WHERE City = 'Philo' ;
```

A tabela agora se parece com a mostrada na Tabela 6-3.

Tabela 6-3   A tabela CUSTOMER após a atualização de várias linhas

Name	City	Area Code	Telephone
Abe Abelson	Kankakee	(714)	666-6666
Bill Bailey	Decatur	(714)	555-2222
Chuck Wood	Philo	(619)	555-3333
Don Stetson	Philo	(619)	555-4444
Dolph Stetson	Philo	(619)	555-5555

Atualizar todas as linhas de uma tabela é ainda mais fácil do que atualizar apenas algumas das linhas. Você não precisa usar uma cláusula

WHERE para restringir a instrução. Imagine que a cidade de Rantoul conquistou grande influência política e agora anexou não apenas Kankakee, Decatur e Philo, mas também todas as cidades e vilas no banco de dados. Você pode atualizar todas as linhas usando uma única instrução, como a seguir:

```
UPDATE CUSTOMER
   SET City = 'Rantoul' ;
```

A Tabela 6-4 mostra o resultado.

Tabela 6-4   A tabela CUSTOMER após a atualização de todas as linhas

Name	City	Area Code	Telephone
Abe Abelson	Rantoul	(714)	666-6666
Bill Bailey	Rantoul	(714)	555-2222
Chuck Wood	Rantoul	(619)	555-3333
Don Stetson	Rantoul	(619)	555-4444
Dolph Stetson	Rantoul	(619)	555-5555

Ao usar a cláusula WHERE com a instrução UPDATE para restringir quais linhas são atualizadas, o conteúdo da cláusula WHERE pode ser uma *subseleção* — uma instrução SELECT cujo resultado é usado como entrada por outra instrução SELECT.

Por exemplo, suponha que você é um atacadista e seu banco de dados inclui uma tabela VENDOR contendo os nomes de todos os fabricantes de quem você compra produtos. Você também tem uma tabela PRODUCT que contém os nomes de todos os produtos que você vende e os preços cobrados por eles. A tabela VENDOR tem as colunas VendorID, VendorName, Street, City, State e Zip. A tabela PRODUCT tem ProductID, ProductName, VendorID e SalePrice.

O fornecedor Cumulonimbus Corporation decide aumentar os preços de todos os produtos em 10%. Para manter sua margem de lucro, você deve aumentar em 10% os preços dos produtos que você compra desse fornecedor. Você pode fazer isso usando a seguinte instrução UPDATE:

```
UPDATE PRODUCT
   SET SalePrice = (SalePrice * 1.1)
   WHERE VendorID IN
      (SELECT VendorID FROM VENDOR
       WHERE VendorName = 'Cumulonimbus Corporation') ;
```

A subseleção localiza o `VendorID` que corresponde a Cumulonimbus. Você pode então usar o campo `VendorID` na tabela PRODUCT para localizar as linhas que você deseja atualizar. Os preços de todos os produtos da Cumulonimbus aumentam em 10%; os preços de todos os outros produtos permanecem os mesmos. (Discutimos subseleções mais amplamente no Capítulo 12).

Transferindo Dados

Além de usar as instruções `INSERT` e `UPDATE`, você pode adicionar dados a uma tabela ou view utilizando a instrução `MERGE`. Você pode usar `MERGE` para mesclar dados de uma tabela ou view de origem em uma tabela ou view de destino. `MERGE` pode inserir novas linhas na tabela de destino ou atualizar as linhas existentes. `MERGE` é uma maneira conveniente de selecionar dados que já existem em algum lugar em um banco de dados e copiá-los para um novo local.

Por exemplo, considere o banco de dados VetLab que descrevemos no Capítulo 5. Suponha que algumas pessoas na tabela EMPLOYEE são vendedores que anotaram pedidos, enquanto outras são funcionários não de vendas ou vendedores que ainda não anotaram um pedido. O ano que acabou de terminar foi rentável, e você quer compartilhar parte desse sucesso com os funcionários. Você decide dar um bônus de US$ 100 a todos aqueles que anotaram pelo menos um pedido e um bônus de US$ 50 para todos os outros. Primeiro, você cria uma tabela BONUS e insere nela um registro para cada funcionário que aparece pelo menos uma vez na tabela ORDERS, atribuindo a cada registro um valor padrão de bônus de US$ 100.

Em seguida, você usa a instrução `MERGE` para inserir novos registros para os funcionários que não anotaram um pedido, dando-lhes US$ 50 de bônus. Eis a parte do código que constrói e preenche a tabela BONUS:

```
CREATE TABLE BONUS (
    EmployeeName CHARACTER (30)      PRIMARY KEY,
    Bonus        NUMERIC              DEFAULT 100 ) ;

INSERT INTO BONUS (EmployeeName)
    (SELECT EmployeeName FROM EMPLOYEE, ORDERS
    WHERE EMPLOYEE.EmployeeName = ORDERS.Salesperson
    GROUP BY EMPLOYEE.EmployeeName) ;
```

Agora você pode consultar a tabela BONUS para ver o que ela contém:

```
SELECT * FROM BONUS ;

EmployeeName              Bonus
------------              -----
Brynna Jones              100
Chris Bancroft            100
Greg Bosser               100
Kyle Weeks                100
```

Agora, executando uma instrução MERGE, você pode dar U$50 de bônus ao restante dos funcionários:

```
MERGE INTO BONUS
   USING EMPLOYEE
   ON (BONUS.EmployeeName = EMPLOYEE.EmployeeName)
   WHEN NOT MATCHED THEN INSERT
      (BONUS.EmployeeName, BONUS.bonus)
      VALUES (EMPLOYEE.EmployeeName, 50) ;
```

Os registros para as pessoas na tabela EMPLOYEE que não correspondem aos registros das pessoas que já estão na tabela BONUS agora são inseridos na tabela BONUS. Agora uma consulta da tabela BONUS fornece o seguinte resultado:

```
SELECT * FROM BONUS ;

EmployeeName             Bonus
--------------           -----------
Brynna Jones             100
Chris Bancroft           100
Greg Bosser              100
Kyle Weeks               100
Neth Doze                 50
Matt Bak                  50
Sam Saylor                50
Nic Foster                50
```

Os quatro primeiros registros, que foram criados com a instrução INSERT, estão em ordem alfabética pelo nome do funcionário. O restante dos registros, adicionados pela instrução MERGE, aparecem na ordem em que foram listados na tabela EMPLOYEE.

A instrução MERGE é uma adição relativamente nova ao SQL e talvez ainda não seja suportada por alguns produtos de SGBD. Ainda mais recente é uma capacidade adicional de MERGE incorporada ao SQL:2011, paradoxalmente permitindo excluir registros com uma instrução MERGE.

Suponha que depois de usar INSERT, você decide que não quer dar um bônus às pessoas que anotaram pelo menos um pedido, mas você quer dar um bônus de US$ 50 a todas as outras. Você pode remover o bônus de vendas e adicionar bônus de não vendas com a seguinte instrução MERGE:

```
MERGE INTO BONUS
   USING EMPLOYEE
   ON (BONUS.EmployeeName = EMPLOYEE.EmployeeName)
   WHEN MATCHED THEN DELETE
   WHEN NOT MATCHED THEN INSERT
      (BONUS.EmployeeName, BONUS.bonus)
      VALUES (EMPLOYEE.EmployeeName, 50);
```

O resultado é:

```
SELECT * FROM BONUS;

EmployeeName              Bonus
-------------             -----
Neth Doze                    50
Matt Bak                     50
Sam Saylor                   50
Nic Foster                   50
```

Excluindo Dados Obsoletos

À medida que o tempo passa, os dados podem envelhecer e perder sua utilidade. Talvez você queira remover esses dados desatualizados da tabela. Dados desnecessários em uma tabela diminuem o desempenho, consomem memória e podem confundir os usuários. Talvez você queira transferir os dados antigos para uma tabela de arquivos e então colocar o arquivo off-line. Dessa forma, no caso improvável de que alguma vez precisará examinar os dados novamente, você pode recuperá-los. Nesse meio tempo, eles não desaceleram o processamento diário. Se você decidir ou não que vale a pena arquivar os dados obsoletos, chegará o momento em que você quer excluir esses dados. Com o SQL você pode remover linhas das tabelas de banco de dados utilizando a instrução DELETE.

Você pode excluir todas as linhas de uma tabela usando uma instrução DELETE não qualificada, ou pode restringir a exclusão a somente as linhas selecionadas adicionando uma cláusula WHERE. A sintaxe é semelhante à sintaxe de uma instrução SELECT, exceto que você não precisa especificar colunas. Afinal de contas, se quiser excluir uma linha da tabela, você provavelmente vai querer remover todos os dados nas colunas dessa linha.

Por exemplo, suponha que seu cliente, David Taylor, acabou de se mudar para a Suíça e não vai comprar mais nada de você. Você pode removê-lo da tabela CUSTOMER usando a seguinte instrução:

```
DELETE FROM CUSTOMER
   WHERE FirstName = 'David' AND LastName = 'Taylor';
```

Supondo que você tenha apenas um único cliente chamado David Taylor, essa instrução produz a exclusão pretendida. Se você tiver dois ou mais clientes que compartilham o nome David Taylor (que, afinal de contas, é um nome bastante comum em países de língua inglesa), adicione mais condições à cláusula WHERE (como STREET ou PHONE ou CUSTOMER_ID) para certificar-se de que você só excluiu o cliente que você deseja remover. Se você não adicionar uma cláusula WHERE, todos os clientes chamados David Taylor serão excluídos.

Capítulo 7
Tratando Dados Temporais

Neste capítulo
- Definindo datas/horas e períodos de tempo
- Monitorando o que aconteceu em datas/horas específicas
- Fornecendo uma trilha de auditoria das alterações para os dados
- Tratando o que aconteceu e quando o evento foi registrado

A ntes do SQL:2011, o padrão SQL ISO/IEC não tinha nenhum mecanismo para lidar com dados que eram válidos em um ponto no tempo, mas inválidos em outro. Qualquer aplicação que exige que uma trilha de auditoria seja mantida precisa dessa capacidade. Isso significa que o ônus do monitoramento do que era verdade em uma determinada data/hora recai sobre o programador de aplicativo, em vez de no banco de dados. Isso soa como uma receita para aplicativos complicados, com orçamento estourado, atrasados e infestados de bugs.

Foi adicionada ao SQL:2011 uma nova sintaxe que permite tratar dados temporais sem afetar a maneira como o código para dados atemporais é tratado. Essa é uma grande vantagem para quem quer adicionar capacidade temporal a um banco de dados SQL existente.

O que quero dizer com o termo *dados temporais*? O padrão SQL:2011 do ISO/IEC não usa esse termo, mas este é comumente usado na comunidade de banco de dados. No SQL:2011, dados temporais são quaisquer dados com um ou mais períodos de tempo associados, durante o qual os dados são considerados efetivos ou válidos ao longo de alguma dimensão de tempo. Em inglês simples, isso significa que, com a capacidade dos dados temporais, você pode determinar quando um item de dados em particular é verdadeiro.

Neste capítulo, apresentamos o conceito de período de tempo, definindo-o de uma forma muito específica. Veremos os vários tipos de data/hora e os efeitos que os dados temporais têm sobre a definição das chaves primárias e restrições de integridade referencial. Por fim, discutiremos como dados muito complexos podem ser armazenados e operados em tabelas bitemporais.

Entendendo Tempos e Períodos no SQL:2011

Embora as versões do padrão SQL antes do SQL:2011 fornecessem os tipos de dados DATE, TIME, TIMESTAMP e INTERVAL, eles não abordavam a ideia de um *período* de tempo com uma hora inicial definida e uma hora final definida. Uma forma de abordar essa necessidade é definir um novo tipo de dados PERIOD. Mas o SQL:2011 não faz isso. Introduzir um novo tipo de dados ao SQL nessa fase final de seu desenvolvimento causaria estragos no ecossistema, que foi construído em torno do SQL. Uma cirurgia importante em praticamente todos os produtos de banco de dados existentes exigiria adicionar um novo tipo de dado.

Em vez de adicionar um tipo de dado PERIOD, o SQL:2011 resolve o problema adicionando *definições de período de tempo* como metadados a tabelas. Uma definição de período de tempo é um componente nomeado de tabela, identificando um par de colunas que capturam a hora do período inicial e a hora do período final. As instruções CREATE TABLE e ALTER TABLE usadas para criar e modificar tabelas foram atualizadas com a nova sintaxe, para criar ou destruir os períodos de tempo criados por essas novas definições de período de tempo.

Um PERIOD é determinado por duas colunas: uma coluna inicial e uma coluna final. Essas colunas são convencionais, assim como as colunas dos tipos de dados de dados existentes, cada um com seu próprio nome. Como mencionado anteriormente, uma definição de período de tempo é um componente nomeado de tabela. Ela ocupa o mesmo espaço de nome que nomes de coluna; portanto, não deve duplicar nenhum nome existente de coluna.

O SQL segue um modelo fechado/aberto para períodos de tempo, significando que um período de tempo inclui a hora inicial, mas não a hora final. Para qualquer linha de tabela, a hora final de período de tempo deve ser maior que a hora inicial. Essa é uma restrição que é imposta pelo SGBD.

Há duas dimensões de tempo que são importantes ao lidar com dados temporais:

- **Tempo válido** é o período de tempo durante o qual uma linha em uma tabela reflete corretamente a realidade.
- **Tempo de transação** é o período de tempo durante o qual uma linha é confirmada ou registrada em um banco de dados.

O tempo válido e o tempo de transação para uma linha em uma tabela não precisam ser os mesmos. Por exemplo, em um banco de dados de negócios, que registra o período de tempo durante o qual um contrato está em vigor, as informações sobre o contrato podem ser (e provavelmente são) inseridas antes do período de tempo inicial do contrato.

No SQL:2011, tabelas separadas podem ser criadas e mantidas para acomodar os dois tipos diferentes de data/hora ou uma única tabela bitemporal (discutida mais adiante neste capítulo) pode ser suficiente. Informações do tempo de transação são mantidas em tabelas de versão do sistema, que contêm o período de tempo do sistema, denotado pela palavra-chave `SYSTEM_TIME`. Informações de tempo válidas, por outro lado, são mantidas em tabelas que armazenam um período de tempo de aplicativo. Você pode atribuir a um período de tempo de aplicativo qualquer nome que você quiser, desde que o nome ainda não seja usado para outra coisa qualquer. Você pode definir no máximo um período de tempo de sistema e um período de tempo de aplicativo.

Embora o suporte a dados temporais no SQL tenha sido introduzido pela primeira vez no SQL:2011, as pessoas tiveram de lidar com dados temporais muito antes de as construções temporais do SQL:2011 serem incluídas em quaisquer produtos de banco de dados. Isso era tipicamente feito definindo duas colunas de tabela, uma para a data/hora inicial e outra para a data/hora final. O fato de que o SQL:2011 não define um novo tipo de dados `PERIOD`, mas em vez disso usa definições de períodos de tempo como metadados, significa que as tabelas existentes com essas colunas iniciais e finais podem ser facilmente atualizadas para incorporar a nova capacidade. A lógica para fornecer informações de período de tempo pode ser removida dos programas aplicativos existentes, simplificando, acelerando e tornando-os mais confiáveis.

Trabalhando com Tabelas de Período de Tempo de Aplicativo

Considere um exemplo que usa tabelas de período de tempo de aplicativo. Suponha que uma empresa quer monitorar o departamento ao qual os funcionários pertencem em dado momento ao longo de todo o período de tempo de emprego. A empresa pode fazer isso criando tabelas de período de tempo de aplicativo para funcionários e departamentos, desta maneira:

```sql
CREATE TABLE employee_atpt(
    EmpID           INTEGER,
    EmpStart        DATE,
    EmpEnd          DATE,
    EmpDept         VARCHAR(30),
    PERIOD FOR EmpPeriod (EmpStart, EmpEnd)
    );
```

A data/hora inicial (`EmpStart` no exemplo) é incluída no período de tempo, mas a data/hora final (`EmpEnd` no exemplo) não é. Isso é conhecido como semântica fechada/aberta.

Papo de Especialista

Ainda não especifiquei uma chave primária, porque isso é um pouco mais complicado ao lidar com dados temporais. Lidaremos com isso mais tarde neste capítulo.

Por enquanto, adicione alguns dados a essa tabela e veja com que ela se parece:

```
INSERT INTO employee_atpt
VALUES (12345, DATE '2011-01-01', DATE '9999-12-31',
    'Sales');
```

A tabela resultante tem uma linha, como mostrado na Tabela 7-1.

Tabela 7-1   A tabela de período de tempo de aplicativo contém uma linha

EmpID	EmpStart	EmpEnd	EmpDept
12345	2011-01-01	9999-12-31	Sales

A data final de 9999-12-31 indica que a permanência no emprego desse funcionário na empresa ainda não terminou. Para simplificar, deixei de fora as horas, minutos, segundos e segundos fracionais nesse e nos exemplos subsequentes.

Agora, suponha que em 15 de março de 2012, o funcionário 12345 é temporariamente atribuído ao departamento de Engenharia até 15 de julho de 2012, retornando ao departamento de Vendas depois. Você pode fazer isso com a seguinte instrução UPDATE:

```
UPDATE employee_atpt
  FOR PORTION OF EmpPeriod
    FROM DATE '2012-03-15'
    TO DATE '2012-07-15'
  SET EmpDept = 'Engineering'
  WHERE EmpID = 12345;
```

Após a atualização, a tabela agora tem três linhas, como mostrado na Tabela 7-2.

Tabela 7-2 Tabela de período de tempo de aplicativo após uma atualização

EmpID	EmpStart	EmpEnd	EmpDept
12345	2011-01-01	2012-03-15	Sales
12345	2012-03-15	2012-07-15	Engineering
12345	2012-07-15	9999-12-31	Sales

Supondo que o funcionário 12345 continua trabalhando no departamento de vendas, a tabela registra com precisão sua filiação ao departamento desde o dia do ano novo de 2011 até o presente momento.

Se puder inserir novos dados em uma tabela e atualizar os dados existentes na tabela, você também seria mais capaz de excluir os dados da tabela. Mas excluir dados de uma tabela de período de tempo de aplicativo pode ser um pouco mais complicado do que simplesmente excluir linhas de uma tabela atemporal comum. Como exemplo, suponha que o funcionário 12345, em vez de ser transferido para o departamento de Engenharia em 15 de março de 2012, sai da empresa nessa data e é recontratado em 15 de julho do mesmo ano. Inicialmente, a tabela de período de tempo de aplicativo terá uma linha, como mostrado na Tabela 7-3.

Tabela 7-3 Tabela de período de tempo de aplicativo antes de uma atualização ou exclusão

EmpID	EmpStart	EmpEnd	EmpDept
12345	2011-01-01	9999-12-31	Sales

A instrução DELETE atualizará a tabela para mostrar o período de tempo durante o qual o funcionário 12345 saiu da empresa:

```
DELETE employee_atpt
   FOR PORTION OF EmpPeriod
      FROM DATE '2012-03-15'
      TO DATE '2012-07-15'
   WHERE EmpID = 12345;
```

A tabela resultante será parecida com a Tabela 7-4.

Tabela 7-4 Tabela de período de tempo de aplicativo após a exclusão

EmpID	EmpStart	EmpEnd	EmpDept
12345	2011-01-01	2012-03-15	Sales
12345	2012-07-15	9999-12-31	Sales

A tabela agora reflete os períodos de tempo durante os quais o funcionário 12345 foi contratado pela empresa e mostra o intervalo durante o qual ele não trabalhava na empresa.

Você deve ter observado algo enigmático nas tabelas mostradas nesta seção. Em uma tabela atemporal normal que lista os funcionários de uma organização, o id do funcionário é suficiente para funcionar como a chave primária da tabela, porque ele identifica cada funcionário de maneira única. Mas uma tabela de período de tempo de aplicativo dos funcionários pode conter múltiplas linhas para um único funcionário. O id do funcionário, por si só, não é mais suficiente como a chave primária da tabela. Os dados temporais devem ser adicionados a ele.

Designando chaves primárias em tabelas de período de tempo de aplicativo

Nas Tabelas 7-2 e 7-4, fica claro que o ID do funcionário (`EmpID`) não garante unicidade. Existem múltiplas linhas com o mesmo `EmpID`. Para garantir que não há duplicação das linhas, a data inicial (`EmpStart`) e a data final (`EmpEnd`) devem ser incluídas na chave primária. Mas apenas incluí-las não é suficiente. Considere a Tabela 7-5, que mostra o caso em que o funcionário 12345 foi simplesmente transferido para o departamento de Engenharia por alguns meses e depois voltou ao seu departamento de origem.

Tabela 7-5	Uma situação que você não quer que ocorra		
EmpID	*EmpStart*	*EmpEnd*	*EmpDept*
12345	2011-01-01	9999-12-31	Sales
12345	2012-03-15	2012-07-15	Engineering

Garantimos que as duas linhas da tabela são únicas incluindo `EmpStart` e `EmpEnd` na chave primária, mas observe que os dois períodos de tempo se sobrepõem. Parece que o funcionário 12345 é membro tanto do departamento de Vendas como do departamento de Engenharia desde 15 de março de 2012 até 15 de julho de 2012. Em algumas organizações, isso pode ser possível, mas acrescenta complicação e pode levar à corrupção de dados. Impor uma restrição que diz que um funcionário pode ser membro apenas de um departamento em um dado momento talvez seja o que a maioria das organizações iria querer fazer. Você pode adicionar essa restrição a uma tabela com uma instrução ALTER TABLE assim:

```
ALTER TABLE employee_atpt
ADD PRIMARY KEY (EmpID, EmpPeriod WITHOUT OVERLAPS);
```

Há uma maneira melhor de fazer as coisas do que criar primeiro uma tabela e adicionar a restrição de chave primária mais tarde — em vez disso, inclua a restrição de chave primária na instrução CREATE inicial. Ela pode se parecer com isto:

```
CREATE TABLE employee_atpt
  EmpID           INTEGER               NOT NULL,
  EmpStart        DATE                  NOT NULL,
  EmpEnd          DATE                  NOT NULL,
  EmpDept         VARCHAR(30),
    PERIOD FOR EmpPeriod (EmpStart, EmpEnd)
    PRIMARY KEY (EmpID, EmpPeriod WITHOUT OVERLAPS)
);
```

Agora as linhas sobrepostas são proibidas. Enquanto trabalhava nisso, adicionei restrições `NOT NULL` a todos os elementos da chave primária. Um valor nulo em qualquer um desses campos seria uma fonte de erros no futuro. Normalmente, o SGBD cuidará disso, mas por que arriscar?

Aplicando restrições referenciais a tabelas de período de tempo de aplicativo

Qualquer banco de dados, cujo propósito é manter mais de uma lista simples de itens, provavelmente exigirá múltiplas tabelas. Se um banco de dados tiver múltiplas tabelas, as relações entre as tabelas devem ser definidas, e as restrições de integridade referencial devem ser postas em prática.

No exemplo neste capítulo, temos uma tabela de período de tempo de aplicativo dos funcionários e uma tabela de período de tempo de aplicativo do departamento. Há um relacionamento de um para muitos entre a tabela de departamento e a tabela de funcionários, porque um departamento pode ter vários funcionários, mas cada funcionário pertence apenas a um único departamento. Isso significa que você precisa inserir uma chave estrangeira na tabela de funcionários, que referencia a chave primária da tabela de departamentos. Com isso em mente, crie a tabela de funcionários novamente, desta vez usando uma instrução CREATE mais completa e crie uma tabela de departamento de uma forma semelhante:

```
CREATE TABLE employee_atpt (
   EmpID        INTEGER               NOT NULL,
   EmpStart     DATE                  NOT NULL,
   EmpEnd       DATE                  NOT NULL,
   EmpName      VARACHAR (30),
   EmpDept      VARCHAR (30),
   PERIOD FOR EmpPeriod (EmpStart, EmpEnd)
   PRIMARY KEY (EmpID, EmpPeriod WITHOUT OVERLAPS)
   FOREIGN KEY (EmpDept, PERIOD EmpPeriod)
       REFERENCES dept_atpt (DeptID, PERIOD DeptPeriod)
   );
```

```
CREATE TABLE dept_atpt (
   DeptID            VARCHAR (30)              NOT NULL,
   Manager           VARCHAR (40)              NOT NULL,
   DeptStart         DATE                      NOT NULL,
   DeptEnd           DATE                      NOT NULL,
   PERIOD FOR DeptTime (DeptStart, DeptEnd),
   PRIMARY KEY (DeptID, DeptTime WITHOUT OVERLAPS)
);
```

Consultando tabelas de período de tempo de aplicativo

Agora, as informações detalhadas podem ser recuperadas do banco de dados utilizando as instruções SELECT que fazem uso dos dados temporais.

Uma coisa que você pode querer fazer é listar todas as pessoas que atualmente são funcionários da organização. Mesmo antes do SQL:2011, você poderia fazer isso com uma instrução semelhante ao seguinte:

```
SELECT *
   FROM employee_atpt
   WHERE EmpStart <= CURRENT_DATE()
      AND EmpEnd > CURRENT_DATE();
```

Com a nova sintaxe de PERIOD, você pode obter o mesmo resultado um pouco mais facilmente, assim:

```
SELECT *
FROM employee_atpt
WHERE EmpPeriod CONTAINS CURRENT_DATE();
```

Você também pode recuperar funcionários que foram contratados durante um período de tempo específico, desta maneira:

```
SELECT *
   FROM employee_atpt
   WHERE EmpPeriod OVERLAPS
      PERIOD (DATE ('2012-01-01'), DATE ('2012-09-16'));
```

Outros predicados além de CONTAINS e OVERLAPS que você pode usar nesse contexto incluem EQUALS, PRECEDES, SUCCEEDS, IMMEDIATELY PRECEDES e IMMEDIATELY SUCCEEDS.

Esses predicados funcionam da seguinte forma:

- Se um período de tempo é igual (EQUALS) a outro, eles são exatamente os mesmos.
- Se um período precede (PRECEDES) outro, ele vem em algum momento antes dele.

- Se um período SUCEDE outro, ele vem em algum momento depois dele.
- Se um período precede imediatamente (IMMEDIATELY PRECEDES) outro, ele vem um pouco antes e é contíguo a ele.
- Se um período sucede imediatamente (IMMEDIATELY SUCCEEDS) outro, ele vem logo depois e é contíguo a ele.

Trabalhando com Tabelas de Sistema Versionadas

Tabelas de sistema versionadas têm um propósito diferente daquele de tabelas de período de tempo de aplicativo e, consequentemente, funcionam de forma diferente. Tabelas de período de tempo de aplicativo permitem definir períodos de tempo e operam nos dados que estão dentro desses períodos de tempo. Em contraposição, tabelas de sistema versionadas são projetadas para criar um registro auditável de exatamente quando um item de dados foi adicionado, alterado ou excluído de um banco de dados. Por exemplo, é importante que um banco conheça exatamente quando um depósito ou saque foi feito e essas informações devem ser mantidas por um período de tempo determinado por lei. Da mesma forma, corretores da bolsa de valores precisam monitorar exatamente quando uma transação de compra foi feita. Há alguns casos semelhantes, em que conhecer quando um determinado evento ocorreu, até uma fração de um segundo, é importante.

Aplicativos como o aplicativo do banco ou o aplicativo do corretor da bolsa de valores têm exigências rigorosas:

- Qualquer operação de atualização ou exclusão deve preservar o estado original da linha antes de executar a operação de atualização ou exclusão.
- O sistema, em vez do usuário, mantém as horas iniciais e finais dos períodos de tempo das linhas.

  As linhas originais que passaram por uma operação de atualização ou exclusão permanecem na tabela e são daqui em diante referidas como *linhas históricas*. Os usuários não podem modificar o conteúdo das linhas históricas ou dos períodos de tempo associados a qualquer uma das linhas. Apenas o sistema, não o usuário, pode atualizar os períodos de tempo das linhas em uma tabela de sistema versionada. Essa atualização é feita quando as colunas diferentes das colunas de período de tempo são atualizadas ou quando linhas são excluídas.

  Essas restrições garantem que o histórico das alterações dos dados está imune a adulterações, cumprindo assim as normas de auditoria e obedecendo as regulamentações governamentais.

Tabelas de sistema versionadas distinguem-se das tabelas de período de tempo de aplicativo por algumas diferenças nas instruções CREATE que as criam:

- Considerando que em uma tabela de período de tempo de aplicativo, o usuário pode atribuir qualquer nome ao período de tempo, em uma tabela de sistema versionada, o nome do período de tempo deve ser SYSTEM_TIME.

- A instrução CREATE deve incluir as palavras-chave WITH SYSTEM VERSIONING. Embora o SQL:2011 permita que o tipo de dados para o período de tempo inicial e período de tempo final seja do tipo DATE ou um dos tipos de data/hora, você quase sempre vai querer usar um dos tipos de registro de data/hora que lhe dão um nível de precisão muito melhor do que um dia. Obviamente, qualquer que seja o tipo que você escolher para a coluna inicial também deve ser utilizado para a coluna final.

Para ilustrar o uso de tabelas de sistema versionadas, continuaremos a usar os exemplos de funcionário e departamento. Você pode criar uma tabela de sistema versionada com o seguinte código:

```
CREATE TABLE employee_sys (
   EmpID      INTEGER,
   Sys_Start TIMESTAMP(12) GENERATED ALWAYS AS ROW START,
   Sys_End   TIMESTAMP(12) GENERATED ALWAYS AS ROW END,
   EmpName    VARCHAR(30),
   PERIOD FOR SYSTEM_TIME (SysStart, SysEnd)
) WITH SYSTEM VERSIONING;
```

Uma linha em uma tabela de sistema versionada é considerada uma linha atual do sistema se a data/hora atual estiver contida no período de tempo do sistema. Caso contrário, ela é considerada uma linha histórica do sistema.

Tabelas de versão de sistema são semelhantes às tabelas de período de tempo de aplicativo em muitos aspectos, mas também há diferenças. Eis algumas delas:

- Os usuários não podem atribuir ou alterar os valores nas colunas Sys_Start e Sys_End. Esses valores são atribuídos e alterados automaticamente pelo SGBD. Essa situação é imposta pelas palavras-chave GENERATED ALWAYS.

- Ao utilizar a operação INSERT para adicionar algo a uma tabela de sistema versionada, o valor na coluna Sys_Start é definido automaticamente como a data/hora da transação, que é associada a cada transação. O valor atribuído à coluna Sys_End é o valor mais alto do tipo de dados dessa coluna.

- Em tabelas de sistema versionadas, as operações UPDATE e DELETE operam apenas nas linhas atuais do sistema. Os usuários não podem atualizar ou excluir linhas históricas do sistema.

- Os usuários não podem modificar o período de tempo inicial ou final do sistema das linhas atuais ou históricas do sistema.
- Sempre que você quer usar a operação UPDATE ou DELETE em uma linha atual do sistema, uma linha histórica do sistema é automaticamente inserida.

  Uma instrução de atualização em uma tabela de sistema versionada insere primeiro uma cópia da linha antiga, com o período de tempo final do sistema definido como a data/hora da transação. Isso indica que a linha deixou de ser atual nessa data/hora. Em seguida, o SGBD executa a atualização, alterando simultaneamente o período de tempo inicial do sistema para a data/hora da transação. Agora a linha atualizada é a linha atual do sistema com a da data/hora da transação. Serão disparados gatilhos UPDATE para as linhas em questão, mas não serão disparados gatilhos INSERT embora as linhas históricas sejam inseridas como parte dessa operação. Se você está se perguntando o que são gatilhos, eles são abordados extensivamente no Capítulo 22.

A operação DELETE em uma tabela de sistema versionada na verdade não exclui as linhas especificadas. Em vez disso, ela altera a hora do período de tempo final do sistema dessas linhas para a data/hora do sistema. Isso indica que as linhas deixaram de ser atuais até a data/hora da transação. Agora, essas linhas são parte do sistema histórico em vez do sistema atual. Ao executar uma operação DELETE, quaisquer gatilhos DELETE para as linhas afetadas serão disparados.

Designando chaves primárias em tabelas de sistema versionadas

Designar chaves primárias nas tabelas de sistema versionadas é muito mais simples do que em tabelas de período de tempo de aplicativo. Isso ocorre porque você não tem de lidar com questões relacionadas a período de tempo. Nas tabelas de sistema versionadas, as linhas históricas não podem ser alteradas. Quando elas eram as linhas atuais, a unicidade delas havia sido verificada. Como elas não podem ser alteradas agora, a unicidade delas também não precisa ser verificada agora.

Se adicionar uma restrição de chave primária a uma tabela de sistema versionada existente com uma instrução ALTER, porque ela só se aplica às linhas atuais, você não precisa incluir informações do período de tempo na instrução. Por exemplo:

```
ALTER TABLE employee_sys
   ADD PRIMARY KEY (EmpID);
```

Funciona assim. Simples e eficiente.

Aplicando restrições referenciais a tabelas de sistema versionadas

Aplicar restrições referenciais a tabelas de sistema versionadas também é simples, pela mesma razão. Eis um exemplo disso:

```
ALTER TABLE employee_sys
   ADD FOREIGN KEY (EmpDept)
      REFERENCES dept_sys (DeptID);
```

Como somente as linhas atuais são afetadas, você não precisa incluir as do período de tempo inicial e final.

Consultando tabelas de sistema versionadas

A maioria das consultas de tabelas de sistema versionadas envolve descobrir o que era verdade em algum ponto no tempo no passado ou durante algum período de tempo no passado. Para lidar com essas situações, o SQL:2011 adiciona alguma nova sintaxe. Para consultar em uma tabela informações sobre o que era verdade em um ponto específico no tempo, a sintaxe SYSTEM_TIME AS OF é usada. Suponha que você quer saber quem trabalhava na organização em 15 de julho de 2013. Você pode descobrir isso com a consulta a seguir:

```
SELECT EmpID, EmpName, Sys_Start, Sys_End
   FROM employee_sys FOR SYSTEM_TIME AS OF
      TIMESTAMP '2013-07-15 00:00:00';
```

Essa instrução retorna todas as linhas cujo período de tempo inicial é igual ou anterior ao valor de data/hora, e cujo período de tempo final é posterior ao valor de data/hora.

Para descobrir o que ocorreu durante um período de tempo, use uma instrução semelhante, com a nova sintaxe apropriada. Eis um exemplo:

```
SELECT EmpID, EmpName, Sys_Start, Sys_End
   FROM employee_sys FOR SYSTEM_TIME FROM
      TIMESTAMP '2013-07-01 00:00:00' TO
      TIMESTAMP '2013-08-01 00:00:00';
```

Essa recuperação incluirá todas as linhas começando na primeira data/hora, até mas *sem* incluir a segunda data/hora. Alternativamente, você pode utilizar isto:

```
SELECT EmpID, EmpName, Sys_Start, Sys_End
   FROM employee_sys FOR SYSTEM_TIME BETWEEN
      TIMESTAMP '2013-07-01 00:00:00' AND
      TIMESTAMP '2013-07-31 24:59:59';
```

Essa recuperação incluirá todas as linhas começando na primeira data/hora, até *e* incluindo a segunda data/hora.

Se uma consulta em uma tabela de sistema versionada não inclui uma especificação de data/hora, o caso padrão é retornar apenas as linhas atuais do sistema. Esse caso deve ser codificado de maneira semelhante a isto:

```
SELECT EmpID, EmpName, Sys_Start, Sys_End
   FROM employee_sys;
```

Se você deseja recuperar todas as linhas em uma tabela de sistema versionada, tanto históricas como atuais, faça isso com a seguinte sintaxe:

```
SELECT EmpID, EmpName, Sys_Start, Sys_End
   FROM employee_sys FOR SYSTEM_TIME FROM
      TIMESTAMP '2013-07-01 00:00:00' TO
      TIMESTAMP '9999-12-31 24:59:59';
```

Monitorando Ainda Mais Dados Temporais com Tabelas Bitemporais

Às vezes você quer saber quando ocorreu um evento no mundo real e quando o evento foi registrado no banco de dados. Para casos como esse, você pode usar uma tabela, que é tanto uma tabela de sistema versionada, como uma tabela de período de tempo de aplicativo. Esse tipo de tabela é conhecida como tabela bitemporal.

Há alguns casos em que uma tabela bitemporal pode ser necessária. Suponha, por exemplo, que um dos funcionários muda-se do estado de Oregon para o estado de Washington. Você deve levar em consideração o fato de que a retenção na fonte do imposto de renda do estado dele deve ser alterada a partir da data oficial da mudança. Mas é pouco provável que a alteração no banco de dados será feita exatamente no mesmo dia. Os dois períodos de tempo precisam ser registrados, e uma tabela bitemporal pode fazer esse registro muito bem. O período de tempo de versão do sistema registra quando a alteração tornou-se conhecida para o banco de dados, e os registros do período de tempo de aplicativo quando a mudança entrou legalmente em vigor. Eis um código de exemplo para criar essa tabela:

```
CREATE TABLE employee_bt (
   EmpID          INTEGER,
   EmpStart       DATE,
   EmpEnd         DATE,
   EmpDept        Integer
   PERIOD FOR EmpPeriod (EmpStart, EmpEnd),
   Sys_Start TIMESTAMP (12) GENERATED ALWAYS
      AS ROW START,
```

```
    Sys_End TIMESTAMP (12) GENERATED ALWAYS
      AS ROW END,
    EmpName          VARCHAR (30),
    EmpStreet        VARCHAR (40),
    EmpCity          VARCHAR (30),
    EmpStateProv     VARCHAR (2),
    EmpPostalCode    VARCHAR (10),
    PERIOD FOR SYSTEM_TIME (Sys_Start, Sys_End),
    PRIMARY KEY (EmpID, EPeriod WITHOUT OVERLAPS),
    FOREIGN KEY (EDept, PERIOD EPeriod)
    REFERENCES Dept (DeptID, PERIOD DPeriod)
) WITH SYSTEM VERSIONING;
```

Tabelas bitemporais funcionam tanto para tabelas de sistema versionadas como para tabelas de período de tempo de aplicativo. O usuário fornece os valores para as colunas do período de tempo inicial e final de aplicativo. Uma operação INSERT nessa tabela define automaticamente o valor do período de tempo do sistema como a data/hora da transação. O valor da coluna do período de tempo final do sistema é automaticamente configurado como o valor mais alto permitido para o tipo de dados dessa coluna.

Operações UPDATE e DELETE funcionam da maneira como funcionam para tabelas padrão de período de tempo de aplicativo. Como acontece com as tabelas de sistema versionadas, operações UPDATE e DELETE só afetam as linhas atuais, e com cada uma dessas operações uma linha histórica é automaticamente inserida.

Uma consulta feita em uma tabela bitemporal pode especificar um período de tempo de aplicativo, um período de versão de sistema, ou ambos. Eis um exemplo do caso "ambos":

```
SELECT EmpID
   FROM employee_bt FOR SYSTEM TIME AS OF
      TIMESTAMP '2013-07-15 00:00:00'
   WHERE EmpID = 314159 AND
      EmpPeriod CONTAINS DATE '2013-06-20 00:00:00';
```

Capítulo 8
Especificando Valores

Neste capítulo
- Usando variáveis para eliminar codificação redundante
- Extraindo informações frequentemente exigidas a partir de um campo de tabela de banco de dados
- Combinando valores simples para formar expressões complexas

Este livro enfatiza a importância da estrutura de banco de dados para manter a integridade do banco de dados. Embora o significado da estrutura do banco de dados seja muitas vezes menosprezado, nunca devemos nos esquecer de que o aspecto mais importante são os próprios dados. Afinal de contas, os valores mantidos nas células que formam as intersecções das linhas e colunas da tabela do banco de dados são a matéria-prima a partir da qual você pode derivar relações e tendências significativas.

É possível representar valores de várias maneiras. Você pode representá-los diretamente ou você pode derivá-los com funções ou expressões. Este capítulo descreve os vários tipos de valores, bem como as funções e expressões.

LEMBRE-SE

Funções examinam os dados e calculam um valor com base nos dados. *Expressões* são combinações de itens de dados que o SQL avalia para produzir um valor único.

Valores

O SQL reconhece vários tipos de valores:

- Valores de linha
- Valores literais
- Variáveis
- Variáveis especiais
- Referências de coluna

Átomos não são indivisíveis

No século XIX, os cientistas acreditavam que um átomo era a menor parte irredutível possível da matéria. É por isso que o chamaram de *átomo*, que vem da palavra *grega atomos*, que significa *indivisível*. Agora os cientistas sabem que os átomos não são indivisíveis — eles são compostos por prótons, nêutrons e elétrons. Prótons e nêutrons, por sua vez, são compostos por quarks, glúons e quarks virtuais. Mesmo essas coisas podem não ser indivisíveis. Quem sabe?

O valor de um campo em uma tabela de banco de dados é chamado *atômico*, apesar de muitos campos não serem indivisíveis. Um valor DATE tem componentes de ano, mês e dia. Um valor TIMESTAMP acrescenta componentes de hora, minuto, segundo e assim por diante. Um valor REAL ou FLOAT tem componentes de *mantissa* e *expoente*. Um valor CHAR tem componentes que você pode acessar usando SUBSTRING. Portanto, chamar os valores dos campos de banco de dados de *atômicos* é verdade para a analogia dos átomos da matéria. A aplicação moderna do termo *atômica* não é, porém, verdadeira para o significado original do termo.

Valores de linha

Os valores mais visíveis em um banco de dados são *valores de linha* de tabela. Esses são os valores que cada linha de uma tabela de banco de dados contém. Um valor de linha é tipicamente composto por múltiplos componentes porque cada coluna em uma linha contém um valor. Um *campo* é a intersecção de uma única coluna com uma única linha. Um campo contém um valor *escalar* ou *atômico*. Um valor escalar ou atômico tem um único componente.

Valores literais

No SQL, uma variável ou uma constante pode representar um *valor*. Logicamente, o valor de uma *variável* pode variar de tempos em tempos, mas o valor de uma *constante* nunca muda. Um tipo importante de constante é o *valor literal*. A própria representação é o valor.

Assim como o SQL tem muitos tipos de dados, também tem muitos tipos de literais. A Tabela 8-1 mostra alguns exemplos de literais dos vários tipos de dados.

Observe que as aspas simples cercam os literais dos tipos não numéricos. Essas aspas ajudam a evitar confusões; mas também podem causar problemas, como você pode ver na Tabela 8-1.

Tabela 8-1   Exemplo de Literais dos Vários Tipos de Dados

Tipo de dados	Exemplo de literal
BIGINT	8589934592
INTEGER	186282
SMALLINT	186
NUMERIC	186282.42
DECIMAL	186282.42
REAL	6.02257E23
DOUBLE PRECISION	3.1415926535897E00
FLOAT	6.02257E23
CHARACTER(15)	'GREECE '

Nota: Há um total de quinze caracteres e espaços entre as aspas acima.

VARCHAR (CHARACTER VARYING)	'lepton'
NATIONAL CHARACTER(15)	'ΕΛΛΑΣ '[1]

Nota: Há um total de quinze caracteres e espaços entre as aspas acima.

NATIONAL CHARACTER VARYING(15)	'λεπτον'[2]
CHARACTER LARGE OBJECT(512) (CLOB(512))	(Uma string de caracteres realmente muito longa)
BINARY(4)	'01001100011100001111000111001010'
VARBINARY(4) (BINARY VARYING(4))	'0100110001110000'
BINARY LARGE OBJECT(512) (BLOB(512))	(Uma string realmente muito longa de zeros e uns)
DATE	DATE '1969-07-20'
TIME(2)	TIME '13.41.32.50'
TIMESTAMP(0)	TIMESTAMP '2013-02-25-13.03.16.000000'
TIME WITH TIMEZONE(4)	TIME '13.41.32. 5000-08.00'
TIMESTAMP WITH TIMEZONE(0)	TIMESTAMP '2013-02-2513.03.16.0000+ 02.00'
INTERVAL DAY	INTERVAL '7' DAY

[1] *Esse termo é a palavra que os gregos utilizam para nomear seu próprio país no idioma grego. (O equivalente em português é Hellas).*

[2] *Esse termo é o nome da moeda grega de um centavo, lepton.*

E se um literal for uma string de caracteres que contém uma frase entre aspas simples? Nesse caso, você deve digitar duas aspas simples para mostrar que uma das aspas que você está digitando é parte da string de caracteres e não é um indicador do fim da string. Você digitaria `'Earth''s atmosphere'`, por exemplo, para representar o caractere literal `'Earth's atmosphere'`.

Variáveis

Embora ser capaz de manipular literais e outros tipos de constantes ao lidar com um banco de dados forneça muito poder, ter variáveis também é útil. Em muitos casos, você precisa fazer muito mais trabalho se você não tiver variáveis. Uma *variável*, por sinal, é uma quantidade que tem um valor que pode mudar. Analise o seguinte exemplo para ver por que variáveis são importantes.

Suponha que você é um varejista que tem várias classes de clientes. Você dá aos clientes com alto volume de compras o melhor preço, aos clientes com volume médio de compras, o próximo melhor preço e aos clientes com baixo volume de compras o preço mais alto. Você deseja indexar todos os preços em relação ao custo das mercadorias. Para o produto F-35, você decide cobrar dos clientes com de alto volume de compras (classe C) 1,4 vezes o custo das mercadorias. Você cobra dos clientes com volume médio de compras (classe B), 1,5 vezes o custo das mercadorias e dos clientes com baixo volume de compras (classe A), 1,6 vezes o custo das mercadorias.

Você armazena o custo das mercadorias e os preços cobrados em uma tabela chamada PRICING. Para implementar sua nova estrutura de preços, você emite os seguintes comandos SQL:

```
UPDATE PRICING
   SET Price = Cost * 1.4
   WHERE Product = 'F-35'
     AND Class = 'C' ;
UPDATE PRICING
   SET Price = Cost * 1.5
   WHERE Product = 'F-35'
     AND Class = 'B' ;
UPDATE PRICING
   SET Price = Cost * 1.6
   WHERE Product = 'F-35'
     AND Class = 'A' ;
```

Esse código é bom e atende suas necessidades — por enquanto. Mas se a concorrência agressiva começar a abocanhar sua fatia de mercado, talvez você precise reduzir suas margens para se manter competitivo. Para alterar as margens, você precisa inserir um código parecido com isto:

```
UPDATE PRICING
   SET Price = Cost * 1.25
   WHERE Product = 'F-35'
      AND Class = 'C' ;
UPDATE PRICING
   SET Price = Cost * 1.35
   WHERE Product = 'F-35'
      AND Class = 'B' ;
UPDATE PRICING
   SET Price = Cost * 1.45
   WHERE Product = 'F-35'
      AND Class = 'A' ;
```

Se você estiver em um mercado volátil, pode ser necessário reescrever o código SQL repetidamente. Essa tarefa pode ser entediante, especialmente se os preços aparecerem em múltiplos locais no código. Você pode minimizar o trabalho substituindo os literais (como 1.45) por variáveis (como :multiplierA). Então você pode executar as atualizações desta maneira:

```
UPDATE PRICING
   SET Price = Cost * :multiplierC
   WHERE Product = 'F-35'
      AND Class = 'C' ;
UPDATE PRICING
   SET Price = Cost * :multiplierB
   WHERE Product = 'F-35'
      AND Class = 'B' ;
UPDATE PRICING
   SET Price = Cost * :multiplierA
   WHERE Product = 'F-35'
      AND Class = 'A' ;
```

Agora, sempre que as condições de mercado o obrigam a alterar os preços, você só precisa alterar os valores das variáveis :multiplierC, :multiplierB e :multiplierA. Essas variáveis são parâmetros passados para o código SQL, que então utiliza as variáveis para calcular os novos preços.

Às vezes, as variáveis usadas dessa forma são chamadas *parâmetros* ou *variáveis de host*. Variáveis são chamadas *parâmetros* se elas aparecerem em aplicativos escritos na linguagem do módulo SQL. Elas são chamadas *variáveis de host* quando são usadas no SQL embutido.

SQL embutido significa que instruções SQL são embutidas no código de um aplicativo escrito em uma linguagem host. Alternativamente, você pode usar a linguagem do módulo SQL para criar um módulo inteiro do código SQL. A aplicação da linguagem host então chama o módulo. Qualquer método pode fornecer as capacidades que você deseja. A abordagem que você usa depende de sua implementação SQL.

Variáveis especiais

Se um usuário em uma máquina cliente conecta-se a um banco de dados em um servidor, essa conexão estabelece uma *sessão*. Se o usuário conecta-se a diversos bancos de dados, a sessão associada com a conexão mais recente é considerada a *sessão atual; sessões anteriores* são consideradas *dormentes*. O SQL define muitas *variáveis especiais* que são importantes em sistemas multiusuários. Essas variáveis monitoram os diferentes usuários. Eis uma lista das variáveis especiais:

- `SESSION_USER`. A variável especial `SESSION_USER` contém um valor que é igual ao identificador da autorização de usuário da sessão SQL atual. Se escrever um programa que executa uma função de monitoramento, você pode interrogar `SESSION_USER` para descobrir quem está executando instruções SQL.

- `CURRENT_USER`. Um módulo SQL pode ter um identificador de autorização especificado pelo usuário associado a ele. A variável `CURRENT_USER` armazena esse valor. Se um módulo não tiver esse identificador, `CURRENT_USER` tem o mesmo valor que `SESSION_USER`.

- `SYSTEM_USER`. A variável `SYSTEM_USER` contém o identificador do usuário do sistema operacional. Esse identificador pode diferir do identificador desse mesmo usuário em um módulo SQL. Um usuário pode fazer login no sistema como `LARRY`, por exemplo, mas identificar-se em um módulo como `PLANT_MGR`. O valor em `SESSION_USER` é `PLANT_MGR`. Se ele não fizer nenhuma especificação explícita do identificador do módulo e `CURRENT_USER` também contiver `PLANT_MGR`, `SYSTEM_USER` contém o valor `LARRY`.

As variáveis especiais `SYSTEM_USER`, `SESSION_USER` e `CURRENT_USER` monitoram quem usa o sistema. Você pode manter uma tabela de log e inserir periodicamente nessa tabela os valores que `SYSTEM_USER`, `SESSION_USER` e `CURRENT_USER` contêm. O exemplo a seguir mostra como:

```
INSERT INTO USAGELOG (SNAPSHOT)
   VALUES ('User ' || SYSTEM_USER ||
      ' with ID ' || SESSION_USER ||
      ' active at ' || CURRENT_TIMESTAMP) ;
```

Essa instrução produz entradas de log semelhantes ao exemplo a seguir:

```
User LARRY with ID PLANT_MGR active at 2013-04-07-23.50.00
```

Referências de coluna

Cada coluna contém um valor para cada linha de uma tabela. Instruções SQL muitas vezes referenciam esses valores. Uma referência de coluna totalmente qualificada consiste no nome da tabela, um ponto e então o nome da coluna (por exemplo, PRICING.Product. Considere a seguinte instrução:

```
SELECT PRICING.Cost
   FROM PRICING
   WHERE PRICING.Product = 'F-35' ;
```

Aqui PRICING.Product é uma referência de coluna. Essa referência contém o valor 'F-35'. PRICING.Cost também é uma referência de coluna, mas você só conhece esse valor depois que a instrução SELECT anterior é executada.

Como só faz sentido referenciar colunas na tabela atual, geralmente você não precisa usar referências de coluna totalmente qualificadas. A instrução a seguir, por exemplo, é equivalente à anterior:

```
SELECT Cost
   FROM PRICING
   WHERE Product = 'F-35' ;
```

Às vezes você pode lidar com mais de uma tabela — digamos, quando duas tabelas em um banco de dados contêm uma ou mais colunas com o mesmo nome. Nesse caso, você deve qualificar totalmente as referências de coluna para essas, a fim de garantir que obterá a desejada.

Por exemplo, suponha que sua empresa mantém instalações tanto em Kingston como em Jefferson, e você mantém registros dos funcionários separados para cada local. Você nomeia a tabela dos funcionários em Kingston como EMP_KINGSTON, e nomeia a tabela de funcionários em Jefferson como EMP_JEFFERSON. Você quer uma lista dos funcionários que trabalham em ambos os locais, então precisa encontrar os funcionários cujos nomes figuram nas duas tabelas. A instrução SELECT a seguir fornece o que você quer:

```
SELECT EMP_KINGSTON.FirstName, EMP_KINGSTON.LastName
   FROM EMP_KINGSTON, EMP_JEFFERSON
   WHERE EMP_KINGSTON.EmpID = EMP_JEFFERSON.EmpID ;
```

Como o número de identificação de cada funcionário é único e não muda independentemente do local de trabalho, você pode usar esse ID como um vínculo entre as duas tabelas. Essa recuperação retorna apenas os nomes dos funcionários que aparecem em ambas as tabelas.

Expressões de Valor

Uma expressão pode ser simples ou complexa. A expressão pode conter valores literais, nomes de colunas, parâmetros, variáveis host, subconsultas, conectivos lógicos e operadores aritméticos. Independentemente de sua complexidade, uma expressão deve ser reduzida a um único valor.

Por essa razão, expressões SQL são comumente conhecidas como *expressões de valor*. É possível combinar múltiplas expressões de valor em uma única expressão, desde que as expressões de valor dos componentes sejam reduzidas a valores que têm tipos de dados compatíveis.

O SQL tem cinco tipos de expressões de valor:

- Expressões de valor de string
- Expressões de valor numérico
- Expressões de valor de data e hora
- Expressões de valor de intervalo
- Expressões de valor condicionais

Expressões de valor de string

A *expressão de valor de string* mais simples especifica um único valor de string. Outras possibilidades incluem uma referência de coluna, uma função de conjunto, uma subconsulta escalar, uma expressão CASE, uma expressão CAST ou uma expressão de valor de string complexa. (Discutimos as expressões de valor CASE e CAST no Capítulo 9; analisaremos subconsultas no Capítulo 12.)

Um único operador é possível em uma expressão de valor de string: o *operador de concatenação*. Você pode concatenar qualquer uma das expressões de valor que mencionamos na lista com marcadores na seção anterior com outra expressão, para criar uma expressão de valor de string mais complexa. Um par de linhas verticais || representa o operador de concatenação. A tabela a seguir mostra alguns exemplos das expressões de valor de string.

Expressão	Produz
'Peanut ' || 'brittle'	'Peanut brittle'
'Jelly' || ' ' || 'beans'	'Jelly beans'
FIRST_NAME || ' ' || LAST_NAME	'Joe Smith'
B'1100111' || B'01010011'	'110011101010011'
'' || 'Asparagus'	'Asparagus'
'Asparagus' || ''	'Asparagus'
'As' || '' || 'par' || '' || 'agus'	'Asparagus'

Como mostrado na tabela, se você concatenar uma string com uma string de comprimento zero, o resultado é o mesmo que a string inicial.

Expressões de valor numérico

Nas *expressões de valor numérico*, você pode aplicar os operadores de adição, subtração, multiplicação e divisão aos dados do tipo numérico. A expressão deve ser reduzida a um valor numérico. Os componentes de uma expressão de valor numérico podem ser de diferentes tipos de dados, desde que *todos* os tipos de dados sejam numéricos. O tipo de dados do resultado depende dos tipos de dados dos componentes dos quais você deriva o resultado. Mesmo assim, o padrão SQL não especifica rigidamente o tipo que resulta de qualquer combinação específica dos componentes da expressão de origem. Isso ocorre por causa das diferenças entre as plataformas de hardware. Consulte a documentação de sua plataforma específica ao misturar tipos de dados numéricos.

Eis alguns exemplos das expressões de valor numérico:

- `-27`
- `49 + 83`
- `5 * (12 - 3)`
- `PROTEIN + FAT + CARBOHYDRATE`
- `FEET/5280`
- `COST * :multiplierA`

Expressões de valor de data e hora

Expressões de valor de data/hora executam operações nos dados que lidam com datas e horas. Essas expressões de valor podem conter componentes que são dos tipos `DATE`, `TIME`, `TIMESTAMP` ou `INTERVAL`. O resultado de uma expressão de valor de data/hora sempre é um tipo de data/hora (`DATE`, `TIME` ou `TIMESTAMP`). A expressão a seguir, por exemplo, fornece a data correspondente a uma semana a partir de hoje:

```
CURRENT_DATE + INTERVAL '7' DAY
```

As horas são mantidas em Tempo Universal Coordenado (UTC) — conhecido no Reino Unido como Greenwich Mean Time — mas você pode especificar um deslocamento para corrigir as horas para qualquer fuso horário particular. Para o fuso horário local de seu sistema, use a sintaxe simples dada no exemplo a seguir:

```
TIME '22:55:00' AT LOCAL
```

Alternativamente, você pode especificar esse valor da maneira longa:

```
TIME '22:55:00' AT TIME ZONE INTERVAL '-08.00' HOUR TO MINUTE
```

Essa expressão define a hora local como o fuso horário de Portland, Oregon, que é oito horas mais cedo que o de Greenwich, Inglaterra.

Expressões de valor de intervalo

Se subtrair uma data/hora de outra, você tem um *intervalo*. Adicionar uma data/hora à outra não faz sentido, assim o SQL não permite fazer isso. Se você adicionar dois intervalos juntos ou subtrair um intervalo de outro intervalo, o resultado é um intervalo. Você também pode multiplicar ou dividir um intervalo por uma constante numérica.

O SQL tem dois tipos de intervalos: *ano/mês* e *dia/hora*. Para evitar ambiguidades, você deve especificar qual usar em uma expressão de intervalo. A expressão a seguir, por exemplo, dá o intervalo em anos e meses até você alcançar a idade da aposentadoria:

```
(BIRTHDAY_65 - CURRENT_DATE) YEAR TO MONTH
```

O exemplo a seguir fornece um intervalo de 40 dias:

```
INTERVAL '17' DAY + INTERVAL '23' DAY
```

O exemplo a seguir aproxima o número total de meses que a mãe de cinco filhos esteve grávida (supondo que ela atualmente não está grávida do sexto!):

```
INTERVAL '9' MONTH * 5
```

Os intervalos podem ser negativos, bem como positivos, e podem consistir em qualquer expressão de valor ou uma combinação das expressões de valor que são avaliadas para um intervalo.

Expressões de valor condicionais

O valor de uma *expressão condicional de valor* depende de uma condição. As expressões condicionais de valor CASE, NULLIF e COALESCE são significativamente mais complexas do que os outros tipos de expressões de valor. Na verdade, essas três expressões condicionais de valor são tão complexas que não há espaço suficiente aqui para comentá-las. (Abrangeremos extensivamente as expressões condicionais de valor no Capítulo 9).

Funções

Uma *função* é uma operação simples (ok, não mais do que moderadamente complexa) que os comandos SQL usuais não executam, mas que surgem frequentemente na prática. O SQL fornece funções que executam tarefas que o código do aplicativo na linguagem host (dentro da qual você incorpora suas instruções SQL) de outra forma precisaria executar. O SQL tem duas categorias principais das funções: *funções de conjunto* (ou *de agregação*) e *funções de valor*.

Resumindo: usando funções de agregação

Funções de conjunto são aplicadas a *conjuntos* de linhas em uma tabela, em vez de a uma única linha. Essas funções resumem algumas características do conjunto atual de linhas. O conjunto pode incluir todas as linhas na tabela ou um subconjunto das linhas que são especificadas por uma cláusula WHERE. (Discutimos cláusulas WHERE extensivamente no Capítulo 10.) Os programadores às vezes chamam funções de conjunto de *funções agregadas,* porque essas funções recebem as informações de múltiplas linhas, processam essas informações de alguma forma e fornecem uma resposta em uma única linha. Essa resposta é uma *agregação* das informações nas linhas que compõem o conjunto.

Para ilustrar o uso das funções de conjunto, considere a Tabela 8-2, uma lista de fatos nutricionais para 100 gramas dos alimentos selecionados.

Tabela 8-2   **Informações nutricionais para 100 gramas de alimentos selecionados**

Food	Calories	Protein (grams)	Fat (grams)	Carbohydrate (grams)
Amêndoas, torradas	627	18.6	57.7	19.6
Espargos	20	2.2	0.2	3.6
Bananas, crua	85	1.1	0.2	22.2
Carne, hambúrguer magro	219	27.4	11.3	
Frango, carne leve	166	31.6	3.4	
Gambá, assado	221	30.2	10.2	
Carne de porco, presunto	394	21.9	33.3	
Feijão-verde	111	7.6	0.5	19.8
Cola	39			10.0
Pão branco	269	8.7	3.2	50.4
Pão de trigo integral	243	10.5	3.0	47.7

(continua)

Tabela 8-2 (continuação)

Food	Calories	Protein (grams)	Fat (grams)	Carbohydrate (grams)
Brócolis	26	3.1	0.3	4.5
Manteiga	716	0.6	81.0	0.4
Jujubas	367		0.5	93.1
Pé-de-moleque	421	5.7	10.4	81.0

Uma tabela de banco de dados chamada FOODS armazena as informações da Tabela 8-2. Os campos em branco contêm o valor NULL. As funções de conjunto COUNT, AVG, MAX, MIN e SUM podem informar fatos importantes sobre os dados nessa tabela.

COUNT

A função COUNT informa quantas linhas estão na tabela ou quantas linhas na tabela atendem certas condições. O uso mais simples dessa função é:

```
SELECT COUNT (*)
   FROM FOODS ;
```

Essa função produz um resultado de 15, porque conta todas as linhas na tabela FOODS. A instrução a seguir produz o mesmo resultado:

```
SELECT COUNT (Calories)
   FROM FOODS ;
```

Como a coluna Calories em cada linha da tabela tem uma entrada, a contagem é a mesma. Se uma coluna contiver valores nulos, porém, a função não conta as linhas correspondentes para esses valores nulos.

A instrução a seguir retorna um valor de 11 porque 4 das 15 linhas na tabela contêm nulos na coluna Carbohydrate.

```
SELECT COUNT (Carbohydrate)
   FROM FOODS ;
```

DICA

Um campo em uma tabela de banco de dados pode conter um valor nulo por várias razões. Uma razão comum é que o valor real não é conhecido (ou *ainda* não é conhecido). Ou o valor pode ser conhecido, mas ainda não foi inserido. Às vezes, se um valor é conhecido por ser zero, o operador de entrada de dados não se incomoda em deixar de inserir o valor em um campo — deixando esse campo nulo. Essa não é uma boa prática porque zero é um valor definido e você pode incluí-lo nos cálculos. Nulo *não* é um valor definido e o SQL não inclui valores nulos nos cálculos.

Você também pode usar a função COUNT, em combinação com DISTINCT, para determinar quantos valores distintos existem em uma coluna. Considere a seguinte instrução:

```
SELECT COUNT (DISTINCT Fat)
   FROM FOODS ;
```

A resposta que essa instrução retorna é 12. Você pode ver que uma porção de 100 gramas de espargos tem o mesmo teor de gordura que 100 gramas de bananas (0,2 gramas), e que uma porção de 100 gramas de feijão-verde tem o mesmo teor de gordura que 100 gramas de jujuba (0,5 grama). Assim, a tabela tem um total de somente 12 valores de gordura distintos.

AVG

A função AVG calcula e retorna a média dos valores na coluna especificada. Claro, você pode usar a função AVG apenas em colunas que contêm dados numéricos, como no exemplo a seguir:

```
SELECT AVG (Fat)
   FROM FOODS ;
```

O resultado é 15,37. Esse número é tão alto principalmente devido à presença de manteiga no banco de dados. Você pode se perguntar qual seria o teor médio de gordura se a *butter* não fosse incluída. Para descobrir isso, adicione uma cláusula WHERE à instrução, como a seguir:

```
SELECT AVG (Fat)
   FROM FOODS
   WHERE Food <> 'Butter' ;
```

O valor médio de gordura cai para 10,32 gramas por 100 gramas de alimento.

MAX

A função MAX retorna o valor máximo encontrado na coluna especificada. A instrução a seguir retorna um valor de 81 (o teor de gordura em 100 gramas de manteiga):

```
SELECT MAX (Fat)
   FROM FOODS ;
```

MIN

A função MIN retorna o valor mínimo encontrado na coluna especificada. A instrução a seguir retorna um valor de 0,4, porque a função não trata os nulos como zeros:

```
SELECT MIN (Carbohydrate)
   FROM FOODS ;
```

SUM

A função SUM retorna a soma de todos os valores encontrados na coluna especificada. A instrução a seguir retorna 3.924, que é o teor calórico total de todos os 15 alimentos:

```
SELECT SUM (Calories)
   FROM FOODS ;
```

Funções de valor

Algumas operações são aplicadas em uma variedade de contextos. Como você precisa usar essas operações bem frequentemente, incorporá-las ao SQL como funções de valor faz muito sentido. O SQL padrão ISO/IEC oferece relativamente poucas funções de valor, em comparação com implementações de sistemas de gerenciamento de banco de dados específicas como Access, Oracle ou SQL Server, mas as poucas que o SQL padrão fornece são provavelmente aquelas você usa com mais frequência. O SQL usa estes quatro tipos de funções de valor:

- Funções de valor de string
- Funções de valor numérico
- Funções de valor de data/hora
- Funções valor de intervalo

Funções de valor de string

Funções de valor de string recebem uma string de caracteres como uma entrada e produzem outra string de caracteres como uma saída. O SQL tem dez dessas funções:

- SUBSTRING
- SUBSTRING SIMILAR
- SUBSTRING_REGEX
- TRANSLATE_REGEX
- OVERLAY
- UPPER
- LOWER
- TRIM
- TRANSLATE
- CONVERT

SUBSTRING

Use a função SUBSTRING para extrair uma substring de uma string de origem. A substring extraída é do mesmo tipo que a string de origem. Se a string de origem é uma string CHARACTER VARYING, por exemplo, a substring também é uma string CHARACTER VARYING. A seguir mostramos a sintaxe da função SUBSTRING:

```
SUBSTRING (string_value FROM start [FOR length])
```

A cláusula entre colchetes ([ ]) é opcional. A substring extraída de string_value começa com o caractere que representa start e continua até length caracteres (onde length é o número especificado de caracteres). Se a cláusula FOR estiver ausente, a substring extraída estende-se do caractere inicial (o número em start) ao final da string. Considere o seguinte exemplo:

```
SUBSTRING ('Bread, whole wheat' FROM 8 FOR 7)
```

A substring extraída é 'whole w'. Esse substring começa com o oitavo caractere da string de origem e tem um comprimento de sete caracteres. Aparentemente, SUBSTRING não parece ser uma função muito valiosa; se tem um literal como 'Bread, whole wheat', você não precisa de uma função para descobrir os caracteres de 8 a 14. Na verdade, SUBSTRING é uma função importante, porém, porque o valor da string não precisa ser um literal. O valor pode ser qualquer expressão que é avaliada como uma string de caracteres. Assim, você pode ter uma variável fooditem nomeada que assume valores diferentes em momentos diferentes. A expressão a seguir extrairia a substring desejada independentemente de qual string de caracteres a variável fooditem representa atualmente:

```
SUBSTRING (:fooditem FROM 8 FOR 7)
```

Todas as funções de valor são semelhantes pelo fato de que podem operar nas expressões que avaliam valores, bem como nos próprios valores literais.

Você precisa estar atento a algumas coisas ao usar a função SUBSTRING. Certifique-se de que a substring que você especifica realmente existe na string de origem. Se solicitar uma substring que começa no (digamos) oitavo caractere, mas a string de origem só tem quatro caracteres, você obtém um resultado nulo. Portanto, você deve ter uma ideia da forma de seus dados antes de especificar uma função de substring. Também não é recomendável especificar um comprimento de substring negativo, porque o final de uma string não pode preceder o início.

Se uma coluna é do tipo VARCHAR, talvez seja difícil saber até onde o campo se estende para uma linha específica. Essa falta de conhecimento não representa um problema para a função SUBSTRING. Se o comprimento que você especifica exceder a borda direita do campo, SUBSTRING retorna tudo que encontrar até lá. Ela não retorna um erro.

Digamos que você tem a seguinte instrução:

```
SELECT * FROM FOODS
   WHERE SUBSTRING (Food FROM 8 FOR 7) = 'white' ;
```

Essa instrução retorna a linha para pão branco da tabela FOODS, embora o valor na coluna `Food`(`'Bread, white'`) seja menor do que 14 caracteres.

Se qualquer *operando* (valor do qual um operador deriva outro valor) na função substring tiver um valor nulo, SUBSTRING retorna um resultado nulo.

SUBSTRING SIMILAR

A função substring de expressão regular é uma função triádica (o que significa que ela opera em três parâmetros). Os três parâmetros são uma string de caracteres de origem, uma string de caracteres padrão e um caractere de escape. Ela então usa correspondência de padrão (com base em expressões regulares baseadas em POSIX) para extrair e retornar uma string de resultado da string de caracteres de origem.

Duas instâncias do caractere de escape, cada uma seguida pelo caractere de aspas duplas, são usadas para dividir a string padrão em três partes. Eis um exemplo:

Suponha que a string de caracteres de origem S seja `'Four score and seven years ago, our fathers brought forth upon this continent, a new nation'`. Suponha ainda que a string padrão R seja `'and '/"'seven'/"' years'`, onde a barra é o caractere de escape.

Então:

```
SUBSTRING S SIMILAR TO R ;
```

retorna um resultado que está no meio da string padrão, `'seven'` nesse caso.

SUBSTRING_REGEX

SUBSTRING_REGEX pesquisa em uma string um padrão de expressão regular XQuery e retorna uma ocorrência da substring correspondente.

De acordo com o padrão internacional JTC 1/SC 32 do ISO/IEC, a sintaxe de uma expressão regular de substring é como a seguir:

```
SUBSTRING_REGEX (
     <padrão XQuery> [ FLAG <flag de opção XQuery> ]
     IN <string regex>
     [ FROM <posição inicial> ]
     [ USING <comprimento em caracteres> ]
     [ OCCURRENCE <ocorrência regex> ]
     [ GROUP <grupo de captura regex> ] )
```

<padrão XQuery> é uma expressão de string de caracteres cujo valor é uma expressão regular XQuery.

<flag de opção XQuery> é uma string de caracteres opcional, correspondente aWo argumento $flags da função [XQuery F&O] fn:match.

<string regex> é a string de caracteres em que são pesquisadas correspondências com o <padrão XQuery>.

<posição inicial> é um valor numérico exato opcional com escala 0, indicando a posição do caractere no qual iniciar a pesquisa. (O padrão é 1.)

<comprimento em caracteres> é CHARACTERS ou OCTETS, indicando a unidade em que <start position> é medido. (O padrão é CHARACTERS).

<ocorrência regex> é um valor numérico exato opcional com escala 0, indicando que a ocorrência de uma correspondência é desejada. (O padrão é 1.)

< grupo de captura regex> é um valor numérico exato opcional com escala 0, indicando qual grupo de captura de uma correspondência é desejado. (O padrão é 0, indicando toda a ocorrência.)

Eis alguns exemplos do uso de SUBSTRING_REGEX

```
SUBSTRING_REGEX ('\p{L}*' IN 'Just do it.')='Just'
SUBSTRING_REGEX ('\p{L}*' IN 'Just do it.' FROM 2)= 'ust'
SUBSTRING_REGEX ('\p{L}*' IN 'Just do it.' OCCURRENCE 2) = 'do'
SUBSTRING_REGEX ( '(do) (\p{L}*' IN 'Just do it.' GROUP 2) = 'it'
```

TRANSLATE_REGEX

TRANSLATE_REGEX pesquisa em uma string um padrão de expressão regular XQuery, e retorna a string com uma ou todas as ocorrências da expressão regular XQuery trocada por uma string de substituição XQuery.

De acordo com o padrão internacional JTC 1/SC 32 do ISO/IEC, a sintaxe de uma transliteração regex é esta:

```
TRANSLATE_REGEX (
<padrão XQuery> [ FLAG <flag de opção XQuery> ]
IN <string regex>
[ WITH <string regex de substituição> ]
[ FROM <posição inicial> ]
[ USING <comprimento em caracteres> ]
[ OCCURRENCE <ocorrência de transliteração regex> ] )
<ocorrência de transliteração regex> ::=
<ocorrência regex>
| ALL
```

onde:

- `<string regex de substituição>` é uma string de caracteres cujo valor é adequado para utilização como o argumento $replacement da função fn:replace de [XQuery F&O]. O padrão é a string de comprimento zero.
- `<ocorrência de transliteração regex>` é a palavra-chave ALL ou um valor numérico exato com escala 0, indicando que a ocorrência de uma correspondência é desejada (o padrão é ALL).

Eis alguns exemplos sem nenhuma string de substituição:

```
TRANSLATE_REGEX ('i' IN 'Bill did sit.') = 'Bll dd st.'
TRANSLATE_REGEX ('i' IN 'Bill did sit.' OCCURRENCE ALL) = 'Bll dd st.'
TRANSLATE_REGEX ('i' IN 'Bill did sit.' FROM 5) = 'Bill dd st.'
TRANSLATE_REGEX ('i' IN 'Bill did sit.' Occurrence 2) = 'Bill dd sit.'
```

Eis alguns exemplos com strings de substituição:

```
TRANSLATE_REGEX ('i' IN 'Bill did sit.' WITH 'a') = 'Ball dad sat.'
TRANSLATE_REGEX ('i' IN 'Bill did sit.' WITH 'a' OCCURRENCE ALL)= 'Ball dad sat.'
TRANSLATE_REGEX ('i' IN 'Bill did sit.' WITH 'a' OCCURRENCE 2) = 'Bill dad sit.'
TRANSLATE_REGEX ('i' IN 'Bill did sit.' WITH 'a' FROM 5) = 'Bill dad sat.'
```

OVERLAY

OVERLAY substitui uma determinada substring de uma string (determinada por uma dada posição numérica inicial e um comprimento especificado) por uma string de substituição. Quando o comprimento especificado para a substring é zero, nada é removido da string original, mas a string de substituição é inserida na string original, a partir da posição inicial especificada.

UPPER

A função de valor UPPER converte em letras maiúsculas todos os caracteres de uma string, como nos exemplos mostrados na tabela a seguir.

Esta instrução	Retorna
UPPER ('e. e. cummings')	'E. E. CUMMINGS'
UPPER ('Isaac Newton, Ph.D.')	'ISAAC NEWTON, PH.D.'

A função UPPER não afeta uma string em que todos os caracteres já estão em letras maiúsculas.

LOWER

A função LOWER converte em letras minúsculas todos os caracteres de uma string, como nos exemplos na tabela a seguir.

Esta instrução	Retorna
LOWER ('TAXES')	'taxes'
LOWER ('E. E. Cummings')	'e. e. cummings'

A função LOWER não afeta uma string em que todos os caracteres já são letras minúsculas.

TRIM

Use a função TRIM para excluir espaços em branco à esquerda ou à direita (ou outros caracteres) de uma string de caracteres. Os exemplos a seguir mostram como usar TRIM.

Esta instrução	Retorna
TRIM (LEADING ' ' FROM ' treat ')	'treat '
TRIM (TRAILING ' ' FROM ' treat ')	' treat'
TRIM (BOTH ' ' FROM ' treat ')	'treat'
TRIM (BOTH 't' from 'treat')	'rea'

O caractere padrão a ser excluído é o espaço em branco; portanto, a sintaxe a seguir também é válida:

```
TRIM (BOTH FROM ' treat ')
```

Essa sintaxe fornece o mesmo resultado que o terceiro exemplo na tabela — 'treat'.

TRANSLATE e CONVERT

As funções TRANSLATE e CONVERT recebem uma string de origem em um conjunto de caracteres e transformam a string original em uma string em outro conjunto de caracteres. Exemplos dessa conversão podem ser inglês em kanji ou hebraico em francês. As funções de conversão que especificam essas transformações são específicas à implementação. Consulte a documentação da sua implementação para mais.

Se a tradução de um idioma para outro fosse tão fácil quanto chamar uma função TRANSLATE SQL, isso seria ótimo. Infelizmente, não é tão fácil assim. Tudo o que TRANSLATE faz é converter um caractere do primeiro conjunto de caracteres no caractere correspondente no segundo conjunto de caracteres. A função pode, por exemplo, converter 'Ελλασ' em 'Ellas'. Mas ela não pode converter 'Ελλασ' em 'Greece'.

Funções de valor numérico

Funções de valor numérico podem receber uma variedade de tipos de dados como entrada, mas a saída sempre é um valor numérico. O SQL tem 15 tipos de funções de valor numérico:

- Expressão de posição (POSITION)
- Função de ocorrências Regex (OCCURRENCES_REGEX)
- Expressão de posição Regex (POSITION_REGEX)
- Expressão de extração (EXTRACT)
- Expressão de comprimento (CHAR_LENGTH, CHARACTER_LENGTH, OCTET_LENGTH)
- Expressão de cardinalidade (CARDINALITY)
- Expressão de valor absoluto (ABS)
- Expressão de módulos (MOD)
- Logaritmo natural (LN)
- Função exponencial (EXP)
- Função de potência (POWER)
- Raiz quadrada (SQRT)
- Função de arredondamento para cima (FLOOR)
- Função de arredondamento para baixo (CEIL, CEILING)
- Função de largura de segmento (WIDTH_BUCKET)

POSITION

POSITION procura uma string alvo especificada dentro de uma string de origem especificada e retorna a posição do caractere onde a string alvo começa. Para uma string de caracteres, a sintaxe é esta:

```
POSITION (alvo IN origem [USING comprimento em caracteres])
```

Opcionalmente, é possível especificar uma unidade de comprimento de caractere diferente de CHARACTER, mas isso é raro. Se caracteres Unicode forem utilizados, dependendo do tipo, um caractere pode ter 8, 16 ou 32 bits de comprimento. Nos casos em que um caractere tem 16 ou 32 bits de comprimento, você pode especificar explicitamente 8 bits com USING OCTETS.

Para uma string binária, a sintaxe é esta:

```
POSITION (alvo IN origem)
```

Se o valor do alvo é igual a uma substring com comprimento idêntico de octetos contíguos na string de origem, então o resultado é maior do que o número de octetos que precedem o início da primeira substring.

A tabela a seguir mostra alguns exemplos.

Esta instrução	*Retorna*
POSITION ('B' IN 'Bread, whole wheat')	1
POSITION ('Bre' IN 'Bread, whole wheat')	1
POSITION ('wh' IN 'Bread, whole wheat')	8
POSITION ('whi' IN 'Bread, whole wheat')	0
POSITION ('' IN 'Bread, whole wheat')	1
POSITION ('01001001' IN '0011000101001001001001110'	2

Para strings de caracteres e strings binárias, se a função não encontrar a string alvo, a função POSITION retorna um valor de zero. Também para os dois tipos de string, se a string alvo tiver um comprimento zero (como no último exemplo de caractere), a função POSITION sempre retornará um valor de um. Se qualquer operando na função tiver um valor nulo, o resultado é um valor nulo.

OCCURRENCES_REGEX

OCCURRENCES_REGEX é uma função numérica que retorna o número de correspondências para uma expressão regular em uma string. A sintaxe é esta:

```
OCCURRENCES_REGEX (
<padrão XQuery> [ FLAG <flag de opção XQuery> ]
IN <string regex>
[ FROM <posição inicial> ]
[ USING <comprimento em caracteres> ] )
```

Eis alguns exemplos:

```
OCCURRENCES_REGEX ( 'i' IN 'Bill did sit.' ) = 3
OCCURRENCES_REGEX ( 'i' IN 'Bill did sit.' FROM 5) = 2
OCCURRENCES_REGEX ( 'I' IN 'Bill did sit.' ) = 0
```

POSITION_REGEX

POSITION_REGEX é uma função numérica que retorna a posição do início de uma ocorrência, ou um mais o final de uma ocorrência, para uma expressão regular em uma string. Eis a sintaxe:

```
POSITION_REGEX ( [ <posição antes ou depois> ]
<padrão XQuery> [ FLAG <flag de opção XQuery> ]
IN <string regex>
```

```
[ FROM <posição inicial> ]
[ USING <comprimento em caracteres> ]
[ OCCURRENCE <ocorrência regex> ]
[ GROUP <regex capture group> ] )

<posição antes ou depois> ::= START | AFTER
```

Talvez alguns exemplos deixem isso mais claro:

```
POSITION_REGEX ( 'i' IN 'Bill did sit.' ) = 2
POSITION_REGEX ( START 'i' IN 'Bill did sit.' ) = 2
POSITION_REGEX ( AFTER 'i' IN 'Bill did sit.' ) = 3
POSITION_REGEX ( 'i' IN 'Bill did sit.' FROM 5) = 7
POSITION_REGEX ( 'i' IN 'Bill did sit.' OCCURRENCE 2 ) = 7
POSITION_REGEX ( 'I' IN 'Bill did sit.' ) = 0
```

EXTRACT

A função EXTRACT extrai um único campo de uma data/hora ou de um intervalo. A instrução a seguir, por exemplo, retorna 08:

```
EXTRACT (MONTH FROM DATE '2013-08-20')
```

CHARACTER_LENGTH

A função CHARACTER_LENGTH retorna o número de caracteres em uma string de caracteres. A instrução a seguir, por exemplo, retorna 16:

```
CHARACTER_LENGTH ('Opossum, roasted')
```

Como observado em relação à função SUBSTRING (na seção "Substring", no início do capítulo), essa função não é particularmente útil se seu argumento for um literal como 'Opossum, roasted'. Posso escrever facilmente 16 como também posso escrever CHARACTER_LENGTH ('Opossum, roasted'). De fato, escrever 16 é mais fácil. Essa função é mais útil se seu argumento for uma expressão em vez de um valor literal.

OCTET_LENGTH

Na música, um conjunto vocal formado por oito cantores é chamado *octeto*. Normalmente, as partes que o conjunto representa são primeiro e segundo soprano, primeiro e segundo alto, primeiro e segundo tenor e primeiro e segundo baixo. Na terminologia de computador, um conjunto de oito bits de dados é chamado *byte*. A palavra *byte* é engenhosa pelo fato de que o termo refere-se claramente a *bit* (*fragmento*), mas implica algo maior do que um fragmento. Um bom jogo de palavras — mas (infelizmente) nada na palavra *byte* transmite o conceito de "octeto". Utilizando uma analogia musical, uma descrição mais apropriada de um conjunto de oito bits torna-se possível.

Praticamente todos os computadores modernos utilizam oito bits para representar um único caractere alfanumérico. Conjuntos de caracteres mais complexos (como o chinês) exigem 16 bits para representar um único caractere. A função OCTET_LENGTH conta e retorna o número de octetos (bytes) em uma string. Se a string for uma string de bits, OCTET_LENGTH retornará o número de octetos que você precisa para manter esse número de bits. Se a string for uma string de caracteres ingleses (com um octeto por caractere), a função retornará o número de caracteres na string. Se a string for uma string de caracteres chineses, a função retornará um número que é o dobro do número de caracteres chineses. A string de caracteres a seguir é um exemplo:

```
OCTET_LENGTH ('Beans, lima')
```

Essa função retorna 11 porque cada caractere ocupa um octeto.

Alguns conjuntos de caracteres usam um número variável de octetos para caracteres diferentes. Em particular, alguns conjuntos de caracteres que suportam combinações de caracteres kanji e latino usam caracteres *de escape* para alternar entre os dois conjuntos de caracteres. Uma string que contém latim e kanji (por exemplo), pode ter 30 caracteres e exigir 30 octetos se todos os caracteres forem latinos; 62 caracteres, se todos os caracteres forem kanji (60 caracteres mais um caractere à esquerda e à direita); e 150 caracteres se os caracteres alternarem entre latim e kanji (porque cada caractere kanji precisa de dois octetos para o caractere mais um octeto à esquerda e outro à direita para indicar o início e o término). A função OCTET_LENGTH retorna o número de octetos necessários para o valor atual da string.

CARDINALITY

Cardinalidade lida com coleções de elementos como arrays ou multiconjuntos, em que cada elemento é um valor de algum tipo de dados. A cardinalidade da coleção é o número de elementos que ela contém. Um uso da função CARDINALITY pode ser este:

```
CARDINALITY (TeamRoster)
```

Essa função retornaria 12, por exemplo, se houvesse 12 membros da equipe na lista. TeamRoster, uma coluna na tabela TEAMS, pode ser um array ou um multiconjunto. Um *array* é uma coleção ordenada dos elementos, e um *multiconjunto* é uma coleção não ordenada dos elementos. Para uma lista de equipe, que muda frequentemente, um multiconjunto faz mais sentido.

ARRAY_MAX_CARDINALITY

A função CARDINALITY retorna o número de elementos no array ou multiconjunto que você especifica. O que ela não informa é a cardinalidade máxima que foi atribuída a esse array. Há ocasiões em que você pode querer conhecer isso.

Como resultado, o SQL:2011 adicionou uma nova função ARRAY_MAX_CARDINALITY. Como você pode imaginar, ela retorna a cardinalidade máxima do array que você especifica. Não há cardinalidade máxima declarada para um multiconjunto.

TRIM_ARRAY

Considerando que a função TRIM corta o primeiro ou o último caractere em uma string, a função TRIM_ARRAY corta os últimos elementos de um array.

Para cortar os três últimos elementos do array TeamRoster, use a seguinte sintaxe:

```
TRIM_ARRAY (TeamRoster, 3)
```

ABS

A função ABS retorna o valor absoluto de expressão de um valor numérico.

```
ABS (-273)
```

Nesse caso, a função retorna 273.

MOD

A função MOD retorna o *módulo* de duas expressões de valor numérico.

```
MOD (3,2)
```

Nesse caso, a função retorna 1, o módulo de três dividido por dois.

LN

A função LN retorna o logaritmo natural de uma expressão de valor numérico.

```
LN (9)
```

Aqui essa função retorna algo como 2,197224577. O número de dígitos além da casa decimal depende da implementação do SQL.

EXP

A função EXP eleva a base dos logaritmos naturais *e* à potência especificada por uma expressão de valor numérico.

```
EXP (2)
```

Aqui, a função retorna algo como 7,389056. O número de dígitos além da casa decimal depende da implementação do SQL.

POWER

A função POWER eleva o valor da primeira expressão de valor numérico à potência da segunda expressão de valor numérico.

```
POWER (2,8)
```

Aqui essa função retorna 256, que é 2 elevado à oitava potência.

SQRT

A função SQRT retorna a raiz quadrada do valor da expressão de valor numérico.

```
SQRT (4)
```

Nesse caso, a função retorna 2, a raiz quadrada de 4.

FLOOR

A função FLOOR trunca a expressão de valor numérico para o maior inteiro não maior que a expressão.

```
FLOOR (3.141592)
```

Essa função retorna 3.

CEIL ou CEILING

A função CEIL ou CEILING aumenta a expressão de valor numérico para o menor inteiro não menor que a expressão.

```
CEIL (3.141592)
```

Essa função retorna 4.

WIDTH_BUCKET

A função WIDTH_BUCKET, utilizada no *processamento de aplicativos on-line* (OLAP), é uma função composta por quatro argumentos, retornando um número inteiro entre 0 (zero) e o valor do quarto argumento mais 1 (um). Ela atribui o primeiro argumento a um *particionamento de larguras iguais* do intervalo de números entre o segundo e terceiro argumentos. Os valores fora desse intervalo são atribuídos a 0 (zero) ou ao valor do quarto argumento mais 1 (um).

Por exemplo:

```
WIDTH_BUCKET (PI, 0, 10, 5)
```

Suponha que PI é uma expressão de valor numérico com um valor de 3,141592. O exemplo particiona o intervalo de zero a 9,999999... em cinco *segmentos* iguais, cada um com uma largura de dois. A função retorna um valor de 2, porque 3,141592 cai no segundo segmento, que abrange todo o intervalo de 2 a 3,999999.

Funções de valor de data/hora

O SQL inclui três funções que retornam informações sobre a data atual, hora atual ou ambos. CURRENT_DATE retorna a data atual; CURRENT_TIME retorna a hora atual; e CURRENT_TIMESTAMP retorna (surpresa!) tanto a data atual como a hora atual. CURRENT_DATE não recebe um argumento, mas CURRENT_TIME e CURRENT_TIMESTAMP recebem um único argumento. O argumento especifica a precisão para a parte dos "segundos" do valor de hora que a função retorna. (Os tipos de dados de data/hora e o conceito de precisão são descritos no Capítulo 2).

A tabela a seguir fornece alguns exemplos dessas funções de valor de data/hora.

Esta Instrução	*Retorna*
CURRENT_DATE	2012-12-31
CURRENT_TIME (1)	08:36:57.3
CURRENT_TIMESTAMP (2)	2012-12-31 08:36:57.38

A data em que CURRENT_DATE retorna é o tipo de dados DATE. A hora que CURRENT_TIME (p) retorna é o tipo de dados TIME, e a data/hora que CURRENT_TIMESTAMP(p) retorna é tipo de dados TIMESTAMP. Como o SQL recupera informações de data/hora usando o relógio do computador, as informações estão corretas para o fuso horário no qual o computador está.

Em alguns aplicativos, pode querer tirar proveito das funções que operam em dados do tipo caractere; para fazer isso, você converte datas, horas ou datas/horas em strings de caracteres. Você pode realizar essa conversão de tipo utilizando a expressão CAST, que descrevemos no Capítulo 9.

Funções valor de intervalo

Uma função de valor de intervalo chamada ABS foi introduzida no SQL:1999. Ela se parece com a função ABS de valor numérico, mas opera em dados do tipo intervalo em vez de dados do tipo numérico. ABS recebe um único operando e retorna um intervalo da precisão idêntica que tem a garantia de não conter um valor negativo. Eis um exemplo:

```
ABS ( TIME '11:31:00' - TIME '12:31:00' )
```

O resultado é:

```
INTERVAL +'1:00:00' HOUR TO SECOND
```

Capítulo 9

Utilizando Expressões de Valor SQL Avançadas

Neste capítulo
- Utilizando expressões condicionais CASE
- Convertendo um item de dado de um tipo de dado em outro
- Economizando tempo de entrada de dados com expressões de valor de linha

O SQL é descrito no Capítulo 2 como uma *sublinguagem de dados*. Na verdade, a única função do SQL é operar nos dados em um banco de dados. O SQL não tem muitos dos recursos de uma linguagem procedural convencional. Como resultado, desenvolvedores que usam o SQL devem alternar entre o SQL e a linguagem host para controlar o fluxo de execução. Essa alternância repetida complica as coisas durante o tempo de desenvolvimento e afeta negativamente o desempenho em tempo de execução.

A desvantagem de desempenho exigida pelas limitações do SQL estimula a adição de novos recursos ao SQL sempre que uma nova versão da especificação internacional é lançada. Um desses recursos adicionais, a expressão CASE, fornece uma estrutura condicional há muito procurada. Um segundo recurso, a expressão CAST, facilita a conversão de dados em uma tabela de um tipo de dados em outro. Um terceiro recurso, a expressão de valor de linha, permite operar sobre uma lista de valores em que anteriormente você poderia operar sobre apenas um único valor. Por exemplo, se sua lista de valores é uma lista de colunas em uma tabela, agora você pode executar uma operação em todas as colunas com uma sintaxe muito simples.

Expressões CASE Condicionais

Cada linguagem completa de computador tem algum tipo de comando ou instrução condicional. Na verdade, a maioria tem vários tipos. Provavelmente, o comando ou a instrução condicional mais comum seja a estrutura IF...THEN...ELSE...ENDIF. Se a condição depois da palavra-chave IF for avaliada como verdadeira, o bloco de comandos depois da palavra-chave THEN é executado. Se a condição não for avaliada como verdadeira, o bloco de comandos após a palavra-chave ELSE é executado. A palavra-chave ENDIF sinaliza o fim da estrutura. Essa estrutura é ótima para qualquer decisão bidirecional. A estrutura não funciona bem para decisões que podem ter mais de dois resultados possíveis.

A maioria das linguagens completas tem uma instrução CASE que lida com situações em que você pode querer realizar mais de duas tarefas, com base em mais de dois valores possíveis de uma condição.

O SQL tem uma instrução CASE e uma *expressão* CASE. A expressão CASE é apenas parte de uma instrução — não é uma instrução por si só. No SQL, você pode inserir uma expressão CASE em quase qualquer lugar em que um valor é válido. Em tempo de execução, uma expressão CASE é avaliada como um valor. A instrução CASE do SQL não é avaliada para um valor; em vez disso, ela executa um bloco de instruções.

A expressão CASE pesquisa uma tabela, uma linha de cada vez, assumindo o valor de um resultado especificado sempre que um de uma lista de condições é verdadeiro. Se a primeira condição não for atendida para uma linha, a segunda condição é testada — e se for verdadeira, o resultado especificado para ela é dado à expressão e assim por diante até que todas as condições são processadas. Se nenhuma correspondência for encontrada, a expressão assume um valor NULL. O processamento passa então para a próxima linha.

Você pode usar a expressão CASE de duas maneiras:

- **Use a expressão com condições de pesquisa.** CASE pesquisa linhas em uma tabela em que as condições especificadas são verdadeiras. Se CASE descobrir que uma condição de pesquisa é verdadeira para uma linha da tabela, a instrução contendo a expressão CASE faz uma mudança especificada nessa linha.

- **Use a expressão para comparar um campo de tabela com um valor especificado.** O resultado da instrução contendo a expressão CASE depende de qual dos vários valores especificados no campo da tabela é igual a cada linha da tabela.

As duas próximas seções, "Usando CASE com condições de pesquisa" e "Usando CASE com valores", ajudam a esclarecer esses conceitos. Na primeira seção, dois exemplos utilizam CASE com condições de pesquisa. Um exemplo pesquisa uma tabela e faz alterações nos valores da tabela, com base em uma condição. A segunda seção explora dois exemplos da forma do valor de CASE.

Usando CASE com condições de pesquisa

Uma maneira poderosa de usar a expressão CASE é pesquisar em uma tabela as linhas em que a condição de pesquisa especificada é verdadeira. Se você usar CASE dessa maneira, a expressão utilizará a seguinte sintaxe:

```
CASE
   WHEN condição1 THEN resultado1
   WHEN condição2 THEN resultado2
   ...
   WHEN condiçãon THEN resultadon
   ELSE resultadox
END
```

CASE examina a primeira *linha qualificadora* (a primeira linha que atende as condições da cláusula WHERE incluída, se houver uma) para ver se condição1 é verdadeira. Se for, a expressão CASE recebe um valor de resultado1. Se condição1 não for verdadeira, CASE avalia condição2 na linha. Se condição2 for verdadeira, a expressão CASE recebe o valor de resultado2 e assim por diante. Se nenhuma das condições afirmadas for verdadeira, a expressão CASE recebe o valor de resultadox. A cláusula ELSE é opcional. Se a expressão não tiver nenhuma cláusula ELSE e nenhuma das condições especificadas for verdadeira, a expressão recebe um valor nulo. Depois que a instrução SQL que contém a expressão CASE é aplicada à primeira linha qualificadora em uma tabela e toma as medidas apropriadas, ela processa a próxima linha. Essa sequência continua até a instrução SQL terminar de processar toda a tabela.

Atualizando valores com base em uma condição

Como você pode incorporar uma expressão CASE a uma instrução SQL em quase qualquer lugar em que um valor é possível, essa expressão fornece muita flexibilidade. Você pode usar CASE dentro de uma instrução UPDATE, por exemplo, para fazer alterações nos valores de tabela — com base em certas condições. Considere o seguinte exemplo:

```
UPDATE FOODS
   SET RATING = CASE
                WHEN FAT < 1
                   THEN 'very low fat'
                WHEN FAT < 5
                   THEN 'low fat'
                WHEN FAT < 20
                   THEN 'moderate fat'
                WHEN FAT < 50
                   THEN 'high fat'
                ELSE 'heart attack city'
                END ;
```

Essa instrução avalia as condições WHEN na ordem até o primeiro valor True ser retornado, após o quê a instrução ignora as demais condições.

A Tabela 8-2 no Capítulo 8 mostra o teor de gordura de 100 gramas de certos alimentos. A tabela do banco de dados que armazena essas informações pode conter uma coluna RATING que faz uma avaliação rápida do significado do teor de gordura. Se você executar a UPDATE anterior na tabela FOODS no Capítulo 8, a instrução irá atribuir a espargos (*asparagus*) um valor de very low fat, dar a frango (*chicken, light meat*) um valor de `low fat` e inserir amêndoas torradas (*roasted almonds*) na categoria `heart attack city`.

Evitando condições que causam erros

Outro uso importante de CASE é *evitar exceções* — verificar condições que causam erros.

Considere um caso que determina a remuneração para vendedores. Empresas que remuneram os vendedores por comissão direta muitas vezes pagam os novos funcionários dando-lhes um *adiantamento* contra as futuras comissões que se espera que ele ganhe. No exemplo a seguir, novos vendedores recebem um adiantamento em relação as comissões; o adiantamento é gradualmente eliminado à medida que as comissões sobem:

```
UPDATE SALES_COMP
   SET COMP = COMMISSION + CASE
                             WHEN COMMISSION > DRAW
                                THEN 0
                             WHEN COMMISSION < DRAW
                                THEN DRAW
                           END ;
```

Se a comissão do vendedor for zero, a estrutura nesse exemplo evitará uma operação de divisão por zero, o que causaria um erro se isso acontecesse. Se o vendedor tiver uma comissão diferente de zero, a remuneração total será a comissão mais um adiantamento, que é reduzido na proporção do tamanho da comissão.

Todas as expressões THEN em uma expressão CASE devem ser do mesmo tipo — todas numéricas, todas de caracteres ou todas de datas. O resultado da expressão CASE também é do mesmo tipo.

Usando CASE com valores

Você pode usar uma forma mais compacta da expressão CASE ao comparar um valor de teste para igualdade com uma série de outros valores. Essa forma é útil dentro de uma instrução SELECT ou UPDATE se uma tabela contiver um número limitado de valores em uma coluna e você desejar associar um valor de resultado correspondente a cada um desses valores de coluna. Se você usar CASE dessa maneira, a expressão terá a seguinte sintaxe:

```
CASE valor_de_teste
   WHEN valor1 THEN resultado1
   WHEN valor2 THEN resultado2
   ...
   WHEN valorn THEN resultadon
   ELSE resultadox
END
```

Se o valor de teste (`valor_de_teste`) é igual a `valor1`, então a expressão assume o valor `resultado1`. Se `tests_value` não for igual a `valor1`, mas for igual a `valor2`, então a expressão assumirá o valor `resultado2`. Por sua vez, a expressão tenta cada valor de comparação por todo o caminho para `valuen`, até alcançar uma correspondência. Se nenhum dos valores de comparação for igual ao valor de teste, então a expressão assume o valor `resultadox`. Mais uma vez, se a cláusula `ELSE` opcional não estiver presente e nenhum dos valores de comparação corresponder ao valor de teste, a expressão receberá um valor nulo.

Para entender como funciona a forma de valor, considere um caso em que você tem uma tabela contendo os nomes e as patentes de vários oficiais militares. Você deseja listar os nomes precedidos pela abreviação correta para cada patente. A instrução a seguir faz o trabalho:

```
SELECT CASE RANK
        WHEN 'general'            THEN 'Gen.'
        WHEN 'colonel'            THEN 'Col.'
        WHEN 'lieutenant colonel' THEN 'Lt. Col.'
        WHEN 'major'              THEN 'Maj.'
        WHEN 'captain'            THEN 'Capt.'
        WHEN 'first lieutenant'   THEN '1st. Lt.'
        WHEN 'second lieutenant'  THEN '2nd. Lt.'
        ELSE NULL
     END,
        LAST_NAME
     FROM OFFICERS ;
```

O resultado é uma lista semelhante ao exemplo a seguir:

```
Capt. Midnight
Col.  Sanders
Gen.  Washington
Maj.  Disaster
      Nimitz
```

Chester Nimitz era almirante da Marinha dos Estados Unidos durante a Segunda Guerra Mundial. Como sua patente não está listada na expressão `CASE`, a cláusula `ELSE` não lhe dá um título.

Para outro exemplo, suponha que o capitão Midnight é promovido a major e você quer atualizar o banco de dados OFFICERS correspondentemente. Suponha que a variável `officer_last_name` contém o valor `'Midnight'` e que a variável `new_rank` contém um número inteiro (4), que corresponde à nova patente de Midnight, de acordo com a tabela a seguir.

new_rank	Rank
1	general
2	colonel
3	lieutenant colonel
4	major
5	captain
6	first lieutenant
7	second lieutenant
8	NULL

Você pode registrar a promoção usando o seguinte código SQL:

```
UPDATE OFFICERS
   SET RANK = CASE :new_rank
               WHEN 1 THEN 'general'
               WHEN 2 THEN 'colonel'
               WHEN 3 THEN 'lieutenant colonel'
               WHEN 4 THEN 'major'
               WHEN 5 THEN 'captain'
               WHEN 6 THEN 'first lieutenant'
               WHEN 7 THEN 'second lieutenant'
               WHEN 8 THEN NULL
             END
   WHERE LAST_NAME = :officer_last_name ;
```

Uma sintaxe alternativa para a expressão CASE com os valores é:

```
CASE
   WHEN valor_de_teste = valor1 THEN resultado1
   WHEN valor_de_teste = valor2 THEN resultado2
   ...
   WHEN valor_de_teste = valuen THEN resultn
   ELSE resultx
END
```

Um CASE especial — NULLIF

A única coisa que você pode ter certeza nesse mundo é a mudança. Às vezes, as coisas mudam de um estado conhecido para outro. Outras vezes, você acha que sabe alguma coisa, mas depois descobre que simplesmente não sabia. A termodinâmica clássica e a teoria moderna do caos dizem que sistemas migram naturalmente de um estado ordenado conhecido para um estado desordenado que ninguém pode prever. Quem já acompanhou as condições do quarto de um adolescente durante uma semana após o quarto ser limpo pode garantir a exatidão dessas teorias.

Capítulo 9: Utilizando Expressões de Valor SQL Avançadas

Tabelas de banco de dados têm valores definidos em campos que contêm conteúdo conhecido. Normalmente, se o valor de um campo é desconhecido, o campo contém o valor nulo. No SQL, você pode usar uma expressão CASE para alterar o conteúdo de um campo de tabela de um valor definido para um valor nulo. O valor nulo indica que você não mais conhece o valor do campo. Considere o seguinte exemplo.

Imagine que você é proprietário de uma pequena companhia aérea que oferece voos entre o sul da Califórnia e o estado de Washington. Até recentemente, alguns dos voos paravam no aeroporto internacional de San Jose para reabastecimento antes de continuar. Infelizmente, você acabou de perder o direito de pousar em San Jose. A partir de agora, você deve fazer a parada de reabastecimento no aeroporto internacional de San Francisco ou no aeroporto internacional de Oakland. Nesse ponto, você não sabe quais voos pousam em qual aeroporto, mas sabe que nenhum dos voos pousa em San Jose. Você tem um banco de dados FLIGHT que contém informações importantes sobre as rotas e agora você deseja atualizar o banco de dados para remover todas as referências a San Jose. O exemplo a seguir mostra uma maneira de fazer isso:

```
UPDATE FLIGHT
   SET RefuelStop = CASE
                        WHEN RefuelStop = 'San Jose'
                           THEN NULL
                        ELSE RefuelStop
                    END ;
```

Como situações como essa — em que você deseja substituir um valor conhecido por um valor nulo — surgem com frequência, o SQL oferece uma notação abreviada para realizar a tarefa. O exemplo anterior, quando expresso nessa forma abreviada, se parece com isto:

```
UPDATE FLIGHT
   SET RefuelStop = NULLIF(RefuelStop, 'San Jose') ;
```

Você pode traduzir essa expressão para a linguagem natural como: "atualize a tabela FLIGHT configurando a coluna RefuelStop como nulo se o valor existente de RefuelStop for 'San Jose'. Caso contrário, não faça nenhuma alteração."

NULLIF é ainda mais prático se você estiver convertendo dados inicialmente acumulados para uso em um programa escrito em uma linguagem de programação padrão como C++ ou Java. Linguagens de programação padrão não têm valores nulos, portanto, uma prática comum é utilizar valores especiais para representar o conceito de "não conhecido" ou "não aplicável". Um numérico -1 pode representar um valor não conhecido para SALARY, por exemplo, e uma string de caracteres "***" pode representar um valor não conhecido ou não aplicável para JOBCODE. Se quiser representar esses estados não conhecidos e não aplicáveis em um banco de dados compatível com SQL utilizando valores nulos, você tem de converter os valores especiais em nulos. O exemplo a seguir faz essa conversão para uma tabela de funcionários, em que alguns valores salariais são desconhecidos:

```
UPDATE EMP
   SET Salary = CASE Salary
                  WHEN -1 THEN NULL
                  ELSE Salary
                END ;
```

Você pode executar essa conversão de maneira mais conveniente usando `NULLIF`, como a seguir:

```
UPDATE EMP
   SET Salary = NULLIF(Salary, -1) ;
```

Outro CASE especial — COALESCE

`COALESCE`, como `NULLIF`, é uma forma abreviada de uma expressão `CASE` particular. `COALESCE` lida com uma lista de valores que podem ou não ser nulos. Veja como isso funciona:

- **Se um dos valores na lista é não nulo.** A expressão `COALESCE` assume esse valor.
- **Se mais de um valor na lista é não nulo.** A expressão assume o valor do primeiro item não nulo na lista.
- **Se todos os valores na lista são nulos.** A expressão assume o valor nulo.

A expressão `CASE` com essa função tem a seguinte forma:

```
CASE
   WHEN valor1 IS NOT NULL
      THEN valor1
   WHEN valor2 IS NOT NULL
      THEN valor2
   ...
   WHEN valorn IS NOT NULL
      THEN valorn
   ELSE NULL
END
```

A forma abreviada de `COALESCE` correspondente se parece com isto:

```
COALESCE(valor1, valor2, ..., valorn)
```

É recomendável usar uma expressão COALESCE depois de executar uma operação OUTER JOIN (discutida no Capítulo 11). Nesses casos, COALESCE pode economizar muita digitação.

Conversões de Tipo de Dados CAST

O Capítulo 2 aborda os tipos de dados que o SQL reconhece e suporta. Idealmente, cada coluna em uma tabela de banco de dados tem uma escolha perfeita do tipo de dados. Nesse mundo não ideal, porém, exatamente o que essa escolha perfeita pode ser, nem sempre é claro. Ao definir uma tabela de banco de dados, suponha que você atribui um tipo de dado a uma coluna que funciona perfeitamente para seu aplicativo atual. Suponha que mais tarde você quer expandir o escopo do seu aplicativo — ou escrever um aplicativo completamente novo que utiliza os dados de maneira diferente. Esse novo uso pode exigir um tipo de dado diferente daquele que você escolheu inicialmente.

Talvez você queira comparar uma coluna de um tipo em uma tabela com uma coluna de um tipo diferente em uma tabela diferente. Por exemplo, datas podem estar armazenadas como dados de caracteres em uma tabela e como dados de datas em outra tabela. Mesmo que as duas colunas contenham o mesmo tipo de informações (datas, por exemplo), o fato de que os tipos são diferentes podem evitar que a comparação seja feita. Nos padrões iniciais SQL, SQL-86 e SQL-89, a incompatibilidade de tipo representava um grande problema. Mas o SQL-92 introduziu uma solução fácil de usar na expressão CAST.

A expressão CAST converte os dados de tabela ou variáveis de host de um tipo em outro tipo. Depois de fazer a conversão, você pode continuar com a operação ou análise que você imaginou inicialmente.

Naturalmente, você enfrenta algumas restrições ao usar a expressão CAST. Você não pode converter indiscriminadamente dados de qualquer tipo em qualquer outro tipo. Os dados que você converter devem ser compatíveis com o novo tipo de dado. Você pode, por exemplo, usar CAST para converter a string de caracteres CHAR(10) '2007-04-26' no tipo DATE. Mas você não pode usar CAST para converter a string de caracteres CHAR(10) 'rhinoceros' no tipo DATE. Você não pode converter um INTEGER no tipo SMALLINT se o primeiro exceder o tamanho máximo de um SMALLINT.

Você pode converter um item de qualquer tipo de caracteres em qualquer outro tipo (como numérico ou data), desde que o valor do item tenha a forma de um literal do novo tipo. Inversamente, é possível converter um item de qualquer tipo em qualquer um dos tipos de caractere, desde que o valor do elemento tenha a forma de um literal do tipo original.

A lista a seguir descreve algumas conversões adicionais que você pode fazer:

- Qualquer tipo numérico em qualquer outro tipo numérico. Ao converter em um tipo ligeiramente menos preciso, o sistema arredonda ou trunca o resultado.
- Qualquer tipo numérico exato em um intervalo único de componente, como INTERVAL DAY ou INTERVAL SECOND.
- Qualquer DATE em um TIMESTAMP. A parte da hora do TIMESTAMP é preenchida com zeros.
- Qualquer TIME em um TIME com precisão de segundos fracionários ou um TIMESTAMP diferente. A parte da data TIMESTAMP é preenchida com a data atual.
- Qualquer TIMESTAMP em um DATE, um TIME ou um TIMESTAMP com precisão de segundos fracionários diferente.
- Qualquer INTERVAL de ano/mês em um tipo numérico exato ou outro INTERVAL de ano/mês com precisão diferente à esquerda do campo.
- Qualquer INTERVAL de dia/hora em um tipo numérico exato ou outro INTERVAL de dia/hora com precisão diferente à esquerda do campo.

Usando CAST dentro do SQL

Suponha que você trabalha para uma empresa que monitora potenciais funcionários, bem como os funcionários que você realmente contratou. Você lista os potenciais funcionários de uma tabela chamada PROSPECT e os distingue pelos números da previdência social, que você armazena como um tipo CHAR(9). Você lista os funcionários de uma tabela chamada EMPLOYEE e os distingue pelos números da previdência social, que são do tipo INTEGER. Agora você deseja gerar uma lista de todas as pessoas que aparecem nas duas tabelas. Você pode usar CAST para executar a tarefa:

```
SELECT * FROM EMPLOYEE, PROSPECT
   WHERE EMPLOYEE.SSN =
      CAST(PROSPECT.SSN AS INTEGER) ;
```

Usando CAST entre o SQL e a linguagem host

O uso de chave do CAST é para lidar com tipos de dados que estão disponíveis no SQL, mas não na linguagem host que você usa. A lista a seguir oferece alguns exemplos desses tipos de dados:

- ✔ O SQL tem DECIMAL e NUMERIC, mas Fortran e Pascal não têm.
- ✔ O SQL tem FLOAT e REAL, mas COBOL padrão não tem.
- ✔ O SQL tem DATETIME, que nenhuma outra língua tem.

Suponha que você quer usar o FORTRAN ou Pascal para acessar tabelas com colunas DECIMAL(5,3) e você não quer que nenhuma inexatidão resulte da conversão desses valores no tipo de dados REAL usado pelo Fortran e Pascal. Você pode executar essa tarefa usando CAST para mover os dados para e das variáveis de host do tipo string de caracteres. Você recupera um salário numérico de 198,37 como um valor CHAR(10) de '0000198.37'. Então, se quiser atualizar o salário para 203,74, você pode inserir esse valor em um CHAR(10) como '0000203.74'. Primeiro você usa CAST para alterar o tipo de dados SQL DECIMAL(5,3) para o tipo CHAR(10) do funcionário, cujo número de identificação você armazena na variável host :emp_id_var, como a seguir:

```
SELECT CAST(Salary AS CHAR(10)) INTO :salary_var
    FROM EMP
    WHERE EmpID = :emp_id_var ;
```

O aplicativo FORTRAN ou Pascal examina o valor resultante da string de caracteres :salary_var, possivelmente define a string como um novo valor de '000203.74' e então atualiza o banco de dados chamando o seguinte código SQL:

```
UPDATE EMP
   SET Salary = CAST(:salary_var AS DECIMAL(5,3))
      WHERE EmpID = :emp_id_var ;
```

Lidar com valores de string de caracteres como '000198.37' é desagradável no Fortran ou Pascal, mas você pode escrever um conjunto de sub-rotinas para fazer as manipulações necessárias. Você pode então recuperar e atualizar os dados SQL de qualquer linguagem host e obter — e definir — valores exatos.

A ideia geral é de que CAST é mais valioso para conversão entre tipos host e o banco de dados, em vez de para a conversão dentro do banco de dados.

Expressões de Valor de Linha

Nos padrões SQL originais, SQL-86 e SQL-89, a maioria das operações lidava com um único valor ou uma única coluna em uma linha de tabela. Para operar em múltiplos valores, você tinha de construir expressões complexas usando *conectivos* lógicos (discutidos no Capítulo 10).

O SQL-92 introduziu *expressões de valor de linha*, que operam em uma lista de valores ou colunas, em vez de em um único valor ou coluna. A expressão de valor de linha é uma lista de expressões de valor que você coloca entre parênteses e separa por vírgulas. Você pode codificar essas expressões para operar em uma linha inteira de uma só vez ou em um subconjunto selecionado da linha.

O Capítulo 6 descreve como usar a instrução INSERT para adicionar uma nova linha a uma tabela existente. Para fazer isso, a instrução usa uma expressão de valor de linha. Considere o seguinte exemplo:

```
INSERT INTO FOODS
    (FOODNAME, CALORIES, PROTEIN, FAT, CARBOHYDRATE)
    VALUES
    ('Cheese, cheddar', 398, 25, 32.2, 2.1) ;
```

Nesse exemplo, ('Cheese, cheddar', 398, 25, 32.2, 2.1), é uma expressão de valor de linha. Se você usar uma expressão de valor de linha em uma instrução INSERT dessa maneira, ela pode conter valores nulos e padrão. (Um *valor padrão* é o valor que uma coluna de tabela assume se você não especificar nenhum outro valor). A linha a seguir, por exemplo, é uma expressão válida de valor de linha:

```
('Cheese, cheddar', 398, NULL, 32.2, DEFAULT)
```

Você pode adicionar múltiplas linhas a uma tabela inserindo várias expressões de valor de linha na cláusula VALUES, como a seguir:

```
INSERT INTO FOODS
    (FOODNAME, CALORIES, PROTEIN, FAT, CARBOHYDRATE)
    VALUES
    ('Lettuce', 14, 1.2, 0.2, 2.5),
    ('Butter', 720, 0.6, 81.0, 0.4),
    ('Mustard', 75, 4.7, 4.4, 6.4),
    ('Spaghetti', 148, 5.0, 0.5, 30.1) ;
```

Utilize expressões de valor de linha para evitar a necessidade de introduzir comparações manualmente. Suponha que você tem duas tabelas de valores nutricionais, uma compilada em inglês e outra em espanhol. Você quer localizar as linhas na tabela no idioma inglês que correspondem exatamente às linhas na tabela no idioma espanhol. Sem uma expressão de valor de linha, talvez você precise formular algo como o exemplo a seguir:

```
SELECT * FROM FOODS, COMIDA
    WHERE FOODS.CALORIES = COMIDA.CALORIA
    AND FOODS.PROTEIN = COMIDA.PROTEINAS
    AND FOODS.FAT = COMIDA.GRASAS
    AND FOODS.CARBOHYDRATE = COMIDA.CARBOHIDRATO  ;
```

Capítulo 9: Utilizando Expressões de Valor SQL Avançadas

Expressões de valor de linha permitem codificar a mesma lógica, como a seguir:

```
SELECT * FROM FOODS, COMIDA
   WHERE (FOODS.CALORIES, FOODS.PROTEIN, FOODS.FAT,
        FOODS.CARBOHYDRATE)
     =
        (COMIDA.CALORIA, COMIDA.PROTEINAS, COMIDA.GRASAS,
        COMIDA.CARBOHIDRATO) ;
```

DICA

Nesse exemplo, você não economiza muita digitação. Você se beneficiaria um pouco mais se estivesse comparando mais colunas. Em casos de benefício marginal, como nesse exemplo, você pode estar em uma situação melhor seguindo a sintaxe mais antiga, porque seu significado é mais claro.

Você ganha um benefício usando uma expressão de valor de linha em vez de seu equivalente codificado — a expressão de valor de linha é muito mais rápida. Em princípio, uma implementação inteligente pode analisar a versão codificada e implantá-la como a versão de valor de linha. Na prática, essa operação é uma otimização difícil que nenhum SGBD que conheço pode executar.

Capítulo 10
Obtendo os Dados Desejados

Neste capítulo

▶ Especificando as tabelas com as quais você quer trabalhar
▶ Separando as linhas de interesse do restante
▶ Construindo cláusulas WHERE eficazes
▶ Tratando valores nulos
▶ Criando expressões compostas com conectivos lógicos
▶ Agrupando a saída de consulta por coluna
▶ Colocando a saída de consulta na ordem
▶ Operando em linhas relacionadas

Um sistema de gerenciamento de banco de dados tem duas funções principais: armazenar dados e fornecer acesso fácil a esses dados. O armazenamento de dados não é nada especial; um fichário pode executar essa tarefa. A parte mais difícil do gerenciamento de dados é fornecer acesso fácil. Para que os dados sejam úteis, você deve ser capaz de separar a (geralmente) pequena quantidade que você quer da quantidade enorme que você não quer.

O SQL permite usar algumas características dos dados para determinar se uma determinada linha da tabela é de interesse para você. As instruções SELECT, DELETE e UPDATE informam ao *mecanismo de* banco de dados (a parte do SGBD que interage diretamente com os dados), quais linhas selecionar, excluir ou atualizar. Você adiciona cláusulas modificadoras às instruções SELECT, DELETE e UPDATE para refinar a pesquisa de acordo com suas especificações.

Cláusulas Modificadoras

As cláusulas modificadoras disponíveis no SQL são FROM, WHERE, HAVING, GROUP BY e ORDER BY. A cláusula FROM informa ao mecanismo do banco de dados em qual tabela ou tabelas operar. As cláusulas WHERE e HAVING especificam uma característica dos dados que determina se uma linha específica deve ou não ser incluída na operação atual. As cláusulas GROUP BY e ORDER BY especificam como exibir as linhas recuperadas. A Tabela 10-1 fornece um resumo.

Tabela 10-1	Cláusulas e funções modificadoras
Cláusula modificadora	Função
FROM	Especifica as tabelas das quais os dados devem ser extraídos
WHERE	Filtra as linhas que não atendem a condição de pesquisa
GROUP BY	Separa linhas em grupos com base nos valores nas colunas de agrupamento
HAVING	Filtra grupos que não atendem a condição de pesquisa
ORDER BY	Classifica os resultados das cláusulas anteriores para produzir a saída final

LEMBRE-SE

Se você utilizar mais de uma dessas cláusulas, elas devem aparecer nesta ordem:

```
SELECT lista_de_colunas
   FROM lista_de_tabelas
   [WHERE condição_de_pesquisa]
   [GROUP BY colunas_de_agrupamento]
   [HAVING condição_de_pesquisa]
   [ORDER BY condição_de_ordenação] ;
```

Eis tudo sobre a execução destas cláusulas:

- A cláusula WHERE é um filtro que passa as linhas que atendem a condição de pesquisa e rejeita as linhas que não satisfazem a condição.
- A cláusula GROUP BY reorganiza as linhas que a cláusula WHERE passa de acordo com os valores das colunas de agrupamento.
- A cláusula HAVING é outro filtro que recebe cada grupo que a cláusula GROUP BY forma e passa os grupos que atendem a condição de pesquisa, rejeitando o restante.
- A cláusula ORDER BY classifica o que quer que permaneça depois que todas as cláusulas anteriores processam a tabela.

DICA

Como os colchetes ([ ]) indicam, as cláusulas WHERE, GROUP BY, HAVING e ORDER BY são opcionais.

O SQL avalia essas cláusulas na ordem FROM, WHERE, GROUP BY, HAVING e, por fim, SELECT. As cláusulas operam como um canal — cada cláusula recebe o resultado da cláusula anterior e produz uma saída para a próxima cláusula. Na notação funcional, essa ordem de avaliação aparece como a seguir:

```
SELECT(HAVING(GROUP BY(WHERE(FROM...))))
```

ORDER BY opera depois de SELECT, o que explica por que ORDER BY só pode referenciar as colunas na lista SELECT. ORDER BY não pode referenciar outras colunas da(s) tabela(s) FROM.

Cláusulas FROM

A cláusula FROM é fácil de entender se você especificar uma única tabela, como no exemplo a seguir:

```
SELECT * FROM SALES ;
```

Essa instrução retorna todos os dados em todas as linhas de cada coluna na tabela SALES. Você pode, porém, especificar mais de uma tabela em uma cláusula FROM. Considere o seguinte exemplo:

```
SELECT *
   FROM CUSTOMER, SALES ;
```

Essa instrução forma uma tabela virtual que combina os dados da tabela CUSTOMER com os dados da tabela SALES. (Para mais informações sobre tabelas virtuais, consulte o Capítulo 6). Cada linha na tabela CUSTOMER combina-se com cada linha na tabela SALES para formar a nova tabela. A nova tabela virtual que essa combinação forma contém o número de linhas na tabela CUSTOMER multiplicado pelo número de linhas na tabela SALES. Se a tabela CUSTOMER tem 10 linhas e a tabela SALES tem 100, então a nova tabela virtual tem 1.000 linhas.

Essa operação é chamada *produto cartesiano* das duas tabelas de origem. O produto cartesiano é um tipo de JOIN. (Abrangemos operações JOIN em detalhes no Capítulo 11).

Na maioria dos aplicativos, ao selecionar o produto cartesiano de duas tabelas, a maioria das linhas que são formadas na nova tabela virtual não tem sentido. Isso também é verdadeiro para a tabela virtual que é formada a partir das tabelas CUSTOMER e SALES; apenas as linhas em que o CustomerID da tabela CUSTOMER corresponde ao CustomerID da tabela SALES são de interesse. Você pode filtrar o restante das linhas usando uma cláusula WHERE.

Cláusulas WHERE

Uso a cláusula WHERE muitas vezes ao longo deste livro sem realmente explicá-la porque seu significado e uso são óbvios: a instrução realiza uma operação (como SELECT, DELETE ou UPDATE) apenas nas linhas da tabela em que a condição afirmada em WHERE é verdadeira. A sintaxe da cláusula WHERE é esta:

```
SELECT lista_de_colunas
   FROM nome_da_tabela
   WHERE condição ;

DELETE FROM nome_da_tabela
   WHERE condição ;

UPDATE nome_da_tabela
   SET column₁=valor₁, column₂=valor₂, ..., columnₙ=valorₙ
   WHERE condição ;
```

A *condição* na cláusula WHERE pode ser simples ou arbitrariamente complexa. Você pode agrupar múltiplas condições usando os conectivos lógicos AND, OR e NOT (que discutiremos mais adiante neste capítulo) para criar uma única condição.

A seguir estão alguns exemplos típicos das cláusulas WHERE:

```
WHERE CUSTOMER.CustomerID = SALES.CustomerID
WHERE FOODS.Calories = COMIDA.Caloria
WHERE FOODS.Calories < 219
WHERE FOODS.Calories > 3 * base_value
WHERE FOODS.Calories < 219 AND FOODS.Protein > 27.4
```

As condições que essas cláusulas WHERE expressam são conhecidas como predicados. Um *predicado* é uma expressão que afirma um fato sobre valores.

O predicado FOODS.Calories < 219, por exemplo, é verdadeiro se o valor para a linha atual da coluna for menor que 219. Se a afirmação é verdadeira, ela atende a condição. Uma afirmação pode ser verdadeira, falsa ou desconhecida. O caso desconhecido surge se um ou mais elementos na afirmação são nulos. Os *predicados de comparação* (=, <, >, <> e >=) são os mais comuns, mas o SQL oferece vários outros que aprimoram significativamente sua capacidade de filtrar um item de dados desejado de outros na mesma coluna. Esses predicados lhe dão esta capacidade de filtragem:

- Predicados de comparação
- BETWEEN
- IN [NOT IN]
- LIKE [NOT LIKE]
- NULL
- ALL, SOME, ANY

- EXISTS
- UNIQUE
- OVERLAPS
- MATCH
- SIMILAR
- DISTINCT

Predicados de comparação

Os exemplos na seção anterior mostram usos típicos dos predicados de comparação em que você compara um valor com outro. Para cada linha em que a comparação é avaliada como um valor verdadeiro, esse valor atende a cláusula WHERE e a operação (SELECT, UPDATE, DELETE ou o quer que seja) é executada nessa linha. As linhas que a comparação avalia como FALSE são ignoradas. Considere a seguinte instrução SQL:

```
SELECT * FROM FOODS
    WHERE Calories <219 ;
```

Essa instrução mostra todas as linhas da tabela FOODS que têm um valor menor que 219 na coluna Calories.

Seis predicados de comparação estão listados na Tabela 10-2.

Tabela 10-2   Predicados de comparação do SQL

Comparação	Símbolo
Igual	=
Não igual	<>
Menor que	<
Menor ou igual	<=
Maior que	>
Maior ou igual	>=

BETWEEN

Às vezes você quer selecionar uma linha se o valor em uma coluna estiver em um intervalo especificado. Uma maneira de fazer essa seleção é usando predicados de comparação. Por exemplo, você pode formular uma cláusula WHERE para selecionar todas as linhas na tabela FOODS que têm um valor na coluna Calories maior que 100 e menor que 300, como a seguir:

```
WHERE FOODS.Calories > 100 AND FOODS.Calories < 300
```

Essa comparação não inclui alimentos com um valor calórico de exatamente 100 ou 300 — apenas os valores que estão *entre* esses dois números. Para incluir as extremidades (nesse caso, 100 e 300), você pode escrever a instrução da seguinte forma:

```
WHERE FOODS.Calories >= 100 AND FOODS.Calories <= 300
```

Outra maneira de especificar um intervalo que inclui as extremidades é utilizar um predicado BETWEEN desta maneira:

```
WHERE FOODS.Calories BETWEEN 100 AND 300
```

Essa cláusula é funcionalmente idêntica ao exemplo anterior, que utiliza predicados de comparação. Essa fórmula evita um pouco de digitação — ela é um pouco mais intuitiva que aquela que usa dois predicados de comparação unidos pelo conectivo lógico AND.

A palavra-chave BETWEEN pode ser confusa porque não informa *explicitamente* se a cláusula inclui as extremidades. De fato, a cláusula *não* inclui esses pontos finais. Ao usar a palavra-chave BETWEEN, não há nada que irá lembrá-lo de que o primeiro termo da comparação deve ser igual ou menor que o segundo. Se, por exemplo, FOODS.Calories contém um valor de 200, a cláusula a seguir retorna um valor verdadeiro:

```
WHERE FOODS.Calories BETWEEN 100 AND 300
```

Mas uma cláusula em que você pode pensar que é equivalente ao exemplo anterior retorna o resultado oposto, falso:

```
WHERE FOODS.Calories BETWEEN 300 AND 100
```

Se usar BETWEEN, você deve ser capaz de garantir que o primeiro termo em sua comparação sempre seja igual ou menor que o segundo.

Pode-se usar o predicado BETWEEN com tipos de dados de caractere, bit e data/hora, bem como com os tipos numéricos. Você pode ver algo como o exemplo a seguir:

```
SELECT FirstName, LastName
   FROM CUSTOMER
      WHERE CUSTOMER.LastName BETWEEN 'A' AND 'Mzzz' ;
```

Esse exemplo retorna todos os clientes cujos sobrenomes estão na primeira metade do alfabeto.

IN e NOT IN

Os predicados IN e NOT IN lidam com o fato de os valores especificados (como OR, WA e ID) estão contidos em um determinado conjunto de valores (como os estados dos Estados Unidos). Você pode, por exemplo, ter uma tabela que lista os fornecedores de um produto que sua empresa compra habitualmente. Você quer saber os números de telefone dos fornecedores localizados na costa noroeste. Você pode localizar esses números usando predicados de comparação, como aqueles mostrados no exemplo a seguir:

```
SELECT Company, Phone
   FROM SUPPLIER
   WHERE State = 'OR' OR State = 'WA' OR State = 'ID' ;
```

Você também pode usar o predicado IN para realizar a mesma tarefa, desta maneira:

```
SELECT Company, Phone
   FROM SUPPLIER
   WHERE State IN ('OR', 'WA', 'ID') ;
```

Essa fórmula é um pouco mais compacta do que aquela que utiliza predicados de comparação e OR lógico. Ela também elimina qualquer possibilidade de confusão entre o operador OR lógico e a abreviação para o estado do Oregon.

A versão NOT IN desse predicado funciona da mesma maneira. Digamos que você tem filiais na Califórnia, Arizona e Novo México e, para evitar o pagamento de impostos sobre vendas, você quer considerar o uso de fornecedores localizados em qualquer lugar exceto nesses estados. Use a seguinte construção:

```
SELECT Company, Phone
   FROM SUPPLIER
   WHERE State NOT IN ('CA', 'AZ', 'NM') ;
```

Utilizar a palavra-chave IN dessa maneira economiza um pouco de digitação — embora, francamente, isso não seja uma grande vantagem. Você pode fazer o mesmo trabalho usando predicados de comparação, como mostrado no primeiro exemplo desta seção.

Você pode ter outra boa razão para usar o predicado IN em vez de predicados de comparação, mesmo que usar IN não economize muita digitação: seu SGBD provavelmente implementa os dois métodos diferentemente, e um dos métodos pode ser significativamente mais rápido que o outro em seu sistema. Talvez você queira executar uma comparação de desempenho nas duas maneiras de expressar a inclusão em (ou exclusão de) um grupo e então usar a técnica que produz o resultado mais rápido. Um SGBD com um bom otimizador provavelmente escolherá o método mais eficiente, independentemente de qual predicado você usa.

A palavra-chave IN também é valiosa em outra área,. Se IN é parte de uma subconsulta, a palavra-chave permite extrair informações de duas tabelas para obter os resultados que você não pode derivar de uma única tabela. Abrangemos subconsultas em detalhes no Capítulo 12, mas eis um exemplo que mostra como uma subconsulta usa a palavra-chave IN.

Suponha que você quer exibir os nomes de todos os clientes que já compraram o produto F-35 nos últimos 30 dias. Os nomes dos clientes estão na tabela CUSTOMER e os dados das transações de vendas estão na tabela TRANSACT. Você pode usar a seguinte consulta:

```
SELECT FirstName, LastName
   FROM CUSTOMER
   WHERE CustomerID IN
      (SELECT CustomerID
         FROM TRANSACT
         WHERE ProductID = 'F-35'
         AND TransDate >= (CurrentDate - 30)) ;
```

A SELECT interna da tabela TRANSACT é aninhada na SELECT externa da tabela CUSTOMER. A SELECT interna localiza os números CustomerID de todos os clientes que compraram o produto F-35 nos últimos 30 dias. A SELECT externa exibe o nome e o sobrenome de todos os clientes cujo CustomerID é recuperado pela SELECT interna.

LIKE e NOT LIKE

Você pode usar o predicado LIKE para comparar duas strings de caracteres para obter uma correspondência parcial. Resultados parciais são valiosos se você não conhece a forma exata da string que você está pesquisando. Você também pode usar correspondências parciais para recuperar múltiplas linhas que contêm strings de caracteres semelhantes em uma das colunas da tabela.

Para identificar correspondências parciais, o SQL usa dois caracteres curinga. O sinal de porcentagem (%) pode representar qualquer string de caracteres que têm zero ou mais caracteres. O sublinhado (_) representa qualquer caractere único. A Tabela 10-3 fornece alguns exemplos que mostram como usar LIKE.

Tabela 10-3	Predicado LIKE do SQL
Instrução	*Valores retornados*
`WHERE Word LIKE 'intern%'`	intern
	internal
	international
	internet
	interns
`WHERE Word LIKE '%Peace%'`	Justice of the Peace
	Peaceful Warrior
`WHERE Word LIKE 'T_p_'`	Tape
	Taps
	Tipi
	Tips
	Tops
	Tipo

O predicado NOT LIKE recupera todas as linhas que não atendem uma correspondência parcial, incluindo um ou mais caracteres curinga, como no exemplo a seguir:

```
WHERE Phone NOT LIKE '503%'
```

Esse exemplo retorna todas as linhas na tabela para a qual o número de telefone começa com algo diferente de 503.

DICA

Você pode querer pesquisar uma string que inclui um sinal de porcentagem ou sublinhado real. Nesse caso, você quer que o SQL interprete o sinal de porcentagem como um sinal de porcentagem e não como um caractere curinga. Você pode realizar essa pesquisa digitando um caractere de escape imediatamente antes do caractere que você quer que o SQL interprete literalmente. Você pode escolher qualquer caractere como o caractere de escape, desde que o caractere não apareça na string de caracteres que você está testando, como mostrado no exemplo a seguir:

```
SELECT Quote
   FROM BARTLETTS
   WHERE Quote LIKE '20#%'
      ESCAPE '#' ;
```

O caractere % é desconsiderado em função do sinal # anterior, de modo que a instrução interpreta esse símbolo como um sinal de porcentagem em vez de como um curinga. Você pode "desconsiderar" um sublinhado — ou desconsiderar o próprio caractere — da mesma forma. A consulta anterior, por exemplo, localizaria a seguinte citação em *Bartlett's Familiar Quotations:*

```
20% of the salespeople produce 80% of the results.
```

A consulta também localiza o seguinte:

```
20%
```

SIMILAR

O SQL:1999 adicionou o predicado SIMILAR, que oferece uma forma mais poderosa de localizar resultados parciais do que o predicado LIKE fornece. Com o predicado SIMILAR, você pode comparar uma string de caracteres com uma expressão regular. Por exemplo, digamos que você está pesquisando a coluna OperatingSystem de uma tabela de compatibilidade de software para procurar a compatibilidade com o Microsoft Windows. Você pode construir uma cláusula WHERE, como o seguinte:

```
WHERE OperatingSystem SIMILAR TO
'('Windows '(3.1|95|98|ME|CE|NT|2000|XP|Vista|7|8))'
```

Esse predicado recupera todas as linhas que contêm qualquer um dos sistemas operacionais especificados da Microsoft.

NULL

O predicado NULL localiza todas as linhas em que o valor na coluna selecionada é nulo. Na tabela FOODS no Capítulo 8, várias linhas têm valores nulos na coluna Carbohydrate. Você pode recuperar os nomes delas usando uma instrução como a seguir:

```
SELECT (Food)
   FROM FOODS
   WHERE Carbohydrate IS NULL ;
```

Essa consulta retorna os seguintes valores:

```
Beef, lean hamburger
Chicken, light meat
Opossum, roasted
Pork, ham
```

Como você poderia esperar, incluir a palavra-chave NOT inverte o resultado, como no exemplo a seguir:

```
SELECT (Food)
   FROM FOODS
   WHERE Carbohydrate IS NOT NULL ;
```

Essa consulta retorna todas as linhas na tabela, exceto as quatro que a consulta anterior retorna.

LEMBRE-SE

A instrução Carbohydrate IS NULL *não é a mesma que* Carbohydrate = NULL. Para ilustrar esse ponto, vamos supor que, na linha atual da tabela FOODS, tanto Carbohydrate como Protein são nulos. A partir desse fato, você pode tirar as seguintes conclusões:

- Carbohydrate IS NULL é verdadeira.
- Protein IS NULL é verdadeira.
- Carbohydrate IS NULL AND Protein IS NULL é verdadeira.
- Carbohydrate = Protein é desconhecida.
- Carbohydrate = NULL é uma expressão inválida.

Usando a palavra-chave NULL em uma comparação não faz sentido porque a resposta sempre é retornada como *desconhecido*.

Por que Carbohydrate = Protein é definido como desconhecido, embora Carbohydrate e Protein tenham o mesmo valor (nulo)? Porque NULL simplesmente significa "não sei". Você não sabe o que Carbohydrate é, e não sabe o que Protein é; portanto, você não sabe se esses valores (desconhecidos) são os mesmos. Talvez Carbohydrate seja 37 e Protein seja 14 ou talvez Carbohydrate seja 93 e Protein seja 93. Se você não souber o valor de carboidrato *e* o valor de proteína, não é possível dizer se os dois são os mesmos.

ALL, SOME, ANY

Milhares de anos atrás, o filósofo grego Aristóteles formulou um sistema da lógica que se tornou a base para boa parte do pensamento ocidental. A essência dessa lógica é começar com um conjunto de premissas que você sabe que são verdadeiras, aplicar operações válidas a essas premissas e, assim, chegar a novas verdades. Um exemplo desse procedimento é o seguinte:

Premissa 1: Todos os gregos são humanos.

Premissa 2: Todos os seres humanos são mortais.

Conclusão: Todos os gregos são mortais.

Outro exemplo:

Premissa 1: Alguns gregos são mulheres.

Premissa 2: Todas as mulheres são humanas.

Conclusão: Alguns gregos são humanos.

Para apresentar um terceiro exemplo, vamos afirmar a mesma ideia lógica do segundo exemplo de uma forma um pouco diferente:

Se quaisquer (ANY) gregos são mulheres e todas (ALL) as mulheres são seres humanos, então alguns (SOME) gregos são seres humanos.

O primeiro exemplo usa o quantificador universal ALL nas duas premissas, permitindo fazer uma dedução sólida sobre todos os gregos na conclusão. O segundo exemplo usa o quantificador existencial SOME em uma premissa, permitindo fazer uma dedução sobre alguns gregos na conclusão. O terceiro exemplo usa o quantificador existencial ANY, que é sinônimo para SOME, a fim de chegar à mesma conclusão que você alcança no segundo exemplo.

Veja como SOME, ANY e ALL são aplicados no SQL.

Considere um exemplo nas estatísticas de beisebol. O beisebol é um esporte fisicamente exigente, especialmente para arremessadores. Um arremessador deve lançar a bola da base de arremesso até a base do batedor entre 90 e 150 vezes durante um jogo. Esse esforço pode ser desgastante e, se (como frequentemente é o caso) o arremessador tornar-se ineficaz antes de o jogo terminar, um arremessador reserva deve substituí-lo. Acertar todos os arremessos em um jogo inteiro é uma conquista notável, independentemente de o esforço resultar em uma vitória.

ANY pode ser ambíguo

O SQL original usava a palavra ANY para quantificação existencial. Esse uso revelou-se confuso e propenso a erros porque as conotações no idioma inglês de *any* são às vezes universais e outras existenciais:

- "Do any of you know where Baker Street is?" ["Algum de vocês sabe onde fica a Baker Street?"]
- "I can eat more hot dogs than any of you" ["Posso comer mais cachorro-quente do que qualquer um de vocês."].

A primeira frase provavelmente pergunta se pelo menos uma pessoa sabe onde fica a Baker Street; aqui *any* é utilizado como um quantificador existencial. A segunda frase, porém, é um exagero afirmando que posso comer mais cachorro-quente do que o maior comedor entre todas as pessoas de cachorro quente. Nesse caso, *any* é usado como um quantificador universal.

Assim, para o padrão SQL-92, os desenvolvedores mantiveram a palavra ANY para compatibilidade com os produtos iniciais, mas eles também adicionaram a palavra SOME como um sinônimo menos confuso. O SQL continua a suportar ambos os quantificadores existenciais.

Suponha que você está monitorando o número de jogos completos que todos os arremessadores da liga principal arremessam. Em uma tabela, você lista todos os arremessadores da Liga Americana e, em outra tabela, todos os arremessadores da Liga Nacional. As duas tabelas contêm o primeiro nome e o sobrenome dos jogadores, e número de jogos em que eles não foram substituídos.

A Liga Americana permite que um rebatedor designado (DH) (que não precisa jogar em uma posição defensiva) substitua qualquer um dos nove jogadores que jogam na defesa. A Liga Nacional não permite rebatedores designados, mas permite rebatedores suplentes. Quando o rebatedor suplente entra no jogo para substituir o arremessador, esse arremessador não pode jogar pelo restante do jogo. Normalmente, o DH rebate para o arremessador, porque arremessadores são notoriamente rebatedores ruins. Os arremessadores devem investir muito tempo e esforços para aperfeiçoar os arremessos ao ponto de não terem tanto tempo para praticar rebatidas quanto os outros jogadores.

Suponha que você tem uma teoria de que, em média, os arremessadores iniciais da Liga Americana jogam mais partidas completas do que os arremessadores iniciais da Liga Nacional. Essa ideia baseia-se em sua observação de que rebatedores designados permitem que arremessadores da Liga Americana com arremessos fortes e rebatimentos fracos continuem arremessando desde que eles sejam eficazes, mesmo em um jogo disputado. Como um DH já está rebatendo para esses arremessadores, a rebatida deficiente deles não é uma fraqueza. Na Liga Nacional, porém, em circunstâncias rotineiras, o arremessador pegaria no bastão. Ao perder em um dos tempos de ataques finais, a maioria dos técnicos chamaria um rebatedor substituto para o bastão no lugar do arremessador, julgando que fazer uma *base hit* nessa situação é mais importante do que manter um arremessador eficaz no jogo. Para testar sua teoria, você formula a seguinte consulta:

```
SELECT FirstName, LastName
   FROM AMERICAN_LEAGUER
   WHERE CompleteGames > ALL
      (SELECT CompleteGames
         FROM NATIONAL_LEAGUER) ;
```

A subconsulta (a SELECT interna) retorna uma lista que mostra, para cada arremessador da Liga Nacional, o número de jogos completos em que ele fez arremessos. A consulta externa retorna o nome e o sobrenome de todos os jogadores da Liga Americana, que fizeram mais arremessos em jogos completos do que todos (`ALL`) os jogadores da Liga Nacional. Toda a consulta retorna o nome dos arremessadores da Liga Americana que fizeram mais arremessos em jogos completos do que o lançador que participou de mais jogos completos da Liga Nacional.

Considere a seguinte instrução semelhante:

```
SELECT FirstName, LastName
   FROM AMERICAN_LEAGUER
   WHERE CompleteGames > ANY
      (SELECT CompleteGames
         FROM NATIONAL_LEAGUER) ;
```

Nesse caso, você usa o quantificador existencial ANY em vez de o quantificador universal ALL. A subconsulta (a consulta interna aninhada) é idêntica à subconsulta no exemplo anterior. Essa subconsulta recupera uma lista completa das estatísticas de jogos completos para todos os arremessadores da Liga Nacional. A consulta externa retorna o nome e o sobrenome de todos os arremessadores da Liga Americana que fizeram mais arremessos em jogos completos do que ANY arremessador da Liga Nacional. Como você pode estar praticamente certo de que pelo menos um arremessador da Liga Nacional não acertou todos os arremessos em um jogo completo, o resultado provavelmente inclui todos os arremessadores da Liga Americana que já fizeram arremessos em pelo menos um jogo completo.

Se você substituir a palavra-chave ANY pela palavra-chave SOME equivalente, o resultado é o mesmo. Se a afirmação de que pelo menos um arremessador da Liga Nacional não fez arremessos em um jogo completo é verdadeira, então você pode dizer que alguns (SOME) arremessadores da Liga Nacional não fizeram nenhum jogo completo.

EXISTS

Você pode usar o predicado EXISTS em conjunto com uma subconsulta para determinar se a subconsulta retorna alguma linha. Se a subconsulta retornar pelo menos uma linha, esse resultado atende a condição EXISTS e a consulta externa é executada. Considere o seguinte exemplo:

```
SELECT FirstName, LastName
   FROM CUSTOMER
   WHERE EXISTS
      (SELECT DISTINCT CustomerID
         FROM SALES
         WHERE SALES.CustomerID = CUSTOMER.CustomerID);
```

Aqui a tabela SALES contém todas as transações de vendas de sua empresa. A tabela inclui o CustomerID do cliente que faz cada compra, bem como outras informações pertinentes. A tabela CUSTOMER contém o nome e o sobrenome de cada cliente, mas nenhuma informação sobre operações específicas.

A subconsulta no exemplo anterior retorna uma linha para cada cliente que fez pelo menos uma compra. A consulta externa retorna o primeiro nome e o sobrenome dos clientes que fizeram as compras que a tabela SALES registra.

EXISTS é equivalente a uma comparação de COUNT com zero, como a consulta a seguir mostra:

```
SELECT FirstName, LastName
   FROM CUSTOMER
   WHERE 0 <>
```

```
    (SELECT COUNT(*)
      FROM SALES
      WHERE SALES.CustomerID = CUSTOMER.CustomerID);
```

Para cada linha na tabela SALES que contém um `CustomerID` que é igual a um `CustomerID` na tabela CUSTOMER, essa instrução mostra as colunas `FirstName` e `LastName` na tabela CUSTOMER. Portanto, para cada venda na tabela SALES a instrução exibe o nome do cliente que fez a compra.

UNIQUE

Como você faz com o predicado `EXISTS`, use o predicado `UNIQUE` com uma subconsulta. Embora o predicado `EXISTS` seja avaliado como verdadeiro somente se a subconsulta retornar pelo menos uma linha, o predicado `UNIQUE` é avaliado como verdadeiro somente se duas linhas retornadas pela subconsulta não forem idênticas. Em outras palavras, o predicado `UNIQUE` é avaliado como verdadeiro somente se todas as linhas que a subconsulta retorna forem únicas. Considere o seguinte exemplo:

```
SELECT FirstName, LastName
   FROM CUSTOMER
   WHERE UNIQUE
     (SELECT CustomerID FROM SALES
        WHERE SALES.CustomerID = CUSTOMER.CustomerID);
```

Essa instrução recupera os nomes de todos os novos clientes para os quais a tabela SALES registra apenas uma venda. Como um valor nulo é um valor desconhecido, dois valores nulos não são considerados iguais; quando a palavra-chave `UNIQUE` é aplicada a uma tabela de resultados que contém apenas duas linhas nulas, o predicado `UNIQUE` é avaliado como verdadeiro.

DISTINCT

O predicado `DISTINCT` é semelhante ao predicado `UNIQUE`, exceto quanto à maneira como ele trata os nulos. Se todos os valores em uma tabela de resultados são `UNIQUE`, então eles também são `DISTINCT` entre si. Mas ao contrário do resultado para o predicado `UNIQUE`, se a palavra-chave `DISTINCT` é aplicada a uma tabela de resultados que contém apenas duas linhas nulas, o predicado `DISTINCT` é avaliado como falso. Dois valores nulos *não* são considerados distintos um do outro e também não são considerados únicos.

Essa situação estranha parece contraditória, mas há uma razão disso. Em algumas situações, é recomendável tratar dois valores nulos como diferentes um do outro — nesse caso, use o predicado `UNIQUE`. Quando você quer tratar dois nulos como se fossem o mesmo, use o predicado `DISTINCT`.

OVERLAPS

Use o predicado OVERLAPS para determinar se dois intervalos de tempo se sobrepõem. Esse predicado é útil para evitar conflitos de agendamento. Se dois intervalos se sobrepõem, o predicado retorna um valor verdadeiro. Se não, retorna um valor falso.

Você pode especificar um intervalo de duas maneiras: como uma hora inicial e uma hora final ou como uma hora inicial e duração. Eis alguns exemplos:

```
(TIME '2:55:00', INTERVAL '1' HOUR)
OVERLAPS
(TIME '3:30:00', INTERVAL '2' HOUR)
```

Esse primeiro exemplo retorna um valor verdadeiro porque 3:30 é menos do que uma hora após 2:55.

```
(TIME '9:00:00', TIME '9:30:00')
OVERLAPS
(TIME '9:29:00', TIME '9:31:00')
```

Esse exemplo retorna um valor verdadeiro porque há uma sobreposição de um minuto entre os dois intervalos.

```
(TIME '9:00:00', TIME '10:00:00')
OVERLAPS
(TIME '10:15:00', INTERVAL '3' HOUR)
```

Esse exemplo retorna um valor falso porque os dois intervalos não se sobrepõem.

```
(TIME '9:00:00', TIME '9:30:00')
OVERLAPS
(TIME '9:30:00', TIME '9:35:00')
```

Esse exemplo retorna um valor falso porque, embora os dois intervalos sejam contíguos, eles não se sobrepõem.

MATCH

No Capítulo 5, discutimos a integridade referencial, que envolve manter a consistência em um banco de dados multitabela. Você pode perder a integridade adicionando uma linha a uma tabela filho, que não tem uma linha correspondente na tabela pai do filho. Você pode causar problemas semelhantes excluindo uma linha de uma tabela pai se as linhas correspondentes a essa linha existirem em uma tabela filho.

Suponha que sua empresa tem uma tabela CUSTOMER que monitora todos os clientes e uma tabela SALES que registra todas as transações de vendas. Você só quer adicionar uma linha à SALES depois de inserir na tabela CUSTOMER o cliente que faz a compra. Você também não quer excluir um cliente da tabela CUSTOMER se o cliente fez compras que existem na tabela SALES.

LEMBRE-SE Antes de executar uma inserção ou exclusão, é recomendável verificar a linha candidata para certificar-se de que sua inserção ou exclusão não causa problemas de integridade. O predicado MATCH pode fazer essa verificação.

Digamos que você tenha uma tabela CUSTOMER e uma tabela SALES. `CustomerID` é a chave primária da tabela CUSTOMER e funciona como uma chave estrangeira na tabela SALES. Cada linha na tabela CUSTOMER deve ter um `CustomerID` único que não é nulo. `CustomerID` não é único na tabela SALES, porque clientes podem comprar mais de uma vez. Essa situação é aceitável; ela não ameaça a integridade porque `CustomerID` é uma chave estrangeira em vez de uma chave primária nessa tabela.

DICA Aparentemente, `CustomerID` pode ser nulo na tabela SALES, porque alguém pode comprar alguma coisa e sair antes que você tenha a oportunidade de inserir o nome e endereço dele na tabela CUSTOMER. Essa situação pode criar problemas — uma linha na tabela filho sem nenhuma linha correspondente na tabela pai. Para superar esse problema, crie um cliente genérico na tabela CUSTOMER e atribua todas essas vendas anônimas a esse cliente.

Digamos que um cliente está na caixa registradora e afirma que ele comprou um F-35 Strike Fighter em 18 de dezembro de 2012. Embora ele tenha perdido o recibo, ele agora quer devolver o avião porque ele aparece como um porta-aviões na tela do radar dos inimigos. Você pode verificar se ele comprou um F-35 pesquisando uma correspondência no banco de dados SALES. Primeiro, você deve recuperar o `CustomerID` dele na variável vcustid; então você pode utilizar a sintaxe a seguir:

```
... WHERE (:vcustid, 'F-35', '2012-12-18')
          MATCH
          (SELECT CustomerID, ProductID, SaleDate
              FROM SALES)
```

Se o predicado MATCH retornar um valor verdadeiro, o banco de dados contém uma venda do F-35 em 18 de dezembro de 2012, para o `CustomerID` desse cliente. Retorne o produto defeituoso e devolva o dinheiro do cliente. (**Nota**: se quaisquer valores no primeiro argumento do predicado MATCH forem nulos, um valor verdadeiro sempre será retornado).

Os desenvolvedores do SQL adicionaram o predicado MATCH e o predicado UNIQUE pela mesma razão — estes fornecem uma maneira de executar explicitamente os testes definidos para a integridade referencial (RI) implícita e restrições UNIQUE.

A forma geral do predicado MATCH é a seguinte:

```
Valor_da_linha MATCH  [UNIQUE] [SIMPLE| PARTIAL |
                      FULL ] Subconsulta
```

As opções UNIQUE, SIMPLE, PARTIAL e FULL se relacionam com regras que entram em jogo se a expressão de valor *R* da linha tiver uma ou mais colunas que são nulas. (Para mais informações sobre o uso de expressões de valor linha, consulte o Capítulo 9.) As regras para o predicado MATCH são uma cópia das regras correspondentes da integridade referencial.

Regras de integridade referencial e o predicado MATCH

Regras de integridade referencial requerem que os valores de uma coluna ou colunas em uma tabela correspondam aos valores de uma coluna ou colunas em outra tabela. Você referencia as colunas na primeira tabela como a *chave estrangeira*, e as colunas na segunda tabela como a *chave primária* ou *chave única*. Por exemplo, você pode declarar a coluna EmpDeptNo em uma tabela EMPLOYEE como uma chave estrangeira que referencia a coluna DeptNo de uma tabela DEPT. Essa correspondência garante que, se você registrar que um funcionário na tabela EMPLOYEE trabalha no departamento 123, existirá uma linha na tabela DEPT em que DeptNo é 123.

Se os membros do par de chaves primárias/ estrangeiras consistirem em uma única coluna, a situação será bastante simples. Mas as duas chaves podem consistir em várias colunas. O valor DeptNo, por exemplo, pode ser exclusivo somente dentro de uma Location; portanto, para identificar de maneira única uma linha DEPT, você deve especificar tanto Location como DeptNo. Se os escritórios em Boston e Tampa tiverem um departamento 123, você precisa identificar os departamentos como ('Boston', '123'), e ('Tampa', '123'). Nesse caso, a tabela EMPLOYEE precisa de duas colunas para identificar um DEPT. Chame essas colunas de EmpLoc e EmpDeptNo. Se um funcionário trabalha no departamento 123 em Boston, os valores EmpLoc e EmpDeptNo são 'Boston' e '123'. E a declaração de chave estrangeira na tabela EMPLOYEE se parece com isto:

```
FOREIGN KEY (EmpLoc, EmpDeptNo)
    REFERENCES DEPT (Location, DeptNo)
```

Tirar conclusões válidas a partir de seus dados torna-se imensamente complicado se os dados contiverem valores nulos. Isso porque às vezes você quer tratar esses dados de uma maneira, e às vezes de outra maneira. As palavras-chave UNIQUE, SIMPLE, PARTIAL e FULL especificam diferentes formas de tratar dados que contém valores nulos. Se os dados não contiverem nenhum valor nulo, você pode evitar muita dor de cabeça simplesmente passando daqui para a próxima seção deste capítulo, "Conectivos lógicos". Se seus dados *contêm* valores nulos, saia do modo de velocidade de leitura agora e leia a lista a seguir devagar e com cuidado. Cada entrada na lista fornecida aqui apresenta uma situação diferente no que diz respeito a valores nulos — e informa como o predicado MATCH a manipula.

Regras do comitê

A versão SQL-89 do padrão especificava a regra UNIQUE como o padrão, antes que alguém tivesse proposto ou debatido as alternativas. Durante o desenvolvimento da versão SQL-92 do padrão, surgiram propostas para as alternativas. Algumas pessoas preferiam fortemente as regras PARTIAL e argumentavam que essas deveriam ser as *únicas* regras. Essas pessoas achavam que as regras (UNIQUE) do SQL-89 eram tão indesejáveis que elas queriam que essas regras fossem consideradas um erro, e as regras PARTIAL fossem especificadas como uma correção. Outras pessoas preferiam as regras UNIQUE e achavam que as regras PARTIAL eram obscuras, sujeitas a erros e ineficientes. Outras pessoas ainda preferiam a disciplina adicional das regras FULL. O problema foi finalmente resolvido fornecendo todas as três palavras-chave para que os usuários pudessem escolher qualquer que fosse a abordagem que eles preferiam. O SQL:1999 adicionou as regras SIMPLE. É claro que a proliferação das regras faz com que lidar com valores nulos seja qualquer coisa, exceto simples. Se SIMPLE, PARTIAL ou FULL não são especificadas, as regras SIMPLE são seguidas.

Eis os cenários que ilustram como lidar com valores nulos e o predicado MATCH:

- **Os valores são ambos de um modo ou outro.** Se nenhum dos valores de EmpLoc e EmpDeptNo forem nulos (ou os dois são nulos), então as regras de integridade referencial serão as mesmas que para as chaves de única coluna que são nulas ou não nulas.
- **Um valor é nulo e um não é.** Se, por exemplo, EmpLoc for nulo e EmpDeptNo não for nulo — ou EmpLoc for não nulo e EmpDeptNo for nulo — você precisa de novas regras. Ao implementar regras, se inserir ou atualizar a tabela EMPLOYEE com valores EmpLoc e EmpDeptNo de (NULL, '123') ou ('Boston', NULL), você terá seis alternativas principais: SIMPLE, PARTIAL e FULL, cada uma com ou sem a palavra-chave UNIQUE.
- **A palavra-chave UNIQUE está presente.** Uma linha correspondente na tabela de resultados da subconsulta deve ser única para que o predicado seja avaliado quanto a um valor verdadeiro.
- **Ambos os componentes da expressão de valor R da linha são nulos.** O predicado MATCH retorna um valor verdadeiro independentemente do conteúdo da tabela de resultados da subconsulta que são comparados.
- **Nenhum componente da expressão de valor de linha R é nulo**, SIMPLE é especificado, UNIQUE não é especificado e **pelo menos uma linha na tabela de resultado da subconsulta corresponde a R.** O predicado MATCH retorna um valor verdadeiro. Caso contrário, ele retorna um valor falso.
- **Nenhum componente da expressão de valor de linha R é nulo**, SIMPLE é especificado, UNIQUE é especificado e **pelo menos uma linha na tabela de resultados da subconsulta é única e corresponde a R.** O predicado MATCH retorna um valor verdadeiro. Caso contrário, ele retorna um valor falso.

- Qualquer componente da expressão de valor de linha R é nulo e SIMPLE é especificado. O predicado MATCH retorna um valor verdadeiro.

- Qualquer componente da expressão de valor de linha R é não nulo, PARTIAL é especificado, UNIQUE não é especificado, e a parte não nula de pelo menos uma linha na tabela de resultados da subconsulta corresponde a R. O predicado MATCH retorna um valor verdadeiro. Caso contrário, ele retorna um valor falso.

- Qualquer componente da expressão de valor de linha R é não nulo, PARTIAL é especificado, UNIQUE é especificado e as partes não nulas de R correspondem com as partes não nulas de pelo menos uma única linha na tabela de resultados da subconsulta. O predicado MATCH retorna um valor verdadeiro. Caso contrário, ele retorna um valor falso.

- Nenhum componente da expressão de valor de linha R é nulo, FULL é especificado, UNIQUE não é especificado e pelo menos uma linha na tabela de resultado da subconsulta corresponde a R. O predicado MATCH retorna um valor verdadeiro. Caso contrário, ele retorna um valor falso.

- Nenhum componente da expressão de valor de linha R é nulo, FULL é especificado, UNIQUE é especificado e pelo menos uma linha na tabela de resultados da subconsulta é única e corresponde a R. O predicado MATCH retorna um valor verdadeiro. Caso contrário, ele retorna um valor falso.

- Qualquer componente da expressão de valor de linha R é nulo e FULL é especificado. O predicado MATCH retorna um valor falso.

Conectivos Lógicos

Muitas vezes (como alguns exemplos anteriores mostram) aplicar uma condição em uma consulta não é suficiente para retornar as linhas que você quer de uma tabela. Em alguns casos, as linhas devem atender duas ou mais condições. Em outros casos, se uma linha atende qualquer uma de duas ou mais condições, ela qualifica-se para recuperação. Em outras ocasiões ainda, você quer recuperar somente as linhas que não atendem uma condição especificada. Para atender essas necessidades, o SQL oferece os conectivos lógicos AND, OR e NOT.

AND

Se múltiplas condições devem ser verdadeiras para que você possa recuperar uma linha, use o conectivo lógico AND. Considere o seguinte exemplo:

```
SELECT InvoiceNo, SaleDate, Salesperson, TotalSale
   FROM SALES
   WHERE SaleDate>= '2012-12-14'
      AND SaleDate<= '2012-12-20' ;
```

A cláusula WHERE deve atender às seguintes condições:

- ✔ SaleDate deve ser maior do que ou igual a 14 de Dezembro de 2012.
- ✔ SaleDate deve ser menor ou igual a 20 de Dezembro de 2012.

Apenas as linhas que registram as vendas que ocorrem durante a semana de 14 de dezembro atendem a ambas as condições. A consulta retorna apenas essas linhas.

Observe que o conectivo AND é estritamente lógico. Essa restrição às vezes pode ser confusa, porque as pessoas costumam usar a palavra *e* (*and*) com um significado mais livre. Suponha, por exemplo, que seu chefe lhe diz, "Quero recuperar os dados de vendas de Ferguson e Ford". Ele disse, "Ferguson e Ford", assim você pode escrever a seguinte consulta SQL:

```
SELECT *
   FROM SALES
   WHERE Salesperson = 'Ferguson'
      AND Salesperson = 'Ford';
```

Bem, não leve essa resposta de volta ao seu chefe. É mais provável que a consulta a seguir seja aquilo que seu chefe tinha em mente:

```
SELECT *
   FROM SALES
   WHERE Salesperson IN ('Ferguson', 'Ford') ;
```

A primeira consulta não retornará nada, porque nenhuma das vendas na tabela SALES foi feita por Ferguson *e* Ford. A segunda consulta retornará informações sobre todas as vendas realizadas por Ferguson *ou* Ford, o que provavelmente é o que o chefe queria.

OR

Se qualquer uma de duas ou mais condições devem ser verdadeiras, a fim de qualificar uma linha para recuperação, use o conectivo lógico OR, como no exemplo a seguir:

```
SELECT InvoiceNo, SaleDate, Salesperson, TotalSale
   FROM SALES
      WHERE Salesperson = 'Ford'
         OR TotalSale >200 ;
```

Essa consulta recupera todas as vendas de Ford, independentemente do valor delas, assim como todas as vendas acima de US$ 200, independentemente de quem fez as vendas.

NOT

O conectivo lógico NOT nega a condição. Se a condição normalmente retornar um valor verdadeiro, adicionar NOT faz com que a mesma condição retorne um valor falso. Se uma condição normalmente retornar um valor falso, adicionar NOT faz com que a condição retorne um valor verdadeiro. Considere o seguinte exemplo:

```
SELECT InvoiceNo, SaleDate, Salesperson, TotalSale
   FROM SALES
      WHERE NOT (Salesperson = 'Ford') ;
```

Essa consulta retorna as linhas para todas as transações de vendas concluídas pelos vendedores com exceção de Ford.

CUIDADO! Ao usar AND, OR ou NOT, às vezes o escopo do conectivo não é claro. Para assegurar, use parênteses para certificar-se de que o SQL aplica o conectivo ao predicado que você quer. No exemplo anterior, o conectivo NOT se aplica a todo o predicado (Salesperson = 'Ford').

Cláusulas GROUP BY

Às vezes, em vez de recuperar registros individuais, você quer conhecer algo sobre um grupo de registros. A cláusula GROUP BY é a ferramenta de que você precisa.

Suponha que você é o gerente de vendas de outro local, e você quer analisar o desempenho de sua equipe de vendas. Se você fizer uma SELECT simples, como a consulta a seguir:

```
SELECT InvoiceNo, SaleDate, Salesperson, TotalSale
   FROM SALES;
```

você recebe um resultado semelhante ao mostrado na Figura 10-1.

Esse resultado lhe dá alguma ideia do desempenho dos vendedores porque pouquíssimas vendas totais estão envolvidas. Mas, na vida real, uma empresa teria uma quantidade maior de vendas — e não seria tão fácil afirmar se os objetivos de vendas foram alcançados. Para fazer a análise real, você pode combinar a cláusula GROUP BY com uma das funções de *agregação* (também chamadas *funções de conjunto*), para obter uma imagem quantitativa do desempenho de vendas. Por exemplo, você pode ver qual vendedor dá mais lucro usando a função de média AVG da seguinte forma:

```
SELECT Salesperson, AVG(TotalSale)
   FROM SALES
      GROUP BY Salesperson;
```

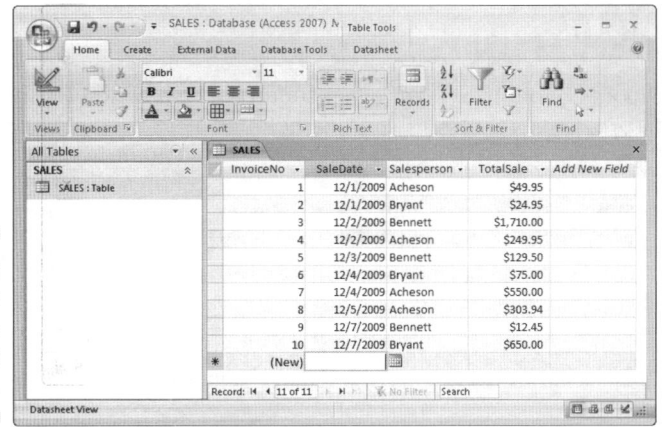

Figura 10-1:
Um conjunto de resultados para a recuperação das vendas.

O resultado dessa consulta, quando executada no Microsoft Access 2013 é mostrado na Figura 10-2. Executar a consulta com um sistema de gerenciamento de banco de dados diferente iria recuperar o mesmo resultado, mas pode parecer um pouco diferente.

Figura 10-2:
Vendas médias para cada vendedor.

Como mostrado na Figura 10-2, o valor médio das vendas de Bennett é consideravelmente mais alto do que a dos outros dois vendedores. Você compara as vendas totais com uma consulta semelhante:

```
SELECT Salesperson, SUM(TotalSale)
   FROM SALES
   GROUP BY Salesperson;
```

Essa consulta fornece o resultado mostrado na Figura 10-3.

Bennett também tem as maiores vendas totais, o que é consistente com ter as maiores vendas médias.

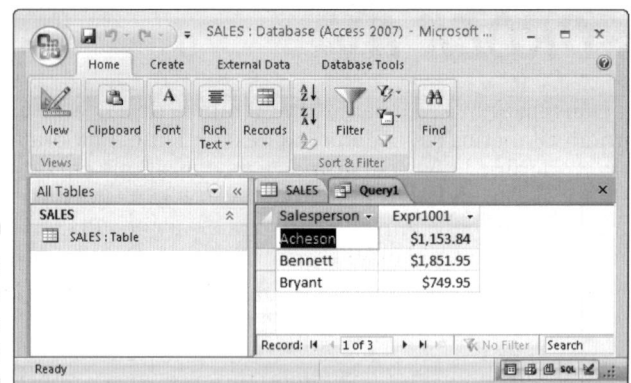

Figura 10-3:
Vendas totais para cada vendedor.

Cláusulas HAVING

Você pode analisar os dados agrupados ainda mais usando a cláusula HAVING. A cláusula HAVING é um filtro que funciona de maneira semelhante a uma cláusula WHERE, mas em grupos de linhas em vez de em linhas individuais. Para ilustrar a função da cláusula HAVING, suponha que o gerente de vendas considera que Bennett esteja em uma classe individual. Seu desempenho distorce os dados gerais para os outros vendedores. (Aha! — um destruidor de curvas). Você pode excluir as vendas de Bennett dos dados agrupados usando uma cláusula HAVING desta maneira:

```
SELECT Salesperson, SUM(TotalSale)
    FROM SALES
    GROUP BY Salesperson
    HAVING Salesperson <>'Bennett';
```

Essa consulta lhe dá o resultado mostrado na Figura 10-4. Somente as linhas em que o vendedor não é Bennett são consideradas.

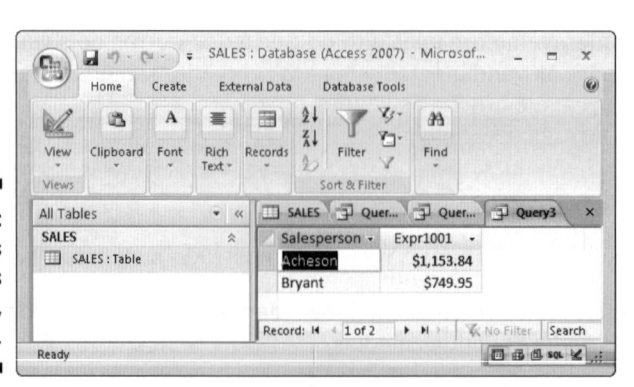

Figura 10-4:
As vendas totais para todos os vendedores, exceto Bennett.

Cláusulas ORDER BY

Use a cláusula ORDER BY para exibir a tabela de saída de uma consulta em ordem alfabética ascendente ou descendente. Embora a cláusula GROUP BY agrupe linhas em grupos e os classifique em ordem alfabética, ORDER BY classifica linhas individuais. ORDER BY deve ser a última cláusula a ser especificada em uma consulta. Se a consulta também contiver GROUP BY, primeiro a cláusula organiza as linhas de saída em grupos. Aí então, ORDER BY classifica as linhas dentro de cada grupo. Se não houver uma cláusula GROUP BY, então a instrução considera a tabela inteira como um grupo e a cláusula ORDER BY classifica todas as linhas, de acordo com a coluna (ou colunas) que ORDER BY especificar.

Para ilustrar esse ponto, considere os dados na tabela SALES. A tabela SALES contém colunas para InvoiceNo, SaleDate, Salesperson e TotalSale. Se usar o exemplo a seguir, você verá todos os dados na tabela SALES, mas em uma ordem arbitrária:

```
SELECT * FROM SALES ;
```

Em uma implementação, isso pode ser a ordem em que você inseriu as linhas na tabela; em outra implementação, a ordem pode ser aquela das atualizações mais recentes. A ordem também pode mudar inesperadamente se alguém reorganizar o banco de dados. Essa é uma das razões por que geralmente é uma boa ideia especificar a ordem em que você quer as linhas. Você pode, por exemplo, querer ver os registros na ordem por SaleDate desta maneira:

```
SELECT * FROM SALES ORDER BY SaleDate ;
```

Esse exemplo retorna todas as linhas da tabela SALES na ordem por SaleDate.

Para as linhas com a mesma SaleDate, a ordem padrão depende da implementação. Você pode, porém, especificar como classificar as linhas que compartilham a mesma SaleDate. Talvez você queira ver as vendas por cada SaleDate na ordem por InvoiceNo, como a seguir:

```
SELECT * FROM SALES ORDER BY SaleDate, InvoiceNo ;
```

Esse exemplo primeiro ordena as vendas por SaleDate; então para cada SaleDate, ele ordena as vendas por InvoiceNo. Mas não confunda esse exemplo com a seguinte consulta:

```
SELECT * FROM SALES ORDER BY InvoiceNo, SaleDate ;
```

Essa consulta primeiro ordena as vendas por INVOICE_NO. Então, para cada InvoiceNo diferente, a consulta ordena as vendas por SaleDate. Isso provavelmente não produzirá o resultado desejado porque é improvável que existam múltiplas datas de venda para um único número de fatura.

A consulta a seguir é outro exemplo de como o SQL pode retornar dados:

```
SELECT * FROM SALES ORDER BY Salesperson, SaleDate ;
```

Esse exemplo primeiro ordena por `Salesperson` e então por `SaleDate`. Depois de analisar os dados nessa ordem, você pode querer invertê-los, como a seguir:

```
SELECT * FROM SALES ORDER BY SaleDate, Salesperson ;
```

Esse exemplo primeiro ordena as linhas por `SaleDate` e então por `Salesperson`.

Todos esses exemplos de ordenamento estão em ordem ascendente (`ASC`), que é a ordem de classificação padrão. A última `SELECT` primeiro mostra as vendas mais antigas — e, dentro de uma determinada data, mostra as vendas para `'Adams'`, antes de `'Baker'`. Se você preferir a ordem descendente (`DESC`), especifique essa ordem para uma ou mais das colunas ordenadas, como a seguir:

```
SELECT * FROM SALES
ORDER BY SaleDate DESC, Salesperson ASC ;
```

Esse exemplo especifica uma ordem decrescente para as datas de venda, mostrando primeiro as vendas mais recentes, e uma ordem ascendente para os vendedores, colocando-os em ordem alfabética. Isso deve lhe dar uma ideia melhor de como o desempenho de Bennett se compara ao dos outros vendedores.

FETCH Limitado

Sempre que o padrão SQL do ISO/IEC é alterado, geralmente é para expandir as capacidades da linguagem. Isso é uma coisa boa. Mas, às vezes, ao fazer esse tipo de alteração, você não pode prever todas as consequências possíveis. Isso aconteceu com a adição da capacidade de busca (`FETCH`) limitada no SQL:2008.

A ideia do `FETCH` limitado é que, embora uma instrução `SELECT` possa retornar um número indeterminado de linhas, talvez você só se preocupe com as três primeiras ou, talvez, com as dez primeiras. De acordo com essa ideia, o SQL:2008 adicionou a sintaxe mostrada no exemplo a seguir:

```
SELECT Salesperson, AVG(TotalSale)
   FROM SALES
   GROUP BY Salesperson
   ORDER BY AVG(TotalSale) DESC
   FETCH FIRST 3 ROWS ONLY;
```

Isso parece bom. Você quer ver quem são os três melhores vendedores em termos daqueles que têm as maiores médias de venda. Mas há um pequeno problema com isso. E se houver um empate entre três pessoas com as mesmas vendas totais médias, abaixo dos dois melhores vendedores? Apenas uma das três retornará. Qual? É indeterminado.

A indeterminação é intolerável para qualquer pessoa de banco de dados que se preze, assim essa situação foi corrigida no SQL:2011. Nova sintaxe foi adicionada para incluir empates, desta maneira:

```
SELECT Salesperson, AVG(TotalSale)
   FROM SALES
   GROUP BY Salesperson
   ORDER BY AVG(TotalSale) DESC
   FETCH FIRST 3 ROWS WITH TIES;
```

Agora, o resultado é completamente determinado: se houver um empate, você obtém todas as linhas empatadas. Como antes, se você deixar de fora o modificador WITH TIES, o resultado é indeterminado.

Algumas melhorias adicionais foram feitas para a capacidade FETCH limitada no SQL:2011.

Primeiro, percentagens são tratadas, bem como apenas um número específico de linhas. Considere o seguinte exemplo:

```
SELECT Salesperson, AVG(TotalSale)
   FROM SALES
   GROUP BY Salesperson
   ORDER BY AVG(TotalSale) DESC
   FETCH FIRST 10 PERCENT ROWS ONLY;
```

É concebível que possa haver um problema com empates ao lidar com percentagens, assim como ocorre com um número pequeno de registros; portanto, a sintaxe WITH TIES também pode ser usada aqui. Você pode ou não incluir empates, dependendo do que você quer em qualquer situação particular.

Segundo, suponha que você não quer as três ou as dez principais porcentagens, mas em vez disso quer a segunda de três ou a segunda de dez porcentagens? Talvez você queira pular diretamente para algum ponto do conjunto de resultados. O SQL:2011 também abrange essa situação. O código seria semelhante a isto:

```
SELECT Salesperson, AVG(TotalSale)
   FROM SALES
   GROUP BY Salesperson
   ORDER BY AVG(TotalSale) DESC
      OFFSET 3 ROWS
   FETCH NEXT 3 ROWS ONLY;
```

A palavra-chave OFFSET informa quantas linhas pular antes de fazer a busca. A palavra-chave NEXT especifica que as linhas a serem buscadas são aquelas imediatamente após o deslocamento. Agora, os vendedores com a quarta, quinta, sexta maior média total de vendas são retornados. Como você pode ver, sem a sintaxe WITH TIES, ainda há um problema de indeterminação. Se o terceiro, quarto e quinto vendedores estão empatados, torna-se indeterminado quais dois serão incluídos nesse segundo grupo e qual será incluídos no primeiro grupo.

Talvez seja melhor simplesmente evitar o uso da capacidade FETCH limitada. É muito provável que ela forneça resultados enganosos.

Olhando Através de uma Janela para Criar um Conjunto de Resultados

Janelas e funções de janela foram introduzidas pela primeira vez no SQL:1999. Com uma janela, o usuário pode opcionalmente particionar um conjunto de dados, ordenar opcionalmente as linhas em cada partição e especificar uma coleção de linhas (o quadro de janela), que está associada com uma dada linha.

O quadro de janela de uma linha R é um subconjunto da partição contendo R. Por exemplo, o quadro de janela pode consistir em todas as linhas desde o início da partição e incluir R, com base na maneira como as linhas são ordenadas na partição.

Uma função de janela calcula um valor para uma linha R, com base nas linhas no quadro de janela de R.

Por exemplo, suponha que você tenha uma tabela SALES com as colunas CustID, InvoiceNo e TotalSale. O gerente de vendas talvez queira saber qual era o total de vendas para cada cliente ao longo de um intervalo especificado dos números de fatura. Você pode obter o que ele quer com o seguinte código SQL:

```
SELECT CustID, InvoiceNo,
   SUM (TotalSale) OVER
   ( PARTITION BY CustID
     ORDER BY InvoiceNo
     ROWS BETWEEN
     UNBOUNDED PRECEDING
     AND CURRENT ROW )
   FROM SALES;
```

A cláusula OVER determina como as linhas da consulta são particionadas antes de serem processadas, nesse caso pela função SUM. Uma partição é atribuída a cada cliente. Dentro de cada partição haverá uma lista de números de fatura, e associado com cada um deles, haverá a soma de todos os valores TotalSale ao longo do intervalo especificado de linhas, para cada cliente.

O SQL:2011 adicionou várias grandes melhorias para a funcionalidade janela original, incorporando novas palavras-chave.

Particionando uma janela em segmentos com NTILE

A função de janela NTILE distribui uma partição de janela ordenada em algum número inteiro positivo *n* de segmentos, numerando os segmentos de 1 a *n*. Se o número de linhas de uma partição *m* não for divisível uniformemente por *n*, então depois que a função NTILE preencher os segmentos de maneira uniforme, o resto de *m/n*, chamado *r*, será distribuído para os primeiros segmentos *r*, o que os tornará maiores do que os outros segmentos.

Suponha que você quer classificar seus funcionários por salário, particionando-os em cinco segmentos, do maior ao menor. Você pode fazer isso com o código a seguir:

```
SELECT FirstName, LastName, NTILE (5)
   OVER (ORDER BY Salary DESC)
   AS BUCKET
   FROM Employee;
```

Se houver, por exemplo, 11 funcionários, cada segmento é preenchido com dois, exceto pelo primeiro segmento, que é preenchido com três. O primeiro segmento conterá os três funcionários mais bem pagos, e o quinto segmento conterá os dois funcionários mais mal pagos.

Navegando dentro de uma janela

Foram adicionadas ao SQL:2011 cinco funções de janela que avaliam uma expressão em uma linha R2, que está em algum lugar no quadro de janela da linha R1 atual. As funções são LAG, LEAD, NTH_VALUE, FIRST_VALUE e LAST_VALUE.

Essas funções permitem recuperar informações das linhas especificadas que estão dentro do quadro de janela da linha atual.

Procurando para trás com a função LAG

A função LAG permite recuperar informações da linha atual na janela que você está examinando, bem como informações de outra linha especificada que precede a linha atual.

Suponha, por exemplo, que você tem uma tabela que registra o total de vendas para cada dia do ano atual. Uma coisa que talvez você queira fazer é comparar as vendas de hoje com as de ontem. Você pode fazer isso com a função LAG, assim:

```
SELECT TotalSale AS TodaySale,
   LAG (TotalSale) OVER
   (ORDER BY SaleDate) AS PrevDaySale
   FROM DailyTotals;
```

Para cada linha em `DailyTotals`, essa consulta retornaria uma linha listando os números das vendas totais dessa linha e o total das vendas do dia anterior. O deslocamento padrão é 1, razão pela qual o resultado do dia anterior é retornado em vez de qualquer outro.

Para comparar as vendas do dia atual com as de uma semana antes, use isto:

```
SELECT TotalSale AS TodaySale,
   LAG (TotalSale, 7) OVER
   (ORDER BY SaleDate) AS PrevDaySale
   FROM DailyTotals;
```

As primeiras sete linhas em um quadro de janela não terão uma antecessora que é uma semana mais antiga. A resposta padrão a essa situação é retornar um resultado nulo para `PrevDaySale`. Se você preferir algum outro resultado em vez de um resultado nulo, por exemplo, zero, você pode especificar o que deseja que seja retornado nessa situação em vez do valor nulo padrão, por exemplo, 0 (zero), como mostrado aqui:

```
SELECT TotalSale AS TodaySale,
   LAG (TotalSale, 7, 0) OVER
   (ORDER BY SaleDate) AS PrevDaySale
   FROM DailyTotals;
```

O comportamento padrão é contar linhas que têm uma extensão de *lag*, que nesse caso é `TotalSale`, que contém um valor nulo. Se quiser pular essas linhas e contar apenas as linhas que têm um valor real na extensão de *lag*, você pode fazer isso adicionando as palavras-chave `IGNORE NULLS`, como mostrado na seguinte variante do exemplo:

```
SELECT TotalSale AS TodaySale,
   LAG (TotalSale, 7, 0) IGNORE NULLS
   OVER (ORDER BY SaleDate) AS PrevDaySale
   FROM DailyTotals;
```

Olhando para frente com a função LEAD

A função de janela `LEAD` opera exatamente da mesma forma que a função `LAG`, exceto que em vez de olhar para trás para uma linha anterior, ela olha para frente uma linha depois da linha atual no quadro de janela. Um exemplo pode ser:

```
SELECT TotalSale AS TodaySale,
   LEAD (TotalSale, 7, 0) IGNORE NULLS
   OVER (ORDER BY SaleDate) AS NextDaySale
   FROM DailyTotals;
```

Olhando para uma linha especificada com a função NTH_VALUE

A função `NTH_VALUE` é semelhante às funções `LAG` e `LEAD`, exceto que em vez de avaliar uma expressão em uma linha antes ou depois da linha atual, ela avalia uma expressão em uma linha que está em um deslocamento especificado a partir da primeira ou última linha no quadro de janela.

Eis um exemplo:

```
SELECT TotalSale AS ChosenSale,
   NTH_VALUE (TotalSale, 2)
   FROM FIRST
   IGNORE NULLS
   OVER (ORDER BY SaleDate)
   ROWS BETWEEN 10 PRECEDING AND 10 FOLLOWING )
      AS EarlierSale
   FROM DailyTotals;
```

Nesse exemplo, `EarlierSale` é avaliada desta maneira:

- O quadro de janela associado com a linha atual é formado. Ele inclui as dez linhas anteriores e as dez linhas seguintes.
- `TotalSale` é avaliada em cada linha do quadro de janela.
- `IGNORE NULLS` é especificado, assim quaisquer linhas que contêm um valor nulo para `TotalSale` são ignoradas.
- A partir do primeiro valor remanescente, após a exclusão das linhas que contêm um valor nulo para TotalSale, avance duas linhas (avançar porque `FROM FIRST` foi especificada).

O valor de `EarlierSale` é o valor de `TotalSale` a partir da linha especificada.

Se você não quiser pular linhas que têm um valor nulo para `TotalSale`, especifique `RESPECT NULLS` em vez de `IGNORE NULLS`. A função `NTH_VALUE` opera de forma semelhante se você especificar `FROM LAST` em vez de `FROM FIRST`, exceto que em vez de contar para a frente a partir do primeiro registro no quadro de janela, você conta de trás para frente a partir do último registro no quadro de janela. O número que especifica o número das linhas a contar continua positivo, embora você esteja contando para trás em vez de para frente.

Olhando para um valor muito específico com FIRST_VALUE e LAST_VALUE

As funções `FIRST_VALUE` e `LAST_VALUE` são casos especiais da função `NTH_VALUE`. `FIRST_VALUE` é equivalente a `NTH_VALUE`, onde `FROM FIRST` é especificada e o deslocamento é 0 (zero). `LAST_VALUE` é equivalente a `NTH_VALUE`, onde `FROM LAST` é especificada e o deslocamento é 0. Em ambos os casos, você pode optar por ignorar ou respeitar nulos.

Aninhando funções de janela

Às vezes, para obter o resultado de que você precisa, a maneira mais fácil é aninhar uma função dentro de outra. O SQL:2011 adicionou a capacidade de fazer esse aninhamento com funções de janela.

Como exemplo, considere o caso em que um investidor de ações está tentando determinar se é um bom momento para comprar uma ação específica. Para entender isso, ele decide comparar o preço atual da ação com o preço que ela foi vendida nas 100 negociações imediatamente anteriores. Ele pergunta, quantas vezes nas últimas 100 negociações a ação foi vendida abaixo do preço atual. Para chegar a uma resposta, ele faz a seguinte consulta:

```
SELECT SaleTime,
   SUM ( CASE WHEN SalePrice <
   VALUE OF (SalePrice AT CURRENT ROW)
   THEN 1 ELSE 0 )
   OVER (ORDER BY SaleTime
   ROWS BETWEEN 100 PRECEDING AND CURRENT ROW )
   FROM StockSales;
```

A janela engloba as 100 linhas anteriores à linha atual, que correspondem às 100 vendas imediatamente anteriores ao momento atual. Sempre que é avaliada uma linha em que o valor de `SalePrice` é menor que o preço mais recente, 1 é adicionado à soma. O resultado final é um número que indica o número de vendas a partir das cem anteriores que foram feitas a um preço abaixo do preço atual.

Avaliando grupos de linhas

Às vezes, a chave de classificação que você escolheu para inserir uma partição na ordem terá duplicatas. Talvez você queira avaliar todas as linhas que têm a mesma chave de classificação como um grupo. Nesses casos, você pode usar a opção `GROUPS`. Com ela, é possível contar grupos de linhas em que as chaves de classificação são idênticas.

Eis um exemplo:

```
SELECT CustomerID, SaleDate,
   SUM (InvoiceTotal) OVER
   ( PARTITION BY CustomerID
     ORDER BY SaleDate
   GROUPS BETWEEN 2 PRECEDING AND 2 FOLLOWING )
   FROM Customers;
```

O quadro de janela nesse exemplo é composto por até cinco grupos de linhas: dois grupos antes do grupo que contém a linha atual, o grupo que contém a linha atual e dois grupos depois do grupo que contém a linha atual. As linhas em cada grupo têm a mesma `SaleDate`, e a `SaleDate` associada com cada grupo, é diferente dos valores `SaleDate` para os outros grupos.

Capítulo 11
Usando Operadores Relacionais

Neste capítulo
- Combinando tabelas com estruturas semelhantes
- Combinando tabelas com diferentes estruturas
- Derivando dados significativos de múltiplas tabelas

Você provavelmente já sabe que o SQL é uma linguagem de consulta para bancos de dados relacionais. Nos capítulos anteriores, apresentamos bancos de dados simples e, na maioria dos casos, os exemplos lidam apenas com uma única tabela. Neste capítulo, colocaremos o *relacional* no "banco de dados relacional". Afinal de contas, o nome significa "banco de dados que consiste em múltiplas tabelas relacionadas". É aqui que examinamos essas relações.

Como os dados em um banco de dados relacional são distribuídos ao longo de múltiplas tabelas, uma consulta geralmente extrai os dados de mais de uma tabela. O SQL tem operadores que combinam dados de múltiplas fontes em uma única tabela de resultados. Esses são os operadores UNION, INTERSECTION e EXCEPT, bem como uma família de operadores JOIN. Cada operador combina dados de múltiplas tabelas de uma maneira diferente.

UNION

O operador UNION é a implementação SQL do operador de união da álgebra relacional. O operador UNION permite extrair informações de duas ou mais tabelas que têm a mesma estrutura. M*esma estrutura* significa:

- Todas as tabelas devem ter o mesmo número de colunas.
- Todas as colunas correspondentes devem ter os comprimentos e tipos de dados idênticos.

Quando esses critérios são cumpridos, as tabelas possuem *compatibilidade de união:* a união das duas tabelas retorna todas as linhas que aparecem em qualquer tabela e elimina duplicatas.

Suponha que você criou um banco de dados de estatísticas de beisebol (como aquele no Capítulo 12). Ele contém duas tabelas compatíveis com união chamadas AMERICAN e NATIONAL. Ambas as tabelas têm três colunas, e todas as colunas correspondentes são do mesmo tipo. Na verdade, as colunas correspondentes têm colunas com nomes idênticos (embora essa condição não seja necessária para compatibilidade com união).

NATIONAL lista os nomes dos jogadores e o número de jogos completos dos arremessadores da Liga Nacional. AMERICAN enumera as mesmas informações sobre arremessadores na Liga Americana. Utilizar UNION une as duas tabelas e fornece uma tabela virtual de resultados que contém todas as linhas na primeira tabela mais todas as linhas na segunda tabela. Para esse exemplo, vamos inserir apenas algumas linhas em cada tabela para ilustrar a operação:

```
SELECT * FROM NATIONAL ;
FirstName    LastName      CompleteGames
---------    --------      -------------
Sal          Maglie                   11
Don          Newcombe                  9
Sandy        Koufax                   13
Don          Drysdale                 12

SELECT * FROM AMERICAN ;

FirstName    LastName      CompleteGames
---------    --------      -------------
Whitey       Ford                     12
Don          Larson                   10
Bob          Turley                    8
Allie        Reynolds                 14

SELECT * FROM NATIONAL
UNION
SELECT * FROM AMERICAN ;

FirstName    LastName      CompleteGames
---------    --------      -------------
Allie        Reynolds                 14
Bob          Turley                    8
Don          Drysdale                 12
Don          Larson                   10
Don          Newcombe                  9
Sal          Maglie                   11
Sandy        Koufax                   13
Whitey       Ford                     12
```

O operador `UNION DISTINCT` funciona de forma idêntica ao operador `UNION` sem a palavra-chave `DISTINCT`. Nos dois casos, as linhas duplicadas são eliminadas do conjunto de resultados.

CUIDADO! Utilizamos o asterisco [*] como uma abreviação para todas as colunas em uma tabela. Esse atalho é o ideal na maior parte do tempo, mas pode gerar problemas ao usar os operadores relacionais no SQL incorporado ou na linguagem de módulos. Se você adicionar uma ou mais novas colunas a uma tabela e não a outra, ou se você adicionar colunas diferentes às duas tabelas, as duas tabelas não têm mais compatibilidade de união — e o programa será inválido na próxima vez que for recompilado. Mesmo que as mesmas novas colunas sejam adicionadas às duas tabelas de modo que continuem a ser compatíveis com união, o programa provavelmente não está preparado para lidar com os dados adicionais. Você deve listar explicitamente as colunas que você quer, em vez de contar com a abreviação *. Ao inserir consultas SQL *ad hoc* a partir do console, o asterisco provavelmente funciona bem porque você pode exibir rapidamente a estrutura da tabela para verificar a compatibilidade de união se a consulta não for bem-sucedida.

A operação UNION ALL

Como mencionado anteriormente, a operação UNION geralmente elimina quaisquer linhas duplicadas que resultam dessa operação, que é o resultado desejado na maior parte do tempo. Às vezes, porém, você talvez queira preservar as linhas duplicadas. Nesses casos, utilize UNION ALL.

Referindo-se ao exemplo, suponha que "Bullet" Bob Turley foi vendido no meio da temporada do New York Yankees na Liga Americana para o Brooklyn Dodgers na Liga Nacional. Agora, suponha que durante a temporada, ele jogou oito partidas completas para cada time. A UNION comum exibida no exemplo descarta uma das duas linhas que contêm dados de Turley. Embora ele aparentemente só tenha jogado 8 partidas completas na temporada, na verdade ele jogou 16 notáveis partidas sem ser substituído. A consulta a seguir lhe dá os fatos reais:

```
SELECT * FROM NATIONAL
UNION ALL
SELECT * FROM AMERICAN ;
```

Às vezes você pode formar uma UNION de duas tabelas mesmo se elas não forem compatíveis com união. Se as colunas desejadas na tabela de resultados estão presentes *e são compatíveis* nas duas tabelas, você pode executar uma operação UNION CORRESPONDING. Apenas as colunas especificadas são consideradas — e elas são as únicas colunas exibidas na tabela de resultados.

A operação CORRESPONDING

Estatísticos de beisebol mantêm estatísticas sobre arremessadores (*pitchers*), diferentes das sobre defensores externos (*outfielders*). Em ambos os casos, são registrados nomes, sobrenomes, *putouts*, erros e percentagens de defesa. Defensores externos, é claro, não têm um registro de pontos feitos/perdidos, um registro de salvamentos ou algumas outras estatísticas que dizem respeito apenas a arremessos. Você ainda pode executar uma UNION que seleciona os dados da tabela OUTFIELDER e da tabela PITCHER, para lhe dar algumas informações gerais sobre a habilidade defensiva:

```
SELECT *
   FROM OUTFIELDER
UNION CORRESPONDING
   (FirstName, LastName, Putouts, Errors, FieldPct)
SELECT *
   FROM PITCHER ;
```

A tabela de resultados contém o nome e o sobrenome de todos os defensores externos e arremessadores, junto com os *putouts*, erros e porcentagem das defesas de cada jogador. Assim como acontece com UNION simples, as duplicatas são eliminadas. Portanto, se um jogador passou algum tempo *outfielder* e também como *pitcher* em um ou mais jogos, a operação UNION CORRESPONDING perde parte das estatísticas dele. Para evitar esse problema, use UNION ALL CORRESPONDING.

> **DICA**
>
> Cada nome de coluna na lista depois da palavra-chave CORRESPONDING deve ser um nome que existe nas duas tabelas associadas por união. Se você omitir essa lista de nomes, uma lista implícita é utilizada de todos os nomes que aparecem nas duas tabelas. Mas essa lista implícita dos nomes pode mudar quando novas colunas forem adicionadas a uma ou ambas as tabelas. Portanto, é melhor listar explicitamente os nomes das colunas do que omiti-los.

INTERSECT

A operação UNION produz uma tabela de resultados contendo todas as linhas que aparecem em *qualquer uma* das tabelas de origem. Se você só quer que as linhas apareçam em *todas* as tabelas de origem, use a operação INTERSECT, que é a implementação do SQL da operação de intersecção da álgebra relacional. Ilustraremos INTERSECT retornando ao mundo fictício em que Bob Turley foi negociado para o Dodgers no meio da temporada:

```
SELECT * FROM NATIONAL;
FirstName    LastName      CompleteGames
---------    --------      -------------
Sal          Maglie                   11
Don          Newcombe                  9
Sandy        Koufax                   13
Don          Drysdale                 12
Bob          Turley                    8
```

```
SELECT * FROM AMERICAN;
FIRST_NAME    LAST_NAME    COMPLETE_GAMES
----------    ---------    --------------
Whitey        Ford                     12
Don           Larson                   10
Bob           Turley                    8
Allie         Reynolds                 14
```

Apenas as linhas que aparecem em todas as tabelas de origem são mostradas na tabela de resultados da operação INTERSECT:

```
SELECT *
   FROM NATIONAL
INTERSECT
SELECT *
   FROM AMERICAN;

FirstName     LastName     CompleteGames
---------     --------     -------------
Bob           Turley                   8
```

A tabela de resultados informa que Bob Turley foi o único arremessador a jogar o mesmo número de partidas completas em ambas as ligas (uma distinção bastante obscura para o velho Bullet Bob). *Nota:* como foi o caso com UNION, INTERSECT DISTINCT produz o mesmo resultado que o operador INTERSECT usado sozinho. Nesse exemplo, apenas uma das linhas idênticas que apresentam Bob Turley retorna.

DICA

As palavras-chave ALL e CORRESPONDING funcionam em uma operação INTERSECT da mesma maneira como funcionam em uma operação UNION. Se você usar ALL, as duplicatas são mantidas na tabela de resultados. Se você usar CORRESPONDING, as tabelas intersecionadas não precisam ser compatíveis com união, embora as colunas correspondentes devam ter tipos e comprimentos correspondentes.

Eis o que você obtém com INTERSECT ALL:

```
SELECT *
   FROM NATIONAL
INTERSECT ALL
SELECT *
   FROM AMERICAN;

FirstName     LastName     CompleteGames
---------     --------     -------------
Bob           Turley                   8
Bob           Turley                   8
```

Considere outro exemplo: um município monitora os celulares que policiais, bombeiros, varredores de rua e outros funcionários da prefeitura utilizam. Uma tabela de banco de dados chamada PHONES contém dados sobre todos os celulares em uso ativo. Outra tabela chamada OUT, com uma estrutura idêntica, contém dados sobre todos os telefones que estão fora de serviço. Nenhum celular jamais deve existir em ambas as tabelas. Com uma operação INTERSECT, você pode testar para ver se uma duplicação indesejada ocorreu:

```
SELECT *
   FROM PHONES
INTERSECT CORRESPONDING (PhoneID)
SELECT *
   FROM OUT ;
```

LEMBRE-SE

Se essa operação lhe der uma tabela de resultados contendo absolutamente todas as linhas, você sabe que há um problema. Você deve investigar todas as entradas PhoneID que aparecem na tabela de resultados. O celular correspondente está ativo ou fora de serviço; ele não pode estar em ambas. Depois de detectar o problema, você pode executar uma operação DELETE em uma das duas tabelas para restaurar a integridade do banco de dados.

EXCEPT

A operação UNION funciona nas duas tabelas de origem e retorna todas as linhas que aparecem em qualquer uma das tabelas. A operação INTERSECT retorna todas as linhas que aparecem, tanto na primeira como na segunda tabela. Em contraposição, a operação EXCEPT (ou EXCEPT DISTINCT) retorna todas as linhas que aparecem na primeira tabela, mas que *não* aparecem na segunda tabela.

Voltando ao exemplo do banco de dados de celulares municipais (consulte a seção "INTERSECT", no início deste capítulo), digamos que um grupo de celulares que foi declarado fora de serviço e devolvido ao fornecedor para reparos agora foi consertado e colocado de volta em serviço. A tabela PHONES foi atualizada para refletir os celulares devolvidos, mas os celulares devolvidos não foram removidos da tabela OUT como deveriam ter sido. Você pode exibir os números PhoneID dos celulares na tabela OUT, com aqueles reativados eliminados, utilizando uma operação EXCEPT:

```
SELECT *
   FROM OUT
EXCEPT CORRESPONDING (PhoneID)
SELECT *
   FROM PHONES;
```

Essa consulta retorna todas as linhas na tabela OUT, cujo PhoneID não está presente na tabela PHONES.

Operadores de Junção

Os operadores UNION, INTERSECT e EXCEPT são valiosos em bancos de dados multitabela, que contêm tabelas com compatibilidade de união. Em muitos casos, porém, você quer extrair dados de múltiplas tabelas que têm muito pouco em comum. Junções são operadores relacionais poderosos, que combinam dados de múltiplas tabelas em uma única tabela de resultados. As tabelas de origem podem ter pouco (ou mesmo nada) em comum entre si.

O SQL suporta alguns tipos de junções. A melhor opção a escolher em uma determinada situação depende do resultado que você está tentando alcançar. As seções a seguir fornecem os detalhes.

Junção básica

Qualquer consulta multitabela é um tipo de junção. As tabelas de origem são unidas no sentido de que a tabela de resultados inclui as informações extraídas de todas as tabelas de origem. A junção mais simples é uma SELECT de duas tabelas que não tem nenhum qualificador de cláusula WHERE: cada linha da primeira tabela é unida a cada linha da segunda tabela. A tabela de resultados é o produto cartesiano das duas tabelas de origem. O número de linhas na tabela de resultados é igual ao número de linhas na primeira tabela de origem multiplicado pelo número de linhas na segunda tabela de origem.

Por exemplo, imagine que você é o gerente de pessoal para uma empresa e que parte do seu trabalho é manter os registros dos funcionários. A maioria dos dados dos funcionários, como endereço residencial e número de telefone, não é particularmente confidencial. Mas alguns dados, como o salário atual, só devem estar disponíveis para pessoas autorizadas. Para manter a segurança das informações confidenciais, mantenha-as em uma tabela separada que é protegida por senha. Considere o seguinte par de tabelas:

```
EMPLOYEE                        COMPENSATION
--------                        ------------
EmpID                           Employ
FName                           Salary
LName                           Bonus
City
Phone
```

Preencha as tabelas com alguns dados de exemplo:

```
EmpID    FName     LName     City      Phone
-----    -----     -----     ----      -----
    1    Whitey    Ford      Orange    555-1001
    2    Don       Larson    Newark    555-3221
```

```
       3    Sal      Maglie    Nutley    555-6905
       4    Bob      Turley    Passaic   555-8908

Employ   Salary   Bonus
------   ------   -----
     1    33000   10000
     2    18000    2000
     3    24000    5000
     4    22000    7000
```

Crie uma tabela virtual de resultados com a seguinte consulta:

```
SELECT *
   FROM EMPLOYEE, COMPENSATION ;
```

Eis o que a consulta produz:

```
EmpID  FName   LName   City     Phone     Employ  Salary  Bonus
-----  -----   -----   ----     -----     ------  ------  -----
    1  Whitey  Ford    Orange   555-1001       1   33000  10000
    1  Whitey  Ford    Orange   555-1001       2   18000   2000
    1  Whitey  Ford    Orange   555-1001       3   24000   5000
    1  Whitey  Ford    Orange   555-1001       4   22000   7000
    2  Don     Larson  Newark   555-3221       1   33000  10000
    2  Don     Larson  Newark   555-3221       2   18000   2000
    2  Don     Larson  Newark   555-3221       3   24000   5000
    2  Don     Larson  Newark   555-3221       4   22000   7000
    3  Sal     Maglie  Nutley   555-6905       1   33000  10000
    3  Sal     Maglie  Nutley   555-6905       2   18000   2000
    3  Sal     Maglie  Nutley   555-6905       3   24000   5000
    3  Sal     Maglie  Nutley   555-6905       4   22000   7000
    4  Bob     Turley  Passaic  555-8908       1   33000  10000
    4  Bob     Turley  Passaic  555-8908       2   18000   2000
    4  Bob     Turley  Passaic  555-8908       3   24000   5000
    4  Bob     Turley  Passaic  555-8908       4   22000   7000
```

A tabela de resultados, que é o produto cartesiano das tabelas EMPLOYEE e COMPENSATION, contém redundância considerável. Além disso, ela não faz muito sentido. Ela combina todas as linhas de EMPLOYEE com cada linha de COMPENSATION. As únicas linhas que transmitem informações significativas são aquelas em que o número EmpID que veio de EMPLOYEE corresponde ao número Employ que veio de COMPENSATION. Nessas linhas, o nome e endereço de um funcionário são associados com sua remuneração.

Ao tentar obter informações úteis a partir de um banco de dados multitabela, o produto cartesiano gerado por uma junção básica, quase *nunca* é o que você quer, mas quase *sempre* é o primeiro passo para aquilo que você quer. Aplicando restrições à JOIN com uma cláusula WHERE, você pode filtrar as linhas indesejadas. A seção a seguir explica como filtrar as coisas que você não precisa ver.

Equijunção

A junção mais comum que usa o filtro da cláusula WHERE é a junção de igualdade. Uma *junção de igualdade* é uma junção básica com uma cláusula WHERE que contém uma condição especificando que o valor em uma coluna na primeira tabela deve ser igual ao valor de uma coluna correspondente na segunda tabela. Aplicar uma junção de igualdade às tabelas de exemplo da seção anterior gera um resultado mais significativo:

```
SELECT *
   FROM EMPLOYEE, COMPENSATION
   WHERE EMPLOYEE.EmpID = COMPENSATION.Employ ;
```

Essa consulta produz os seguintes resultados:

```
EmpID  FName   LName   City     Phone      Employ  Salary  Bonus
-----  -----   -----   ----     -----      ------  ------  -----
    1  Whitey  Ford    Orange   555-1001        1   33000  10000
    2  Don     Larson  Newark   555-3221        2   18000   2000
    3  Sal     Maglie  Nutley   555-6905        3   24000   5000
    4  Bob     Turley  Passaic  555-8908        4   22000   7000
```

Nessa tabela de resultados, os salários e bônus à direita são aplicados aos funcionários nomeados à esquerda. A tabela ainda tem alguma redundância porque a coluna EmpID duplica a coluna Employ. Você pode corrigir esse problema reformulando ligeiramente a consulta, desta maneira:

```
SELECT EMPLOYEE.*,COMPENSATION.Salary,COMPENSATION.Bonus
   FROM EMPLOYEE, COMPENSATION
   WHERE EMPLOYEE.EmpID = COMPENSATION.Employ ;
```

Essa consulta produz a tabela de resultados a seguir:

```
EmpID  FName   LName   City     Phone     Salary  Bonus
-----  -----   -----   ----     -----     ------  -----
    1  Whitey  Ford    Orange   555-1001   33000  10000
    2  Don     Larson  Newark   555-3221   18000   2000
    3  Sal     Maglie  Nutley   555-6905   24000   5000
    4  Bob     Turley  Passaic  555-8908   22000   7000
```

Essa tabela mostra o que você quer saber, mas não o sobrecarrega com quaisquer dados irrelevantes. Mas escrever a consulta é um pouco entediante. Para evitar ambiguidade, você pode qualificar os nomes das colunas com os nomes das tabelas de onde elas são provenientes. Digitar esses nomes de tabela repetidamente é um bom exercício para os dedos, mas não tem nenhum outro mérito.

Você pode reduzir a quantidade de digitação usando aliases (ou *nomes de correlação*). Um *alias* é um nome curto que representa um nome de tabela. Se você usar alias para reformular a consulta anterior, o resultado é este:

```
SELECT E.*, C.Salary, C.Bonus
   FROM EMPLOYEE E, COMPENSATION C
   WHERE E.EmpID = C.Employ ;
```

Nesse exemplo E é o alias para EMPLOYEE, e C é o alias para COMPENSATION. O alias é local para a instrução em que ele está. Depois de declarar um alias (na cláusula FROM), você deve usá-lo por toda a instrução. Você não pode usar o alias e o formato longo de nome de tabela na mesma instrução.

Mesmo que fosse possível combinar o formato longo de nome de tabela com alias, você não iria querer fazer isso porque gera muita confusão. Considere o seguinte exemplo:

```
SELECT T1.C, T2.C
   FROM T1 T2, T2 T1
   WHERE T1.C > T2.C ;
```

Nesse exemplo, o alias para T1 é T2 e o alias para T2 é T1. Devo admitir que essa não é uma escolha inteligente de alias, mas não é proibida pelas regras. Se misturar alias com nomes de tabelas de formato longo, você não pode afirmar qual tabela é qual.

O exemplo anterior com alias é equivalente à seguinte instrução SELECT sem alias:

```
SELECT T2.C, T1.C
   FROM T1 , T2
   WHERE T2.C > T1.C ;
```

O SQL permite unir mais de duas tabelas. O número máximo varia de uma implementação para outra. A sintaxe é análoga ao caso de duas tabelas; eis sua aparência:

```
SELECT E.*, C.Salary, C.Bonus, Y.TotalSales
   FROM EMPLOYEE E, COMPENSATION C, YTD_SALES Y
   WHERE E.EmpID = C.Employ
      AND C.Employ = Y.EmpNo ;
```

Essa instrução executa uma equijunção em três tabelas, extraindo os dados das linhas correspondentes de cada uma, para produzir uma tabela de resultados que mostra todos os dados dos vendedores, o salário, o bônus e o total de vendas. O gerente de vendas pode ver rapidamente se a remuneração condiz com a produção.

Armazenar as vendas do ano de um vendedor até a data atual em uma tabela YTD_SALES separada garante melhor desempenho do computador e confiabilidade dos dados, do que manter os dados na tabela EMPLOYEE. Os dados na tabela EMPLOYEE são relativamente estáticos. Nome, endereço e número de telefone de uma pessoa não mudam com muita frequência. Em contraposição, as vendas até o ano atual mudam com frequência (você espera). Como a tabela YTD_SALES tem menos colunas do que a tabela EMPLOYEE, você pode ser capaz de atualizá-la mais rapidamente. Se, ao atualizar os totais de vendas, não mexer na tabela EMPLOYEE, você diminui o risco de modificar acidentalmente informações sobre os funcionários que não devem ser alteradas.

Junção cruzada

CROSS JOIN é a palavra-chave para a junção básica sem uma cláusula WHERE. Portanto,

```
SELECT *
FROM EMPLOYEE, COMPENSATION ;
```

também pode ser escrito como:

```
SELECT *
FROM EMPLOYEE CROSS JOIN COMPENSATION ;
```

O resultado é o produto cartesiano (também chamado *produto cruzado*) das duas tabelas de origem. CROSS JOIN raramente lhe dá o resultado final que você quer, mas pode ser útil como o primeiro passo em uma cadeia de operações de manipulação de dados que, em última análise, produz o resultado desejado.

Junção natural

A *junção natural* é um caso especial de uma equijunção. Na cláusula WHERE de uma equijunção, uma coluna de uma tabela de origem é comparada com uma coluna de uma segunda tabela de origem para obter a igualdade. Na junção natural as duas colunas devem ser do mesmo tipo e ter o mesmo comprimento e o mesmo nome. De fato, em uma junção natural, todas as colunas em uma tabela que têm os mesmos nome, tipo e comprimento que as colunas correspondentes na segunda tabela são comparadas quanto à igualdade.

Imagine que a tabela COMPENSATION do exemplo anterior tem as colunas EmpID, Salary e Bonus em vez de Employ, Salary e Bonus. Nesse caso, você pode executar uma junção natural da tabela COMPENSATION com a tabela EMPLOYEE. A sintaxe JOIN tradicional ficaria assim:

```
SELECT E.*, C.Salary, C.Bonus
   FROM EMPLOYEE E, COMPENSATION C
   WHERE E.EmpID = C.EmpID ;
```

Essa consulta é um caso especial de uma junção natural. A instrução SELECT retornará as linhas em que E.EmpID = C.EmpID. Considere o seguinte:

```
SELECT E.*, C.Salary, C.Bonus
   FROM EMPLOYEE E NATURAL JOIN COMPENSATION C ;
```

Essa consulta unirá as linhas em que E.EmpID = C.EmpID, em que E.Salary = C.Salary, e em que E.Bonus = C.Bonus. A tabela de resultados só conterá as linhas em que *todas as* colunas correspondentes se correlacionam. Nesse exemplo, os resultados de ambas as consultas será o mesmo porque a tabela EMPLOYEE não contém uma coluna Salary ou uma Bonus.

Junção de condição

A *condição de junção* é como uma junção de igualdade, exceto que a condição sendo testada não tem de ser uma igualdade (embora possa ser). Ela pode ser qualquer predicado bem formado. Se a condição for atendida, a linha correspondente se tornará parte da tabela de resultados. A sintaxe é um pouco diferente daquilo que vimos até agora: a condição está contida em uma cláusula ON em vez de em uma cláusula WHERE.

Digamos que um estatístico de beisebol quer saber quais arremessadores da Liga Nacional jogaram o mesmo número de partidas completas que um ou mais arremessadores da Liga Americana. Essa questão é um trabalho para uma junção de igualdade, que também pode ser expressa com a sintaxe:

```
SELECT *
   FROM NATIONAL JOIN AMERICAN
   ON NATIONAL.CompleteGames = AMERICAN.CompleteGames ;
```

Junção por nome de coluna

A *junção de nome de coluna* é como uma junção natural, mas é mais flexível. Em uma junção natural, todas as colunas da tabela de origem que têm o mesmo nome são comparadas entre si para obter a igualdade. Com a junção de nome de coluna, você seleciona quais colunas com o mesmo nome comparar. Você pode escolher todas elas se quiser, tornando a junção do nome de coluna (efetivamente) uma junção natural. Ou você pode escolher um número menor do que todas as colunas com o mesmo nome. Dessa forma, você tem alto grau de controle sobre quais linhas do produto cruzado se qualificam para ser inseridas na sua tabela de resultados.

Suponha que você é um fabricante de tabuleiros de xadrez e tem uma tabela de estoque que monitora o estoque de peças brancas e outra que monitora o estoque de peças pretas. As tabelas contêm os dados a seguir:

```
WHITE                           BLACK
-----                           -----
Piece Quant Wood                Piece Quant Wood
----- ----- ----                ----- ----- ----
King    502 Oak                 King    502 Ebony
Queen   398 Oak                 Queen   397 Ebony
Rook   1020 Oak                 Rook   1020 Ebony
Bishop  985 Oak                 Bishop  985 Ebony
Knight  950 Oak                 Knight  950 Ebony
Pawn    431 Oak                 Pawn    453 Ebony
```

Para cada tipo de peça, o número das peças brancas deve corresponder ao número das peças pretas. Se elas não corresponderem, algumas peças de xadrez foram perdidas ou roubadas, e você precisa melhorar as medidas de segurança.

Uma junção natural compara todas as colunas com o mesmo nome para obter a igualdade. Nesse caso, uma tabela de resultados sem nenhuma linha é produzida, porque nenhuma linha na coluna WOOD na tabela WHITE corresponde a nenhuma linha na coluna WOOD na tabela BLACK. Essa tabela de resultados não o ajuda a determinar se qualquer mercadoria está ausente. Em vez disso, use uma junção de nome de coluna que exclui a coluna WOOD de consideração. Ela pode ter a seguinte forma:

```sql
SELECT *
   FROM WHITE JOIN BLACK
   USING (Piece, Quant) ;
```

A tabela de resultados mostra apenas as linhas para as quais o número de peças brancas em estoque é igual ao número de peças pretas:

```
Piece Quant Wood Piece Quant Wood
----- ----- ---- ----- ----- ----
King    502 Oak  King    502 Ebony
Rook   1020 Oak  Rook   1020 Ebony
Bishop  985 Oak  Bishop  985 Ebony
Knight  950 Oak  Knight  950 Ebony
```

Uma pessoa esperta pode deduzir que a rainha e o peão não estão na lista, indicando uma falta de estoque em algum lugar para esses tipos de peças.

Junção interna

Até agora, é provável que você esteja pensando que junções são muito complexas e que é necessário um nível incomum de discernimento mental para lidar com elas de forma adequada. Você já deve ter ouvido falar da misteriosa *junção interna* e especulou que ela provavelmente representa o núcleo ou a essência das operações relacionais. Bem, então vamos lá.

Posso dizer que não há nada de misterioso sobre junções internas. De fato, todas as junções abrangidas até agora neste capítulo são junções internas. Poderíamos ter formulado a junção pelo nome de coluna no último exemplo como uma junção interna utilizando a seguinte sintaxe:

```
SELECT *
   FROM WHITE INNER JOIN BLACK
   USING (Piece, Quant) ;
```

O resultado é o mesmo.

A junção interna é assim chamada para distingui-la da junção externa. Uma junção interna descarta todas as linhas da tabela de resultados que não têm linhas correspondentes em ambas as tabelas de origem. Uma junção externa preserva as linhas não correspondentes. Essa é a diferença. Não há nada de metafísico nisso.

Junção externa

Ao unir duas tabelas, a primeira (aquela à esquerda) pode ter linhas que não têm equivalentes correspondentes na segunda tabela (aquela à direita). Por outro lado, a tabela à direita pode ter linhas que não têm equivalentes correspondentes na tabela à esquerda. Se você executar uma junção interna nessas tabelas, todas as linhas não correspondentes são excluídas da saída. Mas *junções externas* não excluem as linhas não correspondentes. Junções externas têm três tipos: a junção externa esquerda, a junção externa direita e a junção externa total.

Junção externa à esquerda

Em uma consulta que inclui uma junção, a tabela à esquerda é a que precede a palavra-chave JOIN, e a tabela à direita é a que vem depois. A *junção externa esquerda* preserva as linhas não correspondentes da tabela à esquerda, mas descarta as linhas não correspondentes da tabela à direita.

Para entender junções externas, considere um banco de dados corporativo que mantém registros dos funcionários, departamentos e locais da empresa. As Tabelas 11-1, 11-2 e 11-3 contêm dados de exemplo do banco de dados.

Tabela 11-1	LOCALIZAÇÃO
LOCATION_ID	CITY
1	Boston
3	Tampa
5	Chicago

Tabela 11-2		DEPARTAMENTO
DEPT_ID	*LOCATION_ID*	*NAME*
21	1	Sales
24	1	Admin
27	5	Repair
29	5	Stock

Tabela 11-3		FUNCIONÁRIO
EMP_ID	*DEPT_ID*	*NAME*
61	24	Kirk
63	27	McCoy

Agora, suponha que você quer ver todos os dados para todos os funcionários, incluindo o departamento e o local. Você começa isso com uma junção de igualdade:

```
SELECT *
   FROM LOCATION L, DEPT D, EMPLOYEE E
   WHERE L.LocationID = D.LocationID
     AND D.DeptID = E.DeptID ;
```

Essa instrução produz o seguinte resultado:

```
1    Boston    24    1    Admin     61    24    Kirk
5    Chicago   27    5    Repair    63    27    McCoy
```

Essa tabela resultado fornece todos os dados para todos os funcionários, incluindo o local e o departamento. A junção de igualdade funciona, porque cada funcionário tem um local e um departamento.

Em seguida, suponha que você quer os dados sobre os locais, com os dados relacionados ao departamento e aos funcionários. Isso é um problema diferente porque pode existir um local sem nenhum departamento associado. Para obter o que quer, você precisa usar uma junção externa, como no exemplo a seguir:

```
SELECT *
   FROM LOCATION L LEFT OUTER JOIN DEPT D
     ON (L.LocationID = D.LocationID)
   LEFT OUTER JOIN EMPLOYEE E
     ON (D.DeptID = E.DeptID);
```

Essa junção extrai os dados de três tabelas. Primeiro, a tabela LOCATION é associada à tabela DEPT. O conjunto de resultados é então associado à tabela EMPLOYEE. As linhas da tabela à esquerda do operador `LEFT OUTER JOIN`, que não têm nenhuma linha correspondente na tabela à direita são incluídas no resultado. Assim, na primeira junção, todos os locais são incluídos, mesmo que não exista nenhum departamento associado a eles. Na segunda junção, todos os departamentos são incluídos, mesmo que não exista nenhum funcionário associado a eles. O resultado é o seguinte:

```
1    Boston    24    1     Admin    61     24     Kirk
5    Chicago   27    5     Repair   63     27     McCoy
3    Tampa     NULL  NULL  NULL     NULL   NULL   NULL
5    Chicago   29    5     Stock    NULL   NULL   NULL
1    Boston    21    1     Sales    NULL   NULL   NULL
```

As duas primeiras linhas são as mesmas que as duas linhas de resultado no exemplo anterior. A terceira linha (`3 Tampa`) tem valores nulos nas colunas DEPARTMENT e EMPLOYEE porque nenhum departamento é definido para Tampa e nenhum funcionário trabalha lá. A quarta e quinta linhas (`5 Chicago` e `1 Boston`) contêm dados sobre os departamentos `Stock` e `Sales`, mas as colunas `Employee` para essas linhas contêm nulos porque esses dois departamentos não têm funcionários. Essa junção externa informa tudo o que a junção de igualdade informou — além do seguinte:

- Todos os locais da empresa, quer tenham ou não algum departamento
- Todos os departamentos da empresa, quer tenham ou não funcionários

Não há garantia de que as linhas retornadas no exemplo anterior estão na ordem que você quer. A ordem pode variar entre uma implementação e outra. Para certificar-se de que as linhas retornadas estão na ordem desejada, adicione uma cláusula `ORDER BY` à instrução `SELECT`, assim:

```
SELECT *
   FROM LOCATION L LEFT OUTER JOIN DEPT D
      ON (L.LocationID = D.LocationID)
   LEFT OUTER JOIN EMPLOYEE E
      ON (D.DeptID = E.DeptID)
   ORDER BY L.LocationID, D.DeptID, E.EmpID;
```

Você pode abreviar a linguagem da junção externa esquerda como `LEFT JOIN`, porque não existe junção *interna* à esquerda.

Junção externa à direita

Aposto que você descobriu como a junção externa à direita se comporta. Certo! A *junção externa à direita* preserva as linhas não correspondentes da tabela à direita, mas descarta as linhas não correspondentes da tabela à esquerda. Você pode usá-la nas mesmas tabelas e obter o mesmo resultado invertendo a ordem em que você apresenta as tabelas para a junção:

```
SELECT *
   FROM EMPLOYEE E RIGHT OUTER JOIN DEPT D
      ON (D.DeptID = E.DeptID)
   RIGHT OUTER JOIN LOCATION L
      ON (L.LocationID = D.LocationID) ;
```

Nessa fórmula, a primeira junção produz uma tabela que contém todos os departamentos, quer tenham ou não um funcionário associado. A segunda junção produz uma tabela que contém todos os locais, quer tenham ou não um departamento associado.

Você pode abreviar a linguagem da junção externa como RIGHT JOIN, porque não há essa coisa de *junção interna* à direita.

Junção externa total

A *junção externa total* combina as funções da junção externa à esquerda com as funções da junção externa à direita. Ela mantém as linhas não correspondentes das tabelas à esquerda e à direita. Considere o caso mais geral do banco de dados da empresa utilizado nos exemplos anteriores. Ele pode ter:

- Locais sem nenhum departamento
- Departamentos sem nenhum local
- Departamentos sem nenhum funcionário
- Funcionários sem nenhum departamento

Para mostrar todos os locais, departamentos e funcionários, independentemente de eles terem ou não linhas correspondentes nas outras tabelas, use uma junção externa total da seguinte forma:

```
SELECT *
   FROM LOCATION L FULL OUTER JOIN DEPT D
      ON (L.LocationID = D.LocationID)
   FULL OUTER JOIN EMPLOYEE E
      ON (D.DeptID = E.DeptID) ;
```

Você pode abreviar a linguagem da junção externa total como FULL JOIN, porque (isso pode soar assustadoramente familiar) não há essa coisa de junção *interna* total.

Junção de união

Ao contrário dos outros tipos de junção, a *junção de união* não faz nenhuma tentativa de corresponder uma linha da tabela de origem à esquerda com nenhuma linha na tabela de origem à direita.

Ela cria uma nova tabela virtual que contém a união de todas as colunas em ambas as tabelas de origem. Na tabela virtual de resultados, as colunas provenientes da tabela de origem à esquerda contêm todas as linhas que estavam na tabela de origem à esquerda. Para essas linhas, todas as colunas provenientes da tabela de origem à direita têm o valor nulo. Da mesma forma, as colunas provenientes da tabela de origem à direita contêm todas as linhas que estavam na tabela de origem à direita. Para essas linhas, todas as colunas provenientes da tabela de origem à esquerda têm o valor nulo. Assim, a tabela resultante de uma junção de união contém todas as colunas de ambas as tabelas de origem — e o número de linhas que ela contém é a soma do número de linhas nas duas tabelas de origem.

O resultado da própria junção de união não é imediatamente útil na maioria dos casos; ela produz uma tabela de resultados com vários nulos nela. Mas você pode obter informações úteis, a partir de uma junção de união ao usá-la em conjunto com a expressão COALESCE discutida no Capítulo 9. Veja um exemplo.

Suponha que você trabalha para uma empresa que projeta e constrói foguetes experimentais. Você tem vários projetos em andamento. Você também tem vários engenheiros de projeto com habilidades em múltiplas áreas. Como gerente, você quer saber quais funcionários, que têm as habilidades, trabalharam em quais projetos. Atualmente, esses dados estão espalhados entre a tabela EMPLOYEE, a tabela PROJECTS e a tabela SKILLS.

A tabela EMPLOYEE contém os dados sobre os funcionários, e EMPLOYEE.EmpID é a chave primária. A tabela PROJECTS tem uma linha para cada projeto em que um funcionário trabalhou. PROJECTS.EmpID é uma chave estrangeira que referencia a tabela EMPLOYEE. A tabela SKILLS mostra a habilidade de cada funcionário. SKILLS.EmpID é uma chave estrangeira que referencia a tabela EMPLOYEE.

A tabela EMPLOYEE tem uma linha para cada funcionário; a tabela PROJECTS e a tabela SKILLS têm zero ou mais linhas.

As Tabelas 11-4, 11-5 e 11-6 mostram exemplos de dados nas três tabelas.

Tabela 11-4	Tabela EMPLOYEE
EmpID	*Name*
1	Ferguson
2	Frost
3	Toyon

Tabela 11-5   Tabela PROJECTS

ProjectName	EmpID
X-63 Structure	1
X-64 Structure	1
X-63 Guidance	2
X-64 Guidance	2
X-63 Telemetry	3
X-64 Telemetry	3

Tabela 11-6   Tabela SKILLS

Skill	EmpID
Mechanical Design	1
Aerodynamic Loading	1
Analog Design	2
Gyroscope Design	2
Digital Design	3
R/F Design	3

A partir das tabelas, você pode ver que Ferguson trabalhou no projeto da estrutura X-63 e X-64 e tem habilidade em projeto mecânico e carregamento aerodinâmico.

Agora suponha que, como gerente, você quer ver todas as informações sobre todos os funcionários. Você decide aplicar uma junção de igualdade às tabelas EMPLOYEE, PROJECTS e SKILLS:

```
SELECT *
   FROM EMPLOYEE E, PROJECTS P, SKILLS S
   WHERE E.EmpID = P.EmpID
      AND E.EmpID = S.EmpID ;
```

Você pode expressar essa mesma operação como uma junção interna usando a seguinte sintaxe:

```
SELECT *
   FROM EMPLOYEE E INNER JOIN PROJECTS P
      ON (E.EmpID = P.EmpID)
   INNER JOIN SKILLS S
      ON (E.EmpID = S.EmpID) ;
```

Ambas as fórmulas fornecem o mesmo resultado, como mostrado na Tabela 11-7.

Tabela 11-7			Resultado da junção interna		
E.EmpID	Name	P.EmpID	ProjectName	S.EmpID	Skill
1	Ferguson	1	X-63 Structure	1	Mechanical Design
1	Ferguson	1	X-63 Structure	1	Aerodynamic Loading
1	Ferguson	1	X-64 Structure	1	Mechanical Design
1	Ferguson	1	X-64 Structure	1	Aerodynamic Loading
2	Frost	2	X-63 Guidance	2	Analog Design
2	Frost	2	X-63 Guidance	2	Gyroscope Design
2	Frost	2	X-64 Guidance	2	Analog Design
2	Frost	2	X-64 Guidance	2	Gyroscope Design
3	Toyon	3	X-63 Telemetry	3	Digital Design
3	Toyon	3	X-63 Telemetry	3	R/F Design
3	Toyon	3	X-64 Telemetry	3	Digital Design
3	Toyon	3	X-64 Telemetry	3	R/F Design

Esse arranjo de dados não é particularmente esclarecedor. Os números de identificação dos funcionários aparecem três vezes e os projetos e as habilidades estão duplicados para cada funcionário. Resumindo: as junções internas não são adequadas para responder a esse tipo de pergunta. Você pode colocar a junção de união em funcionamento aqui, junto com algumas instruções SELECT estrategicamente escolhidas, para produzir um resultado mais adequado. Você começa com a junção básica de união:

```
SELECT *
   FROM EMPLOYEE E UNION JOIN PROJECTS P
      UNION JOIN SKILLS S ;
```

LEMBRE-SE Observe que a junção de união não tem nenhuma cláusula ON. Ela não filtra os dados, assim uma cláusula ON não é necessária. Essa instrução produz o resultado mostrado na Tabela 11-8.

Tabela 11-8			Resultado da junção de união		
E.EmpID	*Name*	*P.EmpID*	*ProjectName*	*S.EmpID*	*Skill*
1	Ferguson	NULL	NULL	NULL	NULL
NULL	NULL	1	X-63 Structure	NULL	NULL
NULL	NULL	1	X-64 Structure	NULL	NULL
NULL	NULL	NULL	NULL	1	Mechanical Design
NULL	NULL	NULL	NULL	1	Aerodynamic Loading
2	Frost	NULL	NULL	NULL	NULL
NULL	NULL	2	X-63 Guidance	NULL	NULL
NULL	NULL	2	X-64 Guidance	NULL	NULL
NULL	NULL	NULL	NULL	2	Analog Design
NULL	NULL	NULL	NULL	2	Gyroscope Design
3	Toyon	NULL	NULL	NULL	NULL
NULL	NULL	3	X-63 Telemetry	NULL	NULL
NULL	NULL	3	X-64 Telemetry	NULL	NULL
NULL	NULL	NULL	NULL	3	Digital Design
NULL	NULL	NULL	NULL	3	R/F Design

Cada tabela foi estendida à direita ou à esquerda com nulos, e as linhas estendidas nulas sofreram junção por união. A ordem das linhas é arbitrária e depende da implementação. Agora você pode "tratar" os dados para colocá-los em uma forma mais útil.

Observe que a tabela tem três colunas ID, duas das quais são nulas em qualquer linha. Você pode melhorar a exibição unindo as colunas ID. Como observado no Capítulo 9, a expressão COALESCE assume o valor do primeiro valor não nulo em uma lista de valores. Nesse caso, ela assume o valor do único valor não nulo em uma lista de colunas:

```
SELECT COALESCE (E.EmpID, P.EmpID, S.EmpID) AS ID,
     E.Name, P.ProjectName, S.Skill
   FROM EMPLOYEE E UNION JOIN PROJECTS P
     UNION JOIN SKILLS S
   ORDER BY ID ;
```

A cláusula FROM é a mesma que no exemplo anterior, mas agora as três colunas EMP_ID são unidas em uma única coluna denominada ID. Você também está ordenando o resultado por ID. A Tabela 11-9 mostra o resultado.

Tabela 11-9   **Resultado da função de união com a expressão COALESCE**

ID	Name	ProjectName	Skill
1	Ferguson	X-63 Structure	NULL
1	Ferguson	X-64 Structure	NULL
1	Ferguson	NULL	Mechanical Design
1	Ferguson	NULL	Aerodynamic Loading
2	Frost	X-63 Guidance	NULL
2	Frost	X-64 Guidance	NULL
2	Frost	NULL	Analog Design
2	Frost	NULL	Gyroscope Design
3	Toyon	X-63 Telemetry	NULL
3	Toyon	X-64 Telemetry	NULL
3	Toyon	NULL	Digital Design
3	Toyon	NULL	R/F Design

Cada linha nesse resultado tem dados sobre um projeto ou uma habilidade, mas não ambos. Ao ler o resultado, você primeiro tem de determinar quais informações estão em cada linha (projeto ou habilidade). Se a coluna ProjectName tem um valor não nulo, a linha nomeia um projeto em que o funcionário trabalhou. Se a coluna Skill for não nula, a linha nomeia uma das competências do funcionário.

Você pode tornar o resultado um pouco mais claro adicionando outra COALESCE à instrução SELECT, como a seguir:

```
SELECT COALESCE (E.EmpID, P.EmpID, S.EmpID) AS ID,
    E.Name, COALESCE (P.Type, S.Type) AS Type,
    P.ProjectName, S.Skill
  FROM EMPLOYEE E
    UNION JOIN (SELECT "Project" AS Type, P.*
                  FROM PROJECTS) P
    UNION JOIN (SELECT "Skill" AS Type, S.*
                  FROM SKILLS) S
  ORDER BY ID, Type ;
```

Nessa junção de união, a tabela PROJECTS no exemplo anterior é substituída por uma SELECT aninhada, que anexa uma coluna chamada P.Type com um valor de constante "Project" às colunas provenientes de tabela PROJECTS. Da mesma forma, a tabela SKILLS é substituída por uma SELECT aninhada, que anexa uma coluna chamada S.Type com um valor de constante "Skill" às colunas provenientes da tabela SKILLS. Em cada linha, P.Type é nulo ou "Project" e S.Type é nulo ou "Skill".

A lista SELECT à externa especifica uma COALESCE dessas duas colunas Type em uma única coluna chamada Type. Você então especifica Type na cláusula ORDER BY, o que classifica todas as linhas que têm o mesmo ID em uma ordem que coloca todos os projetos primeiro, seguidos por todas as habilidades. O resultado é mostrado na Tabela 11-10.

Tabela 11-10   Resultado refinado da junção de união com expressões COALESCE

ID	Name	Type	ProjectName	Skill
1	Ferguson	Project	X-63 Structure	NULL
1	Ferguson	Project	X-64 Structure	NULL
1	Ferguson	Skill	NULL	Mechanical Design
1	Ferguson	Skill	NULL	Aerodynamic Loading
2	Frost	Project	X-63 Guidance	NULL
2	Frost	Project	X-64 Guidance	NULL
2	Frost	Skill	NULL	Analog Design
2	Frost	Skill	NULL	Gyroscope Design
3	Toyon	Project	X-63 Telemetry	NULL
3	Toyon	Project	X-64 Telemetry	NULL
3	Toyon	Skill	NULL	Digital Design
3	Toyon	Skill	NULL	R/F Design

A tabela de resultados agora apresenta um relato muito legível da experiência de projeto, e habilidade de todos os funcionários na tabela EMPLOYEE.

Considerando o número de operações JOIN disponíveis, relacionar dados de diferentes tabelas não deve ser um problema, independentemente da estrutura das tabelas. Você pode confiar que, se existirem dados brutos em seu banco de dados, o SQL tem os meios de extraí-los e exibi-los de uma forma significativa.

ON Versus WHERE

A função das cláusulas ON e WHERE, nos vários tipos de junções é potencialmente confusa. Esses fatos podem ajudá-lo a corrigir as coisas:

- A cláusula ON é parte das junções interna, esquerda, direita e total. A junção cruzada e junção de união não têm uma cláusula ON porque nenhuma delas faz qualquer filtragem dos dados.

- A cláusula ON em uma junção interna é logicamente equivalente a uma cláusula WHERE; a mesma condição pode ser especificada em uma cláusula ON ou em uma cláusula WHERE.

- As cláusulas ON nas junções externas (junções esquerda, direita e total) são diferentes das cláusulas WHERE. A cláusula WHERE simplesmente filtra as linhas retornadas pela cláusula FROM. As linhas rejeitadas pelo filtro não são incluídas nos resultados. A cláusula ON em uma junção externa primeiro filtra as linhas de um produto cruzado e então inclui as linhas rejeitadas, estendidas com nulos.

Capítulo 12
Consultas Aninhadas

Neste Capítulo

▶ Extraindo dados de múltiplas tabelas com uma única instrução SQL
▶ Comparando um valor de uma tabela com um conjunto de valores de outra tabela
▶ Usando a instrução SELECT para comparar um valor de uma tabela com um único valor a partir de outra tabela
▶ Comparando um valor de uma tabela com todos os valores correspondentes em outra
▶ Fazendo consultas que correlacionam linhas em uma tabela com linhas correspondentes em outra tabela
▶ Determinando quais linhas atualizar, excluir ou inserir usando uma subconsulta

Uma das melhores maneiras de proteger a integridade de seus dados é evitar anomalias de modificação (ver detalhes no Capítulo 5) normalizando seu banco de dados. A *normalização* envolve dividir uma única tabela em múltiplas tabelas, cada uma das quais tem um único tema. Você não quer informações sobre produtos na mesma tabela com as informações sobre clientes, por exemplo, mesmo que os clientes tenham comprado produtos.

Se você normalizar um banco de dados adequadamente, os dados são distribuídos por múltiplas tabelas. A maioria das consultas que você deseja fazer precisa extrair os dados de duas ou mais tabelas. Uma maneira de fazer isso é usar um operador de junção ou um dos outros operadores relacionais (UNION, INTERSECT, ou EXCEPT). Os operadores relacionais recebem informações de múltiplas tabelas e combinam todas elas em um único conjunto de resultados. Diferentes operadores combinam os dados de diferentes maneiras.

LEMBRE-SE

Outra maneira de extrair dados de duas ou mais tabelas é usar uma consulta aninhada. No SQL, uma *consulta aninhada* é aquela em que uma instrução externa envolvente contém uma subconsulta. Essa subconsulta pode funcionar como uma instrução envolvente para uma subconsulta de nível inferior que está aninhada dentro dela. Não há limites teóricos quanto ao número de níveis de aninhamento que uma consulta aninhada pode ter, mas você enfrenta alguns limites práticos que dependem de sua implementação SQL.

Subconsultas são invariavelmente instruções SELECT, mas a instrução externa envolvente também pode ser uma instrução INSERT, UPDATE ou DELETE.

DICA: Uma subconsulta pode operar em uma tabela além da tabela em que a instrução envolvente opera, assim consultas aninhadas lhe dão outra maneira de extrair informações de múltiplas tabelas.

Por exemplo, suponha que você quer consultar seu banco de dados corporativo para localizar todos os gerentes de departamento que têm mais de 50 anos de idade. Com as junções discutidas no Capítulo 11, você pode usar uma consulta como esta:

```
SELECT D.Deptno, D.Name, E.Name, E.Age
   FROM DEPT D, EMPLOYEE E
   WHERE D.ManagerID = E.ID AND E.Age >50 ;
```

D é o alias para a tabela DEPT e E é o alias para a tabela EMPLOYEE. A tabela EMPLOYEE tem uma coluna ID que é a chave primária e a tabela DEPT tem uma coluna ManagerID que é o valor ID do funcionário que é gerente do departamento. Uma junção simples (a lista das tabelas na cláusula FROM) associa as tabelas relacionadas, e uma cláusula WHERE filtra todas as linhas exceto aquelas que atendem aos critérios. Observe que a lista de parâmetros da instrução SELECT inclui as colunas Deptno e Name da tabela DEPT e as colunas Name e Age da tabela EMPLOYEE.

Em seguida, suponha que você está interessado no mesmo conjunto de linhas, mas quer apenas as colunas da tabela DEPT. Em outras palavras, você está interessado nos departamentos cujos gerentes têm 50 anos ou mais, mas você não se importa quem esses gerentes são ou qual exatamente é a idade deles. Você pode então escrever a consulta com uma *subconsulta* em vez de uma junção:

```
SELECT D.Deptno, D.Name
   FROM DEPT D
   WHERE EXISTS (SELECT * FROM EMPLOYEE E
      WHERE E.ID = D.ManagerID AND E.Age > 50) ;
```

Essa consulta tem dois novos elementos: a palavra-chave EXISTS e a SELECT * na cláusula WHERE da SELECT interna. A SELECT interna é uma subconsulta (ou *subseleção*), e a palavra-chave EXISTS é uma das várias ferramentas para uso com uma subconsulta que é descrita neste capítulo.

O Que Subconsultas Fazem

As subconsultas estão localizadas dentro da cláusula WHERE da instrução envolvente. A função delas é definir as condições de pesquisa para a cláusula WHERE. Cada tipo de subconsulta produz um resultado diferente. Algumas subconsultas produzem uma lista de valores, que é então utilizada como uma entrada pela instrução envolvente. Outras subconsultas produzem um único valor que a instrução envolvente então avalia com um operador de comparação. Um terceiro tipo de subconsulta retorna um valor verdadeiro ou falso.

Consultas aninhadas que retornam conjuntos de linhas

Para ilustrar como uma consulta aninhada retorna um conjunto de linhas, imagine que você trabalha para uma empresa integradora de sistemas de equipamentos de informática. Sua empresa, Zetec Corporation, monta sistemas a partir de componentes que você compra, e então os vende para empresas e agências governamentais. Você monitora os negócios com um banco de dados relacional. O banco de dados é composto por muitas tabelas, mas agora você está preocupado apenas com três delas: a tabela PRODUCT, a tabela COMP_USED e a tabela COMPONENT. A tabela PRODUCT (mostrada na Tabela 12-1) contém uma lista de todos os produtos-padrão. A tabela COMPONENT (mostrada na Tabela 12-2) lista os componentes que são utilizados nos produtos e a tabela COMP_USED (mostrada na Tabela 12-3) monitora quais componentes são utilizados em cada produto.

Tabela 12-1   Tabela PRODUCT

Coluna	Tipo	Restrições
Model	CHAR (6)	PRIMARY KEY
ProdName	CHAR (35)	
ProdDesc	CHAR (31)	
ListPrice	NUMERIC (9,2)	

Tabela 12-2   Tabela COMPONENT

Coluna	Tipo	Restrições
CompID	CHAR (6)	PRIMARY KEY
CompType	CHAR (10)	
CompDesc	CHAR (31)	

Tabela 12-3   Tabela COMP_USED

Coluna	Tipo	Restrições
Model	CHAR (6)	FOREIGN KEY (para PRODUCT)
CompID	CHAR (6)	FOREIGN KEY (para COMPONENT)

Um componente pode ser usado em vários produtos, e um produto pode conter múltiplos componentes (um relacionamento de muitos para muitos). Essa situação pode causar problemas de integridade. Para evitar problemas, crie a tabela de vinculação COMP_USED para relacionar COMPONENT a PRODUCT. Um componente pode aparecer em várias linhas na tabela COMP_USED, mas cada uma dessas linhas fará referência a um único componente (um relacionamento de um para muitos). Da mesma forma, um produto pode aparecer em muitas linhas em COMP_USED, mas cada linha referencia um único produto (outro relacionamento de um para muitos). Adicionar a tabela de vinculação transforma um relacionamento problemático de muitos para muitos em dois relacionamentos, de um para muitos relativamente simples. Esse processo de reduzir a complexidade dos relacionamentos é um exemplo da normalização.

Subconsultas introduzidas pela palavra-chave IN

Uma forma de consulta aninhada compara um único valor com o conjunto de valores retornados por uma instrução SELECT. Ela usa o predicado IN com a seguinte sintaxe:

```
SELECT lista_de_colunas
   FROM nome_da_tabela
      WHERE expressao IN (subconsulta) ;
```

A expressão na cláusula WHERE é avaliada como um valor. Se esse valor está na lista IN retornada pela subconsulta, então a cláusula WHERE retorna um valor verdadeiro. As colunas especificadas, a partir da linha da tabela que é processada são adicionadas à tabela de resultados. A subconsulta pode referenciar a mesma tabela referenciada pela consulta externa, ou pode referenciar uma tabela diferente.

No exemplo a seguir, usamos o banco de dados da Zetec para demonstrar esse tipo de consulta. Suponha que há escassez de monitores de computador na indústria de informática e, assim, quando não há estoque de monitores, você não mais pode entregar produtos que os incluem. Você quer saber quais produtos são afetados. Olhando alegremente para seu monitor, insira a seguinte consulta:

```
SELECT Model
   FROM COMP_USED
      WHERE CompID IN
         (SELECT CompID
             FROM COMPONENT
                WHERE CompType = 'Monitor') ;
```

O SQL processa primeiro a consulta mais interna, assim ele processa a tabela COMPONENT, retornando o valor de CompID para cada linha em que CompType é 'Monitor'. O resultado é uma lista dos números ID de todos os monitores. A consulta externa então compara o valor de CompID em cada linha na tabela COMP_USED com a lista. Se a comparação for bem-sucedida, o valor da coluna Model para essa linha é adicionado à tabela de resultados da SELECT externa. O resultado é uma lista de todos os modelos de produto, que incluem um monitor. O exemplo a seguir mostra o que acontece ao executar a consulta:

```
Model
-----
CX3000
```

```
CX3010
CX3020
MB3030
MX3020
MX3030
```

Você agora sabe quais produtos em breve estarão esgotados. É hora de chamar a equipe de vendas e informar-lhes que desacelerem a promoção desses produtos.

Ao usar essa forma de consulta aninhada, a subconsulta deve especificar uma única coluna e o tipo de dado dessa coluna deve corresponder ao tipo de dado do argumento que precede a palavra-chave IN.

Tenho certeza de que você se lembra do princípio KISS (*Keeping things simple*). *Manter as coisas simples* é essencial ao lidar com qualquer tipo de software, mas é especialmente importante ao lidar com o software do banco de dados. Pode ser difícil utilizar instruções que incluem SELECTs aninhadas. Uma maneira de fazer com que funcionem da maneira como devem é primeiro executar a SELECT interna separadamente, e então verificar se o resultado que você obtém é o resultado esperado. Quando tiver certeza de que a SELECT interna está funcionando adequadamente, você pode inseri-la na parte externa da instrução e a probabilidade de que a coisa toda funcionará como anunciado, é provavelmente muito maior.

Subconsultas introduzidas pela palavra-chave NOT IN

Assim, já que é possível introduzir uma subconsulta com a palavra-chave IN, você pode fazer o oposto e introduzi-la com as palavras-chave NOT IN. De fato, agora é um ótimo momento para que a gerência da Zetec faça essa consulta. Ao usar a consulta na seção anterior, a gerência da Zetec descobriu quais produtos não vender. Essa é uma informação valiosa, mas não compensa financeiramente. O que a gerência da Zetec realmente quer saber é quais produtos *vender*. A gerência quer enfatizar a venda dos produtos que *não* contêm monitores. A consulta aninhada com uma subconsulta introduzida pelas palavras-chave NOT IN fornece as informações solicitadas:

```
SELECT Model
   FROM COMP_USED
   WHERE CompID NOT IN
      (SELECT CompID
         FROM COMPONENT
         WHERE CompType = 'Monitor')) ;
```

Essa consulta produz o seguinte resultado:

```
Model
-----
PX3040
PB3050
PX3040
PB3050
```

LEMBRE-SE É importante notar que o conjunto de resultados contém duplicatas. A duplicação ocorre porque um produto que contém vários componentes que não são monitores tem uma linha na tabela COMP_USED para cada componente. A consulta cria uma entrada na tabela de resultados para cada uma dessas linhas.

No exemplo, o número de linhas não é um problema porque a tabela de resultados é curta. No mundo real, porém, essa tabela de resultados pode ter centenas ou milhares de linhas. Para evitar confusão, é melhor eliminar as duplicatas. Você pode fazer isso facilmente adicionando a palavra-chave DISTINCT à consulta. Apenas as linhas que são distintas (diferentes) de todas as linhas anteriormente recuperadas são adicionadas à tabela de resultados:

```
SELECT DISTINCT Model
   FROM COMP_USED
   WHERE CompID NOT IN
      (SELECT CompID
          FROM COMPONENT
          WHERE CompType = 'Monitor')) ;
```

Como esperado, o resultado é o seguinte:

```
Model
-----
PX3040
PB3050
```

Consultas aninhadas que retornam um valor único

Introduzindo uma subconsulta com um dos seis operadores de comparação (=, <>, <,<=, >, >=) é frequentemente útil. Nesse caso, a expressão que precede o operador é avaliada como um valor único, e a subconsulta depois do operador deve ser avaliada da mesma forma. Uma exceção é o caso do *operador de comparação quantificado*, que é um operador de comparação seguido por um quantificador (ANY, SOME ou ALL).

Para ilustrar um caso em que uma subconsulta retorna um único valor, analise outra parte do banco de dados da Zetec Corporation. Ela contém uma tabela CUSTOMER que armazena as informações sobre as empresas que compram produtos Zetec. Ela também contém uma tabela CONTACT que armazena dados pessoais sobre os indivíduos em cada uma das organizações dos clientes da Zetec. As tabelas são estruturadas como mostrado nas Tabelas 12-4 e 12-5.

Tabela 12-4   Tabela CUSTOMER

Coluna	Tipo	Restrições
CustID	INTEGER	PRIMARY KEY
Company	CHAR (40)	UNIQUE
CustAddress	CHAR (30)	
CustCity	CHAR (20)	
CustState	CHAR (2)	
CustZip	CHAR (10)	
CustPhone	CHAR (12)	
ModLevel	INTEGER	

Tabela 12-5   Tabela CONTACT

Coluna	Tipo	Restrições
CustID	INTEGER	PRIMARY KEY
ContFName	CHAR (10)	
ContLName	CHAR (16)	
ContPhone	CHAR (12)	
ContInfo	CHAR (50)	

Digamos que você quer analisar as informações de contato da Olympic Sales, mas você não lembra o CustID dessa empresa. Use uma consulta aninhada como essa para recuperar as informações que você deseja:

```
SELECT *
   FROM CONTACT
      WHERE CustID =
         (SELECT CustID
            FROM CUSTOMER
               WHERE Company = 'Olympic Sales') ;
```

O resultado é algo como isto:

```
CustID ContFName  ContLName   ContPhone    ContInfo
------ ---------  ---------   ---------    --------
   118 Jerry      Attwater    505-876-3456 Will play
                                           major role in
                                           additive
                                           manufacturing.
```

Agora você pode chamar Jerry da Olympic e informá-lo sobre a venda especial desse mês para impressoras 3D.

Ao usar uma subconsulta em uma comparação "=", a lista SELECT da subconsulta deve especificar uma única coluna (CustID no exemplo). Quando a subconsulta é executada, ela deve retornar uma única linha, de modo que haja um único valor de comparação.

Nesse exemplo, supomos que a tabela COSTUMER tem uma única linha com um valor Company de 'Olympic Sales'. A instrução CREATE TABLE para CUSTOMER especifica uma restrição UNIQUE para Company, e essa instrução garante que a subconsulta no exemplo anterior retorna um único valor (ou nenhum valor). Subconsultas como a desse exemplo, porém, são comumente utilizadas em colunas que não são especificadas como UNIQUE. Nesses casos, você deve contar com o conhecimento prévio de que o conteúdo do banco de dados não contém colunas duplicatas.

Se mais de um cliente tem um valor de 'Olympic Sales' na coluna Company (talvez em diferentes estados), a subconsulta irá gerar um erro.

Se não existir nenhum cliente com esse nome de empresa, a subconsulta é tratada como se fosse nula e a comparação torna-se *desconhecida*. Nesse caso, a cláusula WHERE não retorna nenhuma linha (porque retorna apenas as linhas com a condição True, e filtra as linhas com a condição False ou desconhecida). Isso provavelmente aconteceria, por exemplo, se alguém escrevesse Company como 'Olumpic Sales'.

Embora o operador de igualdade (=) seja o mais comum, você pode usar qualquer um dos outros cinco operadores de comparação em uma estrutura similar. Para cada linha na tabela especificada na cláusula FROM da instrução envolvente, o único valor retornado pela subconsulta é comparado com a expressão na cláusula WHERE da instrução envolvente. Se a comparação fornecer um valor verdadeiro, uma linha é adicionada à tabela de resultados.

Você pode garantir que uma subconsulta retornará um valor único se você incluir uma função de agregação nela. *As funções de agregação* sempre retornam um único valor. (Funções de agregação são descritas no Capítulo 3). Naturalmente, essa maneira de retornar um único valor só é útil se você quer o resultado de uma função de agregação.

Suponha que você é um vendedor da Zetec e precisa ganhar um bom cheque de comissão para pagar algumas contas inesperadas. Você decide se concentrar na venda dos produtos mais caros da Zetec. Você pode descobrir qual produto é esse com a seguinte consulta aninhada:

```
SELECT Model, ProdName, ListPrice
    FROM PRODUCT
        WHERE ListPrice =
            (SELECT MAX(ListPrice)
                FROM PRODUCT) ;
```

Na consulta aninhada anterior, tanto a subconsulta como a instrução envolvente operam na mesma tabela. A subconsulta retorna um único valor: o preço máximo da lista de produtos da tabela PRODUCT. A consulta externa recupera todas as linhas da tabela PRODUCT, que têm esse preço.

O próximo exemplo mostra uma subconsulta de comparação que usa um operador de comparação além de =:

```
SELECT Model, ProdName, ListPrice
   FROM PRODUCT
      WHERE ListPrice <
         (SELECT AVG(ListPrice)
            FROM PRODUCT) ;
```

A subconsulta retorna um único valor: o preço médio da lista de produtos da tabela PRODUCT. A consulta externa recupera todas as linhas da tabela PRODUCT que têm o preço mais baixo que o preço médio da lista de produtos.

No padrão SQL original, uma comparação só podia ter uma única subconsulta e ela tinha de estar no lado direito da comparação. O SQL:1999 permitiu que um ou ambos os operandos da comparação fossem subconsultas e versões posteriores do SQL mantiveram essa expansão da capacidade.

Os quantificadores ALL, SOME e ANY

Outra maneira de certificar-se de que uma subconsulta retorna um valor único é adicionar a ela um operador de comparação quantificado. O quantificador universal ALL e os quantificadores existenciais SOME e ANY, quando combinado com um operador de comparação, processam a lista retornada por uma subconsulta, reduzindo-a a um único valor.

Veremos como esses quantificadores afetam uma comparação analisando o banco de dados do jogo completo dos arremessadores de beisebol visto no Capítulo 11, que é listado a seguir.

O conteúdo das duas tabelas é dado pelas duas consultas a seguir:

```
SELECT * FROM NATIONAL

FirstName    LastName     CompleteGames
---------    --------     -------------
Sal          Maglie                  11
Don          Newcombe                 9
Sandy        Koufax                  13
Don          Drysdale                12
Bob          Turley                   8

SELECT * FROM AMERICAN
```

```
FirstName    LastName    CompleteGames
---------    --------    -------------
Whitey       Ford                   12
Don          Larson                 10
Bob          Turley                  8
Allie        Reynolds               14
```

O pressuposto é que os arremessadores com mais jogos completos devem estar na Liga Americana por causa da presença de rebatedores designados nessa liga. Uma maneira de verificar esse pressuposto é construir uma consulta que retorna todos os arremessadores da Liga Americana que jogaram mais partidas completas do que todos os arremessadores da Liga Nacional. A consulta pode ser formulada assim:

```
SELECT *
   FROM AMERICAN
   WHERE CompleteGames > ALL
      (SELECT CompleteGames FROM NATIONAL) ;
```

Este é o resultado:

```
FirstName    LastName    CompleteGames
---------    --------    -------------
Allie        Reynolds    14
```

A subconsulta (`SELECT CompleteGames FROM NATIONAL`) retorna os valores na coluna `CompleteGames` para todos os arremessadores da Liga Nacional. O quantificador `> ALL` diz para retornar apenas os valores de `CompleteGames` na tabela AMERICAN que são maiores do que cada um dos valores retornados pela subconsulta. Essa condição se traduz em "maior do que o valor mais alto retornado pela subconsulta". Nesse caso, o valor mais alto retornado pela subconsulta é 13 (Sandy Koufax). A única linha na tabela AMERICAN maior do que esse é o recorde de Allie Reynolds, com 14 jogos completos.

E se sua presunção inicial estivesse errada? E se o líder da liga principal em jogos completos fosse um arremessador da Liga Nacional, apesar do fato de que a Liga Nacional não tem nenhum rebatedor designado? Se esse fosse o caso, a consulta

```
SELECT *
   FROM AMERICAN
   WHERE CompleteGames > ALL
      (SELECT CompleteGames FROM NATIONAL) ;
```

retornaria um aviso de que nenhuma linha atende as condições da consulta —significando que nenhum arremessador da Liga Americana jogou mais partidas completas do que o arremessador que jogou mais partidas completas da Liga Nacional.

Consultas aninhadas que são um teste de existência

Uma consulta retorna dados de todas as linhas da tabela que atendem as condições da consulta. Às vezes, muitas linhas retornam; às vezes apenas uma retorna. Às vezes, nenhuma das linhas na tabela atende às condições e nenhuma linha retorna. Você pode usar os predicados EXISTS e NOT EXISTS para introduzir uma subconsulta. Essa estrutura informa se alguma linha na tabela localizada na cláusula FROM da subconsulta atende às condições na cláusula WHERE.

Até agora, as subconsultas introduzidas com EXISTS e NOT EXISTS são fundamentalmente diferentes das outras subconsultas neste capítulo. Em todos os casos anteriores, o SQL executa primeiro a subconsulta e então aplica esse resultado da operação à instrução envolvente. As subconsultas EXISTS e NOT EXISTS, por outro lado, são exemplos de subconsultas correlacionadas.

Uma *subconsulta correlacionada* primeiro localiza a tabela e a linha especificada pela instrução envolvente, e então executa a subconsulta na linha da tabela na subconsulta, que se correlaciona com a linha atual da tabela da instrução envolvente.

A subconsulta retorna uma ou mais linhas ou ela não retorna nenhuma. Se ela retornar pelo menos uma linha, o predicado EXISTS é bem-sucedido (veja a próxima seção) e a instrução envolvente executa sua ação. Nas mesmas circunstâncias, o predicado NOT EXISTS falha (consulte a seção mais adiante) e a instrução envolvente não executa sua ação. Depois que uma linha na tabela da instrução envolvente é processada, a mesma operação é executada na próxima linha. Essa ação é repetida até que cada linha na tabela da instrução envolvente tenha sido processada.

EXISTS

Suponha que você é vendedor da Zetec Corporation e você quer telefonar para as principais pessoas de contato em todas as organizações dos clientes da Zetec na Califórnia. Tente a seguinte consulta:

```
SELECT *
   FROM CONTACT
   WHERE EXISTS
      (SELECT *
         FROM CUSTOMER
         WHERE CustState = 'CA'
           AND CONTACT.CustID = CUSTOMER.CustID) ;
```

Observe a referência a CONTACT.CustID, que referencia uma coluna a partir da consulta externa e compara-a com outra coluna, CUSTOMER.CustID, a partir da consulta interna. Para cada linha candidata da consulta externa, você avalia a consulta interna, utilizando o valor CustID da linha `CONTACT` atual da consulta externa na cláusula `WHERE` da consulta interna.

Eis o que acontece:

1. A coluna `CustID` vincula a tabela CONTACT com a tabela CUSTOMER.
2. O SQL examina o primeiro registro na tabela CONTACT, localiza a linha na tabela CUSTOMER com o mesmo `CustID` e verifica o campo `CustState` dessa linha.
3. Se `CUSTOMER.CustState = 'CA'`, a linha `CONTACT` atual é adicionada à tabela de resultados.
4. O próximo registro `CONTACT` é então processado da mesma forma, e assim por diante, até que toda a tabela CONTACT tenha sido processada.
5. Como a consulta especifica `SELECT * FROM CONTACT`, todos os campos da tabela Contact são retornados, incluindo o nome e número de telefone do contato.

NOT EXISTS

No exemplo anterior, o vendedor da Zetec queria saber os nomes e números das pessoas de contato de todos os clientes na Califórnia. Imagine que um segundo vendedor é responsável por todos os Estados Unidos, exceto Califórnia. Ele pode recuperar as pessoas de contato usando `NOT EXISTS` em uma consulta semelhante a anterior:

```
SELECT *
   FROM CONTACT
   WHERE NOT EXISTS
      (SELECT *
         FROM CUSTOMER
         WHERE CustState = 'CA'
            AND CONTACT.CustID = CUSTOMER.CustID) ;
```

Cada linha em CONTACT para a qual a subconsulta não retorna uma linha é adicionada à tabela de resultados.

Outras subconsultas correlacionadas

Como observado na seção anterior deste capítulo, subconsultas introduzidas por `IN` ou por um operador de comparação não precisam ser consultas correlacionadas, mas podem ser.

Subconsultas correlacionadas introduzidas com IN

Na seção anterior "Subconsultas introduzidas pela palavra-chave `IN`", discutimos como uma subconsulta não correlacionada pode ser usada com o predicado `IN`. Para mostrar como uma subconsulta correlacionada pode usar o predicado IN, faça a mesma pergunta que surgiu com o predicado EXISTS: quais são os nomes e os números de telefone dos contatos de todos os clientes da Zetec na Califórnia? Você pode responder a essa pergunta com uma subconsulta IN correlacionada:

```
SELECT *
   FROM CONTACT
   WHERE 'CA' IN
      (SELECT CustState
         FROM CUSTOMER
         WHERE CONTACT.CustID = CUSTOMER.CustID) ;
```

A instrução é avaliada para cada registro na tabela CONTACT. Se, para esse registro, os números `CustID` em CONTACT e COSTUMER corresponderem, então o valor de `CUSTOMER.CustState` é comparado com `'CA'`. O resultado da subconsulta é uma lista que contém, no máximo, um único elemento. Se esse elemento for `'CA'`, a cláusula WHERE da instrução envolvente é atendida e uma linha é adicionada à tabela de resultados da consulta.

Subconsultas introduzidas com operadores de comparação

Uma subconsulta correlacionada também pode ser introduzida por um dos seis operadores de comparação, como mostrado no exemplo a seguir.

A Zetec paga bônus para os vendedores com base no volume total de vendas mensais. Quanto maior o volume, maior é o percentual de bônus. A lista percentual de bônus é mantida na tabela BONUSRATE:

```
MinAmount           MaxAmount           BonusPct
---------           ---------           --------
     0.00           24999.99            0.
 25000.00           49999.99            0.1
 50000.00           99999.99            0.2
100000.00          249999.99            0.3
250000.00          499999.99            0.4
500000.00          749999.99            0.5
750000.00          999999.99            0.6
```

Se as vendas mensais de uma pessoa estiverem entre US$ 100.000,00 e US$ 249.999,99, o bônus será 0,3% sobre as vendas.

As vendas são registradas em uma tabela mestre de transações chamada TRANSMASTER:

```
TRANSMASTER
-----------
Column          Type            Constraints
------          ----            -----------
TransID         INTEGER         PRIMARY KEY
CustID          INTEGER         FOREIGN KEY
EmpID           INTEGER         FOREIGN KEY
TransDate       DATE
```

```
NetAmount       NUMERIC
Freight         NUMERIC
Tax             NUMERIC
InvoiceTotal    NUMERIC
```

Os bônus de vendas baseiam-se na soma do campo `NetAmount` para todas as operações de uma pessoa no mês. Você pode localizar a taxa de bônus de qualquer pessoa com uma subconsulta correlacionada, que utiliza operadores de comparação:

```
SELECT BonusPct
   FROM BONUSRATE
      WHERE MinAmount <=
         (SELECT SUM (NetAmount)
            FROM TRANSMASTER
               WHERE EmpID = 133)
         AND MaxAmount >=
            (SELECT SUM (NetAmount)
               FROM TRANSMASTER
                  WHERE EmpID = 133) ;
```

Essa consulta é interessante pelo fato de que ela contém duas subconsultas, fazendo uso do conectivo lógico `AND`. As subconsultas usam o operador de agregação `SUM`, que retorna um único valor: o total de vendas mensais do funcionário número 133. Esse valor é então comparado com as colunas `MinAmount` e `MaxAmount` da tabela BONUSRATE, produzindo a taxa do bônus para esse funcionário.

Se não conhecesse o `EmpID`, mas conhecesse o `EmplName`, você poderia chegar à mesma resposta com uma consulta mais complexa:

```
SELECT BonusPct
   FROM BONUSRATE
      WHERE MinAmount <=
         (SELECT SUM (NetAmount)
            FROM TRANSMASTER
               WHERE EmpID =
                  (SELECT EmpID
                     FROM EMPLOYEE
                        WHERE EmplName = 'Coffin'))
         AND MaxAmount >=
            (SELECT SUM (NetAmount)
               FROM TRANSMASTER
                  WHERE EmpID =
                     (SELECT EmpID
                        FROM EMPLOYEE
                           WHERE EmplName = 'Coffin'));
```

Esse exemplo usa subconsultas aninhadas dentro de subconsultas que, por sua vez, são aninhadas dentro de uma consulta envolvente para chegar à taxa de bônus para o funcionário chamado Coffin. Essa estrutura só funciona se você tem certeza de que a empresa tem um, e apenas um funcionário cujo sobrenome é Coffin. Se você souber que mais de um funcionário tem o mesmo sobrenome, adicione termos à cláusula WHERE da subconsulta mais interna até ter certeza de que uma única linha da tabela EMPLOYEE é selecionada.

Subconsultas em uma cláusula HAVING

Você pode ter uma subconsulta correlacionada em uma cláusula HAVING, assim como pode ter uma cláusula WHERE em uma subconsulta. Como mencionado no Capítulo 10, uma cláusula HAVING geralmente é precedida por uma cláusula GROUP BY. A cláusula HAVING funciona como um filtro para restringir os grupos criados pela cláusula GROUP BY. Grupos que não atendem a condição da cláusula HAVING não são incluídos no resultado. Quando usada dessa forma, a cláusula HAVING é avaliada para cada grupo criado pela cláusula GROUP BY.

Na ausência de uma cláusula GROUP BY, a cláusula HAVING é avaliada para o conjunto de linhas passadas pela cláusula WHERE — o que é considerado um único grupo. Se nem uma cláusula WHERE, nem uma cláusula GROUP BY estiverem presentes, a cláusula HAVING é avaliada para toda a tabela:

```
SELECT TM1.EmpID
    FROM TRANSMASTER TM1
        GROUP BY TM1.Department
        HAVING MAX (TM1.NetAmount) >= ALL
           (SELECT 2 * AVG (TM2.NetAmount)
               FROM TRANSMASTER TM2
               WHERE TM1.EmpID <> TM2.EmpID) ;
```

Essa consulta usa dois aliases para a mesma tabela, permitindo recuperar o número EmpID de todos os vendedores que fizeram uma venda de pelo menos o dobro das vendas médias de todos os outros vendedores. A consulta funciona assim:

1. A consulta externa agrupa as linhas TRANSMASTER pelo department dos employees. Isso é feito com as cláusulas SELECT, FROM e GROUP BY.

2. A cláusula HAVING filtra esses grupos. Para cada grupo, ela calcula o MAX da coluna NetAmount para as linhas nesse grupo.

3. A consulta interna contém duas vezes a média de NetAmount de todas as linhas TRANSMASTER, cujo EmpID é diferente do EmpID do grupo atual da consulta externa.

    Na última linha, você tem de referenciar dois valores EmpID diferentes — assim você usa diferentes aliases para TRANSMASTER nas cláusulas FROM das consultas externas e internas.

4. Você usa esses aliases na comparação da última linha da consulta para indicar que você está referenciando *tanto* a EmpID da linha atual da subconsulta interna (TM2.EmpID) *como* o EmpID do grupo atual da subconsulta externa (TM1.EmpID).

UPDATE, DELETE e INSERT

Além das instruções SELECT, as instruções UPDATE, DELETE e INSERT também podem incluir cláusulas WHERE. Essas cláusulas WHERE podem conter subconsultas como as cláusulas WHERE das instruções SELECT.

Por exemplo, a Zetec acabou de fechar com a Olympic Sales um negócio para compras em volume e quer oferecer à Olympic um crédito retroativo de 10% para todas as suas compras no mês passado. Você pode fornecer esse crédito com uma instrução UPDATE:

```
UPDATE TRANSMASTER
   SET NetAmount = NetAmount * 0.9
   WHERE SaleDate > (CurrentDate - 30) DAY AND CustID =
     (SELECT CustID
        FROM CUSTOMER
        WHERE Company = 'Olympic Sales') ;
```

Você também pode ter uma subconsulta correlacionada em uma instrução UPDATE. Suponha que a tabela CUSTOMER tem uma coluna LastMonthsMax e a Zetec quer oferecer esse crédito para compras que ultrapassem LastMonthsMax para o cliente:

```
UPDATE TRANSMASTER TM
   SET NetAmount = NetAmount * 0.9
   WHERE NetAmount>
     (SELECT LastMonthsMax
        FROM CUSTOMER C
        WHERE C.CustID = TM.CustID) ;
```

Observe que essa subconsulta está correlacionada: a cláusula WHERE na última linha referencia tanto o CustID da linha CUSTOMER da subconsulta como o CustID da linha TRANSMASTER atual, que é candidata para atualização.

Uma subconsulta em uma instrução UPDATE também pode referenciar a tabela que é atualizada. Suponha que a Zetec quer dar um crédito de 10% para os clientes cujas compras superaram US$ 10.000:

```
UPDATE TRANSMASTER TM1
   SET NetAmount = NetAmount * 0.9
   WHERE 10000 < (SELECT SUM(NetAmount)
             FROM TRANSMASTER TM2
                  WHERE TM1.CustID = TM2.CustID);
```

A subconsulta interna calcula a SUM da coluna NetAmount para todas as linhas TRANSMASTER do mesmo cliente. O que isso significa? Suponha que o cliente com o CustID = 37 tem quatro linhas em TRANSMASTER com valores para NetAmount 3000, 5000, 2000 e 1000. A SUM de NetAmount para esse CustID é 11000.

A ordem em que a instrução UPDATE processa as linhas é definida por sua implementação e geralmente não é previsível. A ordem pode ser diferente dependendo de como as linhas são dispostas no disco. Suponha que a implementação processa as linhas para esse CustID nesta ordem:

primeiro a TRANSMASTER com um `NetAmount` de 3000, então aquela com `NetAmount = 5000` etc. Depois que as três primeiras linhas para `CustID 37` foram atualizadas, seus valores `NetAmount` são 2700 (90% de US$ 3.000), 4500 (90% de US$ 5.000) e 1800 (90% de US$ 2.000). Então, ao processar a última linha TRANSMASTER para `CustID 37` (cujo `NetAmount` é 1000, a `SUM` retornada pela subconsulta *pareceria* ser 10000 — isto é, a `SUM` dos novos valores `NetAmount` das três primeiras linhas para `CustID 37`, e o valor `NetAmount` antigo da última linha para `CustID 37`. Assim, parece que a última linha para `CustID 37` não é atualizada, porque a comparação com `SUM` não é verdadeira — afinal de contas, 10000 não é menor do que 10000. Mas não é assim que a instrução `UPDATE` é definida quando uma subconsulta referencia a tabela que está sendo atualizada.

Todas as avaliações das subconsultas em uma instrução `UPDATE` referenciam os valores antigos da tabela — aqueles que são atualizados. Na `UPDATE` anterior para `CustID 37`, a subconsulta retorna 11000 — a `SUM` original.

A subconsulta em uma cláusula `WHERE` opera da mesma maneira que uma instrução `SELECT` ou uma instrução `UPDATE`. O mesmo é verdadeiro para `DELETE` e `INSERT`. Para excluir todas as transações da Olympic, use a seguinte instrução:

```
DELETE FROM TRANSMASTER
   WHERE CustID =
      (SELECT CustID
         FROM CUSTOMER
         WHERE Company = 'Olympic Sales') ;
```

Assim como acontece com `UPDATE`, subconsultas `DELETE` também podem ser correlacionadas e também podem referenciar a tabela cujas linhas são excluídas. As regras são semelhantes àquelas para subconsultas `UPDATE`. Suponha que você quer excluir todas as linhas da TRANSMASTER para os clientes cujo `NetAmount` total é maior que US$ 10.000:

```
DELETE FROM TRANSMASTER TM1
   WHERE 10000 < (SELECT SUM(NetAmount)
      FROM TRANSMASTER TM2
         WHERE TM1.CustID = TM2.CustID) ;
```

Supondo que o cliente com `CustID 37` tem a soma de `NetAmount` igual a 11000, essa consulta exclui todas as linhas de TRANSMASTER com `CustID 37`, bem como quaisquer outros clientes com compras acima de US$ 10.000. Todas as referências a TRANSMASTER na subconsulta denotam o conteúdo da TRANSMASTER antes de quaisquer exclusões pela instrução atual. Assim, mesmo ao excluir a última linha TRANSMASTER para `CustID 37`, a subconsulta é avaliada na tabela TRANSMASTER original e retorna 11000.

Ao atualizar, excluir ou inserir registros de banco de dados, há o risco de tornar os dados de uma tabela inconsistentes com outras tabelas no banco de dados. Essa inconsistência é chamada *anomalia de modificação*, discutida no Capítulo 5. Se excluir registros TRANSMASTER e uma tabela TRANSDETAIL depender da TRANSMASTER, você também deve excluir os registros correspondentes da TRANSDETAIL. Essa operação é chamada *exclusão em cascata*, porque a exclusão de um registro pai deve ser feita em cascata para os registros filho associados. Do contrário, os registros filho não excluídos tornam-se órfãos. Nesse caso, eles seriam as linhas dos detalhes das faturas que estão no limbo, porque não mais estão associadas a um registro de fatura.

Se sua implementação do SQL não suportar exclusões em cascata, você mesmo deve fazer as exclusões. Nesse caso, exclua os registros apropriados da tabela filho antes de excluir o registro correspondente da tabela pai. Dessa forma, você não tem registros órfãos na tabela filho, nem mesmo por um segundo.

Recuperando alterações com pipelined DML

Na seção anterior, mostramos como uma instrução UPDATE, DELETE ou INSERT pode incluir uma instrução SELECT aninhada dentro de uma cláusula WHERE. O SQL:2011 introduz uma capacidade relacionada, na qual um comando de manipulação de dados (como instruções UPDATE, INSERT, DELETE ou MERGE) pode ser aninhado dentro de uma instrução SELECT. Essa capacidade é chamada *pipelined DML*.

Uma maneira de analisar uma operação de alteração de dados é imaginar uma tabela antes que ela seja alterada com uma operação DELETE, INSERT ou UPDATE. Você pode chamar a tabela de antes da alteração de tabela antiga e a tabela após a alteração de tabela nova. Durante a operação de alteração de dados, são criadas tabelas auxiliares, chamadas *tabelas delta*. Uma operação DELETE cria uma tabela delta antiga, que contém as linhas a serem excluídas. Uma operação INSERT cria uma nova tabela delta, que contém as linhas a serem inseridas. Uma operação UPDATE criaria tanto uma tabela antiga como uma nova tabela delta: a antiga para as linhas que são substituídas e a nova para as linhas que as substituem.

Com pipelined DML, você pode recuperar as informações nas tabelas delta. Suponha que você quer excluir de sua linha de produtos todos os produtos com ProductIDs entre 1000 e 1399, e quer um registro de exatamente quais produtos nesse intervalo são excluídos. Você pode usar o seguinte código:

```
SELECT Oldtable.ProductID
   FROM OLD TABLE (DELETE FROM Product
                   WHERE ProductID BETWEEN 1000 AND 1399)
      AS Oldtable ;
```

Nesse exemplo, as palavras-chave OLD TABLE especificam que o resultado da SELECT vem da tabela delta antiga. O resultado é a lista dos números ProductID para os produtos que são excluídos.

Da mesma forma, você pode recuperar uma lista a partir da nova tabela delta usando as palavras-chave NEW TABLE, que exibe os números do Product ID das linhas inseridas por uma operação INSERT ou atualizadas por uma operação UPDATE. Como uma operação UPDATE criou tanto uma tabela delta antiga como uma nova tabela delta, você pode recuperar o conteúdo de uma ou ambas usando pipelined DML.

Capítulo 13
Consultas Recursivas

Neste capítulo
- Entendendo o processamento recursivo
- Definindo consultas recursivas
- Encontrando maneiras de usar consultas recursivas

Uma das principais críticas ao SQL, até e incluindo o SQL-92, era sua incapacidade de implementar *o processamento recursivo*. Muitos problemas importantes que são difíceis de resolver por outros meios produzem imediatamente soluções recursivas. Extensões incluídas no SQL:1999 permitem consultas recursivas — que ampliam consideravelmente o poder da linguagem. Se sua implementação SQL incluir as extensões recursivas, você pode resolver de forma eficiente uma grande nova classe de problemas. Mas como a recursão não é parte do SQL básico, muitas implementações atualmente disponíveis não a incluem.

O Que É Recursão?

A recursão é um recurso disponível há anos nas linguagens de programação como Logo, LISP e C++. Nessas linguagens, você pode definir uma *função* (um conjunto de um ou mais comandos), que executa uma operação específica. O programa principal invoca a função emitindo um comando denominado *chamada de função*. Se a função chamar ela mesma como uma parte da sua operação, você tem a forma mais simples de recursão.

Um programa simples que usa recursão em uma das suas funções fornece uma ilustração das vantagens e desvantagens da recursão. O programa a seguir, escrito em C++, desenha uma espiral na tela do computador. Ele supõe que a ferramenta de desenho inicialmente está apontada para o topo da tela e inclui três funções:

- A função `line(n)` desenha uma linha de *n* unidades de comprimento.

- A função `left_turn(d)` gira a ferramenta de desenho *d* graus no sentido anti-horário.

✔ Você pode definir a função `spiral(segment)` da seguinte forma:

```
void spiral(int segment)
{
    line(segment)
    left_turn(90)
    spiral(segment + 1)
} ;
```

Se você chama `spiral(1)` a partir do programa principal, ocorrem as seguintes ações:

`spiral(1)` desenha uma linha de unidade de comprimento na parte superior da tela.

`spiral(1)` vira à esquerda 90 graus.

`spiral(1)` chama `spiral(2)`.

`spiral(2)` desenha uma linha de duas unidades de comprimento à esquerda da tela.

`spiral(2)` vira à esquerda 90 graus.

`spiral(2)` chama `spiral(3)`.

E assim por diante...

Ao fim, o programa gera a espiral mostrada na Figura 13-1.

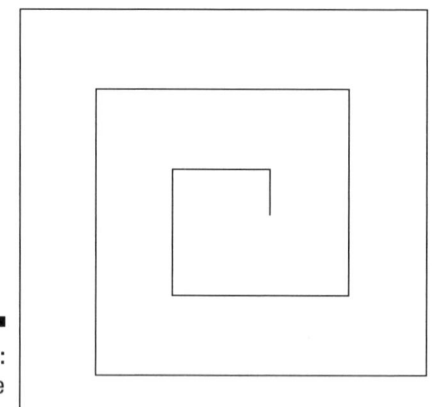

Figura 13-1: Resultado de chamar spiral(1).

Houston, temos um problema

Bom, ok, a situação aqui não é tão grave como foi para a Apollo 13, quando o tanque principal de oxigênio explodiu enquanto a aeronave estava a caminho da lua. O problema é que o programa de desenho de espiral continua chamando ele mesmo e desenhando linhas cada vez mais longas. Ele continuará a fazer isso até o computador em que ele é executado ficar sem recursos e (se você tiver sorte) exibir uma mensagem de erro irritante na tela. Se você não tiver sorte, o computador simplesmente trava.

Falha não é uma opção

O cenário descrito na seção anterior mostra um dos perigos do uso da recursão. Um programa escrito para chamar ele mesmo invoca uma nova instância dele mesmo — que por sua vez chama ainda outra instância, *ad infinitum*. Isso geralmente não é o que você quer. (Pense em certo camundongo de desenho animado usando um chapéu de mago que está tentando parar todas aquelas vassouras de bruxa marchando . . .)

Para resolver esse problema, os programadores incluem uma *condição de término* dentro da função recursiva — um limite para o ponto até o qual a recursão pode ir — de modo que o programa execute a ação desejada e então termine de maneira elegante. Você pode incluir uma condição de término no seu programa de desenho de espiral para economizar os recursos do computador e evitar tontura nos programadores:

```
void spiral2(int segment)
{
    if (segment <= 10)
    {
        line(segment);
        left_turn(90);
        spiral2(segment + 1)
    }
} ;
```

Ao chamar spiral2(1), esta função é executada e então (recursivamente) chama a ela mesma até que o valor de segment exceda a 10. No ponto em que segment é igual a 11, a construção if (segment <=10) retorna um valor falso, e o código dentro das chaves internas é ignorado. O controle retorna à chamada anterior do spiral2 e, a partir daí, retorna até a primeira invocação, após o programa terminar. A Figura 13-2 mostra a sequência de chamadas e retornos que ocorrem.

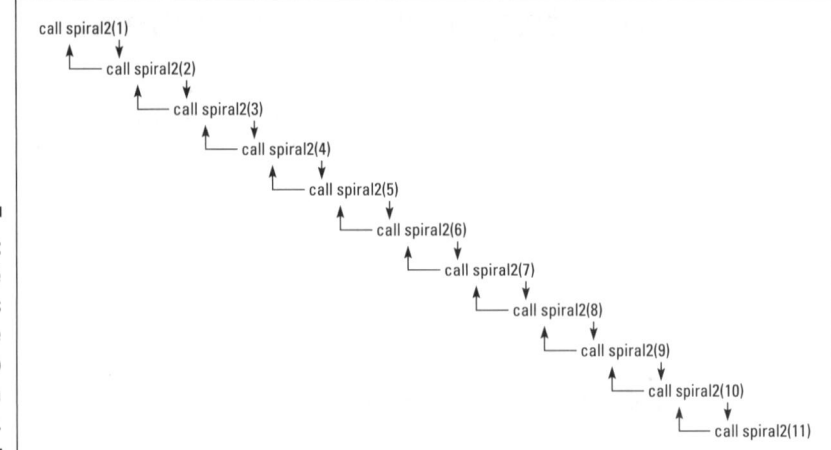

Figura 13-2: Descendo até chamadas recursivas, e então subindo de volta para terminar.

```
call spiral2(1)
  └── call spiral2(2)
        └── call spiral2(3)
              └── call spiral2(4)
                    └── call spiral2(5)
                          └── call spiral2(6)
                                └── call spiral2(7)
                                      └── call spiral2(8)
                                            └── call spiral2(9)
                                                  └── call spiral2(10)
                                                        └── call spiral2(11)
```

Sempre que uma função chama a si mesma, ela o leva a um nível mais longe do programa principal, que foi o ponto de partida da operação. Para o programa principal continuar, a iteração mais profunda deve retornar o controle para a iteração que o chamou. Essa iteração terá de fazer o mesmo, retornando até o programa principal que fez a primeira chamada para a função recursiva.

> **DICA:** A recursão é uma ferramenta poderosa para executar código repetidamente quando você não sabe no início quantas vezes o código deve ser repetido. Ela é ideal para pesquisar estruturas em forma de árvore, como árvores genealógicas, circuitos eletrônicos complexos ou redes de distribuição multinível.

O Que É uma Consulta Recursiva?

Uma *consulta recursiva* é uma consulta que é funcionalmente dependente dela mesma. A forma mais simples dessa dependência funcional é: a consulta Q1 invoca ela mesma no corpo da expressão de consulta. Um caso mais complexo é quando a consulta Q1 depende da consulta Q2, que, por sua vez, depende de consulta Q1. Há ainda uma dependência funcional, e a recursão ainda está envolvida, não importa quantas consultas estão entre a primeira e a segunda chamada da mesma consulta. Se isso soa estranho, não se preocupe: eis como funciona...

Onde Se Pode Usar uma Consulta Recursiva?

Consultas recursivas podem ajudar a economizar tempo e frustração ao lidar com vários tipos de problemas. Suponha, por exemplo, que você tem um passe que lhe dá viagens aéreas gratuitas em qualquer voo da (fictícia) Vannevar Airlines. Muito legal! A próxima pergunta que você faz é: "Onde posso ir de graça?" A tabela FLIGHT contém todos os voos que a Vannevar administra. A Tabela 13-1 mostra o número do voo e a origem e o destino de cada voo.

Tabela 13-1	Voos oferecidos pela Vannevar Airlines	
Flight No.	*Source (Origem)*	*Destination*
3141	Portland	Orange County
2173	Portland	Charlotte
623	Portland	Daytona Beach
5440	Orange County	Montgomery
221	Charlotte	Memphis
32	Memphis	Champaign
981	Montgomery	Memphis

A Figura 13-3 ilustra as rotas em um mapa dos Estados Unidos.

Figura 13-3: Mapa da rota da Vannevar Airlines.

Para começar a fazer seu plano de férias, crie uma tabela de banco de dados para FLIGHT usando o SQL desta maneira:

```
CREATE TABLE FLIGHT (
   FlightNo       INTEGER      NOT NULL,
   Source         CHAR (30),
   Destination    CHAR (30) );
```

Depois de criar a tabela, você pode preenchê-la com os dados mostrados na Tabela 13-1.

Suponha que você está começando de Portland e você quer visitar um amigo em Montgomery. Naturalmente você se pergunta: "Quais cidades posso alcançar via a Vannevar se começar de Portland?" e "Quais cidades posso alcançar por meio da mesma companhia aérea se começar de Montgomery?" Algumas cidades são alcançáveis em uma única viagem; outras não. Algumas podem exigir duas ou mais viagens. Você pode descobrir todas as cidades que pode alcançar pela Vannevar, a partir de qualquer cidade no mapa da rota dessa companhia — mas se você fizer uma consulta de cada vez, você está…

Consultando da maneira difícil

Para descobrir o que você quer saber — desde que você tenha tempo e paciência — faça uma série de consultas, primeiro usando `Portland` como a cidade de partida:

```
SELECT Destination FROM FLIGHT WHERE Source = 'Portland';
```

A primeira consulta retorna `Orange County`, `Charlotte` e `Daytona Beach`. A segunda usa o primeiro destes resultados como um ponto de partida:

```
SELECT Destination FROM FLIGHT WHERE Source = 'Orange County';
```

A segunda consulta retorna `Montgomery`. A terceira é retornada para os resultados da primeira, e utiliza o segundo resultado como ponto de partida:

```
SELECT Destination FROM FLIGHT WHERE Source = 'Charlotte';
```

A terceira consulta retorna `Memphis`. A quarta volta aos resultados da primeira e usa o resultado remanescente como um ponto de partida:

```
SELECT Destination FROM FLIGHT WHERE Source = 'Daytona Beach';
```

Desculpe, a quarta consulta retorna um resultado nulo porque `Vannevar` não oferece voos de partida de `Daytona Beach`. Mas a segunda consulta retornou outra cidade `Montgomery` como um possível ponto de partida, assim a quinta consulta utiliza este resultado:

```
SELECT Destination FROM FLIGHT WHERE Source = 'Montgomery';
```

Essa consulta retorna Memphis, mas você já sabe que ela está entre as cidades que você pode alcançar (neste caso, via Charlotte). Mas você vai em frente e tenta este último resultado como um ponto de partida para outra consulta:

```
SELECT Destination FROM FLIGHT WHERE Source = 'Memphis';
```

A consulta retorna Champaign — que você pode adicionar à lista de cidades acessíveis (mesmo se você tiver de chegar lá em dois voos). Desde que considere múltiplos voos, você insere Champaign como um ponto de partida:

```
SELECT Destination FROM FLIGHT WHERE Source = 'Champaign';
```

Oops. Essa consulta retorna um valor nulo; a Vannevar não oferece voos a partir de Champaign. (Sete consultas até agora. Já perdeu a paciência?)

A Vannevar também não oferece um voo de Daytona Beach, assim se for para lá, você ficará preso — o que pode não ser um sofrimento se for a semana de recesso escolar na primavera. (É claro que se consumir uma semana para executar consultas individuais, a fim de descobrir aonde ir em seguida, você pode ter uma dor de cabeça pior do que teria de uma semana de baladas). Ou você pode ficar preso em Champaign — caso em que pode se inscrever na Universidade de Illinois e fazer alguns cursos de banco de dados.

É certo que esse método (com o tempo) responderá à pergunta: "Quais cidades são acessíveis a partir de Portland?" Mas executar uma consulta após a outra, fazendo com que cada uma dependa dos resultados de uma consulta anterior, é complicado e demorado.

Economizando tempo com recursão

A maneira mais simples de obter as informações de que você precisa é criar uma única consulta recursiva, que faz todo o trabalho em uma única operação. Eis a sintaxe para esse tipo de consulta:

```
WITH RECURSIVE
   REACHABLEFROM (Source, Destination)
      AS (SELECT Source, Destination
            FROM FLIGHT
          UNION
            SELECT in.Source, out.Destination
              FROM REACHABLEFROM in, FLIGHT out
              WHERE in.Destination = out.Source
         )
   SELECT * FROM REACHABLEFROM
   WHERE Source = 'Portland';
```

A primeira passagem recursão, FLIGHT tem sete linhas e REACHABLEFROM não tem nenhuma. A UNION recebe as sete linhas de FLIGHT e copia-as para REACHABLEFROM. Nesse ponto, REACHABLEFROM tem os dados mostrados na Tabela 13-2.

Como mencionado anteriormente, a recursão não é parte do SQL básico e, portanto, algumas implementações podem não incluí-la.

Tabela 13-2   REACHABLEFROM Após Uma Passagem pela Recursão

Origem	Destino
Portland	Orange County
Portland	Charlotte
Portland	Daytona Beach
Orange County	Montgomery
Charlotte	Memphis
Memphis	Champaign
Montgomery	Memphis

Na segunda passagem da recursão, as coisas começam a ficar interessantes. A cláusula WHERE (WHERE in.Destination = out.Source) significa que você está analisando apenas as linhas em que o campo Destination da tabela REACHABLEFROM é igual ao campo Source da tabela FLIGHT. Para essas linhas, você seleciona dois campos — o campo Source da REACHABLEFROM e o campo Destination da FLIGHT — e adiciona-os à REACHABLEFROM como uma nova linha. A Tabela 13-3 mostra o resultado dessa iteração da recursão.

Tabela 13-3   REACHABLEFROM Após Duas Passagens pela Recursão

Origem	Destino
Portland	Orange County
Portland	Charlotte
Portland	Daytona Beach
Orange County	Montgomery
Charlotte	Memphis
Memphis	Champaign
Montgomery	Memphis
Portland	Montgomery
Portland	Memphis
Orange County	Memphis
Charlotte	Champaign

Os resultados parecem mais úteis. REACHABLEFROM agora contém todas as cidades `Destination` que são acessíveis a partir de qualquer cidade `Source` em dois ou menos voos. Em seguida, a recursão processa três viagens aéreas etc., até que todas as possíveis cidades de destino tenham sido alcançadas.

Depois que a recursão está completa, a terceira e última instrução `SELECT` (que está fora da recursão) extrai de REACHABLEFROM apenas as cidades que você pode alcançar de Portland voando pela Vannevar. Nesse exemplo, todas as seis outras cidades são acessíveis a partir de Portland — em apenas alguns voos para que você não ache que está viajando de pula-pula.

Se você examinar o código na consulta recursiva, ele não se *parece* mais simples do que as sete consultas individuais que ele substitui. Mas tem duas vantagens:

- ✔ Quando você o coloca em funcionamento, ele completa toda a operação sem nenhuma intervenção adicional.
- ✔ Ele pode fazer o trabalho rapidamente.

Imagine uma companhia aérea do mundo real com muitas outras cidades no mapa de rotas. Quanto mais destinos possíveis estão disponíveis, maior é a vantagem de usar o método recursivo.

O que torna essa consulta recursiva? O fato de que você define REACHABLEFROM em termos dela mesma. A parte recursiva da definição é a segunda instrução `SELECT`, um pouco depois da `UNION`. REACHABLEFROM é uma tabela temporária que é preenchida progressivamente com dados, à medida que a recursão avança. O processamento continua até que todos os destinos possíveis foram adicionados à REACHABLEFROM. Todas as duplicatas são eliminadas, porque o operador `UNION` não adiciona duplicatas à tabela de resultados. Após a recursão terminar de ser executada, REACHABLEFROM contém todas as cidades que são acessíveis de qualquer cidade de partida. A terceira e última instrução `SELECT` retorna só as cidades de destino que você pode alcançar a partir de Portland. Boa viagem.

Onde Mais Se Pode Usar uma Consulta Recursiva?

Qualquer problema que você pode definir como uma estrutura em forma de árvore pode potencialmente ser resolvido usando uma consulta recursiva. A aplicação industrial clássica é *o processamento de materiais* (o processo de transformar matérias-primas em produtos acabados). Suponha que sua empresa está construindo um novo carro híbrido que usa gasolina e eletricidade. Essa máquina é composta por componentes (motor, baterias etc.), que são construídos a partir de componentes menores (virabrequim, eletrodos etc.), que são feitos de peças ainda menores.

Monitorar todas as várias peças pode ser difícil em um banco de dados relacional que não usa a recursão. A recursão permite começar com a máquina completa e descobrir todo o caminho para chegar à menor peça. Quer encontrar as especificações para o parafuso de fixação que prende a braçadeira ao eletrodo negativo da bateria auxiliar? A estrutura `WITH RECURSIVE` dá ao SQL a capacidade de lidar com esse problema no nível dos pormenores.

A recursão também é um processamento natural para *cenários hipotéticos*. No exemplo da Vannevar Airlines, o que aconteceria se a gerência suspendesse o serviço de Portland para Charlotte? Como isso afetaria as cidades que são alcançáveis a partir de Portland? Uma consulta recursiva fornece rapidamente a resposta.

Parte IV
Controlando Operações

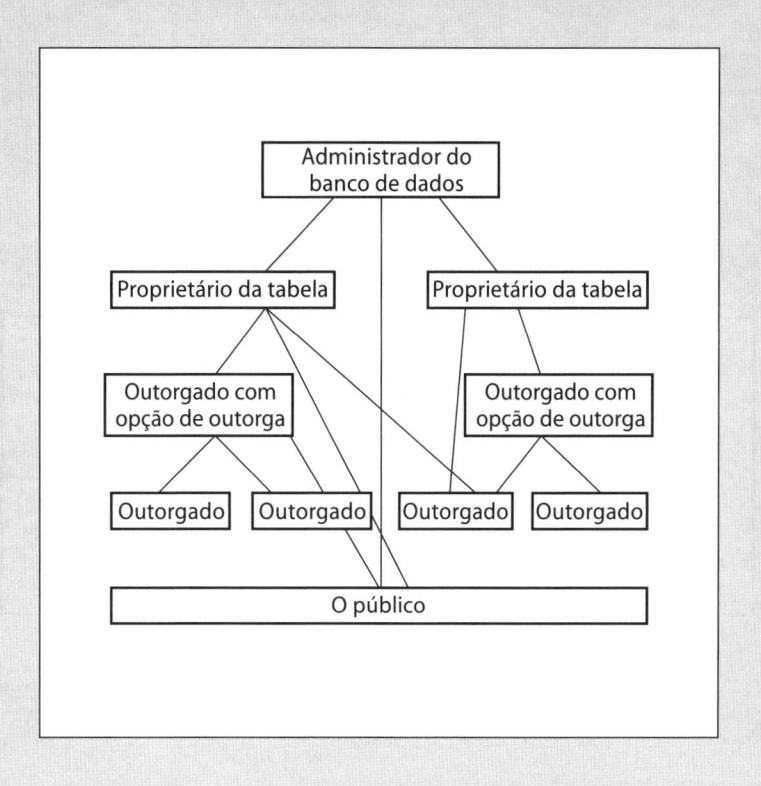

```
                  ┌──────────────────┐
                  │  Administrador do │
                  │   banco de dados  │
                  └──────────────────┘
                   /                \
      ┌──────────────────┐    ┌──────────────────┐
      │ Proprietário da  │    │ Proprietário da  │
      │      tabela      │    │      tabela      │
      └──────────────────┘    └──────────────────┘
            /      \                /      \
   ┌──────────────┐          ┌──────────────┐
   │ Outorgado com│          │ Outorgado com│
   │ opção de     │          │ opção de     │
   │ outorga      │          │ outorga      │
   └──────────────┘          └──────────────┘
        /    \                    /    \
  ┌────────┐ ┌────────┐      ┌────────┐ ┌────────┐
  │Outorgado│ │Outorgado│    │Outorgado│ │Outorgado│
  └────────┘ └────────┘      └────────┘ └────────┘
  ┌────────────────────────────────────────────┐
  │               O público                    │
  └────────────────────────────────────────────┘
```

Nesta parte...

- Controlando o acesso
- Protegendo os dados contra corrupção
- Aplicando as linguagens procedurais

Capítulo 14
Segurança de Banco de Dados

Neste capítulo
▶ Controlando o acesso a tabelas de banco de dados
▶ Decidindo quem tem acesso a quê
▶ Concedendo privilégios de acesso
▶ Removendo privilégios de acesso
▶ Derrotando tentativas de acesso não autorizado
▶ Transmitindo o poder de conceder privilégios

Um administrador de sistema deve ter um conhecimento especial de como um banco de dados funciona. É por isso que, nos capítulos anteriores, discutimos as partes do SQL que criam bancos de dados e manipulam dados — e (no Capítulo 3) introduzimos os recursos do SQL para proteger bancos de dados contra danos ou uso indevido. Neste capítulo, discutiremos em mais profundidade o uso indevido como tema — e como evitá-lo por meio do uso inteligente dos recursos SQL.

A pessoa encarregada de um banco de dados pode determinar quem tem acesso ao banco de dados — e pode definir níveis de acesso dos usuários, conceder ou revogar o acesso a aspectos do sistema. O administrador do sistema pode até conceder ou revogar o direito de conceder e revogar privilégios de acesso. Se você usá-las corretamente, as ferramentas de segurança que o SQL fornece são uma proteção poderosa dos dados importantes. Usadas incorretamente, essas mesmas ferramentas podem amarrar os esforços dos usuários legítimos em um grande nó da burocracia, quando eles só estão tentando fazer seu trabalho.

Como bancos de dados frequentemente contêm informações sigilosas que não devem ser disponibilizadas para todos, o SQL fornece diferentes níveis de acesso — de completo a nenhum, com diversos níveis entre os dois. Controlando as operações que cada usuário autorizado pode executar, o administrador do banco de dados pode disponibilizar todos os dados de que os usuários precisam para fazer seus trabalhos — mas restringir o acesso a partes do banco de dados que nem todo mundo deve ver ou alterar.

A Linguagem de Controle de Dados SQL

As instruções SQL que você usa para criar bancos de dados formam um grupo conhecido como *Linguagem de Definição de Dados* (*Data Definition Language,* DDL). Depois de criar um banco de dados, você pode usar outro conjunto de instruções SQL — conhecidas coletivamente como *Linguagem de Manipulação de Dados* (*Data Manipulation Language,* DML) — para adicionar, alterar e remover os dados do banco de dados. O SQL inclui instruções adicionais que não se enquadram em nenhuma dessas categorias. Programadores às vezes se referem a essas instruções coletivamente como *Linguagem de Controle de Dados* (*Data Control Language,* DCL). As instruções DCL protegem principalmente o banco de dados contra acesso não autorizado, contra interação prejudicial entre vários usuários do banco de dados e contra falhas de energia e mau funcionamento de equipamentos. Neste capítulo, discutimos a proteção contra acesso não autorizado.

Níveis de Acesso do Usuário

O SQL fornece acesso controlado às nove funções de gerenciamento de banco de dados:

- **Criar, ver, modificar e excluir.** Essas funções correspondem às operações INSERT, SELECT, UPDATE e DELETE discutidas no Capítulo 6.
- **Referenciar.** Usar a palavra-chave REFERENCES (que discutimos nos Capítulos 3 e 5) envolve aplicar restrições de integridade referencial a uma tabela que depende de outra tabela no banco de dados.
- **Usar.** A palavra-chave USAGE diz respeito a domínios, conjuntos de caracteres, agrupamentos e conversões. (Definimos domínios, conjuntos de caracteres, agrupamentos e conversões no Capítulo 5.)
- **Definir novos tipos de dados.** Você lida com nomes de tipos definidos pelo usuário com a palavra-chave UNDER.
- **Responder a um evento.** O uso da palavra-chave TRIGGER faz uma instrução SQL ou bloco de instruções ser executado sempre que um evento predeterminado ocorre.
- **Executar.** A palavra-chave EXECUTE faz uma rotina ser executada.

O administrador de banco de dados

Na maioria das instalações com mais de alguns usuários, a autoridade suprema do banco de dados é o *administrador do banco de dados* (DBA). O DBA tem todos os direitos e privilégios a todos os aspectos do banco de dados. Ser DBA pode lhe dar a sensação de poder — e responsabilidade. Com todo esse poder à sua disposição, você pode facilmente bagunçar seu banco de dados e destruir milhares de horas de trabalho. DBAs devem pensar clara e cuidadosamente sobre as consequências de cada ação que eles tomam.

O DBA não apenas tem todos os direitos sobre o banco de dados, mas também controla os direitos que outros usuários possuem. Assim, indivíduos altamente confiáveis podem acessar mais funções — e, talvez, mais tabelas — do que a maioria dos usuários.

Uma maneira infalível de tornar-se DBA é instalar o sistema de gerenciamento de banco de dados. A pessoa que instala um banco de dados é automaticamente um DBA. O manual da instalação oferece uma conta, ou *login, e* uma senha. Esse login o identifica como um usuário com privilégios especiais. Às vezes, o sistema chama esse usuário privilegiado de DBA, outras vezes, de *administrador de sistemas* e, às vezes, de *super-usuário* (desculpe, sem trocadilhos). Como primeiro passo oficial após fazer o login, você deve alterar sua senha padrão para uma secreta de sua preferência.

Se você não mudar a senha, quem ler o manual *também pode fazer login com privilégios totais de DBA*. Depois de alterar a senha, apenas as pessoas que conhecem a nova senha podem fazer login como DBA. Sugiro que você compartilhe a nova senha DBA apenas com um pequeno número de pessoas altamente confiáveis. Afinal de contas, você pode ser atingido por meteoro amanhã; ganhar na loteria; ou ficar indisponível para a empresa de alguma outra forma. Seus colegas devem ser capazes de continuar em sua ausência. Qualquer um que saiba o login e a senha do DBA torna-se o DBA depois de usar essas informações para acessar o sistema.

Se você tiver privilégios de DBA, faça o login somente como DBA se for necessário executar uma tarefa específica que requer privilégios de DBA. Depois de terminar, faça logout. Para trabalho de rotina, faça login usando seu próprio ID pessoal e senha. Essa abordagem pode evitar que você cometa erros que têm consequências graves para as tabelas dos outros usuários (bem como para sua própria).

Proprietários de objetos de banco de dados

Outra classe de usuário privilegiado, junto com o DBA, é o *proprietário do objeto de banco de dados*. Tabelas e views, por exemplo, são *objetos de banco de dados*. Qualquer usuário que cria esses objetos pode especificar o proprietário. O proprietário de uma tabela tem todos os privilégios possíveis associados a essa tabela, incluindo o privilégio de conceder acesso à tabela para outras pessoas. Como você pode basear views nas tabelas principais, alguém que não seja proprietário de uma tabela pode criar uma view com base nessa tabela. Mas proprietário da view só recebe privilégios que ele tem para a tabela subjacente. Resumindo: um usuário não pode burlar a proteção na tabela de outro usuário simplesmente criando uma view com base nessa tabela.

O público

Em termos de rede, "público" é composto por todos os usuários que não são usuários especialmente privilegiados (isto é, DBAs ou proprietários de objetos), e para quem um usuário privilegiado não concedeu especificamente direitos de acesso. Se um usuário privilegiado conceder certos direitos de acesso a PUBLIC, então todos que podem acessar o sistema ganham esses direitos.

Na maioria das instalações, existe uma hierarquia de privilégios de usuário, em que o DBA está no nível mais alto e o público no mais baixo. A Figura 14-1 ilustra a hierarquia de privilégios.

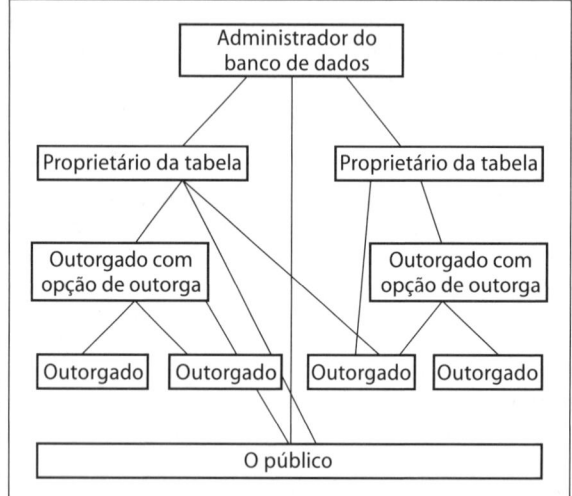

Figura 14-1: A hierarquia de privilégios de acesso.

Concedendo Privilégios a Usuários

O DBA, em virtude de sua posição, tem todos os privilégios sobre todos os objetos no banco de dados. Afinal de contas, o proprietário de um objeto tem todos os privilégios em relação a esse objeto — e o próprio banco de dados é um objeto. Ninguém mais tem qualquer privilégio em relação a qualquer objeto — a menos que alguém que já tenha esses privilégios (e autoridade para passá-los) conceda especificamente os privilégios. Você concede privilégios para alguém usando a instrução GRANT, que tem a seguinte sintaxe:

```
GRANT lista-de-privilégios
   ON objeto
   TO lista-de-usuários
   [WITH HIERARCHY OPTION]
   [WITH GRANT OPTION]
   [GRANTED BY outorgante] ;
```

Nessa instrução, *lista-de-privilégios* é assim definida:

```
privilégio [, privilégio] ...
```

ou

```
ALL PRIVILEGES
```

Aqui *privilégio* é assim definido:

```
SELECT
| DELETE
| INSERT [(nome-da-coluna [, nome-da-coluna]...)]
| UPDATE [(nome-da-coluna [, nome-da-coluna]...)]
| REFERENCES [(nome-da-coluna [, nome-da-coluna]...)]
| USAGE
| UNDER
| TRIGGER
| EXECUTE
```

Na instrução original, *objeto* é assim definido:

```
[ TABLE ] <nome da tabela>
| DOMAIN <nome do domínio>
| COLLATION <nome da intercalação>
| CHARACTER SET <nome do conjunto de caracteres>
| TRANSLATION <nome da transliteração>
| TYPE <nome do UDT resolvido pelo esquema>
| SEQUENCE <nome do gerador de sequências>
| <designador de rotina específica>
```

E *lista-de-usuários* na instrução é assim definida:

```
  login-ID [, login-ID]...
| PUBLIC
```

outorgante é CURRENT_USER ou CURRENT_ROLE.

> **DICA**
>
> A sintaxe anterior considera uma view como uma tabela. Os privilégios SELECT, DELETE, INSERT, UPDATE, TRIGGER e REFERENCES só são aplicados a tabelas e views. O privilégio USAGE é aplicado a domínios, conjuntos de caracteres, agrupamentos e conversões. O privilégio UNDER só se aplica a tipos e o privilégio EXECUTE só é aplicado a rotinas. As seções a seguir dão exemplos das várias maneiras como você pode usar a instrução GRANT — e os resultados desses usos.

Papéis

Um *nome de usuário* é um tipo de identificador de autorização, mas não é o único. Ele identifica uma pessoa (ou um programa) autorizada a executar uma ou mais funções em um banco de dados. Em uma grande organização com muitos usuários, conceder privilégios a cada funcionário individual seria entediante e demorado. O SQL resolve esse problema introduzindo a noção de papéis.

Um *papel*, identificado por um nome de papel, é um conjunto de zero ou mais privilégios que podem ser concedidos a várias pessoas que exigem o mesmo nível de acesso ao banco de dados. Por exemplo, todos aqueles que desempenham o papel `SecurityGuard` têm os mesmos privilégios. Esses privilégios são diferentes daqueles concedidos às pessoas que têm o papel de `SalesClerk`.

Como sempre, nem todos os recursos mencionados na última versão da especificação SQL estão disponíveis em todas as implementações. Verifique a documentação do SGBD antes de tentar usar papéis.

Você pode criar papéis usando uma sintaxe semelhante à seguinte:

```
CREATE ROLE SalesClerk ;
```

Depois de criar um papel, você pode atribuir às pessoas o papel com a instrução GRANT, semelhante ao seguinte:

```
GRANT SalesClerk to Becky ;
```

Você pode conceder privilégios a um papel exatamente da mesma maneira que você concede privilégios aos usuários, com uma exceção: Não discuta nem reclame.

Inserindo dados

Para conceder a um papel o privilégio de adicionar dados a uma tabela, siga este exemplo:

```
GRANT INSERT
   ON CUSTOMER
   TO SalesClerk ;
```

Esse privilégio permite que qualquer funcionário no departamento de vendas adicione novos registros de clientes à tabela CUSTOMER.

Visualizando dados

Para permitir que as pessoas visualizem os dados em uma tabela, utilize o seguinte exemplo:

```
GRANT SELECT
   ON PRODUCT
   TO PUBLIC ;
```

Esse privilégio permite que qualquer pessoa com acesso ao sistema (PUBLIC) visualize o conteúdo da tabela PRODUCT.

> Essa instrução pode ser perigosa. Colunas na tabela PRODUCT podem conter informações que nem todo mundo deve ver, como CostOfGoods. Para fornecer acesso à maioria das informações e negar o acesso a informações confidenciais, defina uma view na tabela que não inclui as colunas confidenciais. Em seguida, conceda privilégios de SELECT na view, em vez de na tabela subjacente. O exemplo a seguir mostra a sintaxe para esse procedimento:

```
CREATE VIEW MERCHANDISE AS
   SELECT Model, ProdName, ProdDesc, ListPrice
      FROM PRODUCT ;
GRANT SELECT
   ON MERCHANDISE
   TO PUBLIC ;
```

Usando a view MERCHANDISE, o público não consegue ver a coluna CostOfGoods da tabela PRODUCT nem nenhuma outra coluna. O público só vê as quatro colunas listadas na instrução CREATE VIEW.

Modificando dados da tabela

Em qualquer organização ativa, os dados de tabela mudam ao longo do tempo. Você precisa conceder a algumas pessoas o direito e o poder de fazer alterações — e também evitar que todos os outros façam isso. Para conceder privilégios de alteração, como atualização, siga este exemplo:

```
GRANT UPDATE (BonusPct)
   ON BONUSRATE
   TO SalesMgr ;
```

O gerente de vendas pode ajustar a taxa de bônus que os vendedores recebem pelas vendas (a coluna BonusPct), com base nas mudanças nas condições de mercado.Mas o gerente de vendas não pode modificar os valores nas colunas MinAmount e MaxAmount que definem os intervalos para cada etapa do cronograma de bônus. Para permitir atualizações para todas as colunas, você deve especificar todos os nomes de coluna ou nenhum nome de coluna, como mostrado no exemplo a seguir:

```
GRANT UPDATE
   ON BONUSRATE
   TO VPSales ;
```

Excluindo linhas obsoletas de uma tabela

Clientes saem do negócio ou param de comprar produtos por alguma outra razão. Funcionários se demitem, são despedidos, se aposentam ou morrem. Produtos tornam-se obsoletos. A vida continua e as coisas que você acompanhou no passado podem não mais ser de seu interesse. Alguém precisa remover registros obsoletos de suas tabelas. Você quer controlar cuidadosamente quem pode excluir quais registros. Regular esses privilégios é outro trabalho para a instrução GRANT, como mostrado no exemplo a seguir:

```
GRANT DELETE
   ON EMPLOYEE
   TO PersonnelMgr ;
```

O gerente de pessoal pode remover registros da tabela EMPLOYEE. E também o DBA e o proprietário da tabela EMPLOYEE podem (que provavelmente também é o DBA). Ninguém mais pode remover registros de pessoal (a menos que outra instrução GRANT dê a essa pessoa o poder de fazer isso).

Referenciando tabelas relacionadas

Se uma tabela inclui a chave primária de uma segunda tabela como uma chave estrangeira, as informações na segunda tabela tornam-se disponíveis para os usuários da primeira tabela. Essa situação cria potencialmente uma brecha perigosa, por meio da qual os usuários não autorizados podem extrair informações confidenciais. Nesse caso, o usuário não precisa de direitos de acesso a uma tabela para descobrir algo sobre o conteúdo. Se o usuário tiver direitos de acesso a uma tabela que referencia a tabela alvo, esses direitos muitas vezes permitem que o usuário também acesse a tabela alvo.

Suponha, por exemplo, que a tabela LAYOFF_LIST contém os nomes dos funcionários que serão demitidos no mês que vem. Apenas a gerência autorizada tem acesso SELECT à tabela. Um funcionário não autorizado, porém, deduz que a chave primária da tabela é EmpID. O funcionário então cria uma nova tabela SNOOP, que tem EmpID como uma chave estrangeira, permitindo que ele dê uma espiada na LAYOFF_LIST. (Descrevemos como criar uma chave estrangeira com uma cláusula REFERENCES no Capítulo 5. Ela está no topo da lista de técnicas que todo administrador de sistemas deve saber como usar, e como identificar.) Eis o código que cria a curiosa tabela:

```
CREATE TABLE SNOOP
   (EmpID INTEGER REFERENCES LAYOFF_LIST) ;
```

Agora, tudo o que o funcionário precisa fazer é tentar usar `INSERT` para inserir linhas correspondentes a todos os números de identificação dos funcionários em SNOOP. A tabela aceita as inserções apenas para os funcionários na lista de demissões. Todas as inserções rejeitadas são para os funcionários que não estão na lista.

> **DICA:** Nem tudo está perdido. Você não corre o risco de expor todos os dados privados que deseja manter para você mesmo. As versões recentes do SQL evitam essa falha de segurança exigindo que os usuários privilegiados concedam *explicitamente* quaisquer direitos de referência a outros usuários, como mostrado no exemplo a seguir:

```
GRANT REFERENCES (EmpID)
   ON LAYOFF_LIST
   TO PERSONNEL_CLERK ;
```

É recomendável verificar se esse recurso está atualizado em seu SGBD.

Usando domínios

Domínios, conjuntos de caracteres, agrupamentos e conversões também têm um efeito sobre questões de segurança. Você deve observar com atenção todos esses — especialmente em domínios criados — para evitar que eles sejam usados para minar suas medidas de segurança.

Você pode definir um domínio que engloba um conjunto de colunas. Ao fazer isso, você quer que todas essas colunas tenham o mesmo tipo e compartilhem as mesmas restrições. As colunas que você cria utilizando o domínio criado na instrução `CREATE DOMAIN` herdam o tipo e as restrições do domínio. Você pode sobrescrever essas características para colunas específicas se quiser, mas domínios fornecem uma maneira conveniente de aplicar inúmeras características a múltiplas colunas com uma única declaração.

Domínios são úteis se você tiver múltiplas tabelas que contêm colunas com características semelhantes. Seu banco de dados de negócios, por exemplo, pode consistir em várias tabelas, cada uma das quais contém uma coluna `Price` que deve ter um tipo de `DECIMAL(10,2)` e valores que não são negativos e não são maiores do que 10.000. Antes de criar as tabelas que armazenam essas colunas, crie um domínio que especifica as características das colunas, assim:

```
CREATE DOMAIN PriceTypeDomain  DECIMAL (10,2)
   CHECK (VALUE >= 0 AND VALUE <= 10000) ;
```

Talvez você identifique seus produtos em múltiplas tabelas por `ProductCode`, que sempre é do tipo `CHAR (5)`, com o primeiro caractere de X, C ou H e um último caractere de 9 ou 0. Você também pode criar um domínio para essas colunas, como no exemplo a seguir:

```
CREATE DOMAIN ProductCodeDomain CHAR (5)
   CHECK (SUBSTR (VALUE, 1,1) IN ('X', 'C', 'H')
   AND SUBSTR (VALUE, 5, 1) IN (9, 0) ) ;
```

Com os domínios no lugar, podemos agora criar as tabelas assim:

```
CREATE TABLE PRODUCT (
    ProductCode       ProductCodeDomain,
    ProductName       CHAR (30),
    Price             PriceTypeDomain) ;
```

Como já mencionado antes para outros recursos SQL do padrão ISO/IEC, nenhum produto SGBD suporta todos eles. `CREATE DOMAIN` é um que não tem suporte universal. O SGBD iAnywhere da Sybase oferece suporte, assim como PostgreSQL, mas o Oracle 11g e o SQL Server 2012, não.

Na definição da tabela, em vez de fornecer o tipo de dados para `ProductCode` e `Price`, especifique o domínio apropriado. Essa ação dá a essas colunas o tipo correto e também aplica as restrições especificadas nas instruções `CREATE DOMAIN`.

Ao usar domínios, você abre seu banco de dados a certas implicações de segurança. E se outra pessoa quiser usar os domínios que você cria — isso pode causar problemas? Sim. E se outra pessoa criar uma tabela com uma coluna que tem um domínio de `PriceTypeDomain`? Essa pessoa pode atribuir valores progressivamente maiores a essa coluna, até que ela rejeite um valor. Fazendo isso, o usuário pode determinar o limite superior em `PriceType` que você especifica na cláusula `CHECK` da instrução `CREATE DOMAIN`. Se você considerar que esse limite superior é composto por informações confidenciais, não é recomendável que outros acessem o domínio `PriceType`. Para proteger as tabelas nessas situações, o SQL permite que somente utilizem os domínios aqueles a quem o proprietário do domínio concede permissão. Assim, somente o proprietário do domínio (bem como o DBA) pode conceder essa permissão. Depois que considerar que é seguro fazer isso, você pode conceder permissão aos usuários com uma instrução como aquela mostrada no exemplo a seguir:

```
GRANT USAGE ON DOMAIN PriceType TO SalesMgr ;
```

Diferentes problemas de segurança podem surgir se você usar `DROP` para descartar domínios. As tabelas que contêm colunas que você define em termos de um domínio causam problemas se você tentar usar `DROP` para excluir o domínio. Talvez você primeiro precise usar `DROP` para excluir essas tabelas. Ou talvez você não seja capaz de usar `DROP` para excluir o domínio. Como `DROP` em um domínio é tratado pode variar de uma implementação para outra. O iAnywhere trata o domínio de uma maneira, enquanto o PostgreSQL faz isso de outra maneira. De qualquer forma, é recomendável restringir quem pode usar `DROP` para excluir domínios. O mesmo aplica-se a conjuntos de caracteres, ordens de intercalação e conversões.

Fazendo instruções SQL para serem executadas

Às vezes, a execução de uma instrução SQL desencadeia a execução de outra instrução SQL ou até mesmo de um bloco de instruções. O SQL suporta gatilhos. Um *gatilho* especifica um evento de gatilho, um tempo de ação de gatilho e uma ou mais ações disparadas:

- O **evento de gatilho** faz o gatilho ser executado, ou disparado.
- O **tempo de ação de gatilho** determina quando ocorre a ação disparada, um pouco antes ou logo depois do evento de disparo.
- A **ação disparada** é a execução de uma ou mais instruções SQL.

  Se mais de uma instrução SQL é disparada, todas as instruções devem estar contidas em uma estrutura `BEGIN ATOMIC...END`. A ação de gatilho pode ser uma instrução `INSERT`, `UPDATE` ou `DELETE`.

Por exemplo, você pode usar um gatilho para executar uma instrução que verifica a validade de um novo valor antes que uma `UPDATE` seja permitida. Se o novo valor for considerado inválido, a atualização pode ser abortada.

Um usuário ou papel deve ter o privilégio `TRIGGER`, a fim de criar um gatilho. Eis um exemplo:

```
CREATE TRIGGER CustomerDelete BEFORE DELETE
   ON CUSTOMER FOR EACH ROW
   WHEN State = 'NY'
   INSERT INTO CUSTLOG VALUES ('deleted a NY customer') ;
```

Sempre que um cliente de Nova York é excluído da tabela CUSTOMER, uma entrada na tabela de log CUSTLOG registra a exclusão.

Concedendo Privilégios entre Níveis

No Capítulo 2, descrevemos os tipos estruturados como uma espécie de tipo definido pelo usuário (UDT). Boa parte da arquitetura dos tipos estruturados deriva das ideias da programação orientada a objetos. Uma das ideias que surge disso é a ideia de uma *hierarquia*, em que um tipo pode ter *subtipos* que derivam alguns de seus atributos do tipo do qual eles são provenientes (o *supertipo*). Além desses atributos herdados, eles também podem ter atributos que são exclusivos. Pode haver vários níveis dessa hierarquia, com o tipo na parte inferior chamado *tipo folha*.

Uma tabela tipada é uma tabela em que cada linha armazenada nela é uma instância do tipo estruturado associado. A tabela tipada tem uma coluna para cada atributo do tipo estruturado associado. O nome e o tipo de dados da coluna são os mesmos que o nome e o tipo de dados do atributo.

Como exemplo, suponha que você é pintor de quadros que você vende por meio de galerias. Além das obras de arte originais, você também vende edições limitadas assinadas e numeradas, edições abertas não numeradas e não assinadas, e pôsteres. Você pode criar um tipo estruturado para seu trabalho artístico desta maneira:

```
CREATE TYPE artwork (
    artist          CHARACTER VARYING (30),
    title           CHARACTER VARYING (50),
    description     CHARACTER VARYING (256),
    medium          CHARACTER VARYING (20),
    creationDate    DATE )
    NOT FINAL
```

Eis mais um caso de um recurso que não está presente em todos os produtos de SGBD. Mas o PostgreSQL tem a instrução CREATE TYPE, assim como o Oracle 11g e o SQL Server 2012.

Como um artista tentando monitorar seu inventário, você quer distinguir entre originais e reproduções. Talvez você também queira distinguir entre diferentes tipos de reproduções. A Figura 14-2 mostra um uso possível de uma hierarquia para facilitar as distinções necessárias. O tipo de trabalho artístico pode ter subtipos, que por sua vez podem ter subtipos próprios.

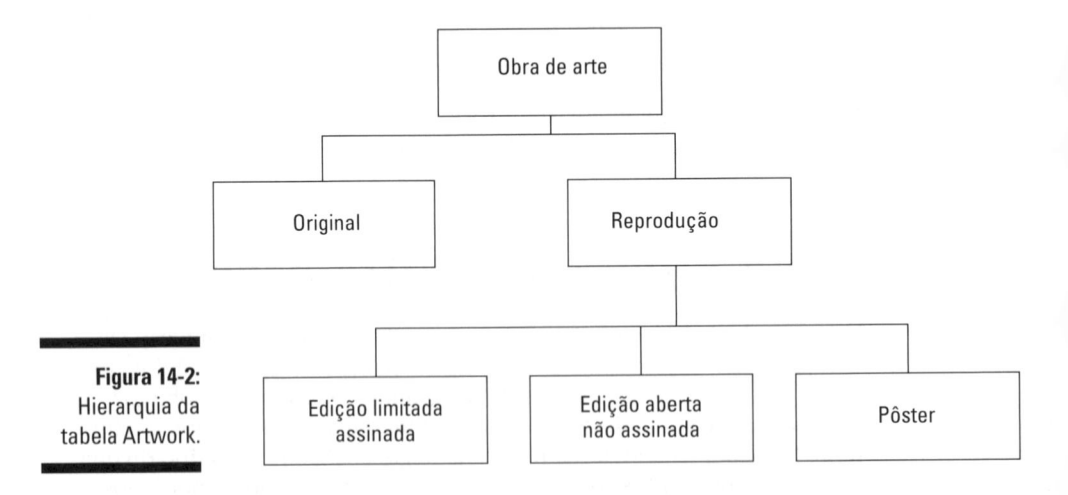

Figura 14-2: Hierarquia da tabela Artwork.

Há uma correspondência de um para um entre os tipos na hierarquia de tipos, e entre as tabelas na hierarquia de tabelas tipadas. Tabelas padrão, como discutido nos Capítulos 4 e 5, não podem ser inseridas em uma hierarquia semelhante àquela discutida aqui para tabelas tipadas.

Em vez de uma chave primária, uma tabela tipada tem uma coluna de autorreferência que garante a unicidade, não apenas para a supertabela máxima de uma hierarquia, mas também para todas as suas subtabelas. A coluna de autorreferência é especificada por uma cláusula REF IS na instrução CREATE da supertabela máxima. Quando a referência é gerada pelo sistema, garante-se a unicidade de forma generalizada.

Concedendo o Poder de Atribuir Privilégios

O DBA pode conceder quaisquer privilégios a qualquer pessoa. O proprietário de um objeto pode conceder quaisquer privilégios nesse objeto a qualquer pessoa. Mas os usuários que recebem privilégios dessa forma não podem por sua vez conceder esses privilégios a outra pessoa. Essa restrição ajuda o DBA ou o proprietário da tabela a reter o controle. Somente os usuários aos quais o DBA ou proprietário do objeto atribui o direito para fazer isso podem executar a operação em questão.

Do ponto de vista da segurança, impor limites sobre a capacidade de delegar privilégios de acesso faz muito sentido. Mas surgem muitas situações em que os usuários precisam do poder de delegar a autoridade. O trabalho não pode chegar a um ponto insuportável sempre que alguém está doente, de férias ou sai para almoçar.

Você pode conceder a *alguns* usuários o poder de delegar os direitos de acesso a suplentes designados confiáveis. Para passar esse direito de delegação para um usuário, o GRANT usa a cláusula WITH GRANT OPTION. A instrução a seguir mostra um exemplo de como você pode usar essa cláusula:

```
GRANT UPDATE (BonusPct)
   ON BONUSRATE
   TO SalesMgr
   WITH GRANT OPTION ;
```

Agora, o gerente de vendas pode delegar o privilégio UPDATE emitindo a seguinte instrução:

```
GRANT UPDATE (BonusPct)
   ON BONUSRATE
   TO AsstSalesMgr ;
```

Após a execução dessa instrução, qualquer pessoa com o papel de gerente de vendas do assistente pode fazer alterações na coluna BonusPct na tabela BONUSRATE.

É claro, você faz uma troca entre segurança e conveniência ao delegar direitos de acesso a um suplente designado. O proprietário da tabela BONUSRATE renuncia o controle considerável ao conceder o privilégio UPDATE ao gerente de vendas utilizando a WITH GRANT OPTION. O proprietário da tabela espera que o gerente de vendas assuma essa responsabilidade a sério e seja cuidadoso ao passar o privilégio.

Revogando Privilégios

Se tiver uma maneira de conceder privilégios de acesso a pessoas, você também deve ter uma forma de revogar esses privilégios. Os cargos das pessoas mudam e, com essas mudanças, seu acesso a dados precisa mudar. Digamos que um funcionário sai da empresa para trabalhar em um concorrente. Você provavelmente deve revogar todos os privilégios de acesso a essa pessoa — imediatamente.

O SQL permite remover os privilégios de acesso usando a instrução REVOKE. Essa instrução funciona como a instrução GRANT, exceto que ela tem o efeito inverso. A sintaxe para essa instrução é a seguinte:

```
REVOKE [GRANT OPTION FOR] lista-de-privilégios
    ON objeto
    FROM lista-de-usuários [RESTRICT|CASCADE] ;
```

Você pode usar essa estrutura para revogar os privilégios especificados e deixar outros intactos. A principal diferença entre a instrução REVOKE e a instrução GRANT é a presença da palavra-chave opcional RESTRICT ou CASCADE na instrução REVOKE.

Por exemplo, suponha que você usou WITH GRANT OPTION ao conceder certos privilégios a um usuário. Com o tempo, quando você quer revogar esses privilégios, use CASCADE na instrução REVOKE. Ao revogar os privilégios de um usuário dessa forma, você também revoga os privilégios de qualquer pessoa a quem essa pessoa concedeu os privilégios.

Por outro lado, a instrução REVOKE com a opção RESTRICT só funciona se o outorgado *não delegou* os privilégios especificados. Nesse caso, a instrução REVOKE revoga sem problemas os privilégios do outorgado. Mas, se o outorgado passou os privilégios especificados, a instrução REVOKE com a opção RESTRICT não revoga nada — e em vez disso retorna um código de erro. Isso é um aviso claro de que você precisa descobrir a quem foi concedido privilégios pela pessoa, cujos privilégios você está tentando revogar. Você pode ou não pode querer revogar os privilégios dessa pessoa.

Use uma instrução REVOKE com a cláusula GRANT OPTION FOR opcional para revogar apenas a opção de concessão para os privilégios especificados e permitir que o próprio outorgado retenha esses privilégios. Se a cláusula GRANT OPTION FOR e a palavra-chave CASCADE estiverem presentes, você vai revogar todos os privilégios que o outorgado concedeu, juntamente com o direito do outorgado de conceder esses privilégios — como se você nunca tivesse concedido esse direito. Se a cláusula GRANT OPTION FOR e a cláusula RESTRICT estiverem presentes, uma de duas coisas acontece:

- Se o outorgado não concedeu a nenhuma pessoa qualquer um dos privilégios que você está revogando, então a instrução REVOKE é executada e remove a capacidade do outorgado de conceder privilégios.

- Se o outorgado já concedeu pelo menos um dos privilégios que você está revogando, a instrução REVOKE não é executada e retorna um código de erro.

CUIDADO!

O fato de que você pode conceder privilégios usando WITH GRANT OPTION, combinado com o fato de que você também pode revogar privilégios seletivamente, torna a segurança do sistema muito mais complexa do que parece à primeira vista. Múltiplos outorgantes, por exemplo, podem concebivelmente conceder um privilégio a qualquer usuário individual. Se um desses outorgantes então revogar o privilégio, o usuário ainda retém esse privilégio por causa da concessão ainda existente do outro outorgante. Se um privilégio é passado de um usuário para outro por meio da WITH GRANT OPTION, essa situação cria uma *cadeia de dependência*, em que os privilégios de um usuário dependem daqueles do outro usuário. Se você é DBA ou proprietário do objeto, sempre esteja ciente de que, depois de conceder um privilégio usando a cláusula WITH GRANT OPTION, esse privilégio pode aparecer em lugares inesperados. Revogar o privilégio dos usuários indesejados e deixar que os usuários legítimos retenham o mesmo privilégio pode ser um desafio. Em geral, as cláusulas GRANT OPTION e CASCADE abrangem inúmeras sutilezas. Se você usar essas cláusulas, verifique tanto o padrão SQL como a documentação de seu produto — cuidadosamente — para assegurar que você entende como as cláusulas funcionam.

Usando GRANT e REVOKE Juntos para Economizar Tempo e Esforço

Permitir múltiplos privilégios para múltiplos usuários em colunas selecionadas de uma tabela pode exigir muita digitação. Veja este exemplo: o vice-presidente de vendas quer que todos no departamento de vendas vejam tudo na tabela CUSTOMER, mas apenas os gerentes de vendas devem atualizar, excluir ou inserir linhas. *Ninguém* deve atualizar o campo CustID. Os nomes dos gerentes de vendas são Tyson, Keith e David. Você pode conceder privilégios apropriados a esses gerentes com instruções GRANT, como a seguir:

```
GRANT SELECT, INSERT, DELETE
   ON CUSTOMER
   TO Tyson, Keith, David ;

GRANT UPDATE
   ON CUSTOMER (Company, CustAddress, CustCity,
      CustState, CustZip, CustPhone, ModLevel)
   TO Tyson, Keith, David ;
```

```
GRANT SELECT
    ON CUSTOMER
    TO Jen, Val, Mel, Neil, Rob, Sam, Walker, Ford,
        Brandon, Cliff, Joss, MichelleT, Allison, Andrew,
        Scott, MichelleB, Jaime, Lynleigh, Matthew, Amanda;
```

Isso deve ser suficiente. Todo mundo tem direitos `SELECT` na tabela CUSTOMER. Os gerentes de vendas têm direitos `INSERT` e `DELETE` totais sobre a tabela, e podem atualizar qualquer coluna, exceto a coluna `CustID`.

Eis uma maneira mais fácil de obter o mesmo resultado:

```
GRANT SELECT
    ON CUSTOMER
    TO SalesReps ;
GRANT INSERT, DELETE, UPDATE
    ON CUSTOMER
    TO Managers ;
REVOKE UPDATE
    ON CUSTOMER (CustID)
    FROM Managers ;
```

Supondo que você atribuiu papéis adequadamente, ainda são necessárias três instruções nesse exemplo para obter a mesma proteção que foi dada pelas três instruções no exemplo anterior. Ninguém pode alterar os dados na coluna `CustID`; somente `Tyson`, `Keith` e `David` têm privilégios INSERT, DELETE e UPDATE. Essas três últimas instruções são significativamente mais curtas do que aquelas no exemplo anterior, porque você não nomeia todos os usuários no departamento de vendas, todos os gerentes ou todas as colunas na tabela.

Capítulo 15
Protegendo os Dados

Neste capítulo
- Evitando danos ao banco de dados
- Compreendendo os problemas causados por operações simultâneas
- Lidando com problemas de concorrência por meio de mecanismos SQL
- Adaptando a proteção a suas necessidades com SET TRANSACTION
- Protegendo seus dados sem paralisar as operações

Todo mundo já ouviu falar da Lei de Murphy — que geralmente afirma: "Se alguma coisa *pode* dar errado, dará". Pessoas fazem piadas sobre essa pseudolei, porque na maior parte do tempo as coisas dão certo. Às vezes, você pode ter a sorte de não ser tocado por aquilo que pretende ser uma das leis básicas do universo. Quando surgem problemas inesperados, você provavelmente reconhece o que aconteceu e lida com eles.

Em uma estrutura complexa, o potencial de problemas imprevistos é muito maior. (Um matemático pode dizer que "aumenta aproximadamente com o quadrado da complexidade".) Assim, grandes projetos de software quase sempre são entregues com atraso e muitas vezes estão cheios de erros. Um aplicativo SGBD multiusuário não trivial é uma estrutura grande e complexa. Ao longo da operação, muitas coisas podem dar errado. Foram desenvolvidos métodos para minimizar o impacto desses problemas, mas os problemas nunca podem ser completamente eliminados. Essa é uma boa notícia para profissionais que fazem a manutenção e o reparo de banco de dados — automatizando o trabalho sem eles provavelmente nunca será possível. Este capítulo discute as principais coisas que podem dar errado com um banco de dados e as ferramentas que o SQL fornece para você lidar com os problemas que surgem.

Ameaças à Integridade dos Dados

O ciberespaço (incluindo sua rede) é um lugar interessante para visitar, mas para os dados que residem aí, não são um piquenique. Os dados podem ser danificados ou corrompidos de várias maneiras. O Capítulo 5 discute os problemas resultantes de dados ruins de entrada, erro de operador e destruição deliberada. Instruções SQL mal formuladas e aplicativos projetados de forma inadequada também podem danificar seus dados — e imaginar como não precisa muita imaginação. Duas ameaças relativamente óbvias —instabilidade de plataforma e falha de equipamentos — também podem danificar seus dados. Ambos os riscos são detalhados nas seções a seguir, bem como os problemas que podem ser causados por acesso simultâneo.

Instabilidade de plataforma

Instabilidade de plataforma é uma categoria de problema que nem deveria existir, mas, infelizmente existe. Ela é mais prevalente ao executar um ou mais novos componentes relativamente não testados em seu sistema. Problemas podem estar escondidos em uma nova versão do SGBD, uma nova versão do sistema operacional ou novo hardware. Condições ou situações que nunca apareceram antes podem se revelar ao executar uma tarefa crítica. Seu sistema trava, e seus dados são danificados. Além de apontar algumas palavras bem escolhidas para o computador e para as pessoas que o construíram, você não pode fazer muito, exceto esperar que o backup mais recente seja bom.

Nunca coloque trabalho de produção importante em um sistema em que *todos* os componentes não foram testados. Resista à tentação de colocar seu ganha-pão em uma versão beta não testada, mais recente e cheia de funções de seu SGBD ou sistema operacional. Se você deve ganhar alguma experiência prática com um novo produto de software, faça isso em uma máquina completamente isolada de sua rede de produção.

Falha de equipamento

Mesmo equipamentos bem comprovados e altamente confiáveis falham algumas vezes, enviando seus dados para o grande além. Tudo físico se degasta com o tempo — mesmo computadores modernos e resistentes. Se esse tipo de falha acontece quando seu banco de dados está aberto e ativo, você pode perder dados — e às vezes (pior ainda) não perceber isso. Essa falha acontecerá cedo ou tarde. Se a Lei de Murphy estiver funcionando nesse dia, a falha acontecerá no pior momento possível.

Uma maneira de proteger os dados contra falha de equipamentos é a *redundância*. Mantenha cópias extras de tudo. Para segurança máxima (desde que sua organização possa suportá-la financeiramente), configure hardwares duplicados exatamente como seu sistema de produção. Faça backups de banco de dados e de aplicativos que podem ser carregados e executados no hardware de backup quando necessário. Se restrições de custo evitam duplicar tudo (o que efetivamente dobra os custos), pelo menos se certifique de fazer o backup de seu banco de dados e aplicativos frequentemente, o suficiente para que uma falha inesperada não exija que você reinsira uma grande quantidade de dados. Muitos produtos de SGBD incluem recursos de replicação. Isso tudo é muito bom, mas não ajudará a menos que você configure o sistema para realmente usá-los.

Outra forma de evitar as piores consequências da falha de equipamentos é a utilização do *processamento de transações* — um tema prioritário discutido mais adiante neste capítulo. Uma *transação* é uma unidade indivisível de trabalho, assim ao usar o processamento de transações, uma transação inteira ou nenhuma é executada. Essa abordagem valendo tudo ou nada pode parecer drástica, mas os piores problemas surgem quando uma série de operações de banco de dados é apenas parcialmente processada. Assim, há bem menos probabilidade de você perder ou danificar os dados, mesmo se a máquina em que o banco de dados reside travar.

Acesso concorrente

Suponha que você está executando um hardware e software de qualidade comprovada, seus dados são bons, seu aplicativo não tem bugs e seu equipamento é inerentemente confiável. Utopia de dados, certo? Não é bem assim. Problemas ainda podem surgir quando várias pessoas tentam usar a mesma tabela de banco de dados ao mesmo tempo (*acesso simultâneo*) e os computadores discutem quem deve ir primeiro (*contenção*). Sistemas de banco de dados multiusuário devem ser capazes de lidar com a demanda de forma eficiente.

Problemas de interação de transações

Problemas de contenção podem se esconder até mesmo em aplicações que parecem simples. Veja este exemplo. Você está escrevendo um aplicativo de processamento de pedidos que envolve quatro tabelas: ORDER_MASTER, CUSTOMER, LINE_ITEM, e INVENTORY. As seguintes condições se aplicam:

- A tabela ORDER_MASTER tem `OrderNumber` como chave primária e `CustomerNumber` como chave estrangeira que referencia a tabela CUSTOMER.
- A tabela LINE_ITEM tem `LineNumber` como chave primária, `ItemNumber` como chave estrangeira que referencia a tabela INVENTORY e `Quantity` como uma das colunas.
- A tabela INVENTORY tem `ItemNumber` como chave primária; ela também tem um campo chamado `QuantityOnHand`.
- Todas as três tabelas têm outras colunas, mas elas não entram nesse exemplo.

A política de sua empresa é enviar cada pedido completo ou absolutamente nenhum pedido. Não há remessas parciais nem pedidos pendentes. (Relaxe. É uma situação hipotética). Você escreve o aplicativo `ORDER_PROCESSING` para processar cada pedido de entrada na tabela ORDER_MASTER da seguinte forma: ele primeiro determina se a empresa pode enviar *todos os* itens de linha. Se puder, ele grava o pedido e então o remove da coluna `QuantityOnHand` da tabela INVENTORY conforme necessário. (Essa ação exclui as entradas afetadas das tabelas

ORDER_MASTER e LINE_ITEM). Por enquanto, tudo bem. Você configura o aplicativo para processar os pedidos de uma de duas maneiras quando os usuários acessam o banco de dados simultaneamente:

- O método 1 processa a linha INVENTORY, que corresponde a cada linha na tabela LINE_ITEM. Se `QuantityOnHand` for grande o suficiente, o aplicativo decrementa esse campo. Se `QuantityOnHand` não for grande o suficiente, ele reverte a transação para restaurar todas as reduções no estoque feitas a outros LINE_ITEMS nesse pedido.
- O método 2 verifica cada linha INVENTORY, que corresponde a uma linha em LINE_ITEMS do pedido. Se *todos* forem grandes o suficiente, ele então processa esses itens decrementando-os.

Normalmente, o método 1 é mais eficiente quando o processamento do pedido é bem-sucedido; o método 2 é mais eficiente quando o processamento falha. Assim, se a maioria dos pedidos são atendidos na maioria das vezes, é melhor usar o método 1. Se a maioria dos pedidos não pode ser atendida na maioria das vezes, é melhor utilizar o método 2. Suponha que esse aplicativo hipotético está instalado e funcionando em um sistema multiusuário que não tem controle adequado de concorrência. Sim. O problema está se formando, tudo bem. Considere este cenário:

1. **Um cliente entra em contato com o sistema de processamento de pedidos em sua empresa (usuário 1) para encomendar dez alicates e cinco chaves inglesas ajustáveis grandes.**

2. **O usuário 1 utiliza o método 1 para processar o pedido. O primeiro item no pedido é dez peças do item 1 (alicates).**

   Quando isso acontece, sua empresa tem dez alicates em estoque, e o usuário 1 que faz o pedido compra todos eles.

   A função de processamento de pedidos executa, diminuindo a quantidade de um alicate a zero. Então, as coisas ficam (como diz o provérbio chinês) *interessantes*. Outro cliente entra em contato com a empresa para processar um pedido e fala com usuário 2.

3. **O usuário 2 tenta processar o pequeno pedido do cliente de um alicate — e acha que não há mais alicates em estoque.**

   O pedido do usuário 2 é revertido porque ele não pode ser atendido.

4. **Enquanto isso, o usuário 1 tenta concluir o pedido do cliente e verifica no sistema cinco peças do item 37 (chave inglesa).**

   Infelizmente, a empresa só tem quatro chaves inglesas ajustáveis grandes em estoque. O pedido completo do usuário 1 (incluindo o alicate) é revertido porque ele não pode ser atendido completamente.

   A tabela INVENTORY agora volta ao estado em que estava antes de um dos usuários começar a operar. Nenhum dos pedidos foi atendido, embora o pedido do usuário 2 pudesse ter sido.

Em um cenário um pouco diferente, o método 2 é um pouco melhor, embora por uma razão diferente. O usuário 1 verifica todos os itens pedidos e decide que todos os itens encomendados *estão* disponíveis. Então o usuário 2 chega e processa um pedido de um desses itens *antes* de o usuário 1 executar a operação de redução; a transação do usuário 1 falha.

A serialização elimina interações prejudiciais

Não ocorre nenhum conflito se as transações são executadas *serialmente* em vez de simultaneamente. (Revezamento — ótimo conceito.) No primeiro exemplo, se a transação malsucedida do usuário 1 foi concluída antes de a transação do usuário 2 começar, a função `ROLLBACK` teria disponibilizado o único alicate pedido pelo usuário 2. (A função `ROLLBACK` reverte, ou desfaz toda a transação). Se as transações fossem executadas em série no segundo exemplo, o usuário 2 não teria tido oportunidade de alterar a quantidade de nenhum item até que a transação do usuário 1 fosse concluída. A transação do usuário 1 é concluída, com ou sem sucesso, e o usuário 2 então vê quantos alicates ainda estão em estoque.

Se as transações são executadas em série (uma após a outra), não haverá como elas interagirem de forma destrutiva. A execução de operações simultâneas é *serializável* se o resultado for o mesmo que seria se as operações fossem executadas em série.

Serializar transações concorrentes não é uma cura para tudo. Você tem de fazer um meio termo entre desempenho e proteção contra as interações prejudiciais. Quanto mais você isola as transações uma da outra, mais o tempo leva para executar cada função. (No ciberespaço, como na vida real, esperar na fila leva tempo). Entenda os meios-termos para que você configure o sistema com proteção adequada — mas somente a proteção que você necessita. Controlar o acesso simultâneo muito rigidamente pode destruir o desempenho geral do sistema.

Reduzindo a Vulnerabilidade à Corrupção de Dados

Você pode tomar precauções em vários níveis para reduzir as chances de perda de dados por causa de algum contratempo ou interação inesperada. Seu SGBD pode ser configurado para tomar algumas dessas precauções para você. Quando você configura o SGBD de forma adequada, ele funciona como um anjo da guarda para protegê-lo contra danos, operando nos bastidores; você nem mesmo sabe que o SGBD o está ajudando. O administrador do banco de dados (DBA) pode tomar outras precauções discretamente, das quais você talvez nem mesmo esteja ciente. Como desenvolvedor, você pode tomar precauções ao escrever o código.

> **DICA**
>
> Para evitar aflições, tenha o hábito de seguir alguns princípios simples automaticamente, de maneira que eles sempre sejam incluídos em seu código ou em suas interações com o banco de dados:
>
> - Use transações SQL.
> - Adapte o nível de isolamento para equilibrar o desempenho e a proteção.
> - Saiba quando e como definir transações, proteger os objetos de banco e fazer backups.
>
> Detalhes vêm logo a seguir.

Usando transações SQL

A transação é uma das principais ferramentas do SQL para manter a integridade do banco de dados. Uma *transação SQL* encapsula todas as instruções SQL que podem ter um efeito sobre o banco de dados. Uma transação SQL é concluída com uma instrução COMMIT ou ROLLBACK:

- Se a transação termina com uma COMMIT, os efeitos de todas as instruções na transação são aplicados ao banco de dados em uma sequência de disparo rápido.
- Se a transação termina com uma ROLLBACK, os efeitos de todas as instruções são *revertidos* (isto é, desfeitos) e o banco de dados retorna ao estado em que estava antes de a operação começar.

> **LEMBRE-SE**
>
> Nessa discussão, o termo *aplicativo* significa uma execução de um programa (seja em Java, C++ ou alguma outra linguagem de programação), ou uma série de ações realizadas em um terminal durante um único logon.

Um aplicativo pode incluir uma série de transações SQL. A primeira transação SQL começa quando o aplicativo começa; a última transação SQL termina quando o aplicativo termina. Cada COMMIT ou ROLLBACK que o aplicativo executa termina uma transação SQL e começa a próxima. Por exemplo, um aplicativo com três transações SQL tem a seguinte forma:

```
Início do aplicativo
   Várias instruções SQL (Transação SQL-1)
COMMIT or ROLLBACK
   Várias instruções SQL (Transação SQL-2)
COMMIT or ROLLBACK
   Várias instruções SQL (Transação SQL-3)
COMMIT or ROLLBACK
Fim do aplicativo
```

Uso a expressão *transação SQL* porque o aplicativo pode usar outras capacidades (como para acesso à rede), que fazem outros tipos de transações. Na discussão a seguir, uso *transação* significando especificamente *transação SQL*.

Uma transação SQL normal tem um modo de acesso que é READ-WRITE ou READ-ONLY; ele tem um nível de isolamento que é SERIALIZABLE, REPEATABLE READ, READ COMMITTED ou READ UNCOMMITTED. (Você pode encontrar as características das transações na seção "Níveis de isolamento", mais adiante neste capítulo.) As características padrão são READ-WRITE e SERIALIZABLE. Se quiser quaisquer outras características, você tem de especificá-las com uma instrução SET TRANSACTION, como a seguir:

```
SET TRANSACTION READ ONLY ;
```

ou

```
SET TRANSACTION READ ONLY REPEATABLE READ ;
```

ou

```
SET TRANSACTION READ COMMITTED ;
```

Pode haver múltiplas instruções SET TRANSACTION em um aplicativo, mas você só pode especificar uma única em cada transação e ela deve ser a primeira instrução SQL executada na transação. Se você quiser usar uma instrução SET TRANSACTION, execute-a no início do aplicativo ou após um COMMIT ou um ROLLBACK.

Você deve executar uma SET TRANSACTION no início de cada transação para a qual você deseja propriedades não padrão, porque cada nova transação após um COMMIT ou um ROLLBACK recebe automaticamente as propriedades padrão.

A instrução SET TRANSACTION também pode especificar um DIAGNOSTICS SIZE, que determina o número de condições de erro para as quais a implementação deve estar preparada para salvar informações. (Esse limite numérico é necessário porque uma implementação pode detectar mais de um erro durante uma instrução). O padrão SQL para esse limite é definido pela implementação, e esse padrão quase sempre é adequado.

A transação padrão

A transação SQL padrão tem características que são satisfatórias para a maioria dos usuários na maioria das vezes. Se necessário, você pode especificar características diferentes para as transações com uma instrução SET TRANSACTION, como descrito na seção anterior. (SET TRANSACTION é discutida em detalhes em uma seção própria mais adiante neste capítulo.)

A transação padrão faz alguns outros pressupostos implícitos:

- ✓ O banco de dados vai mudar ao longo do tempo.
- ✓ Sempre é melhor prevenir que remediar.

Ela define o modo como READ-WRITE, que, como você pode esperar, permite emitir instruções que alteram o banco de dados. Ela também define o nível de isolamento como SERIALIZABLE, que é o nível mais alto de isolamento possível (portanto, o mais seguro). O tamanho padrão de diagnóstico depende da implementação. Analise a documentação do seu SQL para ver qual é o tamanho para seu sistema.

Níveis de isolamento

Idealmente, o sistema trata as transações de forma independente de qualquer outra transação, mesmo que essas transações aconteçam simultaneamente com as suas. Esse conceito é chamado de *isolamento*. No mundo real dos sistemas multiusuário em rede com requisitos de acesso em tempo real, porém, o isolamento completo nem sempre é viável. O isolamento pode impor uma penalidade muito grande sobre o desempenho. Surge a questão do meio-termo: "Quanto isolamento você realmente quer, e quanto você está disposto a pagar por ele em termos de desempenho?"

Criando problemas por causa de uma leitura suja

O nível mais fraco de isolamento é chamado READ UNCOMMITTED, que às vezes permite a problemática leitura suja. Uma *leitura suja* é uma situação em que uma alteração feita por um usuário pode ser lida por um segundo usuário antes de o primeiro usuário concluir sua transação com a instrução COMMIT.

O problema surge se o primeiro usuário abortar e reverter a transação. As operações do segundo usuário agora se baseiam em um valor incorreto. O exemplo clássico desse estrago pode aparecer em um aplicativo de estoque. Em "Problemas de interação de transações", no início deste capítulo, descrevemos um possível cenário desse tipo, mas aqui está outro exemplo: um usuário diminui o estoque; um segundo usuário lê o novo valor (mais baixo). O primeiro usuário reverte a transação (restaurando o estoque ao valor inicial), mas o segundo usuário, achando que o estoque está baixo, pede mais estoque e possivelmente gera um sério problema de excesso de estoque. E isso se você tiver sorte.

Só use o nível de isolamento READ UNCOMMITTED se você não se preocupa com resultados precisos.

Você *pode* usar READ UNCOMMITTED se quiser gerar dados estatísticos aproximados, como nestes exemplos:

- Atraso máximo no preenchimento de pedidos
- Média de idade dos vendedores que não alcançam a quota
- Média de idade dos novos funcionários

Em muitos desses casos, informações aproximadas são suficientes; o custo extra do controle de concorrência necessário para dar um resultado exato — principalmente desempenho mais baixo — pode não valer a pena.

Confundindo-se por causa de uma leitura não repetível

O próximo nível mais alto de isolamento é READ COMMITTED: Uma alteração feita por outra transação só se torna visível para a transação até que o outro usuário tenha finalizado a outra transação com a instrução COMMIT. Esse nível oferece um resultado melhor do que aquele que você pode obter de READ UNCOMMITTED, mas ainda está sujeito a uma *leitura não repetível* — um problema grave que acontece como uma comédia de erros.

Considere o exemplo clássico de estoque:

1. O usuário 1 consulta o banco de dados para ver quantos itens de um determinado produto estão em estoque. O número é dez.

2. Quase ao mesmo tempo, o usuário 2 começa, e então finaliza, uma transação com a instrução COMMIT que registra um pedido de dez unidades desse mesmo produto, diminuindo o estoque para zero.

3. Agora o usuário 1, depois de ver que dez estão disponíveis, tenta encomendar cinco deles. Mas cinco não mais estão disponíveis porque o usuário 2 raspou a despensa.

A leitura inicial feita pelo usuário 1 da quantidade disponível não é repetível. Como a quantidade mudou sob o usuário 1, todas as suposições feitas com base na leitura inicial não são válidas.

Arriscando a leitura fantasma

Um nível de isolamento de REPEATABLE READ garante que o problema da leitura não repetível não acontece. Esse nível de isolamento, porém, ainda é assombrado pela leitura *fantasma* — um problema que surge quando os dados que um usuário está lendo mudam em resposta a outra transação (e não exibe a mudança na tela), *enquanto o usuário ainda está lendo.*

Suponha, por exemplo, que o usuário 1 emite um comando cuja condição de pesquisa (a cláusula WHERE ou a cláusula HAVING) seleciona um conjunto de linhas — e, logo em seguida, o usuário 2 executa e confirma uma operação que altera os dados em *algumas* dessas linhas. Esses itens de dados atendem a condição de pesquisa do usuário 1 no início dessa situação normal de completo caos, mas agora não mais. Talvez algumas outras linhas que inicialmente *não atendem* a condição original da pesquisa agora *atendam*. O usuário 1, cuja transação ainda está ativa, não tem nenhuma indicação dessas mudanças; o aplicativo se comporta como se nada tivesse acontecido. O infeliz usuário 1 emite outra instrução SQL com as mesmas condições de pesquisa que a original, esperando recuperar as mesmas linhas. Em vez disso, a segunda operação é executada em linhas diferentes daquelas utilizadas na primeira operação. Resultados confiáveis somem, levados para o além pela leitura fantasma.

Obtendo uma leitura confiável (se mais lenta)

Um nível de isolamento SERIALIZABLE não está sujeito a nenhum dos problemas que afligem os outros três níveis. Nesse nível, transações simultâneas podem ser executadas sem que interfiram umas nas outras, e os resultados são os mesmos que seriam se as transações fossem executadas em série — uma após a outra — em vez de em paralelo. Se você estiver executando nesse nível de isolamento, problemas de hardware ou software ainda podem fazer a transação falhar, mas pelo menos você não tem de se preocupar com a validade dos resultados se souber que o sistema está funcionando adequadamente.

É claro que confiabilidade superior pode ter o custo de um desempenho mais lento, assim você está de volta à situação do meio-termo. A Tabela 15-1 mostra como diferentes níveis de isolamento podem ser comparados.

Tabela 15-1   Níveis de isolamento e problemas resolvidos

Nível de isolamento	Problemas resolvidos Leitura suja	Leitura não repetível	Leitura fantasma
READ UNCOMMITTED	Não	Não	Não
READ COMMITTED	Sim	Não	Não
REPEATABLE READ	Sim	Sim	Não
SERIALIZABLE	Sim	Sim	Sim

A instrução inicial de transação implícita

Algumas implementações do SQL requerem que você sinalize o início de uma transação com uma instrução explícita, como BEGIN ou BEGIN TRAN. O SQL padrão não requer. Se não houver uma transação ativa e se você emitir uma instrução que exige uma, o SQL padrão inicia uma transação padrão para você. CREATE TABLE, SELECT e UPDATE são exemplos de instruções que exigem o contexto de uma transação. Emita uma dessas instruções e o SQL padrão inicia uma transação para você.

SET TRANSACTION

De vez em quando, talvez você queira usar as características de uma transação que são diferentes daquelas definidas por padrão. Você pode especificar diferentes características com uma instrução SET TRANSACTION, antes de emitir a primeira instrução que realmente requer uma transação. A instrução SET TRANSACTION permite especificar o modo, nível de isolamento e tamanho dos diagnósticos.

Para alterar todos os três, por exemplo, você pode emitir a seguinte instrução:

```
SET TRANSACTION
   READ ONLY,
   ISOLATION LEVEL READ UNCOMMITTED,
   DIAGNOSTICS SIZE 4 ;
```

Com essas configurações, você não pode emitir nenhuma instrução que altere o banco de dados (READ ONLY), e você definiu o nível mais baixo e mais perigoso de isolamento (READ UNCOMMITTED). A área de diagnóstico tem um tamanho de 4 e há demandas mínimas sobre os recursos do sistema.

Em contraposição, você pode emitir a seguinte instrução:

```
SET TRANSACTION
   READ WRITE,
   ISOLATION LEVEL SERIALIZABLE,
   DIAGNOSTICS SIZE 8 ;
```

Essas configurações permitem alterar o banco de dados; também lhe dão o nível mais alto de isolamento — e uma área maior de diagnóstico. A desvantagem é que também impõem demandas maiores sobre os recursos do sistema. Dependendo de sua aplicação, essas definições podem vir a ser as mesmas que aquelas utilizadas pela transação padrão. Naturalmente, você pode emitir instruções SET TRANSACTION com outras escolhas para o nível de isolamento e tamanho da área de diagnóstico.

> **DICA**
> Defina o nível de isolamento das transações, de acordo com aquilo que você precisa, mas não acima disso. Pode parecer razoável sempre configurar o nível de isolamento como SERIALIZABLE só como uma precaução, mas não é assim para todos os sistemas. Dependendo de sua implementação (e do que você está fazendo), talvez não seja necessário fazer isso — e o desempenho pode sofrer significativamente se você o fizer. Se você não pretende alterar o banco de dados em sua transação, por exemplo, defina o modo como READ ONLY. Resumindo: Não amarre nenhum recurso do sistema que você não precisa.

COMMIT

Embora o SQL não requeira uma palavra-chave para iniciar uma transação explícita, ele tem duas que concluem uma transação: COMMIT e ROLLBACK. Utilize COMMIT ao chegar ao final da transação e você quer fazer alterações permanentes (se houver alguma) que você fez no banco de dados. Você pode incluir a palavra-chave opcional WORK (COMMIT WORK) se quiser. Se o banco de dados encontrar um erro ou o sistema travar quando uma COMMIT está em andamento, talvez você tenha de reverter a transação e tentar novamente.

ROLLBACK

Quando você chega ao final de uma transação, talvez você decida que não quer tornar permanentes as alterações que ocorreram durante a transação. Nesse caso, você deve restaurar o banco de dados ao estado em que ele estava antes do início da transação. Para fazer isso, emita uma instrução ROLLBACK. ROLLBACK é um mecanismo à prova de falhas.

> **DICA:** Mesmo se o sistema travar enquanto uma ROLLBACK está em andamento, você pode reiniciar a ROLLBACK depois de restaurar o sistema; a reversão continuará seu trabalho, restaurando o banco de dados ao estado de pré-transação.

Bloqueando objetos de banco de dados

O nível de isolamento — definido por padrão ou por uma instrução SET TRANSACTION — informa o SGBD o quão zeloso ser para proteger seu trabalho contra a interação com o trabalho de outros usuários. A principal proteção contra transações prejudiciais que o SGBD fornece é a aplicação de bloqueios para os objetos do banco de dados que você utiliza. Eis alguns exemplos:

- A linha da tabela que você está acessando está bloqueada, impedindo que outras pessoas acessem esse registro enquanto você o utiliza.
- Uma tabela inteira está bloqueada, se você estiver executando uma operação que pode afetar toda a tabela.
- Leitura, mas não gravação, é permitida. Às vezes, a gravação é permitida, mas não a leitura.

Cada implementação lida com o bloqueio de uma maneira própria. Algumas implementações são mais resistentes a falhas que outras, mas a maioria dos sistemas atualizados protege contra os piores problemas, que podem surgir em uma situação de acesso simultâneo.

Fazendo o backup dos seus dados

Fazer backup dos dados é uma ação protetiva que o DBA deve executar regularmente. O backup deve ser feito para todos os elementos do sistema em intervalos que dependem da frequência com que eles são atualizados. Se seu banco de dados é atualizado diariamente, o backup deve ser feito todos os dias. Seus aplicativos, formulários e relatórios também podem mudar, embora com menos frequência. Sempre que você fizer alterações neles, o DBA deve fazer o backup das novas versões.

Mantenha várias gerações de backups. Às vezes, danos ao banco de dados só se tornam evidentes depois de passado algum tempo. Para retornar à última versão boa, talvez você precise voltar a várias versões do backup.

Você pode executar um backup de várias maneiras diferentes:

- Use o SQL para criar tabelas de backup e copiar os dados para elas.
- Use um mecanismo definido pela implementação que faz o backup de todo o banco de dados ou partes dele. Usar um desses mecanismos geralmente é mais conveniente e eficiente do que utilizar o SQL.
- Sua instalação pode ter um mecanismo adequado para fazer o backup de tudo, incluindo bancos de dados, programas, documentos, planilhas, utilitários e jogos de computador. Se tiver, talvez você não precise fazer nada além de assegurar que os backups sejam realizados com frequência suficiente para protegê-lo.

Pontos de salvamento e subtransações

O ideal é que as transações sejam atômicas — tão indivisíveis quanto os antigos gregos achavam que os átomos eram. Mas átomos não são indivisíveis — e, a partir do SQL:1999, transações de banco de dados não são realmente atômicas. Uma transação é divisível por múltiplas *subtransações*. Cada subtransação é concluída por uma instrução SAVEPOINT. A instrução SAVEPOINT é usada em conjunto com a instrução ROLLBACK. Antes da introdução dos *pontos de salvamento* (o ponto no programa em que a instrução SAVEPOINT entra em vigor), a instrução ROLLBACK só podia ser usada para cancelar uma transação inteira. Agora ela pode ser usada para reverter uma transação a um ponto de salvamento na transação. Qual é o benefício disso? — você pode perguntar.

Com certeza, o principal uso da instrução ROLLBACK é evitar a corrupção dos dados, se uma transação for interrompida por uma condição de erro. E não, reverter a um ponto de salvamento não faz sentido se um erro ocorreu enquanto uma transação estava em andamento; é recomendável reverter *toda* a transação para fazer com que o banco de dados volte ao estado em que estava antes de a transação ter começado. Mas você pode ter outras razões para reverter parte de uma transação.

O que é um banco de dados ACID

Talvez você já tenha ouvido projetistas de banco de dados falarem que querem que os bancos de dados tenham ACID. Bem, não, eles não estão planejando baratinar suas criações com alguma droga psicodélica da década de 60 ou dissolver os dados que elas contêm em um frasco borbulhante. ACID é simplesmente um acrônimo para atomicidade, consistência, isolamento e durabilidade. Essas quatro características são necessárias para proteger um banco de dados contra corrupção:

- **Atomicidade.** As transações de banco de dados devem ser *atômica*s no sentido clássico da palavra: toda a transação é tratada como uma unidade indivisível. Ou ela é executada em sua totalidade (confirmada), ou o banco de dados é restaurado (revertido) ao estado em que estaria se a transação não fosse executada.

- **Consistência.** Curiosamente, o significado de *consistência* não é consistente; ela varia de um aplicativo para outro. Ao transferir fundos de uma conta para outra em um aplicativo bancário, por exemplo, você quer que a quantia total de dinheiro de ambas as contas no final da transação seja a mesma que era no início da transação. Em um aplicativo diferente, o critério para consistência pode ser diferente.

- **Isolamento.** Idealmente, as transações de banco de dados devem ser totalmente isoladas de outras transações que são executadas ao mesmo tempo. Se as transações são serializáveis, então isolamento total é alcançado. Se o sistema tiver de processar transações em alta velocidade, às vezes níveis mais baixos de isolamento podem melhorar o desempenho.

- **Durabilidade.** Depois que uma transação foi confirmada ou revertida, você deve ser capaz de contar com o fato de que o banco de dados está em estado adequado: bem abastecido com dados incorruptos, confiáveis e atualizados. Mesmo que seu sistema passe por um travamento de disco após uma confirmação — mas antes de a transação ser armazenada em disco — um SGBD durável pode garantir que após recuperar-se do travamento, o banco de dados pode ser restaurado ao seu estado adequado.

Suponha que você está realizando uma série complexa de operações nos dados. No meio do processo, você recebe resultados que o levam a concluir que o caminho escolhido é improdutivo. Se pensasse à frente o suficiente e inserisse uma instrução SAVEPOINT, um pouco antes de optar por esse caminho, você poderia reverter ao ponto de salvamento e tentar outra opção. Desde que o restante de seu código estivesse em boa forma antes de você definir o ponto de salvamento, essa abordagem funciona melhor do que abortar a transação atual e iniciar uma nova apenas para tentar um novo caminho.

Para inserir um ponto de salvamento em seu código SQL, use a seguinte sintaxe:

```
SAVEPOINT  nome_do_ponto_de_salvamento ;
```

Você pode reverter a execução para esse ponto de salvamento com um código como o seguinte:

```
ROLLBACK TO SAVEPOINT nome_do_ponto_de_salvamento ;
```

Algumas implementações SQL podem não incluir a instrução SAVEPOINT. Se sua implementação for uma dessas, você não será capaz de usá-la.

Restrições dentro de Transações

Assegurar a validade dos dados em seu banco de dados significa fazer mais do que apenas certificar-se de que os dados são do tipo certo. Talvez algumas colunas, por exemplo, nunca devam conter um valor nulo — e talvez outras devam conter apenas os valores que estão em certo intervalo. Essas limitações são *restrições*, como discutido no Capítulo 5.

Restrições são relevantes para as operações, porque concebivelmente podem impedir que você faça o que quer. Por exemplo, suponha que você deseja adicionar dados a uma tabela que contém uma coluna com uma restrição NOT NULL. Um método comum de adicionar um registro é anexar uma linha em branco a sua tabela e então inserir valores nela mais tarde. Mas a restrição NOT NULL é aplicada a uma única coluna e faz com que a operação de anexação falhe. O SQL não permite adicionar uma linha que tem um valor nulo em uma coluna com uma restrição NOT NULL, mesmo que você planeje adicionar dados a essa coluna antes de sua transação terminar. Para resolver esse problema, o SQL permite designar restrições como DEFERRABLE ou NOT DEFERRABLE.

Restrições que são NOT DEFERRABLE são aplicadas imediatamente. Você pode definir restrições DEFERRABLE para que sejam inicialmente DEFERRED ou IMMEDIATE. Se uma restrição DEFERRABLE é definida como IMMEDIATE, ela funciona como uma restrição NOT DEFERRABLE — ela é aplicada imediatamente. Se uma restrição DEFERRABLE é definida como DEFERRED, ela não é imposta. (Não, seu código não tem um problema de atitude, simplesmente segue ordens).

Para anexar registros em branco ou realizar outras operações que possam violar as restrições DEFERRABLE, use uma instrução semelhante a esta:

```
SET CONSTRAINTS ALL DEFERRED ;
```

Essa instrução insere todas as restrições DEFERRABLE na condição DEFERRED. Ela não afeta as restrições NOT DEFERRABLE. Depois de ter executado todas as operações que possam violar suas restrições — e a tabela alcançar um estado que não as viola — você pode reaplicá-las. A instrução que reaplica suas restrições é semelhante a esta:

```
SET CONSTRAINTS ALL IMMEDIATE ;
```

Se tiver cometido um erro e qualquer uma das restrições continuarem a ser violadas, você descobrirá rapidamente que essa instrução está em vigor.

Se você não definir explicitamente as restrições DEFERRED como IMMEDIATE , o SQL faz isso para você quando você tentar usar COMMIT para confirmar a transação. Se uma violação ainda estiver presente nesse momento, COMMIT não será usada na transação; em vez disso o SQL mostra uma mensagem de erro.

A maneira como o SQL trata restrições evita que você insira dados inválidos (ou uma *ausência* inválida dos dados, o que é igualmente importante) e, ao mesmo tempo, fornece a flexibilidade para violar restrições temporariamente enquanto uma transação ainda está ativa.

Considere um exemplo de folha de pagamento para ver, por que ser capaz de adiar a aplicação das restrições é importante.

Suponha que uma tabela EMPLOYEE tem as colunas EmpNo, EmpName, DeptNo e Salary. EMPLOYEE.DeptNo é uma chave estrangeira que referencia a tabela DEPT. Suponha também que a tabela DEPT tem as colunas DeptNo e DeptName. DeptNo é a chave primária.

Além disso, você quer usar uma tabela como DEPT que também contém uma coluna Payroll, que (por sua vez) armazena a soma dos valores Salary para os funcionários em cada departamento.

Supondo que está usando um SGBD que suporta essa funcionalidade SQL padrão, você pode criar o equivalente a essa tabela com a view a seguir:

```
CREATE VIEW DEPT2 AS
   SELECT D.*, SUM(E.Salary) AS Payroll
      FROM DEPT D, EMPLOYEE E
      WHERE D.DeptNo = E.DeptNo
      GROUP BY D.DeptNo ;
```

Você também pode definir essa mesma view assim:

```
CREATE VIEW DEPT3 AS
   SELECT D.*,
      (SELECT SUM(E.Salary)
         FROM EMPLOYEE E
         WHERE D.DeptNo = E.DeptNo) AS Payroll
      FROM DEPT D ;
```

Mas suponha que, para eficiência, você não quer calcular a SUM sempre que você referencia DEPT3.Payroll. Em vez disso, você deseja armazenar uma coluna Payroll real na tabela DEPT. Você irá então atualizar essa coluna a cada vez que você muda um Salary.

Para certificar-se de que a coluna `Salary` é precisa, inclua uma `CONSTRAINT` na definição da tabela:

```
CREATE TABLE DEPT
   (DeptNo CHAR(5),
    DeptNameCHAR(20),
    Payroll DECIMAL(15,2),
    CHECK (Payroll = (SELECT SUM(Salary)
                      FROM EMPLOYEE E
                      WHERE E.DeptNo= DEPT.DeptNo)));
```

Agora, suponha que você quer acrescentar 100 ao `Salary` do funcionário 123. Você pode fazer isso com a seguinte atualização:

```
UPDATE EMPLOYEE
   SET Salary = Salary + 100
   WHERE EmpNo = '123' ;
```

Com essa abordagem, você também deve lembrar-se de fazer isto:

```
UPDATE DEPT D
   SET Payroll = Payroll + 100
   WHERE D.DeptNo = (SELECT E.DeptNo
               FROM EMPLOYEE E
               WHERE E.EmpNo = '123') ;
```

(Você usa a subconsulta para referenciar o `DeptNo` do funcionário 123).

Mas há um problema: restrições são verificadas após cada instrução. Em princípio, *todas as* restrições são verificadas. Na prática, as implementações só verificam as restrições que referenciam os valores modificados pela instrução.

Após a primeira instrução `UPDATE` anterior, a implementação verifica todas as restrições que referenciam quaisquer valores que a instrução modifica. Isso inclui a restrição definida na tabela DEPT, porque essa restrição referencia a coluna `Salary` da tabela EMPLOYEE e a instrução `UPDATE` está modificando essa coluna. Após a primeira instrução `UPDATE`, essa restrição é violada. Você supõe que antes de executar a instrução `UPDATE` o banco de dados está correto, e cada valor `Payroll` na tabela DEPT é igual à soma dos valores `Salary` nas colunas correspondentes da tabela EMPLOYEE. Quando a primeira instrução `UPDATE` aumenta um valor `Salary`, essa igualdade não mais é verdadeira. A segunda instrução `UPDATE` corrige isso — e novamente deixa os valores do banco de dados em um estado para o qual a restrição é verdadeira. Entre as duas atualizações, a restrição é falsa.

A instrução `SET CONSTRAINTS DEFERRED` permite desativar ou *suspender* temporariamente todas as restrições, ou apenas as restrições especificadas. As restrições são adiadas até você executar uma instrução

SET CONSTRAINTS IMMEDIATE, ou executar uma instrução COMMIT ou ROLLBACK. Assim, você cerca as duas instruções UPDATE anteriores com instruções SET CONSTRAINTS. O código é semelhante a este:

```
SET CONSTRAINTS DEFERRED ;
UPDATE EMPLOYEE
   SET Salary = Salary + 100
   WHERE EmpNo = '123' ;
UPDATE DEPT D
   SET Payroll = Payroll + 100
   WHERE D.DeptNo = (SELECT E.DeptNo
             FROM EMPLOYEE E
      WHERE E.EmpNo = '123') ;
SET CONSTRAINTS IMMEDIATE ;
```

Esse procedimento adia todas as restrições. Se você inserir novas linhas em DEPT, as chaves primárias não serão verificadas; você removeu a proteção que talvez queira manter. Em vez disso, você deve especificar as restrições que quer adiar. Para fazer isso, nomeie as restrições ao criá-las:

```
CREATE TABLE DEPT
   (DeptNo CHAR(5),
    DeptName CHAR(20),
    Payroll DECIMAL(15,2),
    CONSTRAINT PayEqSumsal
    CHECK (Payroll = SELECT SUM(Salary)
    FROM EMPLOYEE E
    WHERE E.DeptNo = DEPT.DeptNo)) ;
```

Com nomes de restrição adequados, você pode referenciar as restrições individualmente:

```
SET CONSTRAINTS PayEqSumsal DEFERRED;
UPDATE EMPLOYEE
   SET Salary = Salary + 100
   WHERE EmpNo = '123' ;
UPDATE DEPT D
   SET Payroll = Payroll + 100
   WHERE D.DeptNo = (SELECT E.DeptNo
                 FROM EMPLOYEE E
                 WHERE E.EmpNo = '123') ;
SET CONSTRAINTS PayEqSumsal IMMEDIATE;
```

Sem um nome de restrição na instrução CREATE, o SQL gera um implicitamente. Esse nome implícito está nas tabelas (catálogo) do esquema de informações. Mas especificar os nomes explicitamente é mais simples.

Agora, suponha que você especificou erroneamente um valor incremental de 1000 na segunda instrução UPDATE. Esse valor é permitido na instrução UPDATE porque a restrição foi adiada. Mas ao executar SET CONSTRAINTS . . . IMMEDIATE, as restrições especificadas são verificadas. Se elas falharem, SET CONSTRAINTS gera uma exceção. Se, em vez de uma instrução SET CONSTRAINTS . . . IMMEDIATE, você executar COMMIT e descobrir que as restrições são falsas, COMMIT em vez disso executa uma ROLLBACK.

Resumindo: você pode adiar as restrições somente *dentro de* uma transação. Quando a transação é terminada por uma ROLLBACK ou um COMMIT, as duas restrições são permitidas e verificadas. A capacidade do SQL de adiar restrições é para que elas sejam usadas dentro de uma transação. Se usada corretamente, a transação terminada não cria nenhum dado que viola uma restrição disponível para outras transações.

Capítulo 16
Usando SQL dentro de Aplicativos

Neste capítulo
- Utilizando o SQL em um aplicativo
- Combinando o SQL com linguagens procedurais
- Evitando incompatibilidades interlinguagem
- Incorporando o SQL ao código procedural
- Chamando módulos SQL a partir do código procedural
- Invocando o SQL a partir de uma ferramenta RAD

Os capítulos anteriores abordaram instruções SQL principalmente de uma maneira isolada. Por exemplo, são feitas perguntas sobre dados, e consultas SQL são desenvolvidas para recuperar respostas às perguntas. Esse modo de operação, *SQL interativo*, é bom para descobrir o que o SQL pode fazer — mas não é como o SQL é normalmente usado.

Embora a sintaxe SQL possa ser descrita como semelhante àquela do idioma inglês, o SQL não é uma linguagem fácil de dominar. A esmagadora maioria dos usuários de computador não é fluente em SQL — e você pode supor de forma razoável que eles nunca serão, mesmo que este livro seja um sucesso estrondoso. Quando surge uma questão sobre o banco de dados, o usuário Joe provavelmente não vai sentar-se em frente de um terminal e inserir uma instrução SELECT SQL para encontrar a resposta. Analistas de sistema e desenvolvedores de aplicativo são as pessoas que provavelmente sentem-se à vontade com o SQL, e eles normalmente não constroem uma carreira inserindo consultas *ad hoc* nos bancos de dados. Em vez disso, eles desenvolvem aplicativos para fazer essas consultas.

DICA Se pretende realizar a mesma operação várias vezes, você não deve ter de reconstruí-la a partir do teclado. Escreva um aplicativo para fazer o trabalho e então o execute tão frequentemente quanto quiser. O SQL pode ser uma parte de um aplicativo, mas, quando é, funciona um pouco diferente de quando está em um modo interativo.

SQL em um Aplicativo

No Capítulo 2, o SQL foi apresentado como uma linguagem de programação incompleta. Para usar o SQL em um aplicativo, você tem de combiná-lo com uma linguagem *procedural* como Visual Basic, C, C++, C#,

Java, COBOL ou Python. Por causa da forma como é estruturado, o SQL tem alguns pontos fortes e fracos. As linguagens procedurais são estruturadas de forma diferente do SQL e, consequentemente, têm *diferentes* pontos fortes e fracos.

Felizmente, os pontos fortes do SQL tendem a compensar os pontos fracos das linguagens procedurais, e os pontos fortes das linguagens procedurais estão nas áreas em que o SQL é frágil. Combinando os dois, você pode construir aplicativos poderosos com uma ampla variedade de capacidades. Recentemente, apareceram ferramentas *de desenvolvimento rápido de aplicativos orientados a objetos* (RAD), como o Visual Studio da Microsoft e o ambiente de código-fonte aberto Eclipse, que incorporam código SQL a aplicativos desenvolvidos manipulando os objetos na tela em vez de escrever código procedural.

Prestando atenção ao asterisco

Nas discussões sobre SQL interativo nos capítulos anteriores, o asterisco [*], funciona como um substituto de abreviação para "todas as colunas na tabela". Se a tabela tiver inúmeras colunas, o asterisco pode economizar uma grande quantidade de digitação. Mas usar o asterisco dessa forma é problemático quando você utiliza o SQL em um programa aplicativo. Depois que o aplicativo é escrito, você ou outra pessoa pode adicionar novas colunas a uma tabela ou excluir as antigas. Fazer isso muda o significado de "todas as colunas". Quando o aplicativo especifica "todas as colunas" com um asterisco, ele pode recuperar as colunas além daquelas que ele acha que deve recuperar.

Essa alteração em uma tabela só afeta os programas existentes depois que eles precisam ser recompilados para corrigir um erro ou fazer alguma alteração, talvez meses após a alteração ter sido feita. Então o efeito do curinga [*] se expande para incluir todas as colunas agora não atuais. Essa alteração pode fazer com que o aplicativo falhe de uma maneira não relacionada com a correção do erro (ou outra alteração feita), criando seu próprio pesadelo pessoal de depuração.

Para assegurar, especifique todos os nomes de coluna explicitamente em um aplicativo em vez de usar o asterisco curinga. (Para informações adicionais sobre caracteres curinga, consulte o Capítulo 6).

Pontos fortes e fracos do SQL

O SQL é forte na recuperação de dados. Se informações importantes estiverem enterradas em algum lugar em um banco de dados multitabela ou de única tabela, o SQL fornece as ferramentas de que você precisa para recuperá-los. Você não precisa saber a ordem das linhas ou colunas da tabela porque o SQL não lida com linhas ou colunas individualmente. Os recursos de processamento de transações do SQL garantem que suas operações de banco de dados não são afetadas por nenhum outro usuário que pode acessar simultaneamente as mesmas tabelas que você acessa.

Uma importante fraqueza do SQL é a interface rudimentar com o usuário. Ele não tem nenhum recurso para formatar telas ou relatórios. Ele aceita linhas de comandos a partir do teclado e envia os valores recuperados para a tela do monitor, uma linha de cada vez.

Às vezes, um ponto forte em um contexto é um ponto fraco em outro. Um dos pontos fortes do SQL é que ele pode operar em uma tabela inteira de uma vez. Se a tabela tem uma linha, uma centena de linhas ou uma centena de milhares de linhas, uma única instrução SELECT pode extrair os dados que você deseja. Mas o SQL não opera facilmente uma linha de cada vez — e às vezes você não quer lidar com cada linha individualmente. Nesses casos, utilize o recurso de cursor do SQL (descrito no Capítulo 19) ou use uma linguagem host procedural.

Pontos fortes e fracos das linguagens procedurais

Em contraposição ao SQL, linguagens procedurais são projetadas para operações de uma única linha de cada vez, o que dá ao desenvolvedor de aplicativo controle preciso sobre a forma como a tabela é processada. Esse controle detalhado é um ótimo ponto forte das linguagens procedurais. Mas um ponto fraco correspondente é que o desenvolvedor de aplicativo deve ter conhecimento detalhado sobre como os dados são armazenados nas tabelas de banco de dados. A ordem das linhas e colunas do banco de dados é importante e deve ser levada em consideração.

Por causa da natureza passo a passo das linguagens procedurais, elas têm a flexibilidade de produzir telas amigáveis ao usuário para a entrada de dados e visualização. Você também pode produzir relatórios impressos sofisticados com qualquer esquema desejado.

Problemas ao combinar SQL com uma linguagem procedural

Faz sentido tentar combinar o SQL e linguagens procedurais de tal modo que você possa se beneficiar dos pontos fortes mútuos e não ser penalizado pelos pontos fracos combinados. Por mais valiosa que essa combinação possa ser, você precisa superar alguns desafios antes de poder alcançar essa união perfeita de uma forma prática.

Comparando os modos operacionais

Um grande problema ao combinar SQL com uma linguagem procedural é que o SQL opera em tabelas um conjunto de cada vez, ao passo que as linguagens procedurais funcionam nelas uma linha de cada vez. Às vezes, essa questão não é tão importante. Você pode separar operações de conjunto das operações de linha, criando cada uma com a ferramenta apropriada.

Mas se quiser pesquisar em uma tabela registros que atendem certas condições e executam diferentes operações nos registros dependendo de se eles cumprem as condições, você poderá ter um problema. Esse processo requer poder de recuperação do SQL e a capacidade de ramificação de uma linguagem procedural. O SQL incorporado fornece essa combinação de capacidades. Você pode simplesmente *incorporar* instruções SQL a locais estratégicos dentro de um programa que você escreveu em uma linguagem procedural convencional. (Ver em "SQL incorporado", mais adiante neste capítulo, informações adicionais)

Incompatibilidades de tipo de dados

Outro obstáculo para a integração harmoniosa do SQL com qualquer linguagem procedural é que tipos de dados do SQL diferem dos tipos de dados de todas as principais linguagens procedurais. Essa circunstância não deve surpreender, porque os tipos de dados definidos por qualquer linguagem procedural são diferentes dos tipos para as outras linguagens procedurais.

Você pode olhar de alto a baixo, mas você não encontrará nenhuma padronização dos tipos de dados nas diferentes linguagens. Nas versões SQL antes do SQL-92, a incompatibilidade de tipo de dados era uma grande preocupação. No SQL-92 (e também nas versões subsequentes do padrão SQL), a instrução CAST tenta resolver o problema. O Capítulo 9 explica como você pode usar CAST para converter um item de dados do tipo de dados da linguagem procedural em um reconhecido pelo SQL, desde que o próprio item de dados seja compatível com o novo tipo de dados.

Conectando SQL a Linguagens Procedurais

Embora você enfrente alguns potenciais obstáculos ao integrar o SQL a linguagens procedurais, marque minhas palavras — a integração pode ser feita de maneira bem-sucedida. De fato, em muitos casos, você *deve* integrar o SQL a linguagens procedurais se você pretende produzir o resultado desejado no tempo previsto — ou simplesmente produzi-lo. Felizmente, você pode usar qualquer um dos vários métodos para combinar o SQL com linguagens procedurais. Três dos métodos — SQL integrado, linguagem de módulo e ferramentas RAD — são descritos nas próximas seções.

SQL embutido

O método mais comum para combinar o SQL com linguagens procedurais é chamado *SQL embutido*. Quer saber como o SQL embutido funciona? Dê uma olhada no nome e você entenderá os conceitos básicos: insira instruções SQL no meio de um programa procedural sempre que você precisar delas.

Obviamente, como você pode esperar, uma instrução SQL que aparece de repente no meio de um programa C pode representar um desafio para o compilador que não está esperando-a. Por essa razão, os programas que contêm SQL embutido geralmente passam por um *pré-processador* antes de serem compilados ou interpretados. A diretiva EXEC SQL adverte o pré-processador do aparecimento iminente do código SQL.

Como um exemplo do SQL embutido, analise um programa escrito na versão Pro*C da linguagem C da Oracle. O programa, que acessa a tabela EMPLOYEE de uma empresa, solicita ao usuário um nome de funcionário e então exibe o salário e as comissões do funcionário. Ele então solicita ao usuário o novo salário e os dados das comissões — e atualiza a tabela EMPLOYEE com esses dados:

```
EXEC SQL BEGIN DECLARE SECTION;
    VARCHAR uid[20];
    VARCHAR pwd[20];
    VARCHAR ename[10];
    FLOAT salary, comm;
    SHORT salary_ind, comm_ind;
EXEC SQL END DECLARE SECTION;
main()
{
    int sret;           /* código de retorno scanf*/
    /* Login */
    strcpy(uid.arr,"FRED"); /* copia o nome de usuário */
    uid.len=strlen(uid.arr);
    strcpy(pwd.arr,"TOWER");   /* copia a senha */
    pwd.len=strlen(pwd.arr);
    EXEC SQL WHENEVER SQLERROR STOP;
    EXEC SQL WHENEVER NOT FOUND STOP;
    EXEC SQL CONNECT :uid;
    printf(„Connected to user: percents \n",uid.arr);
    printf(„Enter employee name to update:   ");
    scanf(„percents",ename.arr);
    ename.len=strlen(ename.arr);
    EXEC SQL SELECT SALARY,COMM INTO :salary,:comm
             FROM EMPLOY
             WHERE ENAME=:ename;
    printf(„Employee: percents salary: percent6.2f comm:
           percent6.2f \n",
           ename.arr, salary, comm);
    printf(„Enter new salary:   ");
    sret=scanf(„percentf",&salary);
    salary_ind = 0;
    if (sret == EOF !! sret == 0) /* define o indicador */
        salary_ind =-1;  /* define o indicador como NULL */
    printf("Enter new commission: ");
    sret=scanf(„percentf",&comm);
    comm_ind = 0;    /* define o indicador */
```

```
        if (sret == EOF !! sret == 0)
            comm_ind = -1; / * define o indicador como NULL * /
        EXEC SQL UPDATE EMPLOY
                SET SALARY=:salary:salary_ind
                SET COMM=:comm:comm_ind
                WHERE ENAME=:ename;
        printf(„Employee percents updated. \n",ename.arr);
        EXEC SQL COMMIT WORK;
        exit(0);
}
```

Você não precisa ser um especialista em C para entender a essência daquilo que esse programa faz (e como ele pretende fazer isso). Eis um resumo da ordem em que as instruções são executadas:

1. O SQL declara variáveis de host.

2. O código C controla o procedimento de login do usuário.

3. O SQL configura o tratamento de erros e conecta-se ao banco de dados.

4. O código C solicita um nome de funcionário ao usuário e o insere em uma variável.

5. Uma instrução SQL SELECT recupera os dados do salário e da comissão do funcionário nomeado, e a instrução armazena os dados nas variáveis de host :salary e :comm.

6. O C então assume novamente e exibe o nome, o salário e a comissão do funcionário e, em seguida, solicita novos valores para salário e comissão. Ele também verifica se uma entrada foi feita e, se não foi, ele define um indicador.

7. O SQL atualiza o banco de dados com os novos valores.

8. O C então exibe uma mensagem Operation complete.

9. O SQL confirma a transação, o C por fim fecha o programa.

DICA

Você pode combinar dessa maneira os comandos das duas linguagens por causa do pré-processador. O pré-processador separa as instruções SQL dos comandos da linguagem host, inserindo as instruções SQL em uma rotina externa separada. Cada instrução SQL é substituída por uma CALL para a linguagem host da rotina externa correspondente. O compilador da linguagem pode agora fazer seu trabalho.

LEMBRE-SE

A maneira como a parte SQL é passada para o banco de dados depende da implementação. Você, como o desenvolvedor de aplicativo, não precisa se preocupar com nada disso. O pré-processador cuida de tudo. Mas você *deve* se preocupar com algumas coisas que não aparecem no SQL interativo — coisas como variáveis de host e tipos de dados incompatíveis.

Declarando variáveis de host

Algumas informações devem ser passadas entre o programa da linguagem host e os segmentos SQL. Você passa esses dados com as *variáveis de host*. Para que o SQL reconheça as variáveis de host, você deve declará-las antes de usá-las. As declarações são incluídas em um segmento de declaração que precede o segmento do programa. O segmento de declaração é anunciado pela seguinte diretiva:

```
EXEC SQL BEGIN DECLARE SECTION ;
```

O final do segmento da declaração é sinalizado por esta linha:

```
EXEC SQL END DECLARE SECTION ;
```

Cada instrução SQL deve ser precedida por uma diretiva SQL EXEC. O final de um segmento SQL pode ou não pode ser sinalizado por uma diretiva terminadora. No COBOL, a diretiva terminadora é "END-EXEC" e, no C, é um ponto e vírgula.

Convertendo tipos de dados

Dependendo da compatibilidade dos tipos de dados suportados pela linguagem host e aqueles suportados pelo SQL, talvez você precise usar CAST para converter certos tipos. Você pode usar variáveis de host que foram declaradas na DECLARE SECTION. Lembre-se de prefixar os nomes das variáveis de host com dois pontos (:) ao usá-los em instruções SQL, como no exemplo a seguir:

```
INSERT INTO FOODS
    (FOODNAME, CALORIES, PROTEIN, FAT, CARBOHYDRATE)
    VALUES
    (:foodname, :calories, :protein, :fat, :carbo) ;
```

Linguagem modular

A *linguagem modular* fornece outro método para usar o SQL com uma linguagem procedural de programação. Com a linguagem modular, você insere explicitamente todas as instruções SQL em um módulo SQL separado.

Um *módulo* SQL é simplesmente uma lista das instruções SQL. Cada instrução SQL é incluída em um *procedimento* SQL e é precedida por uma especificação do nome do procedimento e o número e tipos de parâmetros.

Cada procedimento SQL contém uma única instrução SQL. No programa host, você chama explicitamente um procedimento SQL em qualquer ponto no programa host que você quer executar a instrução SQL nesse procedimento. Você chama o procedimento de SQL como se ele fosse um subprograma na linguagem host.

Assim, você pode usar um módulo SQL e o programa host associado para codificar de maneira manual e explícita o resultado do pré-processador SQL para a sintaxe incorporada.

> **DICA**
>
> O SQL embutido é muito mais comum do que a linguagem de módulo. A maioria dos fornecedores oferece algum tipo de linguagem de módulo, mas poucos a enfatizam na documentação. A linguagem de módulo tem várias vantagens:
>
> - **Programadores SQL não precisam ser especialistas na linguagem procedural.** Como o SQL permanece completamente separado da linguagem procedural, você pode contratar os melhores programadores SQL disponíveis para escrever seus módulos SQL, quer tenham ou não alguma experiência com sua linguagem procedural. Na verdade, você pode até mesmo adiar a decisão sobre qual linguagem procedural usar até que seus módulos SQL tenham sido escritos e depurados.
> - **Você pode contratar os melhores programadores que trabalham em sua linguagem procedural, mesmo que eles não saibam nada de SQL.** É lógico que se os especialistas em SQL não precisam ser especialistas em linguagens procedurais, certamente os especialistas em linguagens procedurais não precisam se preocupar em aprender SQL.
> - **Nenhum SQL é combinado com o código procedural, assim o depurador da linguagem procedural funciona.** Isso pode economizar muito tempo de desenvolvimento.

> **LEMBRE-SE**
>
> Mais uma vez, o que pode ser visto como uma vantagem a partir de uma perspectiva pode ser uma desvantagem a partir de outra. Como os módulos SQL são separados do código procedural, seguir o fluxo da lógica não é tão fácil quanto no SQL embutido quando você tenta entender como o programa funciona.

Declarações de módulo

A sintaxe para as declarações em um módulo é:

```
MODULE [nome-do-módulo]
   [NAMES ARE nome-do-conjunto-de-caracteres]
   LANGUAGE {ADA|C|COBOL|FORTRAN|MUMPS|PASCAL|PLI|SQL}
   [SCHEMA nome-do-esqumea]
   [AUTHORIZATION id-de-autorização]
   [declarações-de-tabela-temporária...]
   [declarações-de-cursor...]
   [declarações-de-cursor-dinâmico...]
   procedures...
```

Os colchetes indicam que o nome do módulo é opcional. De qualquer maneira, nomeá-lo é uma boa ideia se você quiser evitar confusões.

A cláusula NAMES ARE especifica um conjunto de caracteres. Se você não incluir uma cláusula NAMES ARE, o conjunto padrão dos caracteres SQL de sua implementação é usado. A cláusula LANGUAGE diz ao módulo em qual linguagem ele será chamado. O compilador deve conhecer qual é a linguagem chamadora, porque ele fará as instruções SQL aparecerem para o programa chamador, como se fossem subprogramas na linguagem desse programa.

Embora a cláusula SCHEMA e a cláusula AUTHORIZATION sejam opcionais, você deve especificar pelo menos uma delas. Ou você pode especificar as duas. A cláusula SCHEMA especifica o esquema padrão, e a cláusula AUTHORIZATION especifica o identificador de autorização. O *identificador de autorização* estabelece os privilégios que você tem. Se você não especificar um ID de autorização, o SGBD usa o ID de autorização associado à sua sessão, para determinar os privilégios que seu módulo tem. Se você não tiver os privilégios necessários para realizar a operação que o procedimento exige, o procedimento não é executado.

Se o procedimento requer tabelas temporárias, declare-as com a cláusula de declaração temporária de tabela. Declare cursores e cursores dinâmicos antes de declarar quaisquer procedimentos que os utilizam. É permitido declarar um cursor depois de um procedimento iniciar a execução, desde que esse procedimento não use o cursor. Declarar cursores para que sejam usados por procedimentos posteriores pode fazer sentido. (Você encontra informações mais detalhadas sobre cursores no Capítulo 19).

Módulo de procedimentos

Depois de todas as declarações discutidas na seção anterior, as partes funcionais do módulo são os procedimentos. Um procedimento na linguagem de módulo SQL tem um nome, declarações de parâmetro e instruções SQL executáveis. O programa na linguagem procedural chama o procedimento pelo nome e passa valores para ele por meio dos parâmetros declarados. A sintaxe do procedimento se parece com isto:

```
PROCEDURE nome-do-procedimento
   (declaração-do-parâmetro [, declaração-do-parâmetro ]...
   instrução SQL ;
   [instruções SQL] ;
```

A declaração de parâmetro deve ter a seguinte forma:

```
nome-do-parâmetro tipo-de-dado
```

ou

```
SQLSTATE
```

Os parâmetros que você declara podem ser parâmetros de entrada, parâmetros de saída, ou ambos. `SQLSTATE` é um parâmetro de status por meio do qual os erros são relatados. (No Capítulo 21 você encontrará informações detalhadas sobre parâmetros).

Ferramentas RAD orientadas a objetos

Usando ferramentas RAD de última geração, você pode desenvolver aplicativos sofisticados sem saber como escrever uma única linha de código em C++, C#, Python, Java ou qualquer linguagem procedural, nesse sentido. Em vez disso, você escolhe objetos a partir de uma biblioteca e insere-os nos locais apropriados na tela.

Objetos de diferentes tipos padrão têm propriedades características; e eventos selecionados são apropriados para cada tipo de objeto. Você também pode associar um método a um objeto. O *método* é um procedimento escrito em (bem, sim) uma linguagem procedural. Mas é possível construir aplicativos úteis sem escrever nenhum método.

Embora você possa construir aplicativos complexos sem usar uma linguagem procedural, cedo ou tarde provavelmente você precisará do SQL. O SQL tem uma riqueza de expressões que são difíceis, se não impossíveis, de reproduzir com uma programação orientada a objetos. Como resultado, ferramentas RAD com todos os recursos oferecem um mecanismo para injetar comandos SQL em seus aplicativos orientados a objetos. O Visual Studio da Microsoft é um exemplo de um ambiente de desenvolvimento orientado a objetos que oferece capacidade SQL. O Microsoft Access é outro ambiente de desenvolvimento de aplicativos que permite utilizar o SQL em conjunto com sua linguagem procedural, o VBA.

O Capítulo 4 mostra como criar tabelas de banco de dados com o Access. Essa operação só representa uma pequena fração das capacidades do Access. O Access é uma ferramenta, e seu principal objetivo é desenvolver aplicativos que processam os dados nas tabelas de banco de dados. Usando o Access, você pode inserir objetos em formulários e então personalizar os objetos atribuindo a eles propriedades, eventos e métodos. Você pode manipular os formulários e objetos com código VBA, que podem conter SQL embutido.

Embora ferramentas RAD como o Access possam entregar aplicativos de alta qualidade em menos tempo, elas geralmente não funcionam em todas as plataformas. O Access, por exemplo, funciona apenas com o sistema operacional Microsoft Windows. Você pode ter sorte e descobrir que a ferramenta RAD que você escolheu funciona em algumas plataformas, mas se construir funcionalidade independente de plataforma é importante para você — ou se você acha que quer futuramente migrar seu aplicativo para uma plataforma diferente — tenha cuidado.

Ferramentas RAD como o Access representam o início de uma futura fusão do projeto de banco de dados relacional com aquele orientado a objetos. Os pontos fortes estruturais do projeto relacional e SQL sobreviverão. Eles serão ampliados pelo desenvolvimento rápido — e comparativamente livre de erros — que vem da programação orientada a objetos.

Utilizando o SQL com o Microsoft Access

O principal público do Microsoft Access são pessoas que querem desenvolver aplicativos relativamente simples sem programação. Se isso o descreve, talvez você queira colocar *Access For Dummies* em sua biblioteca como um livro de referência. Tanto a linguagem procedural VBA (Visual Basic for Applications) como o SQL estão embutidos no Access, mas não são enfatizados em nenhuma campanha publicitária ou documentação. Se você quiser usar o VBA e o SQL para desenvolver aplicativos mais sofisticados, tente meu livro, *Access 2003 Power Programming with VBA*, também publicado pela Wiley. O aspecto da programação do Access não mudou muito ao longo da última década. Esteja ciente, porém, que o SQL no Access não é uma implementação completa — e você praticamente precisa das habilidades de um detetive como o Sherlock Holmes para até mesmo encontrá-lo.

Mencionamos os três componentes do SQL — linguagem de definição de dados, linguagem de manipulação de dados e linguagem de controle de dados — no Capítulo 3. O subconjunto do SQL contido no Access implementa principalmente a linguagem de manipulação de dados. Você pode fazer operações de criação de tabela com o Access SQL, mas elas são muito mais fáceis de fazer com a ferramenta RAD descrita no Capítulo 4. O mesmo vale para implementar recursos de segurança, que abrangemos no Capítulo 14.

Para ter uma ideia de parte do SQL no Access, você precisa olhá-lo por trás. Considere um exemplo selecionado do banco de dados da fictícia Oregon Lunar Society, uma organização de pesquisa sem fins lucrativos. A sociedade tem várias equipes de pesquisa, uma das quais é a Moon Base Research Team (MBRT). Foi levantada uma questão quanto a trabalhos acadêmicos que foram escritos pelos membros da equipe. Uma consulta foi formulada usando o recurso Query By Example (QBE) do Access para recuperar os dados desejados. A consulta, mostrada na Figura 16-1, extrai os dados das tabelas RESEARCHTEAMS, AUTHORS e PAPERS com a ajuda das tabelas de intersecção AUTH-RES e AUTH-PAP, que foram adicionadas para representar relacionamentos de muitos para muitos.

Parte IV: Controlando Operações

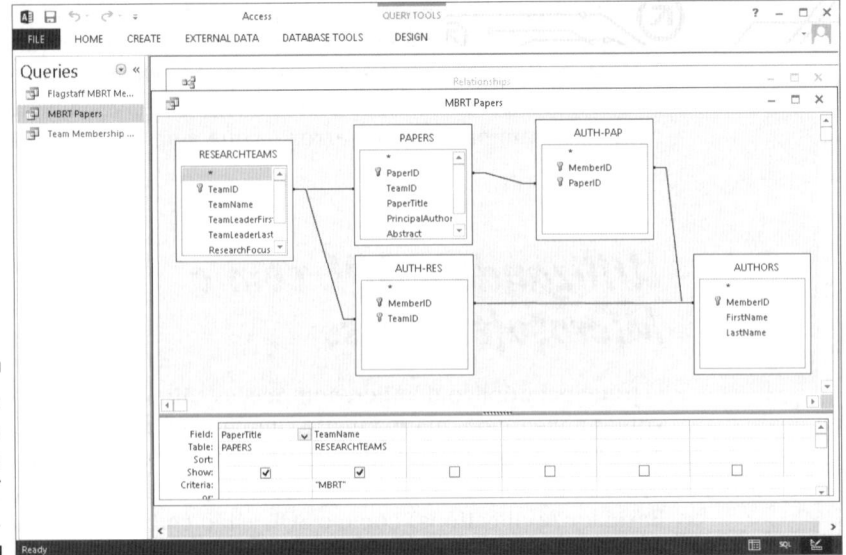

Figura 16-1:
A visualização Design da consulta MBRT Papers.

Depois de clicar na guia Home para acessar a barra de ferramentas, clique no menu suspenso do ícone View no canto superior esquerdo da janela para exibir as outras visualizações disponíveis do banco de dados. Uma das opções é SQL View. (Ver Figura 16-2).

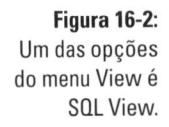

Figura 16-2:
Um das opções do menu View é SQL View.

Ao clicar em SQL View, a janela de edição SQL é exibida, mostrando a instrução SQL que o Access gerou, com base nas escolhas que você fez usando QBE.

DICA

Essa instrução SQL, mostrada na Figura 16-3, é aquela realmente enviada para o mecanismo do banco de dados. O mecanismo do banco de dados, que interage diretamente com o próprio banco de dados, só entende SQL. Quaisquer informações inseridas no ambiente QBE devem ser convertidas em SQL antes de serem enviadas para o mecanismo do banco de dados para processamento.

Figura 16-3:
Uma instrução SQL que recupera os nomes de todos os artigos escritos pelos membros da MBRT.

```
SELECT PAPERS.PaperTitle, RESEARCHTEAMS.TeamName
FROM ((RESEARCHTEAMS INNER JOIN PAPERS ON RESEARCHTEAMS.[TeamID] = PAPERS.[TeamID]) INNER JOIN (AUTHORS INNER JOIN [AUTH-PAP] ON
AUTHORS.[MemberID] = [AUTH-PAP].[MemberID]) INNER JOIN [AUTH-RES] ON AUTHORS.[MemberID] = [AUTH-RES].[MemberID]) ON (PAPERS.[PaperID] =
[AUTH-PAP].[PaperID]) AND (RESEARCHTEAMS.[TeamID] = [AUTH-RES].[TeamID])
WHERE (((RESEARCHTEAMS.TeamName)="MBRT"));
```

Você pode observar que a sintaxe da instrução SQL mostrada na Figura 16-3 difere um pouco da sintaxe do SQL padrão ANSI/ISO. Aqui, leve a sério o velho ditado: "quando em Roma, faça como os romanos". Ao trabalhar com o Access, utilize o dialeto do Access SQL. Esse conselho também vale para qualquer outro ambiente em que você pode estar trabalhando. Todas as implementações do SQL diferem do padrão em um aspecto ou outro.

Se você quer escrever uma nova consulta no Access SQL — isto é, uma que ainda não foi criada usando QBE — você pode simplesmente excluir algumas consultas existentes da janela de edição do SQL e digitar uma nova instrução SQL `SELECT`. Clique na guia Design e então no ícone vermelho do ponto de exclamação (Run) na barra de ferramentas na parte superior da tela para executar sua nova consulta. O resultado aparece na tela em Datasheet View.

Parte V
Levando o SQL para o Mundo Real

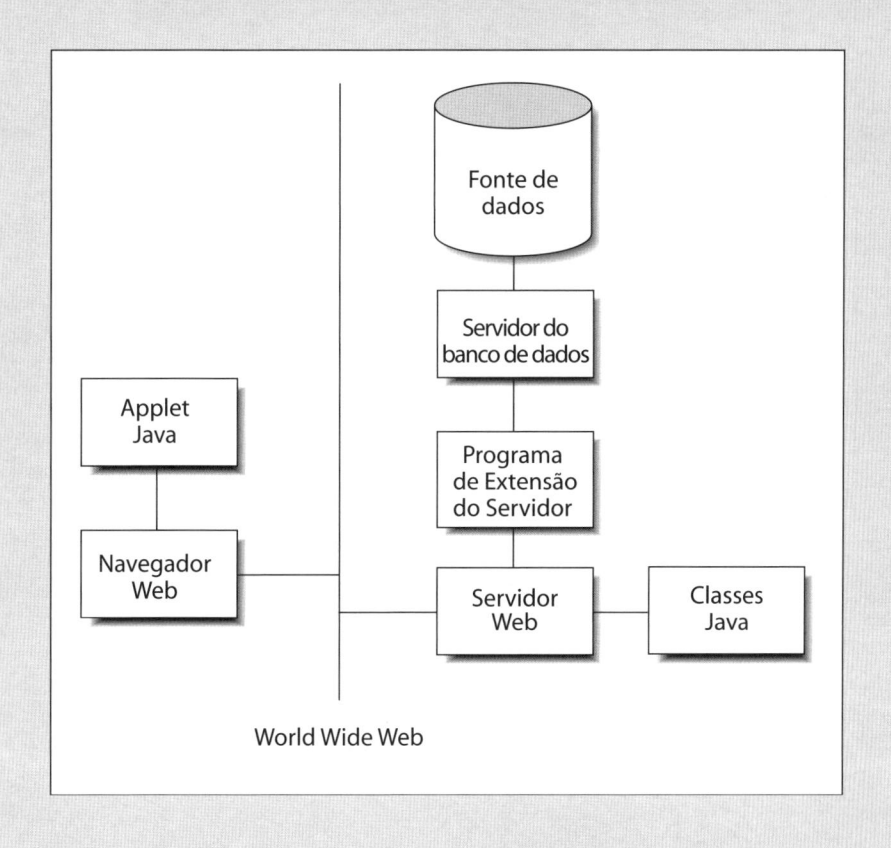

Nesta parte...

- Usando ODBC
- Usando JDBC
- Operando com dados XML

Capítulo 17

Acessando Dados com ODBC e JDBC

Neste capítulo
- Descobrindo o ODBC
- Analisando as partes do ODBC
- Usando ODBC em um ambiente cliente/servidor
- Usando ODBC na Internet
- Usando ODBC em uma intranet
- Usando JDBC

Nos últimos anos, os computadores se tornaram cada vez mais interconectados, tanto dentro como entre as organizações. Com essa conectividade vem a necessidade de compartilhar informações de banco de dados através das redes. O maior obstáculo ao compartilhamento livre de informações através das redes é a incompatibilidade dos softwares operacionais e aplicativos em execução em diferentes máquinas. A criação e evolução contínua do SQL foram os principais passos para superar incompatibilidades de hardware e software.

Infelizmente, o SQL "padrão" não é absolutamente padrão. Mesmo fornecedores de SGBD que afirmam seguir o padrão SQL internacional incluíram extensões proprietárias nas implementações SQL — que as tornam incompatíveis com as extensões proprietárias nas implementações de *outros* fornecedores. Os fornecedores relutam em abrir mão de suas extensões porque os clientes as incorporaram aos seus aplicativos e tornaram-se dependentes delas. Organizações de usuários, especialmente às maiores, precisam encontrar outra maneira de tornar possível a comunicação em diferentes SGBDs — uma ferramenta que não requer que fornecedores supersimplifiquem suas implementações ao menor denominador comum. Essa outra forma é ODBC (Open Database Connectivity).

ODBC

ODBC é uma interface padrão entre um banco de dados e um aplicativo que acessa os dados no banco de dados. Um padrão permite que qualquer aplicativo front-end acesse qualquer back-end do banco de dados usando SQL. A única exigência é que tanto o front-end como o back-end sigam o padrão ODBC. ODBC 4.0 é a versão atual do padrão.

Um aplicativo acessa um banco de dados utilizando um *driver* (nesse caso, o driver ODBC), que é especificamente projetado para fazer a interface com o banco de dados particular. O front-end do driver, o lado que vai para o aplicativo, segue rigidamente o padrão ODBC. Ele parece o mesmo para o aplicativo, independentemente do mecanismo de banco de dados que está no back-end. O back-end do driver é personalizado de acordo com o mecanismo específico do banco de dados com que ele está se comunicando. Com essa arquitetura, os aplicativos não precisam ser personalizados para — ou mesmo estar cientes de — o mecanismo de banco de dados no back-end que na verdade controla os dados que eles usam. O driver mascara as diferenças entre os back-ends.

A interface ODBC

A *interface ODBC* é essencialmente um conjunto de definições, cada uma das quais é aceita como padrão. As definições abrangem tudo que é necessário para estabelecer uma comunicação entre um aplicativo e um banco de dados. A interface ODBC define o seguinte:

- Uma biblioteca de chamadas de função
- Sintaxe SQL padrão
- Tipos de dados SQL padrão
- Um protocolo padrão para conexão com um mecanismo de banco de dados
- Códigos de erro padrão

As *chamadas de função* ODBC tornam a conexão com um mecanismo back-end de banco de dados possível; elas executam instruções SQL e passam o resultado de volta para o aplicativo.

Para executar uma operação em um banco de dados, inclua a instrução SQL apropriada como um argumento de uma chamada de função ODBC. Desde que você use a sintaxe SQL padrão especificada pelo ODBC, a operação funciona — independentemente de qual mecanismo de banco de dados está no back-end.

Componentes do ODBC

A interface ODBC consiste em quatro componentes funcionais, chamados camadas ODBC. Cada componente tem um papel para tornar o ODBC flexível o suficiente, a fim de fornecer uma comunicação transparente a partir de qualquer front-end compatível com qualquer back-end compatível. As quatro camadas da interface ODBC estão entre o usuário e os dados que o usuário deseja, como a seguir:

- **Aplicativo.** O aplicativo é a parte da interface ODBC que está mais próxima do usuário. Obviamente, mesmo os sistemas que não usam ODBC incluem um aplicativo. Mas incluir o aplicativo como uma parte da interface ODBC faz sentido. O aplicativo precisa saber que ele está se comunicando com a fonte de dados por meio de ODBC. Ele deve conectar-se sem problemas com o gerenciador do driver ODBC, em estrita conformidade com o padrão ODBC.

- **Gerenciador de drivers.** O gerenciador de drivers é uma *biblioteca de vínculo dinâmico* (DLL), que geralmente é fornecido pela Microsoft. Ele carrega os drivers apropriados para as fontes de dados (possivelmente múltiplas) do sistema e direciona as chamadas de função vindas do aplicativo para as fontes de dados adequadas via os drivers. O gerenciador de drivers também lida com algumas chamadas de função ODBC diretamente detecta e trata alguns tipos de erros. Embora a Microsoft tenha criado o padrão ODBC, ele agora é universalmente aceito, mesmo pelo pessoal linha dura de código-fonte aberto.

- **DLL do driver.** Como as fontes de dados podem ser diferentes entre si (em alguns casos, *muito* diferentes), você precisa encontrar uma maneira de converter as chamadas de função ODBC padrão no idioma nativo de cada fonte de dados. A conversão é trabalho do DLL do driver. Cada DLL do driver aceita chamadas de função por meio da interface ODBC padrão, e então converte-as em código que é compreensível para a *fonte de dados associada*. Quando a fonte de dados responde com um conjunto de resultados, o driver reformata-o na direção inversa em um conjunto de resultados ODBC padrão. O driver é o elemento crucial que permite que qualquer aplicativo compatível com ODBC manipule a estrutura e os conteúdos de uma fonte de dados compatível com ODBC.

- **Fonte de dados.** A fonte de dados pode ser uma de muitas coisas diferentes. Ela pode ser um SGBD relacional e um banco de dados associado que residem no mesmo computador que o aplicativo. Ela pode ser um banco de dados em um computador remoto. Ela pode ser um arquivo de *método sequencial indexado de acesso* (ISAM) sem SGBD, seja no local ou em um computador remoto. Ela pode ou não incluir uma rede. As inumeráveis diferentes formas que a fonte de dados pode assumir exigem que um driver customizado esteja disponível para cada uma.

ODBC em um Ambiente Cliente/Servidor

Em um sistema cliente/servidor, a interface entre a parte do cliente e a parte do servidor é chamada *interface de programação de aplicativos* (API). Um driver ODBC, por exemplo, inclui uma API. APIs podem ser proprietárias ou padrão. A API *proprietária* é aquela em que a parte do cliente da interface foi especificamente projetada para funcionar com um back-end específico no servidor. O código real que forma essa interface é um driver — e, em um sistema proprietário, ele é chamado *driver nativo*. Um driver nativo é otimizado para uso com um cliente de front-end específico e sua fonte de dados de back-end associada. Como os drivers nativos são otimizados para o aplicativo de front-end específico e o back-end específico do SGBD em que eles funcionam, os drivers tendem a trocar comandos e informações rapidamente, com atraso mínimo.

Se seu sistema cliente/servidor sempre acessa o mesmo tipo de fonte de dados e você tem certeza de que nunca precisará acessar os dados em outro tipo de fonte de dados, então é recomendável usar o driver nativo fornecido com seu SGBD. Mas se você precisar acessar dados que estão armazenados em um formato diferente em algum momento no futuro, então usar uma API ODBC agora pode evitar uma grande quantidade de retrabalho mais tarde.

Drivers ODBC também são otimizados para funcionar com fontes de dados back-end específicas, mas todos têm a mesma interface front-end para o gerenciador de drivers. Qualquer driver que não foi otimizado para um front-end particular, portanto, provavelmente não é tão rápido quanto um driver *nativo* que é projetado especificamente para esse front end. Uma das principais queixas sobre a primeira geração de drivers ODBC era o desempenho ruim quando comparado com drivers nativos. Mas benchmarks recentes mostraram que o desempenho dos drivers ODBC 4.0 é tão competitivo quanto o dos drivers nativos. A tecnologia está madura o suficiente para que não mais seja necessário sacrificar o desempenho para obter as vantagens da padronização.

ODBC e a Internet

Operações de banco de dados por meio da Internet diferem em vários aspectos importantes das operações de banco de dados em um sistema cliente/servidor, embora o usuário possa não perceber nenhuma diferença. A diferença mais visível do ponto de vista do usuário é a parte cliente do sistema, que inclui a interface com o usuário. Em um sistema cliente/servidor, a interface com o usuário é a parte de um aplicativo que se comunica com a fonte de dados no servidor — usando instruções SQL compatíveis com ODBC. Na web, a parte cliente do sistema continua no computador local, mas comunica-se com a fonte de dados no servidor usando o protocolo padrão HTTP.

Qualquer pessoa com o software adequado na ponta do cliente (e a devida autorização) pode acessar os dados que estão armazenados na web. Isso significa que você pode criar um aplicativo no computador de trabalho e então acessá-lo mais tarde via seu dispositivo móvel. A Figura 17-1 compara sistemas cliente/servidor com sistemas baseados na web.

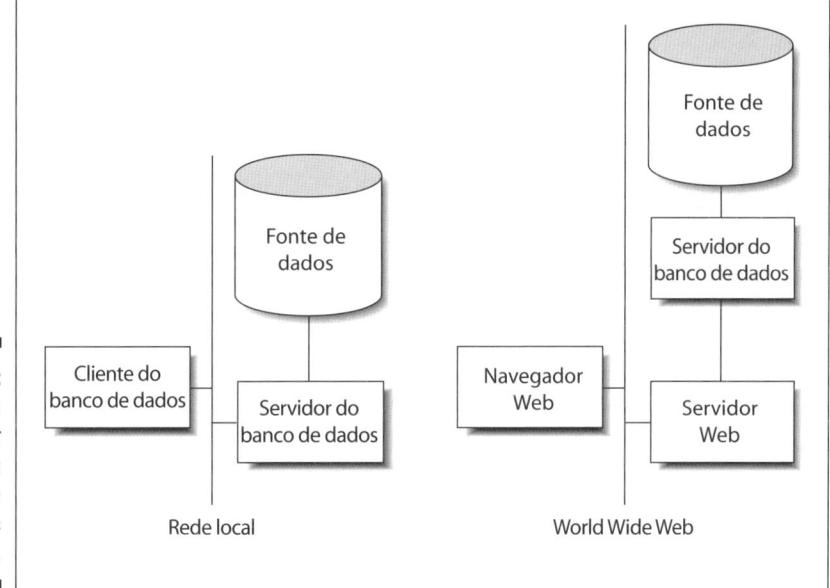

Figura 17-1: Um sistema cliente/servidor *versus* um sistema de banco de dados baseado na web.

Extensões de servidor

No sistema baseado na web, a comunicação entre o front-end do aplicativo na máquina do cliente e o servidor web na máquina do servidor ocorre por meio do HTTP. Um componente do sistema chamado *extensão de servidor* converte os comandos vindos da rede em SQL compatível com ODBC. Então o servidor de banco age sobre o SQL, que, por sua vez, lida diretamente com a fonte de dados. No sentido inverso, a fonte de dados envia o conjunto de resultados que é gerado por uma consulta por meio do servidor do banco de dados para a extensão do servidor que, em seguida, converte-os em um formato que o servidor web pode manipular. Os resultados são então enviados pela web para o front-end do aplicativo na máquina do cliente, onde são exibidos para o usuário. A Figura 17-2 mostra a anatomia desse tipo de sistema.

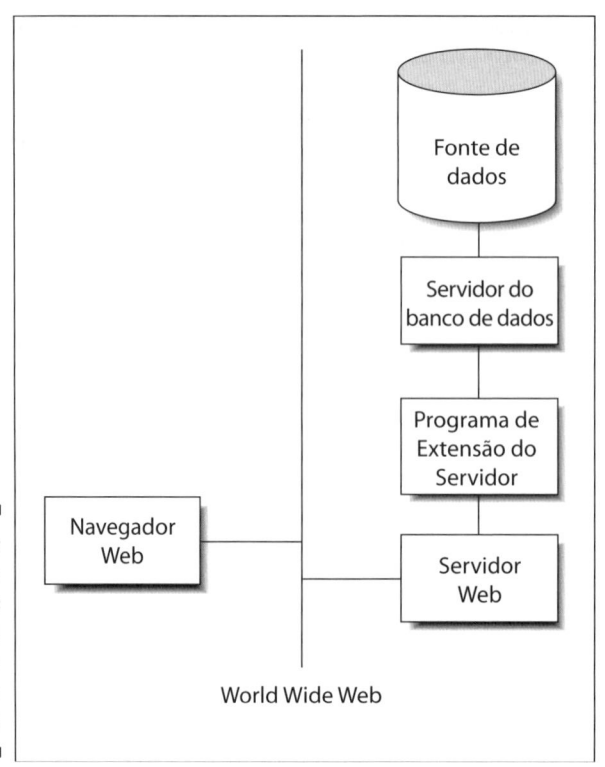

Figura 17-2: Um sistema de banco de dados baseado na web com uma extensão de servidor.

Extensões de cliente

Aplicativos como o Microsoft Access 2013 são projetados para operar tanto em dados que estão armazenados localmente como na máquina do usuário, em um servidor localizado em uma rede local ou remota (LAN ou WAN), ou na Internet em nuvem. O repositório em nuvem da Microsoft é chamado SkyDrive. Também é possível acessar um aplicativo na nuvem usando nada mais do que um navegador web. Navegadores da Web foram projetados — e agora estão otimizados — para fornecer interfaces fáceis de entender e fáceis de usar com sites web de todos os tipos. Os navegadores mais populares, Google Chrome, Mozilla Firefox, Microsoft Internet Explorer e Apple Safari, não foram projetados ou otimizados para ser front-ends de banco de dados. Para que uma interação significativa com um banco de dados ocorra por meio da Internet, o lado cliente do sistema precisa da funcionalidade que o navegador não fornece. Para atender essa necessidade, foram desenvolvidos vários tipos de *extensões cliente*. Essas extensões incluem controles ActiveX, applets Java e scripts. As extensões comunicam-se com o servidor via HTTP, usando HTML, que é a linguagem da web. Qualquer código HTML que lida com acesso de banco de dados é convertido em SQL compatível com ODBC pela extensão do servidor antes de ser encaminhado para a fonte de dados.

Controles ActiveX

Os controles ActiveX da Microsoft funcionam no Internet Explorer da Microsoft, que é um navegador muito popular. Mas recentemente ele perdeu fatia de mercado para o Google Chrome e o Mozilla Firefox.

Scripts

Scripts são as ferramentas mais flexíveis para criar extensões cliente. Usar uma linguagem de script, como o onipresente JavaScript ou o Microsoft VBScript, fornece controle máximo sobre o que acontece na ponta do cliente. Você pode inserir verificações de validação em campos de entrada de dados, permitindo assim a rejeição ou correção das entradas inválidas sem nunca precisar acessar a web. Isso pode economizar tempo e reduzir o tráfego na web, beneficiando assim outros usuários também. Naturalmente, as verificações de validação também podem ser feitas na extremidade do servidor aplicando restrições aos valores que os itens de dados podem receber. Assim como acontece com applets Java, scripts são incorporados a uma página HTML e são executados à medida que o usuário interage com a página.

ODBC e uma Intranet

Uma *intranet* é uma rede local ou rede remota que funciona como uma versão mais simples da Internet. Como uma intranet está contida em uma única organização, você não precisa de medidas de segurança complexas como firewalls. Todas as ferramentas que são projetadas para o desenvolvimento de aplicativos na web funcionam igualmente bem como ferramentas de desenvolvimento para aplicativos de intranet. O ODBC funciona em uma intranet da mesma maneira como na Internet. Se você tiver várias fontes de dados, os clientes que utilizam navegadores web (e as extensões cliente e servidor apropriadas) podem comunicar-se com elas via SQL que passa pelas fases HTML e ODBC. No driver, o SQL compatível com ODBC é convertido na linguagem de comandos nativa do banco de dados e executado.

JDBC

JDBC (Java Database Conectivity) é semelhante ao ODBC, mas difere em alguns aspectos importantes. Uma dessas diferenças é sugerida por seu nome. JDBC é uma interface de banco de dados que sempre parece igual para o programa cliente — independentemente de qual fonte de dados reside no servidor (back-end). A diferença é que o JDBC espera que o aplicativo cliente seja escrito na linguagem Java, em vez de outra linguagem como C++ ou Visual Basic. Outra diferença é que o Java e o JDBC foram projetados especificamente para rodar na web ou em uma intranet.

Java é uma linguagem que se parece ao C++ que foi desenvolvida pela Sun Microsystems especificamente para o desenvolvimento de aplicações web. Quando uma conexão é estabelecida entre um servidor e um cliente por meio da web, o applet Java apropriado é baixado para o cliente, onde o applet começa a ser executado. O applet, que é incorporado a uma página HTML, fornece a funcionalidade específica do banco de dados que o cliente necessita para fornecer acesso flexível aos dados do servidor. A Figura 17-3 é uma representação esquemática de um aplicativo de banco de dados web com um applet Java em execução na máquina cliente.

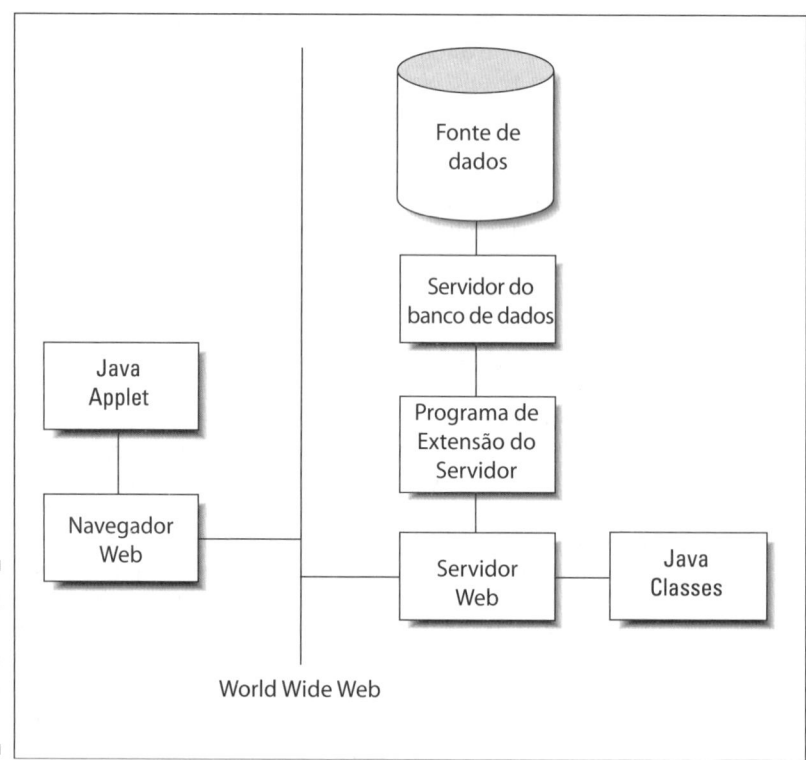

Figura 17-3: Um aplicativo de banco de dados web, usando um applet Java.

Um *applet* é um pequeno aplicativo que reside em um servidor. Quando um cliente se conecta ao servidor por meio da web, o applet é baixado e começa a ser executado no computador do cliente. Applets Java são especialmente projetados para que eles possam executar em uma *sandbox* ("caixa de areia") — uma área bem definida (e isolada) na memória do computador cliente reservada para a execução de applets. O applet não pode afetar nada fora do sandbox. Essa arquitetura é projetada para proteger a máquina cliente contra applets, potencialmente hostis que podem tentar extrair informações confidenciais ou causar danos maliciosos.

Uma grande vantagem do uso de applets Java é que eles sempre estão atualizados. Como os applets são baixados do servidor toda vez que são usados (em oposição a serem retidos no cliente), o cliente sempre tem a garantia de que tem a versão mais recente sempre que ele executa um applet Java.

Se for responsável por manter o servidor de sua organização, você nunca tem de se preocupar com a perda da compatibilidade com alguns de seus clientes ao atualizar o software do servidor. Apenas certifique-se de que o applet Java descarregável é compatível com a nova configuração do servidor — porque, desde que os navegadores deles tenham sido configurados para permitir applets Java, todos os seus clientes também tornam-se automaticamente compatíveis. Java é uma linguagem de programação completa e é perfeitamente possível escrever aplicativos robustos com Java que podem acessar bancos de dados em algum tipo de sistema cliente/servidor. Quando usado dessa forma, um aplicativo Java que acessa um banco de dados via JDBC é semelhante a um aplicativo C++ que acessa um banco de dados via ODBC. Mas um aplicativo Java funciona muito diferente de um aplicativo C++, quando se trata da Internet (ou de uma intranet).

Quando o sistema em que você está interessado está na Internet, as condições de funcionamento são diferentes das condições em um sistema cliente/servidor. O lado do cliente de um aplicativo que opera na Internet é um navegador, com capacidades computacionais mínimas. Essas capacidades devem ser ampliadas para que o processamento de banco de dados significativo seja feito; applets Java fornecem essas capacidades.

Você corre alguns riscos ao baixar qualquer coisa de um servidor que você não sabe se é confiável. Se você baixar um applet Java, esse risco é significativamente menor, mas não é eliminado completamente. Seja cauteloso sobre deixar, código executável entrar em sua máquina a partir de um servidor questionável.

Como ODBC, JDBC passa instruções SQL do aplicativo front-end (applet) em execução no cliente para a fonte de dados no back-end. Ele também pode ser utilizado para passar conjuntos de resultados ou mensagens de erro da fonte de dados de volta para o aplicativo. A importância do uso do JDBC é que o programador do applet pode gravar na interface JDBC padrão sem a necessidade de saber ou se importar com qual banco de dados está localizado no back-end. O JDBC executa qualquer que seja a conversão necessária para que a comunicação precisa de duas vias aconteça. Embora tenha sido projetado para funcionar por meio da web, o JDBC também funciona em ambientes cliente/servidor em que um aplicativo escrito em Java comunica-se com um banco de dados back-end por meio da interface JDBC.

Capítulo 18
Operando em Dados XML com SQL

Neste capítulo
- Utilizando SQL com XML
- Explorando a relação entre XML, bancos de dados e a Internet

A partir do SQL:2008, o padrão ISO/IEC SQL suporta XML. Arquivos XML (eXtensible Markup Language) se tornaram um padrão universalmente aceito para troca de dados entre diferentes plataformas. Com XML, não importa se a pessoa com quem você compartilha dados tem um ambiente diferente de aplicativo, um sistema operacional diferente ou mesmo um hardware diferente. A XML pode estabelecer uma ponte de dados entre vocês dois.

Como a XML Se Relaciona com o SQL

A XML, como a HTML, é uma linguagem de marcação, o que significa que não é uma linguagem com todas as funções como C++ ou Java. Ela nem mesmo é uma sublinguagem de dados, como o SQL. Mas ao contrário dessas linguagens, a XML está ciente do conteúdo dos dados que transmite. Enquanto a HTML lida apenas com a formatação de texto e imagens gráficas em um documento, a XML fornece estrutura ao conteúdo do documento. A XML por si só não lida com formatação. Para fazer isso, você tem que ampliar a XML com uma *folha de estilo*. Como faz com HTML, uma folha de estilo se aplica a formatação de um documento XML.

A estrutura de um documento XML é fornecida pelo esquema XML, que é um exemplo de *metadados* (dados que descrevem dados). Um esquema XML descreve onde os elementos podem ocorrer em um documento e em que ordem. Ele também pode descrever o tipo de dados de um elemento e restringir os valores que um tipo pode incluir.

SQL e XML fornecem duas formas diferentes de estruturar dados para que você possa salvá-los e recuperar informações selecionadas a partir deles:

- O SQL é uma ferramenta excelente para lidar com dados numéricos e texto que podem ser categorizados por tipo de dados e ter um tamanho bem definido.

  O SQL foi criado como uma maneira padrão de manter e operar dados mantidos em bancos de dados relacionais.

- A XML é melhor para lidar com dados de forma livre que não podem ser facilmente categorizados.

  As razões por trás da criação da XML foram para fornecer um padrão universal para transferir dados entre computadores diferentes e exibi-los na web.

Os pontos fortes e os objetivos de SQL e XML são complementares. Cada um reina supremo em seu próprio domínio e forma alianças com o outro para dar aos usuários as informações que eles querem, quando eles querem e onde eles querem.

O Tipo de Dados XML

O tipo XML foi introduzido com o SQL:2003. Isso significa que implementações compatíveis podem armazenar e operar dados no formato XML diretamente, sem primeiro convertê-los em XML a partir de um dos outros tipos de dados SQL.

O tipo de dados XML, incluindo os subtipos, embora intrínseco a qualquer aplicativo que o suporta, funciona como um tipo definido pelo usuário (UDT). Os subtipos são:

- XML(DOCUMENT(UNTYPED))
- XML(DOCUMENT(ANY))
- XML(DOCUMENT(XMLSCHEMA))
- XML(CONTENT(UNTYPED))
- XML(CONTENT(ANY))
- XML(CONTENT(XMLSCHEMA))
- XML(SEQUENCE)

O tipo XML cria uma ponte segura entre SQL e XML porque permite que os aplicativos executem operações SQL no conteúdo XML, e operações XML no conteúdo SQL. Você pode incluir uma coluna do tipo XML com colunas de qualquer um dos outros tipos predefinidos descritos no Capítulo 2, em uma operação de junção na cláusula WHERE de uma consulta. Na forma real do banco de dados relacional, o SGBD determinará a melhor maneira de executar a consulta e então fará isso.

Quando usar o tipo XML

Se você deve ou não armazenar dados no formato XML depende do que você pretende fazer com esses dados. Eis alguns casos em que faz sentido armazenar dados no formato XML:

- Quando você deseja armazenar um bloco inteiro de dados e recuperar todo o bloco mais tarde.
- Quando você quer ser capaz de consultar todo o documento XML. Algumas implementações expandiram o escopo do operador EXTRACT para permitir extrair o conteúdo desejado de um documento XML.
- Quando você precisa de tipagem forte dos dados dentro de instruções SQL. Usar o tipo XML garante que os valores dos dados são valores XML válidos e não apenas strings arbitrárias de texto.
- Para assegurar compatibilidade, ainda não especificada, com futuros sistemas de armazenamento que talvez não suportem os tipos existentes como CHARACTER LARGE OBJECT ou CLOB. (Ver no Capítulo 2 informações adicionais sobre CLOB).
- Para tirar vantagem das otimizações futuras que irão suportar apenas o tipo XML.

Eis um exemplo de como você pode usar o tipo XML:

```
CREATE TABLE CLIENT (
    ClientName          CHAR (30)       NOT NULL,
    Address1            CHAR (30),
    Address2            CHAR (30),
    City                CHAR (25),
    State               CHAR (2),
    PostalCode          CHAR (10),
    Phone               CHAR (13),
    Fax                 CHAR (13),
    ContactPerson       CHAR (30),
    Comments            XML(SEQUENCE) ) ;
```

Essa instrução SQL armazenará um documento XML na coluna Comments da tabela CLIENT. O documento resultante pode ser algo como o seguinte:

```
<Comments>
    <Comment>
        <CommentNo>1</CommentNo>
        <MessageText>Is VetLab equipped to analyze penguin
           blood?</MessageText>
        <ResponseRequested>Yes</ResponseRequested>
    </Comment>
```

```
    <Comment>
        <CommentNo>2</CommentNo>
        <MessageText>Thanks for the fast turnaround on the
            leopard seal sputum sample.</MessageText>
        <ResponseRequested>No</ResponseRequested>
    </Comment>
</Comments>
```

Quando não usar o tipo XML

Só porque o padrão SQL permite usar o tipo XML não significa que você sempre deve utilizá-lo. De fato, em muitas ocasiões, não faz sentido usar o tipo XML. Hoje, o formato atual é melhor para a maioria dos dados nos bancos de dados relacionais do que o formato XML. Eis alguns exemplos de quando não usar o tipo XML:

- Quando os dados se dividem naturalmente em uma estrutura relacional com tabelas, linhas e colunas.
- Quando é necessário atualizar partes do documento em vez de lidar com o documento como um todo.

Mapeando SQL para XML e XML para SQL

Para trocar dados entre bancos de dados SQL e documentos XML, os vários elementos de um banco de dados SQL devem ser convertidos em elementos equivalentes de um documento XML e vice-versa. Descrevemos quais elementos precisam ser convertidos nas seções a seguir.

Mapeando conjuntos de caracteres

No SQL, os conjuntos de caracteres suportados dependem do aplicativo que você usa. Isso significa que o DB2 da IBM pode suportar conjuntos de caracteres que não são suportados pelo SQL Server da Microsoft. O SQL Server pode suportar conjuntos de caracteres não suportados pela Oracle. Embora os conjuntos de caracteres mais comuns sejam quase universalmente suportados, se você usar um conjunto de caracteres menos comum, pode ser difícil migrar o banco de dados e o aplicativo de uma plataforma SGBDR para outra.

A XML não tem nenhum problema de compatibilidade com conjuntos de caracteres — ela suporta apenas um, Unicode. Isso é bom do ponto de vista da troca de dados entre qualquer implementação SQL e XML. Todos os fornecedores de SGBDR têm de definir um mapeamento entre as strings de cada um dos conjuntos de caracteres e o Unicode, bem como um mapeamento reverso do Unicode para cada um dos conjuntos de caracteres. Felizmente, a XML também não suporta múltiplos conjuntos de caracteres. Se suportasse, os fornecedores teriam um problema de muitos para muitos, que exigiria resolver mais alguns mapeamentos e mapeamentos reversos.

Mapeando identificadores

A XML é muito mais rigorosa do que o SQL quanto aos caracteres permitidos nos identificadores. Caracteres que são legais no SQL mas ilegais na XML devem ser mapeados para algo legal antes de poderem fazer parte de um documento XML. O SQL suporta identificadores delimitados. Isso significa que todos os tipos de caracteres estranhos como %, $ e & são legais, desde que sejam colocados entre aspas duplas. Esses caracteres não são legais na XML. Além disso, nomes XML que começam com os caracteres *XML* em qualquer combinação de maiúsculas e minúsculas são reservados e, portanto, não podem ser usados impunemente. Se houver quaisquer identificadores SQL que começam com essas letras, você terá que alterá-los.

Um mapeamento estabelecido preenche a lacuna entre o identificador SQL e a XML. Ao migrar do SQL para XML, todos os identificadores SQL são convertidos em Unicode. A partir daí, quaisquer identificadores SQL que também são nomes XML legais permanecem inalterados. Caracteres do identificador SQL que não são nomes XML legais são substituídos por um código hexadecimal que pode apresentar a forma de "_xNNNN_" ou "_xNNNNNNNN_", onde N representa um dígito hexadecimal maiúsculo. Por exemplo, o sublinhado será representado por "_x005F_". O dois pontos será representado por "_x003A_". Essas representações são os códigos dos caracteres Unicode para o sublinhado e dois pontos. O caso em que um identificador SQL começa com os caracteres *x*, *m* e *l* é tratado prefixando todos os casos com um código na forma de "_xFFFF_".

A conversão de XML para SQL é muito mais fácil. Tudo o que você precisa fazer é verificar nos caracteres de um nome XML uma sequência de "_xNNNN_" ou "_xNNNNNNNN_". Sempre que você encontrar essa sequência, substitua-a pelo caractere ao qual o Unicode corresponde. Se um nome XML começa com os caracteres "_xFFFF_", ignore-os.

Seguindo essas regras simples, você pode mapear um identificador SQL para um nome XML e então voltar a um identificador SQL novamente. Mas essa situação afortunada não é válida para um mapeamento de nome XML para um identificador SQL e de volta para o nome XML.

Mapeando tipos de dados

O padrão SQL especifica que um tipo de dados SQL deve ser mapeado para o tipo de dados mais próximo possível do esquema XML. A designação *mais próxima possível* significa que todos os valores permitidos pelo tipo SQL serão permitidos pelo tipo XML Schema, e os menores valores possíveis não permitidos pelo tipo SQL serão permitidos pelo tipo XML Schema. Aspectos do XML, como `maxInclusive` e `minInclusive`, podem restringir os valores permitidos pelo tipo XML Schema aos valores permitidos pelo tipo SQL correspondente. Por exemplo, se o tipo de dados SQL restringe os valores do tipo `INTEGER` ao intervalo -2157483648<value<2157483647, na XML o valor `maxInclusive` pode ser configurado como 2157483647, e o valor `minInclusive` pode ser configurado como -2157483648. Eis um exemplo desse mapeamento:

```
<xsd:simpleType>
    <xsd:restriction base="xsd:integer"/>
        <xsd:maxInclusive value="2157483647"/>
        <xsd:minInclusive value="-2157483648"/>
        <xsd:annotation>
            <sqlxml:sqltype name="INTEGER"/>
        </xsd:annotation>
    </xsd:restriction>
</xsd:simpleType>
```

DICA: A seção de anotação retém informações da definição do tipo SQL que não são usadas pelo XML, mas você pode achar que são valiosas mais tarde se o documento for mapeado de volta para o SQL.

Mapeando tabelas

Você pode mapear uma tabela para um documento XML. Da mesma forma, você pode mapear todas as tabelas em um esquema ou todas as tabelas em um catálogo. Os privilégios são mantidos pelo mapeamento. Uma pessoa que tem o privilégio `SELECT` em apenas algumas colunas da tabela só será capaz de mapear essas colunas para o documento XML. Na verdade, o mapeamento produz dois documentos, um que contém os dados na tabela e outro que contém o esquema XML que descreve o primeiro documento. Eis um exemplo do mapeamento de uma tabela SQL para um documento contendo dados XML:

```
<CUSTOMER>
   <row>
      <FirstName>Abe</FirstName>
      <LastName>Abelson</LastName>
      <City>Springfield</City>
      <AreaCode>714</AreaCode>
      <Telephone>555-1111</Telephone>
   </row>
```

```
    <row>
        <FirstName>Bill</FirstName>
        <LastName>Bailey</LastName>
        <City>Decatur</City>
        <AreaCode>714</AreaCode>
        <Telephone>555-2222</Telephone>
    </row>
  .
  .
  .
</CUSTOMER>
```

O elemento raiz do documento recebeu o nome da tabela. Cada linha na tabela está contida em um elemento `<row>` e cada elemento de linha contém uma sequência de elementos de coluna, cada um com o nome da coluna correspondente na tabela de origem. Cada elemento de coluna contém um valor de dados.

Tratando valores nulos

Como os dados SQL podem incluir valores nulos, você deve decidir como representá-los em um documento XML. Você pode representar um valor nulo como nada ou ausente. Se você escolher a opção nada, então o atributo `xsi:nil="true"` marca os elementos da coluna que representam os valores nulos. Ela pode ser usada desta maneira:

```
<row>
        <FirstName>Bill</FirstName>
        <LastName>Bailey</LastName>
        <City xsi:nil="true" />
        <AreaCode>714</AreaCode>
        <Telephone>555-2222</Telephone>
</row>
```

Se escolher a opção ausente, você pode implementá-la da seguinte forma:

```
<row>
        <FirstName>Bill</FirstName>
        <LastName>Bailey</LastName>
        <AreaCode>714</AreaCode>
        <Telephone>555-2222</Telephone>
</row>
```

Nesse caso, a linha que contém o valor nulo está ausente. Não há nenhuma referência a ela.

Gerando o esquema XML

Ao mapear do SQL para XML, o primeiro documento gerado é o que contém os dados. O segundo contém as informações do esquema. Como exemplo, considere o esquema para o documento CUSTOMER mostrado na seção "Mapeando tabelas", no início deste capítulo:

```
<xsd:schema>
   <xsd:simpleType name="CHAR_15">
      <xsd:restriction base="xsd:string">
         <xsd:length value = "15"/>
      </xsd:restriction>
   </xsd:simpleType>

   <xsd:simpleType name="CHAR_25">
      <xsd:restriction base="xsd:string">
         <xsd:length value = "25"/>
      </xsd:restriction>
   </xsd:simpleType>

   <xsd:simpleType name="CHAR_3">
      <xsd:restriction base="xsd:string">
         <xsd:length value = "3"/>
      </xsd:restriction>
   </xsd:simpleType>

   <xsd:simpleType name="CHAR_8">
      <xsd:restriction base="xsd:string">
         <xsd:length value = "8"/>
      </xsd:restriction>
   </xsd:simpleType>

   <xsd:sequence>
      <xsd:element name="FirstName" type="CHAR_15"/>
      <xsd:element name="LastName" type="CHAR_25"/>
      <xsd:element
         name="City" type="CHAR_25 nillable="true"/>
      <xsd:element
         name="AreaCode" type="CHAR_3" nillable="true"/>
      <xsd:element
         name="Telephone" type="CHAR_8" nillable="true"/>
   </xsd:sequence>

</xsd:schema>
```

Esse esquema é apropriado se a "abordagem nula" ao tratamento de nulos for usada. Essa abordagem exige uma definição de elemento ligeiramente diferente. Por exemplo:

```
<xsd:element
   name="City" type="CHAR_25" minOccurs="0"/>
```

Funções SQL Que Operam sobre Dados XML

O padrão SQL define alguns operadores, funções e pseudofunções que, quando aplicados a um banco de dados SQL, produzem um resultado XML ou, quando aplicado a dados XML geram um resultado na forma SQL padrão. As funções incluem XMLELEMENT, XMLFOREST, XMLCONCAT e XMLAGG. Nas seções a seguir, fornecemos uma descrição breve dessas funções, assim como várias outras que são usadas com frequência ao publicar na web. Algumas das funções dependem fortemente do XQuery, uma linguagem de consulta padrão projetada especificamente para consultar dados XML. XQuery é um tema enorme por si só e está fora do escopo deste livro. Para descobrir mais sobre XQuery, uma boa fonte de informação é *Querying XML* de Jim Melton e Stephen Buxton, publicado pela Morgan Kaufmann.

XMLDOCUMENT

O operador XMLDOCUMENT recebe um valor XML como entrada e retorna outro valor XML como saída. O novo valor XML é um nó de documento que é construído de acordo com as regras do construtor computados de documentos no XQuery.

XMLELEMENT

O operador XMLELEMENT converte um valor relacional em um elemento XML. Você pode usar o operador em uma instrução SELECT para extrair dados no formato XML de um banco de dados SQL e publicá-los na web. Eis um exemplo:

```
SELECT c.LastName
   XMLELEMENT ( NAME"City", c.City ) AS "Result"
FROM CUSTOMER c
WHERE LastName="Abelson" ;
```

Eis o resultado retornado:

LastName **Resultado**
Abelson   `<City>Springfield</City>`

XMLFOREST

O operador XMLFOREST produz uma lista, ou *floresta*, dos elementos XML a partir de uma lista de valores relacionais. Cada um dos valores do operador produz um novo elemento. Eis um exemplo desse operador:

```
SELECT c.LastName
   XMLFOREST (c.City,
              c.AreaCode,
              c.Telephone ) AS "Result"
FROM CUSTOMER c
WHERE LastName="Abelson" OR LastName="Bailey" ;
```

Esse trecho produz o seguinte resultado:

LastName	Resultado
Abelson	`<City>Springfield</City>`
	`<AreaCode>714</AreaCode>`
	`<Telephone>555-1111</Telephone>`
Bailey	`<City>Decatur</City>`
	`<AreaCode>714</AreaCode>`
	`<Telephone>555-2222</Telephone>`

XMLCONCAT

XMLCONCAT fornece uma maneira alternativa para produzir uma floresta dos elementos concatenando seus argumentos XML. Por exemplo, o código a seguir:

```
SELECT c.LastName,
   XMLCONCAT(
      XMLELEMENT ( NAME"first", c.FirstName,
      XMLELEMENT ( NAME"last", c.LastName)
      ) AS "Result"
FROM CUSTOMER c ;
```

produz estes resultados:

LastName	Resultado
Abelson	`<first>Abe</first>`
	`<last>Abelson</last>`
Bailey	`<first>Bill</first>`
	`<last>Bailey</last>`

XMLAGG

XMLAGG, a função de agregado, recebe documentos XML ou fragmentos dos documentos XML como entrada, e produz um único documento XML como saída em consultas `GROUP BY`. A agregação contém uma floresta dos elementos. Eis um exemplo para ilustrar o conceito:

```
SELECT XMLELEMENT
   ( NAME"City",
      XMLATTRIBUTES ( c.City AS "name" ) ,
      XMLAGG (XMLELEMENT ( NAME"last" c.LastName )
            )
   ) AS "CityList"
FROM CUSTOMER c
GROUP BY City ;
```

Quando executada contra a tabela CUSTOMER, essa consulta produz os seguintes resultados:

CityList

```
<City name="Decatur">
   <last>Bailey</last>
</City>
<City name="Philo">
   <last>Stetson</last>
   <last>Stetson</last>
   <last>Wood</last>
</City>
<City name="Springfield">
   <last>Abelson</last>
</City>
```

XMLCOMMENT

A função `XMLCOMMENT` permite que um aplicativo crie um comentário XML. Sua sintaxe é:

```
XMLCOMMENT ( 'comentários'
     [RETURNING
         { CONTENT | SEQUENCE } ] )
```

Por exemplo:

```
XMLCOMMENT ('Fazer backup do sistema todo dia às 2h.')
```

criaria um comentário XML parecido com este:

```
<!--Fazer backup do sistema todo dia às 2h.-->
```

XMLPARSE

A função XMLPARSE produz um valor XML executando uma análise de não validação de uma string. Você pode usá-la desta maneira:

```
XMLPARSE (DOCUMENT '   GREAT JOB!'
      PRESERVE WHITESPACE )
```

O código anterior produziria um valor XML que é XML(UNTYPED DOCUMENT) ou XML(ANY DOCUMENT). Qual dos dois subtipos é escolhido depende do aplicativo que você utiliza.

XMLPI

A função XMLPI permite que aplicativos criem instruções de processamento XML. A sintaxe dessa função é:

```
XMLPI ( NAME alvo
    [ , expressão-de-string ]
    [RETURNING
        { CONTENT | SEQUENCE } ] )
```

O espaço reservado alvo representa o identificador do alvo da instrução de processamento. O espaço reservado expressão-de-string representa o conteúdo do PI. Essa função cria um comentário XML no formato:

```
<? alvo expressão-de-string ?>
```

XMLQUERY

A função XMLQUERY avalia uma expressão XQuery e retorna o resultado para o aplicativo SQL. A sintaxe de XMLQUERY é:

```
XMLQUERY ( expressão-XQuery
    [ PASSING { By REF | BY VALUE }
        lista-de-argumentos ]
    RETURNING { CONTENT | SEQUENCE }
    { BY REF | BY VALUE } )
```

Eis um exemplo do uso de XMLQUERY

```
SELECT max_average,
    XMLQUERY (
        'for $batting_average in
            /player/batting_average
        where /player/lastname = $var1
```

```
                return $batting_average'
            PASSING BY VALUE
                'Mantle' AS var1,
            RETURNING SEQUENCE BY VALUE )
FROM offensive_stats
```

XMLCAST

A função `XMLCAST` é semelhante a uma função `SQL CAST` comum, mas tem algumas restrições adicionais. A função `XMLCAST` permite que um aplicativo converta um valor de um tipo XML em qualquer outro tipo XML ou um tipo SQL. Da mesma forma, você pode usá-la para converter um valor de um tipo SQL em um tipo XML. Eis algumas restrições:

- Pelo menos um dos tipos envolvidos, o tipo de origem ou tipo de destino, deve ser um tipo XML.
- Nenhum dos tipos envolvidos pode ser um tipo coleção, tipo linha, tipo estruturado ou tipo referência SQL.
- Apenas os valores de um dos tipos XML ou o tipo nulo SQL pode ser convertido em `XML(UNTYPED DOCUMENT)` ou em `XML(ANY DOCUMENT)`.

Eis um exemplo:

```
XMLCAST ( CLIENT.ClientName AS XML(UNTYPED CONTENT))
```

A função `XMLCAST` é transformada em `SQL CAST` comum. A única razão para usar uma palavra-chave separada é impor as restrições listadas aqui.

Predicados

Predicados retornam um valor de verdadeiro ou falso. Alguns novos predicados adicionados se relacionam especificamente com XML.

DOCUMENT

O objetivo do predicado `DOCUMENT` é determinar se um valor XML é um documento XML. Ele testa para ver se um valor XML é uma instância de `XML(ANY DOCUMENT)` ou `XML(UNTYPED DOCUMENT)`. A sintaxe é:

```
valor-XML IS [NOT]
   [ANY | UNTYPED] DOCUMENT
```

Se a expressão for avaliada como verdadeira, o predicado retorna `TRUE`; caso contrário, retorna `FALSE`. Se o valor XML for nulo, o predicado retorna um valor `UNKNOWN`. Se você não especificar `ANY` ou `UNTYPED`, a suposição padrão é `ANY`.

CONTENT

Utilize o predicado `CONTENT` para determinar se um valor XML é uma instância de `XML(ANY CONTENT)` ou `XML(UNTYPED CONTENT)`. Eis a sintaxe:

```
XML-value IS [NOT]
   [ANY | UNTYPED] CONTENT
```

Se você não especificar `ANY` ou `UNTYPED`, `ANY` é o padrão.

XMLEXISTS

Como o nome indica, você pode usar o predicado `XMLEXISTS` para determinar se um valor existe. Eis a sintaxe:

```
XMLEXISTS ( expressão-XQuery
   [ lista-de-argumentos ])
```

A expressão XQuery é avaliada utilizando os valores fornecidos na lista de argumentos. Se o valor consultado pela expressão XQuery é o valor `NULL` SQL, o resultado do predicado é desconhecido. Se a avaliação retorna uma sequência XQuery vazia, o resultado do predicado é `FALSE`; caso contrário, é `TRUE`. Utilize esse predicado para determinar se um documento XML contém algum conteúdo específico antes de usar uma parte desse conteúdo em uma expressão.

VALID

O predicado `VALID` é usado para avaliar um valor XML, a fim de verificar se ele é válido no contexto de um esquema XML registrado. A sintaxe do predicado `VALID` é mais complexa do que para a maioria dos predicados:

```
xml-value IS [NOT] VALID
   [opção-de-restrição-de-identidade XML válida]
   [cláusula according-to XML válida]
```

Esse predicado verifica se o valor XML é um dos cinco subtipos XML: `XML(SEQUENCE)`, `XML(ANY CONTENT)`, `XML(UNTYPED CONTENT)`, `XML(ANY DOCUMENT)` ou `XML(UNTYPED DOCUMENT)`. Além disso, ele pode opcionalmente verificar se a validade do valor XML depende das restrições de identidade, e se ele é válido em relação a um esquema XML particular (o alvo da validade).

Há quatro possibilidades para o componente `opção-de-restrição-de-identidade` da sintaxe.

- ✔ `WITHOUT IDENTITY CONSTRAINTS`: Se o componente da sintaxe da `opção-de-restrição-de-identidade` não for especificado, `WITHOUT IDENTITY CONSTRAINTS` é presumido. Se `DOCUMENT` for especificado, ele funciona como uma combinação do predicado `DOCUMENT` e `WITH IDENTITY CONSTRAINTS GLOBAL` do predicado `VALID`.

- ✔ `WITH IDENTITY CONSTRAINTS GLOBAL`: Esse componente da sintaxe significa que o valor é comparado não apenas com o esquema XML, mas também contra as regras XML para relacionamentos ID/IDREF.

    ID e IDREF são tipos de atributo XML que identificam os elementos de um documento.

- ✔ `WITH IDENTITY CONSTRAINTS LOCAL`: Esse componente da sintaxe significa que o valor é comparado com o esquema XML, mas não em relação às regras XML para ID/IDREF ou em relação às regras do esquema XML para restrições de identidade.

- ✔ `DOCUMENT`: Esse componente da sintaxe significa que a expressão de valor XML é um documento e é uma sintaxe de `WITH IDENTITY CONSTRAINTS GLOBAL` válida com uma cláusula `XML valid according to`. A cláusula `XML valid according to` identifica o esquema em relação a qual o valor será validado.

Transformando Dados XML em Tabelas SQL

Até recentemente, ao pensar sobre o relacionamento entre SQL e XML, a ênfase estava na conversão de dados de tabela SQL em XML para torná-los acessíveis na Internet. O SQL:2008 resolveu o problema complementar de conversão de dados XML em tabelas SQL de modo que os dados possam ser facilmente consultados utilizando instruções SQL padrão. A pseudofunção `XMLTABLE` realiza essa operação. A sintaxe para `XMLTABLE` é:

```
XMLTABLE ( [declaração-de-namespace,]
expressão-XQuery
[PASSING lista-de-argumentos]
COLUMNS definições-de-coluna-XMLtbl )
```

onde a lista de argumento é:

```
expressão-de-valor AS identifier
```

`definições-de-coluna-XMLtbl` é uma lista separada por vírgulas das definições de coluna, que pode conter:

```
nome-da-coluna FOR ORDINALITY
```

e/ou:

```
nome-da-coluna tipo-de-dado
[BY REF | BY VALUE]
[cláusula-padrão]
[PATH expressão-XQuery]
```

Eis um exemplo de como você pode usar XMLTABLE para extrair dados de um documento XML em uma pseudotabela SQL. Uma pseudotabela não é persistente, mas em todos os outros aspectos, ela se comporta como uma tabela SQL regular. Se você quiser torná-la persistente, crie uma tabela com uma instrução CREATE TABLE e então insira os dados XML na tabela recém-criada.

```
SELECT clientphone.*
FROM
   clients_xml ,
   XMLTABLE(
      'for $m in
         $col/client
      return
         $m'
      PASSING clients_xml.client AS "col"
      COLUMNS
         "ClientName" CHARACTER (30) PATH 'ClientName' ,
         "Phone" CHARACTER (13) PATH 'phone'
   ) AS clientphone
```

Ao executar essa instrução, você vê o seguinte resultado:

```
ClientName                          Phone
----------------------------------- -------------
Abe Abelson                         (714)555-1111
Bill Bailey                         (714)555-2222
Chuck Wood                          (714)555-3333

(3 rows in clientphone)
```

Mapeando Tipos Não Predefinidos de Dados para XML

No padrão SQL, os tipos de dados não predefinidos incluem domínio, UDT distinto, fila, array e multiconjunto. Você pode mapear cada um desses dados formatados em XML usando o código XML apropriado. As próximas seções mostram exemplos de como mapear esses tipos.

Domínio

Para mapear um domínio SQL para XML, você primeiro deve ter um domínio. Para esse exemplo, crie um usando uma instrução CREATE DOMAIN

```
CREATE DOMAIN WestCoast AS CHAR (2)
   CHECK (State IN ('CA', 'OR', 'WA', 'AK')) ;
```

Agora, crie uma tabela que usa esse domínio:

```
CREATE TABLE WestRegion (
   ClientName           Character (20)       NOT NULL,
   State                WestCoast            NOT NULL
   ) ;
```

Eis o esquema XML para mapear o domínio para XML:

```
<xsd:simpleType>
   Name='DOMAIN.Sales.WestCoast'>

   <xsd:annotation>
      <xsd:appinfo>
         <sqlxml:sqltype kind='DOMAIN'
            schemaName='Sales'
            typeName='WestCoast'
            mappedType='CHAR_2'
            final='true'/>
      <xsd:appinfo>
   </xsd:annotation>

   <xsd:restriction base='CHAR_2'/>

</xsd:simpleType>
```

Quando esse mapeamento é aplicado, ele resulta em um documento XML que contém algo como isto:

```
<WestRegion>
<row>
    .
    .
    .
    <State>AK</State>
    .
    .
    .
</row>
    .
    .
    .
</WestRegion>
```

UDT Distinct Types

Com um UDT do tipo distinct types, você pode fazer praticamente o mesmo com um domínio, mas com tipagem mais forte. Veja como:

```
CREATE TYPE WestCoast AS Character (2) FINAL ;
```

O esquema XML para mapear esse tipo para XML é:

```
<xsd:simpleType>
   Name='UDT.Sales.WestCoast'>

   <xsd:annotation>
      <xsd:appinfo>
         <sqlxml:sqltype kind='DISTINCT'
            schemaName='Sales'
            typeName='WestCoast'
            mappedType='CHAR_2'
            final='true'/>
      <xsd:appinfo>
      </xsd:annotation>

   <xsd:restriction base='CHAR_2'/>

</xsd:simpleType>
```

Isso cria um elemento que é o mesmo que foi criado para o domínio anterior.

Linha

O tipo ROW permite compactar vários itens, ou mesmo o valor de uma linha inteira de informações, em um único campo de uma linha da tabela. Você pode criar um tipo ROW como parte da definição da tabela, desta maneira:

```
CREATE TABLE CONTACTINFO (
   Name            CHARACTER (30)
   Phone           ROW (Home CHAR (13), Work CHAR (13))
) ;
```

Agora você pode mapear esse tipo para XML com o esquema a seguir:

```
<xsd:complexType Name='ROW.1'>

   <xsd:annotation>
      <xsd:appinfo>
         <sqlxml:sqltype kind='ROW'>
            <sqlxml:field name='Home'
               mappedType='CHAR_13'/>
            <sqlxml:field name='Work'
               mappedType='CHAR_13'/>
         </sqlxml:sqltype>
      <xsd:appinfo>
   </xsd:annotation>

   <xsd:sequence>
      <xsd:element Name='Home' nillable='true'
         Type='CHAR_13'/>
      <xsd:element Name='Work' nillable='true'
         Type='CHAR_13'/>
   </xsd:sequence>

</xsd:complexType>
```

Esse mapeamento pode gerar a XML a seguir para uma coluna:

```
<Phone>
   <Home>(888)555-1111</Home>
   <Work>(888)555-1212</Work>
</Phone>
```

Array

Você pode inserir mais de um elemento em um único campo usando um `Array` em vez do tipo `ROW`. Por exemplo, na tabela de `CONTACTINFO`, declare `Phone` como um array e então gere o esquema XML que mapeará o array para XML.

```
CREATE TABLE CONTACTINFO (
   Name            CHARACTER (30),
   Phone           CHARACTER (13) ARRAY [4]
) ;
```

Agora você pode mapear esse tipo para XML com o esquema a seguir:

```
<xsd:complexType Name='ARRAY_4.CHAR_13'>

   <xsd:annotation>
      <xsd:appinfo>
         <sqlxml:sqltype kind='ARRAY'
                         maxElements='4'
                         mappedElementType='CHAR_13'/>
      </xsd:appinfo>
   </xsd:annotation>

   <xsd:sequence>
      <xsd:element Name='element'
      minOccurs='0' maxOccurs='4'
      nillable='true' type='CHAR_13'/>
   </xsd:sequence>

</xsd:complexType>
```

Esse esquema geraria algo como isto:

```
<Phone>
   <element>(888)555-1111</element>
   <element>xsi:nil='true'/>
   <element>(888)555-3434</element>
</Phone>
```

O elemento no array contendo `xsi:nil='true'` reflete o fato de que o segundo número de telefone na tabela de origem contém um valor nulo.

Multiconjunto

Os números de telefone no exemplo anterior podem muito bem ser armazenados em um multiconjunto como em um array. Para mapear um multiconjunto, use algo parecido com o seguinte:

```
CREATE TABLE CONTACTINFO (
    Name            CHARACTER (30),
    Phone           CHARACTER (13) MULTISET
) ;
```

Agora você pode mapear esse tipo para XML com o esquema a seguir:

```
<xsd:complexType Name='MULTISET.CHAR_13'>

    <xsd:annotation>
       <xsd:appinfo>
          <sqlxml:sqltype kind='MULTISET'
                    mappedElementType='CHAR_13'/>
       </xsd:appinfo>
    </xsd:annotation>

    <xsd:sequence>
        <xsd:element Name='element'
        minOccurs='0' maxOccurs='unbounded'
        nillable='true' type='CHAR_13'/>
    </xsd:sequence>

</xsd:complexType>
```

Esse esquema geraria algo como isto:

```
<Phone>
    <element>(888)555-1111</element>
    <element>xsi:nil='true'/>
    <element>(888)555-3434</element>
</Phone>
```

O Casamento de SQL e XML

O SQL fornece o método padrão mundial para armazenar dados de uma forma altamente estruturada. A estrutura permite que os usuários mantenham armazenamentos de dados com uma ampla variedade de tamanhos e extrair eficientemente deles, as informações que querem. A XML surgiu de um padrão de fato e foi transformada em um veículo oficial padrão para transmissão de dados entre sistemas incompatíveis, sobretudo na Internet. Unindo esses dois métodos poderosos, a importância de ambos aumentou significativamente. O SQL agora pode lidar com dados que não se encaixam perfeitamente no paradigma relacional rigoroso, que foi originalmente definido por Dr. Codd. A XML agora pode receber eficientemente dados de bancos de dados SQL ou enviar os dados para eles. O resultado são informações mais facilmente disponíveis que são mais fáceis de compartilhar. Afinal de contas, em sua essência, compartilhar é tudo em um casamento.

Parte VI
Tópicos Avançados

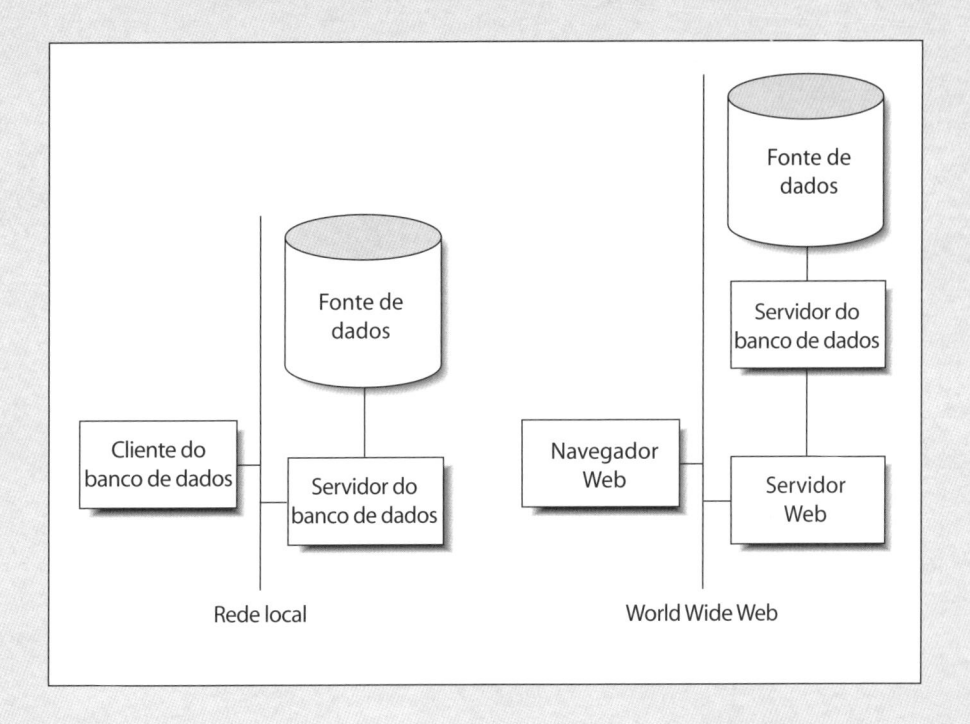

Nesta parte...

- Criando cursores
- Construindo instruções compostas
- Tratando erros
- Aplicando gatilhos

Capítulo 19
Analisando um Conjunto de Dados com Cursores

Neste capítulo
- Especificando o escopo de cursor com a instrução DECLARE
- Abrindo um cursor
- Buscando dados uma linha de cada vez
- Fechando um cursor

Uma importante incompatibilidade entre o SQL e as linguagens de desenvolvimento de aplicativos mais populares é que o SQL opera nos dados de todo um conjunto de linhas de tabela de cada vez, enquanto as linguagens procedurais operam apenas em uma única linha de cada vez. Um *cursor* permite que o SQL recupere (ou atualize ou exclua) uma única linha de cada vez, de modo que você possa usar o SQL juntamente com um aplicativo escrito em qualquer das linguagens populares.

Um cursor é como um ponteiro que localiza uma linha específica na tabela. Quando um cursor está ativo, você pode usar SELECT, UPDATE ou DELETE a linha para a qual o cursor aponta.

Cursores são importantes se você deseja recuperar as linhas selecionadas de uma tabela, verificar o conteúdo delas e realizar diferentes operações com base nesse conteúdo. O SQL não pode executar essa sequência de operações por si só. O SQL pode recuperar as linhas, mas as linguagens procedurais são melhores em tomar decisões baseadas no conteúdo do campo. Cursores permitem que o SQL recupere linhas de uma tabela uma de cada vez, e então gere o resultado para que o código procedural realize processamento. Inserindo o código SQL em um loop, você pode processar toda a tabela linha por linha.

Em uma representação de pseudocódigo do SQL embutido, o fluxo mais comum de execução se parece com isto:

```
instrução EXEC SQL DECLARE CURSOR
instrução EXEC SQL OPEN
Testa se é o final da tabela
Código procedural
```

```
Início do loop
   Código procedural
   EXEC SQL FETCH
   Código procedural
   Testa se é o final da tabela
Fim do loop
instrução EXEC SQL CLOSE
Código procedural
```

As instruções SQL nessa listagem são DECLARE, OPEN, FETCH e CLOSE. Cada uma dessas instruções é discutida em detalhes neste capítulo.

> **DICA:** Se você conseguir executar a operação você quer com instruções SQL normais (definir uma de cada vez), então faça isso. Declare um cursor, recupere as linhas da tabela uma de cada vez e só use a linguagem host do sistema quando você não pode fazer o que deve ser feito somente com o SQL.

Declarando um Cursor

Para usar um cursor, primeiro você deve declarar a existência dele para o SGBD. Faça isso com uma instrução DECLARE CURSOR. A instrução DECLARE CURSOR na verdade não faz nada acontecer; ela só anuncia o nome do cursor para o SGBD e especifica em qual consulta o cursor vai operar. A instrução DECLARE CURSOR tem a seguinte sintaxe:

```
DECLARE nome-do-cursor [<sensibilidade do cursor>]
   [<rolagem do cursor >]
CURSOR [<retenção do cursor >] [<retorno do cursor>]
FOR expressão de consulta
   [ORDER BY expressão order-by]
   [FOR expressão de atualização] ;
```

Nota: o nome do cursor identifica um cursor de maneira única, assim ele deve ser diferente de qualquer outro nome de cursor no módulo ou unidade de compilação atual.

> **DICA:** Para tornar seu aplicativo mais legível, atribua ao cursor um nome significativo. Relacione-o aos dados que a expressão de consulta solicita ou à operação que o código procedural realiza nos dados.

Eis algumas características que você deve estabelecer ao declarar um cursor:

- **Sensibilidade do cursor.** Escolha SENSITIVE, INSENSITIVE ou ASENSITIVE (padrão).
- **Rolagem do cursor.** Escolha SCROLL ou NO SCROLL (padrão).
- **Retenção do cursor.** Escolha WITH HOLD ou WITHOUT HOLD (padrão).
- **Retorno do cursor.** Escolha WITH RETURN ou WITHOUT RETURN (padrão).

Expressão de consulta

LEMBRE-SE

Utilize qualquer instrução SELECT legal como uma *expressão de consulta*. As linhas que a instrução SELECT recupera são aquelas que o cursor percorre uma de cada vez. Essas linhas são o escopo do cursor.

Na verdade a consulta não é executada quando a instrução DECLARE CURSOR é lida. Só é possível recuperar os dados depois que você executa a instrução OPEN. O exame linha a linha dos dados começa depois que você entrar no loop que envolve a instrução FETCH.

Cláusula ORDER BY

É recomendável processar os dados recuperados em uma ordem específica, dependendo do que seu código procedural fará com os dados. Você pode classificar as linhas recuperadas antes de processá-las usando a cláusula ORDER BY opcional. A cláusula tem a seguinte sintaxe:

```
ORDER BY especificação-de-classificação
        [ , especificação-de-classificação]...
```

Você pode ter várias especificações de classificação. Cada uma tem esta sintaxe:

```
(nome-da-coluna) [COLLATE BY nome-da-intercalação] [ASC|DESC]
```

Você classifica por nome de coluna e, para fazer isso, a coluna deve estar na lista de seleção da expressão de consulta. Colunas que estão na tabela, mas não na lista de seleção de consulta, não funcionam como especificações de classificação. Por exemplo, suponha que você quer executar uma operação que não é suportada pelo SQL nas linhas selecionadas da tabela CUSTOMER. Você pode usar uma instrução DECLARE CURSOR assim:

```
DECLARE cust1 CURSOR FOR
   SELECT CustID, FirstName, LastName, City, State, Phone
      FROM CUSTOMER
   ORDER BY State, LastName, FirstName ;
```

Nesse exemplo, a instrução SELECT recupera as linhas classificados primeiro por estado, então pelo sobrenome e depois pelo primeiro nome. A instrução recupera todos os clientes no Alaska (AK), antes de ela recuperar o primeiro cliente do Alabama (AL). A instrução então classifica os registros dos clientes do Alaska pelo sobrenome do cliente (*Aaron* antes de *Abbott*). Quando o sobrenome é o mesmo, a classificação passa então para o primeiro nome (*George Aaron* antes de *Henry Aaron*).

Você já criou 40 cópias de um documento de 20 páginas em uma fotocopiadora sem um mecanismo de intercalação? Que droga! Você deve criar 20 pilhas nas mesas e escrivaninhas, e então percorrer pilhas 40 vezes, colocando uma folha em cada pilha. Esse processo de colocar as coisas na ordem desejada chama-se *intercalação*. Um processo semelhante desempenha um papel no SQL.

Uma intercalação é um conjunto de regras que determina como strings em um conjunto de caracteres são comparadas. Um conjunto de caracteres tem uma sequência de intercalação padrão, que define a ordem em que os elementos são classificados. Mas, você pode aplicar uma sequência de intercalação diferente do padrão para uma coluna. Para fazer isso, use a cláusula COLLATE BY opcional. Sua implementação provavelmente suporta várias intercalações comuns. Escolha uma e então faça a intercalação *ascendente* ou *descendente* anexando uma palavra-chave ASC ou DESC à cláusula.

Em uma instrução DECLARE CURSOR, você pode especificar uma coluna calculada que não existe na tabela subjacente. Nesse caso, a coluna calculada não tem um nome que você pode usar na cláusula ORDER BY. Você pode atribuir um nome a ela na expressão de consulta DECLARE CURSOR, que permite identificar a coluna mais tarde. Considere o seguinte exemplo:

```
DECLARE revenue CURSOR FOR
    SELECT Model, Units, Price,
           Units * Price AS ExtPrice
        FROM TRANSDETAIL
    ORDER BY Model, ExtPrice DESC ;
```

Nesse exemplo, nenhuma cláusula COLLATE BY está na cláusula ORDER BY, assim a sequência de intercalação padrão é usada. Observe que a quarta coluna na lista de seleção é o resultado de um cálculo dos dados nas segunda e terceira colunas. A quarta coluna é um preço estendido chamado ExtPrice. No exemplo, a cláusula ORDER BY é classificada primeiro pelo nome do modelo e então por ExtPrice. A classificação em ExtPrice é descendente, conforme especificado pela palavra-chave DESC; transações com o valor de dólar mais alto são processadas antes.

A ordem de classificação padrão em uma cláusula ORDER BY é ascendente. Se uma lista de especificações de classificação incluir uma classificação DESC e a próxima classificação também deve estar na ordem decrescente, você deve especificar explicitamente DESC para a próxima classificação. Por exemplo:

```
ORDER BY A, B DESC, C, D, E, F
```

é equivalente a

```
ORDER BY A ASC, B DESC, C ASC, D ASC, E ASC, F ASC
```

Cláusula de atualização

Às vezes, você quer atualizar ou excluir linhas da tabela que você acessa com um cursor. Outras vezes, você quer garantir que essas atualizações ou exclusões não possam ser feitas. O SQL fornece controle sobre essa questão com a cláusula de atualização da instrução DECLARE CURSOR. Se você quiser evitar atualizações e exclusões no escopo do cursor, use a cláusula:

```
FOR READ ONLY
```

Para atualizações apenas das colunas especificadas — deixando todas as outras protegidas — use o seguinte:

```
FOR UPDATE OF nome-da-coluna [, nome-da-coluna]...
```

Quaisquer colunas listadas devem aparecer na expressão de consulta da DECLARE CURSOR. Se você não incluir uma cláusula de atualização, a suposição padrão é de que todas as colunas listadas na expressão de consulta são atualizáveis. Nesse caso, uma instrução UPDATE pode atualizar todas as colunas na linha para as quais o cursor aponta e uma instrução DELETE pode excluir essa linha.

Sensibilidade

A expressão de consulta na instrução DECLARE CURSOR determina as linhas que se enquadram dentro do escopo de um cursor. Considere este possível problema: e se uma instrução em seu programa, localizada entre as instruções OPEN e CLOSE, altera o conteúdo de algumas dessas linhas de modo que elas não mais atendam a consulta? O cursor continua a processar todas as linhas inicialmente qualificadas, ou ele reconhece a nova situação e ignora as linhas que não mais se qualificam?

Uma instrução SQL normal, como UPDATE, INSERT ou DELETE, opera em um conjunto de linhas em uma tabela de banco de dados (ou talvez em toda a tabela). Embora essa instrução esteja ativa, o mecanismo de transação do SQL protege-a contra interferência por outras instruções que agem simultaneamente nos mesmos dados. Se você usar um cursor, porém, a janela de vulnerabilidade para interações prejudiciais está aberta. Ao abrir um cursor, os dados correm o risco de ser vítima de operações simultâneas e conflitantes até que você feche o cursor novamente. Se você abrir um cursor, iniciar o processamento por meio de uma tabela e então abrir um segundo cursor enquanto o primeiro ainda está ativo, as ações que você faz com o segundo cursor podem afetar o que a instrução controlada pelo primeiro cursor vê.

Alterar os dados nas colunas que são parte de uma expressão de consulta DECLARE CURSOR depois que algumas — mas não todas — linhas da consulta foram processadas resulta em uma grande confusão. É provável que seus resultados sejam inconsistentes e enganosos. Para evitar esse problema, certifique-se de que o cursor não muda como resultado de qualquer uma das instruções dentro do escopo. Adicione a palavra-chave INSENSITIVE à instrução DECLARE CURSOR. Desde que o cursor esteja aberto, ele é insensível às (não é afetado pelas) alterações na tabela que afetam as linhas qualificadas no escopo do cursor. Um cursor não pode ser insensível e atualizável. Um cursor insensível deve ser somente de leitura.

Por exemplo, suponha que você escreva estas consultas:

```
DECLARE C1 CURSOR FOR SELECT * FROM EMPLOYEE
   ORDER BY Salary ;
DECLARE C2 CURSOR FOR SELECT * FROM EMPLOYEE
   FOR UPDATE OF Salary ;
```

Agora, suponha que você abre ambos os cursores e busca algumas poucas linhas com C1 e atualiza um salário com C2 para aumentar seu valor. Essa alteração pode fazer uma linha que você obteve com C1 aparecer novamente em uma busca posterior do C1.

As interações peculiares que são possíveis com múltiplos cursores abertos, ou cursores abertos e operações de conjunto, são o tipo de problema de concorrência que o isolamento de transações evita. Se operar dessa maneira, você estará chamando problemas. Então lembre-se: não opere com múltiplos cursores abertos. Para obter informações adicionais sobre o isolamento de transações, consulte o Capítulo 15.

A condição padrão da sensibilidade do cursor é ASENSITIVE. Embora você possa achar que sabe o que isso significa, nada é tão simples quanto você imagina. Cada aplicativo tem sua própria definição. Para uma implementação, ASENSITIVE poderia ser equivalente a SENSITIVE e, para outra, poderia ser equivalente a INSENSITIVE. Verifique na documentação do sistema o significado em seu próprio caso.

Rolagem

A *capacidade de rolagem* (*scrollability*) permite mover o cursor dentro de um conjunto de resultados. Com a palavra-chave SCROLL na instrução DECLARE CURSOR, você pode acessar as linhas na ordem que quiser. A sintaxe da instrução FETCH controla o movimento do cursor. Descrevemos a instrução FETCH mais adiante neste capítulo.

Abrindo um Cursor

Embora a instrução DECLARE CURSOR especifique quais linhas devem ser incluídas no cursor, na verdade ela não faz nada acontecer porque DECLARE é apenas uma declaração e não uma instrução executável. A instrução OPEN dá existência ao cursor. Ela tem a seguinte forma:

```
OPEN nome-do-cursor ;
```

Para abrir o cursor utilizado na discussão da cláusula ORDER BY (no início deste capítulo), use o seguinte:

```
DECLARE revenue CURSOR FOR
   SELECT Model, Units, Price,
          Units * Price AS ExtPrice
      FROM TRANSDETAIL
   ORDER BY Model, ExtPrice DESC ;
OPEN revenue ;
```

LEMBRE-SE Você só pode buscar linhas de um cursor depois de abri-lo. Ao abrir um cursor, os valores das variáveis referenciadas na instrução DECLARE CURSOR tornam-se fixos, assim como todas as funções de data/hora atuais. Considere o seguinte exemplo do SQL embutido em um programa de linguagem host:

```
EXEC SQL DECLARE C1 CURSOR FOR SELECT * FROM ORDERS
   WHERE ORDERS.Customer = :NAME
      AND DueDate < CURRENT_DATE ;
NAME :='Acme Co';      // Uma instrução na linguagem host
EXEC SQL OPEN C1;
NAME :='Omega Inc.';   // Outra instrução na linguagem host
...
EXEC SQL UPDATE ORDERS SET DueDate = CURRENT_DATE;
```

Fixando valores de datas e horas

Como descrito na seção "Abrindo um cursor", a instrução OPEN fixa o valor de todas as variáveis referenciadas na instrução DECLARE CURSOR. Ela também fixa um valor para funções de data e hora. Existe uma fixação semelhante dos valores de data e hora em operações Set. Observe este exemplo:

```
UPDATE ORDERS SET RecheckDate = CURRENT_
      DATE WHERE....;
```

Agora, suponha que você tem alguns pedidos. Você começa executando essa instrução um minuto antes da meia-noite. À meia-noite, a instrução ainda está em execução e só conclui a execução cinco minutos depois da meia-noite. Não importa. Se uma instrução tem alguma referência a CURRENT_DATE (ou TIME ou TIMESTAMP), o valor é definido como a data/hora em que a instrução começa, assim todas as linhas ORDERS na instrução obtêm a mesma RecheckDate. Da mesma forma, se uma instrução referencia TIMESTAMP, toda a instrução usa um único valor de data/hora, não importa por quanto tempo a instrução é executada.

Eis um exemplo interessante da implicação dessa regra:

```
UPDATE EMPLOYEE SET KEY=CURRENT_TIMESTAMP;
```

Você pode esperar que a instrução configurasse um valor único na coluna de chave de cada funcionário, porque a hora é medida até uma pequena fração de um segundo. Você ficaria decepcionado; ela configura o mesmo valor em todas as linhas. Você terá de pensar em outra maneira de gerar uma chave única.

Assim, quando a instrução OPEN corrige os valores de data e hora para todas as instruções que referenciam o cursor, ele trata todas essas instruções como uma instrução estendida.

A instrução OPEN corrige o valor de todas as variáveis referenciadas na instrução DECLARE CURSOR e também corrige um valor para todas as funções de data e hora atuais. Como resultado, a segunda atribuição ao nome da variável NAME := 'Omega Inc.' *não tem efeito* sobre as linhas que o cursor busca. (Esse valor de NAME é usado na *próxima* vez que você abre C1). E mesmo se a instrução OPEN for executada um minuto antes da meia-noite e a instrução UPDATE for executada um minuto após a meia-noite, o valor de CURRENT_DATE na instrução UPDATE é o valor dessa função no momento em que a instrução OPEN é executada — mesmo que DECLARE CURSOR não referencie a função de data e hora.

Buscando Dados a partir de uma Única Linha

O processamento de cursores é um processo de três passos:

1. A instrução DECLARE CURSOR especifica o nome e escopo do cursor.
2. A instrução OPEN coleta as linhas da tabela selecionadas pela expressão de consulta DECLARE CURSOR.
3. A instrução FETCH na verdade recupera os dados.

O cursor pode apontar para uma das linhas no escopo do cursor, ou para o local imediatamente antes da primeira linha no escopo da aplicação, ou para o local imediatamente após a última linha no escopo ou para o espaço vazio entre duas linhas. Você pode especificar para onde o cursor aponta com a cláusula de orientação na instrução FETCH.

Sintaxe

A sintaxe para a instrução FETCH é:

```
FETCH [[orientação] FROM] nome-do-cursor
  INTO especificação-do-alvo [, especificação-do-alvo]... ;
```

Sete opções de orientação estão disponíveis:

- NEXT
- PRIOR
- FIRST
- LAST
- ABSOLUTE
- RELATIVE
- <especificação de valor simples>

A opção padrão é NEXT que, casualmente, era a *única* orientação disponível nas versões do SQL antes do SQL-92. A orientação NEXT move o cursor de onde quer que ele esteja para a próxima linha no conjunto especificado pela expressão de consulta. Isso significa que, se o cursor estiver localizado antes do primeiro registro, ele move-se para o primeiro registro. Se ele apontar para o registro *n*, ele move-se para o registro *n* +1. Se o cursor apontar para o último registro no conjunto, ele move-se para além desse registro, e a notificação de uma condição sem dados é retornada na variável de sistema SQLSTATE. (O Capítulo 21 discute em detalhes SQLSTATE e os demais recursos de tratamento de erros do SQL).

As especificações alvo são parâmetros ou variáveis host, dependendo se o SQL embutido ou uma linguagem de módulo, respectivamente, usa o cursor. O número e os tipos das especificações alvo devem corresponder ao número e aos tipos das colunas especificadas pela expressão de consulta na DECLARE CURSOR. Assim, no caso do SQL embutido, ao buscar uma lista de cinco valores a partir de uma linha de uma tabela, cinco variáveis de host devem estar lá para receber esses valores, e devem ser dos tipos certos.

Direção de um cursor rolável

Como o cursor SQL é rolável, você tem outras opções além de NEXT. Se você especificar PRIOR, o ponteiro move-se para a linha imediatamente antes da localização atual. Se você especificar FIRST, ele aponta para o primeiro registro no conjunto, e se você especificar LAST, ele aponta para o último registro.

Ao usar a orientação ABSOLUTE e RELATIVE, você também deve especificar um valor inteiro. Por exemplo, FETCH ABSOLUTE 7 move o cursor para a sétima linha a partir do início do conjunto. FETCH RELATIVE 7 move o cursor sete linhas depois de sua posição atual. FETCH RELATIVE 0 não move o cursor.

FETCH RELATIVE 1 tem o mesmo efeito que FETCH NEXT. FETCH RELATIVE -1 tem o mesmo efeito que FETCH PRIOR. FETCH ABSOLUTE 1 fornece o primeiro registro no conjunto, FETCH ABSOLUTE 2 fornece o segundo registro no conjunto etc. Da mesma forma, FETCH ABSOLUTE -1 fornece o último registro no conjunto, FETCH ABSOLUTE -2 fornece o penúltimo registro etc. Especificar FETCH ABSOLUTE 0 retorna o código da condição de exceção para "sem dados", assim como FETCH ABSOLUTE 17 se apenas 16 linhas estiverem no conjunto. FETCH <simple value specification> fornece o registro especificado pela simples especificação do valor.

Instruções DELETE e UPDATE posicionadas

Você pode executar operações de exclusão e atualização na linha para a qual um cursor aponta atualmente. A sintaxe da instrução DELETE se parece com isto:

```
DELETE FROM nome-da-tabela WHERE CURRENT OF nome-do-cursor ;
```

Se o cursor não apontar para uma linha, a instrução retorna uma condição de erro e nenhuma exclusão ocorre.

A sintaxe da instrução UPDATE é:

```
UPDATE nome-da-tabela
   SET nome-da-coluna = value [,nome-da-coluna = valor]...
   WHERE CURRENT OF nome-do-cursor ;
```

O valor que você insere em cada coluna especificada deve ser uma expressão de valor ou a palavra-chave DEFAULT. Se uma operação de atualização tentada e posicionada retornar um erro, a atualização não é executada.

Fechando um Cursor

Depois de terminar de usar um cursor, tenha o hábito de fechá-lo imediatamente. Deixar um cursor aberto quando o aplicativo passa para outras questões pode causar danos. Além disso, cursores abertos usam recursos do sistema.

Se você fechar um cursor que era insensível às alterações feitas enquanto ele estava aberto, ao abri-lo novamente o cursor reaberto reflete essas alterações.

Feche o cursor que abrimos anteriormente na tabela TRANSDETAIL com uma instrução simples como esta:

```
CLOSE revenue ;
```

Capítulo 20

Adicionando Capacidades Procedurais com Módulos Armazenamento Persistente

Neste capítulo
- Equipando instruções compostas com atomicidade, cursores, variáveis e condições
- Regulando o fluxo das instruções de controle
- Fazendo loops que fazem loops que fazem loops
- Recuperando e usando procedimentos armazenados e funções armazenadas
- Atribuindo privilégios e criando e fazendo bom uso de módulos armazenados

Alguns dos profissionais líderes da tecnologia de banco de dados trabalham no processo de padronização há anos. Mesmo depois de um padrão ter sido emitido e aceito pela comunidade de banco de dados em todo o mundo, o progresso para o próximo padrão não desacelera. Uma lacuna de sete anos separou a emissão do SQL-92 e o lançamento do primeiro componente do SQL:1999. Durante os anos seguintes, a ANSI e o ISO emitiram um adendo ao SQL-92, chamado SQL-92/PSM (Módulos Armazenados Persistentes). Esse adendo serviu de base para parte do SQL:1999 com o mesmo nome. O SQL/PSM define algumas instruções que dão ao SQL o controle do fluxo das estruturas de controle comparáveis ao controle do fluxo das estruturas de controle disponíveis em linguagens de programação com todos os recursos. Esse padrão permite usar o SQL para executar tarefas para as quais os programadores anteriormente eram forçados a usar outras ferramentas. Você pode imaginar como sua vida seria nos tempos das cavernas de 1992, quando você tinha de alternar repetidamente entre o SQL e a linguagem host procedural apenas para fazer seu trabalho?

Instruções Compostas

Ao longo deste livro, o SQL é representado como uma linguagem não procedural que lida com um conjunto de dados de cada vez, em vez de um registro de cada vez. Com a adição dos recursos coberto por este capítulo, porém, essa afirmação não é tão verdadeira quanto costumava ser. Embora o SQL ainda lide com um conjunto de dados de cada vez, ele é cada vez mais procedural.

O SQL antigo (definido pelo SQL-92) não segue o modelo procedural — em que uma instrução segue outra em uma sequência, para produzir um resultado desejado — assim as instruções SQL iniciais eram entidades independentes, talvez incorporadas a um programa C++ ou Visual Basic. Com essas primeiras versões do SQL, fazer uma consulta ou realizar outras operações executando uma série de instruções SQL era desencorajado, porque essas atividades complicadas resultavam em uma penalidade de desempenho na forma de tráfego de rede. O SQL:1999 e todas as versões seguintes permitem instruções compostas, feitas com instruções SQL individuais que são executadas como uma unidade, diminuindo o congestionamento da rede.

Todas as instruções incluídas em uma instrução composta são colocadas entre uma palavra-chave BEGIN no início da instrução e uma palavra-chave END no final da instrução. Por exemplo, para inserir dados em múltiplas tabelas relacionadas, use uma sintaxe semelhante a esta:

```
void main {
   EXEC SQL
      BEGIN
         INSERT INTO students (StudentID, Fname, Lname)
            VALUES (:sid, :sfname, :slname) ;
         INSERT INTO roster (ClassID, Class, StudentID)
            VALUES (:cid, :cname, :sid) ;
         INSERT INTO receivable (StudentID, Class, Fee)
            VALUES (:sid, :cname, :cfee)
      END ;
/ * Verifica erros em SQLSTATE * /
}
```

Esse pequeno fragmento de um programa C inclui uma instrução SQL composta embutida. O comentário sobre SQLSTATE lida com o tratamento de erros. Se a instrução composta não executar com sucesso, um código de erro é inserido no parâmetro de status SQLSTATE. É claro que inserir um comentário após a palavra-chave END não corrige o erro. O comentário é inserido aí simplesmente para lembrá-lo de que em um programa real, o código de tratamento de erros pertence a esse local. (Discutimos o tratamento de erros em detalhe no Capítulo 21).

Atomicidade

Instruções compostas introduzem a possibilidade de erros que você não enfrenta ao construir instruções SQL simples. Uma instrução SQL simples pode ser concluída de uma maneira bem-sucedida ou não. Se ela não concluir com sucesso, o banco de dados não é alterado. Isso não necessariamente é o caso quando uma instrução composta cria um erro.

Considere o exemplo na seção anterior. E se a INSERT para a tabela STUDENTS e a INSERT para a tabela ROSTER ocorressem, mas por causa da interferência de outro usuário, a INSERT para a tabela RECEIVABLE falhasse? Um aluno seria registrado para uma aula, mas não seria cobrado. Esse tipo de erro pode ser difícil para as finanças de uma universidade.

O conceito ausente nesse cenário é *atomicidade*. Uma instrução atômica é indivisível — ela executa de forma total ou não é absolutamente executada. Instruções SQL simples são atômicas por natureza, mas instruções SQL compostas não são. Mas você pode criar uma instrução SQL composta atômica, especificando-a como tal. No exemplo a seguir, a instrução composta SQL é segura introduzindo a atomicidade:

```
void main {
    EXEC SQL
        BEGIN ATOMIC
            INSERT INTO students (StudentID, Fname, Lname)
                VALUES (:sid, :sfname, :slname) ;
            INSERT INTO roster (ClassID, Class, StudentID)
                VALUES (:cid, :cname, :sid) ;
            INSERT INTO receivable (StudentID, Class, Fee)
                VALUES (:sid, :cname, :cfee)
        END ;
/ * Verifica erros em SQLSTATE * /
}
```

Adicionando a palavra-chave ATOMIC após a palavra-chave BEGIN, você garante que toda a instrução é executada ou — se ocorrer um erro — a instrução toda é revertida, deixando o banco de dados no estado em que estava antes que a instrução começou a executar. A atomicidade é discutida em detalhes no Capítulo 15, junto com a discussão das transações.

Você pode descobrir se a instrução foi executada com sucesso. Veja na seção "Condições", mais adiante neste capítulo, informações adicionais.

Variáveis

Linguagens de computação completas, como C e BASIC, sempre ofereceram *variáveis*, mas o SQL só começou a oferecê-las depois da introdução do SQL/PSM. Uma variável é um símbolo que assume um valor de qualquer tipo de dados. Dentro de uma instrução composta, você pode declarar uma variável, atribuir a ela um valor e usá-la em uma instrução composta.

Depois de fechar uma instrução composta, todas as variáveis declaradas dentro dela são destruídas. Assim, as variáveis no SQL são locais para a instrução composta dentro da qual elas são declaradas.

Eis um exemplo:

```
BEGIN
   DECLARE prezpay NUMERIC ;
   SELECT salary
   INTO prezpay
   FROM EMPLOYEE
   WHERE jobtitle = 'president' ;
END;
```

Cursores

Você pode declarar um *cursor* em uma instrução composta. Utilize cursores para processar os dados de uma tabela uma linha de cada vez. (Veja no Capítulo 19 mais detalhes). Dentro de uma instrução composta, você pode declarar um cursor, utilizá-lo e então esquecê-lo, porque o cursor é destruído ao fechar a instrução composta. Eis um exemplo desse uso:

```
BEGIN
   DECLARE ipocandidate CHARACTER(30) ;
   DECLARE cursor1 CURSOR FOR
           SELECT company
           FROM biotech ;
   OPEN CURSOR1 ;
   FETCH cursor1 INTO ipocandidate ;
   CLOSE cursor1 ;
END;
```

Condições

Quando alguém diz que uma pessoa tem um distúrbio, ele geralmente quer dizer que algo está errado com essa pessoa — que ela está doente ou ferida. As pessoas geralmente não se preocupam em mencionar que uma pessoa está em *boas* condições; em vez disso, elas falam sobre as pessoas que estão em um estado grave ou, pior ainda, em estado crítico. Essa ideia é semelhante à maneira como programadores falam da condição de uma instrução SQL. A execução de uma instrução SQL leva a um resultado bem-sucedido, a um resultado questionável ou a um resultado imediatamente errado. Cada um desses possíveis resultados correspondem a uma *condição*.

Sempre que uma instrução SQL é executada, o servidor de banco de dados insere um valor no parâmetro de status SQLSTATE. SQLSTATE é um campo de cinco caracteres. O valor que é inserido em SQLSTATE indica se a instrução SQL anterior executou com sucesso. Se ela não foi executada de uma maneira bem-sucedida, o valor de SQLSTATE fornece algumas informações sobre o erro.

Os dois primeiros dos cinco caracteres do SQLSTATE (o valor de classe) fornecem as principais informações se a instrução SQL anterior foi executada com sucesso, retornando um resultado que pode ou não ter sido bem-sucedido ou produziu um erro. A Tabela 20-1 mostra os quatro resultados possíveis.

Tabela 20-1		Valores da classe SQLSTATE
Classe	Descrição	Detalhes
00	Conclusão bem-sucedida	A instrução foi executada com sucesso.
01	Alerta	Algo incomum aconteceu durante a execução da instrução, mas o SGBD não pôde afirmar se houve um erro. Verifique a instrução SQL anterior cuidadosamente para garantir que ela funcione corretamente.
02	Não localizado	Nenhum dado foi retornado como resultado da execução da instrução. Isso pode ou não pode ser uma boa notícia, dependendo do que você estava tentando fazer com a instrução. Talvez você queira uma tabela de resultados vazios.
Outro	Exceção	Os dois caracteres do código de classe, além dos três caracteres do código de subclasse, compreendem os cinco caracteres do SQLSTATE. Eles também fornecem uma ideia sobre a natureza do erro.

Tratando condições

Você pode fazer com que seu programa analise SQLSTATE após a execução de cada instrução SQL. O que você faz com o conhecimento que você adquire?

- **Se você se deparar com um código de classe de 00, provavelmente você não vai querer fazer nada.** Você quer que a execução avance como inicialmente planejado.

- **Se você se deparar com um código de classe de 01 ou 02, é recomendável tomar alguma medida especial.** Se você esperava o "Warning" ("Alerta") ou a indicação "Not Found" ("Não localizado"), então você provavelmente vai querer deixar que a execução prossiga. Se não esperava nenhum desses códigos de classe, então provavelmente você vai querer que a execução seja direcionada para um procedimento que é projetado especificamente para lidar com o resultado inesperado, mas não completamente não antecipado, de "alerta" ou "não localizado".

- **Se você receber qualquer outro código de classe, algo está errado.** Você deve direcionar para um procedimento de tratamento de exceções. Qual o procedimento que você escolhe para direcionar depende do conteúdo dos três caracteres da subclasse, bem como dos dois caracteres de classe de SQLSTATE. Se múltiplas diferentes exceções são possíveis, deve haver um procedimento de tratamento de exceção para cada uma, porque diferentes exceções muitas vezes exigem diferentes respostas. Talvez você consiga corrigir alguns erros ou encontrar soluções alternativas. Outros erros podem ser fatais; ninguém vai morrer, mas você pode ter de encerrar o aplicativo.

Declarações da rotina de tratamento de condição

Você pode inserir uma *rotina de tratamento de condição* em uma instrução composta. Para criar uma rotina de tratamento de condição, primeiro você deve declarar a condição de que a rotina tratará. A condição declarada pode ser algum tipo de exceção, ou pode ser apenas algo que é verdadeiro. A Tabela 20-2 lista as possíveis condições e inclui uma descrição breve do que provoca cada tipo de condição.

Tabela 20-2   **Condições que podem ser especificadas em uma rotina de tratamento de condição**

Condição	Descrição
SQLSTATE VALUE 'xxyyy'	Valor SQLSTATE específico
SQLEXCEPTION	Classe SQLSTATE exceto 00, 01 ou 02
SQLWARNING	Classe SQLSTATE 01
NOT FOUND	Classe SQLSTATE 01

Eis um exemplo de uma declaração de condição:

```
BEGIN
    DECLARE constraint_violation CONDITION
        FOR SQLSTATE VALUE '23000' ;
END ;
```

Esse exemplo não é realista, porque normalmente a instrução SQL que pode fazer a condição ocorrer, bem como a rotina de tratamento que seria usada se a condição ocorreu — também estaria dentro da estrutura BEGIN...END.

Ações da rotina de tratamento e efeitos da rotina de tratamento

Se a condição ocorre e invoca uma rotina de tratamento, a ação especificada pela rotina de tratamento é executada. Essa ação é uma instrução SQL que pode ser uma instrução composta. Se a ação da rotina de tratamento foi concluída com sucesso, então a rotina de tratamento teve efeito. A seguir há uma lista dos três possíveis efeitos da rotina de tratamento:

- CONTINUE: Continua a execução imediatamente após a instrução que fez a rotina de tratamento ser chamada.
- EXIT: Continua a execução após a instrução composta que contém a rotina de tratamento.
- UNDO: Desfaz o trabalho das instruções anteriores na instrução composta, e então continua a execução depois da instrução que contém a rotina de tratamento.

Se a rotina de tratamento puder corrigir qualquer problema que a tenha invocado, então o efeito CONTINUE pode ser apropriado. O efeito EXIT pode ser apropriado se a rotina de tratamento não corrigiu o problema, mas as alterações feitas na instrução composta não precisam ser desfeitas. O efeito UNDO é apropriado se você deseja retornar o banco de dados ao estado em que ele estava antes da instrução composta ter começado a execução. Considere o seguinte exemplo:

```
BEGIN ATOMIC
    DECLARE constraint_violation CONDITION
        FOR SQLSTATE VALUE '23000' ;
    DECLARE UNDO HANDLER
        FOR constraint_violation
        RESIGNAL ;
    INSERT INTO students (StudentID, Fname, Lname)
        VALUES (:sid, :sfname, :slname) ;
    INSERT INTO roster (ClassID, Class, StudentID)
        VALUES (:cid, :cname, :sid) ;
END ;
```

Se uma das instruções INSERT causar uma violação de restrição, como tentar adicionar um registro com uma chave primária que duplica a chave primária já existe na tabela, SQLSTATE assume um valor de '23000', configurando assim a condição constraint_violation com um valor verdadeiro. Essa ação faz com que a rotina de tratamento utilize UNDO para desfazer as alterações que foram feitas para todas as tabelas pelo comando INSERT. A instrução RESIGNAL transfere o controle de volta para o procedimento que chamou o procedimento atualmente em execução.

Se ambas as instruções INSERT são executadas com sucesso, a execução continua com a instrução após a palavra-chave END.

A palavra-chave ATOMIC é obrigatória sempre que o efeito de uma rotina de tratamento é UNDO. Esse não é o caso para rotinas de tratamento cujo efeito é CONTINUE ou EXIT.

Condições que não são tratadas

No exemplo da seção anterior, considere esta possibilidade: e se ocorresse uma exceção que retornasse um valor SQLSTATE diferente de '23000'. Algo está definitivamente errado, mas a rotina de tratamento de exceção que você codificou não pode lidar com isso. O que acontece agora?

Como o procedimento atual não sabe o que fazer, ocorre um RESIGNAL. Isso leva o problema ao próximo nível mais alto do controle. Se o problema não é tratado aí, ele continua a subir para níveis mais altos até que seja tratado, ou ele provoca uma condição de erro no aplicativo principal.

LEMBRE-SE A ideia que quero enfatizar aqui é que se você escrever uma instrução SQL que pode gerar exceções, então você deve escrever rotinas de tratamento de exceção para todas essas possíveis exceções. Se você não fizer isso, será mais difícil isolar a origem de um problema quando ele inevitavelmente ocorre.

Atribuição

Com o SQL/PSM, o SQL ganhou uma função que até mesmo as mais humildes linguagens procedurais tiveram desde seu início: a capacidade de atribuir um valor a uma variável. Essencialmente, um comando de atribuição tem a seguinte forma:

```
SET alvo = origem ;
```

Nesse uso, alvo é um nome de variável, e a origem é uma expressão. Vários exemplos incluem o seguinte:

```
SET vfname = 'Joss' ;

SET varea = 3.1416 * :radius * :radius ;

SET vWIMPmass = NULL ;
```

Fluxo das Instruções de Controle

Desde sua formulação original no padrão SQL-86, uma das principais desvantagens que tem impedido as pessoas de usar SQL de uma forma procedural tem sido sua falta de instruções de fluxo de controle. Antes do SQL/PSM ser incluído no padrão SQL, você não poderia ir além de uma estrita ordem sequencial de execução, sem reverter para uma linguagem host como C ou BASIC. O SQL/PSM introduz o fluxo tradicional de estruturas de controle que outras linguagens fornecem, permitindo, assim, que programas de SQL executem funções necessárias sem precisar alternar entre as linguagens.

IF ... THEN ... ELSE ... END IF

O fluxo mais básico de instrução de controle é o IF...THEN...ELSE...END IF. Essa instrução, livremente traduzida do termo técnico, significa que se (IF) a condição for verdadeira, então execute as instruções depois da palavra-chave THEN. Caso contrário, execute os comandos a seguir a palavra-chave ELSE. Por exemplo:

```
IF
    vfname = 'Joss'
THEN
    UPDATE students
        SET Fname = 'Joss'
        WHERE StudentID = 314159 ;
ELSE
    DELETE FROM students
        WHERE StudentID = 314159 ;
END IF
```

Nesse exemplo, se a variável vfname contiver o valor 'Joss', então o registro do estudante 314159 é atualizado com 'Joss' no campo Fname. Se a variável vfname contiver um valor diferente de 'Joss', então o registro do estudante 314159 é excluído da tabela STUDENTS.

O IF...THEN...ELSE...END IF é ótimo se você quiser escolher uma das duas ações, com base no valor de uma condição. Muitas vezes, porém, você quer fazer uma seleção de mais de duas escolhas. Nesses momentos, você provavelmente deve usar uma instrução CASE.

CASE ... END CASE

Instruções CASE vêm em duas formas: a instrução CASE simples e a instrução CASE pesquisada. Ambos os tipos permitem que você tome diferentes caminhos de execução com base nos valores de condições.

Instrução CASE simples

A instrução CASE simples avalia uma única condição. Com base no valor dessa condição, a execução pode tomar uma das diversas ramificações. Por exemplo:

```
CASE vmajor
    WHEN 'Computer Science'
    THEN INSERT INTO geeks (StudentID, Fname, Lname)
            VALUES (:sid, :sfname, :slname) ;
    WHEN 'Sports Medicine'
    THEN INSERT INTO jocks (StudentID, Fname, Lname)
            VALUES (:sid, :sfname, :slname) ;
    WHEN 'Philosophy'
    THEN INSERT INTO skeptics (StudentID, Fname, Lname)
```

```
                VALUES (:sid, :sfname, :slname) ;
    ELSE INSERT INTO undeclared (StudentID, Fname, Lname)
            VALUES (:sid, :sfname, :slname) ;
END CASE
```

A cláusula ELSE lida com tudo o que não se enquadra nas categorias explicitamente mencionadas nas cláusulas THEN.

Você não precisa usar a cláusula ELSE — é opcional. Mas se não incluí-la e a condição da instrução CASE não for tratada por qualquer das cláusulas THEN, o SQL retornará uma exceção.

Instrução CASE pesquisada

A instrução CASE pesquisada é semelhante a uma instrução CASE simples, mas avalia várias condições, em vez de apenas uma. Por exemplo:

```
CASE
    WHEN vmajor
        IN ('Computer Science', 'Electrical Engineering')
        THEN INSERT INTO geeks (StudentID, Fname, Lname)
            VALUES (:sid, :sfname, :slname) ;
    WHEN vclub
        IN ('Amateur Radio', 'Rocket', 'Computer')
        THEN INSERT INTO geeks (StudentID, Fname, Lname)
            VALUES (:sid, :sfname, :slname) ;
    WHEN vmajor
        IN ('Sports Medicine', 'Physical Education')
        THEN INSERT into jocks (StudentID, Fname, Lname)
            VALUES (:sid, :sfname, :slname) ;
    ELSE
        INSERT INTO skeptics (StudentID, Fname, Lname)
            VALUES (:sid, :sfname, :slname) ;
END CASE
```

Você evita uma exceção, colocando todos os alunos que não são *geeks* ou *jocks* ("atletas") na tabela SKEPTICS. Como nem todos os não *geeks* e os não *jocks* são céticos, isso pode não ser estritamente preciso em todos os casos. Se não for, você pode sempre adicionar mais algumas cláusulas WHEN.

LOOP ... ENDLOOP

A instrução LOOP permite que você execute uma sequência de instruções SQL várias vezes. Depois que a última instrução SQL incluída dentro da instrução LOOP...ENDLOOP executa, o controle volta para a primeira instrução e faz outra passagem pelas instruções incluídas. A sintaxe é esta:

```
SET vcount = 0 ;
LOOP
   SET vcount = vcount + 1 ;
   INSERT INTO asteroid (AsteroidID)
      VALUES (vcount) ;
END LOOP
```

Esse fragmento de código pré-carrega sua tabela ASTEROID com identificadores únicos. Você pode preencher outros detalhes sobre os asteroides à medida que os encontra, com base no que você vê através de seu telescópio ao descobri-los.

Observe um pequeno problema com o fragmento de código no exemplo anterior: É um loop infinito. Não está previsto como sair do loop, portanto ele vai continuar inserindo linhas na tabela ASTEROID até o SGBD encher todo o armazenamento disponível com registros da tabela ASTEROID. Se você tiver sorte, o SGBD irá lançar uma exceção nesse momento. Se você não estiver com sorte, o sistema simplesmente falha.

Para a instrução LOOP ser útil, você precisa encontrar uma maneira de sair do loop antes de levantar uma exceção. É para isso que existe a instrução LEAVE.

LEAVE

A instrução LEAVE funciona exatamente como você poderia esperar. Quando encontra uma instrução LEAVE inserida dentro de uma instrução rotulada, a execução segue para a próxima instrução depois da instrução rotulada. Por exemplo:

```
AsteroidPreload:
SET vcount = 0 ;
LOOP
   SET vcount = vcount + 1 ;
   IF vcount > 10000
      THEN
         LEAVE AsteroidPreload ;
   END IF ;
   INSERT INTO asteroid (AsteroidID)
      VALUES (vcount) ;
END LOOP AsteroidPreload
```

O código anterior insere 10.000 registros numerados sequencialmente na tabela ASTEROID e, então, sai do loop.

WHILE...DO...END WHILE

A instrução WHILE fornece outro método de executar uma série de instruções SQL várias vezes. Enquanto uma condição designada for verdadeira, o loop WHILE continua a executar. Quando a condição se torna falsa, o loop para. Por exemplo:

```
AsteroidPreload2:
SET vcount = 0 ;
WHILE
   vcount< 10000 DO
      SET vcount = vcount + 1 ;
      INSERT INTO asteroid (AsteroidID)
         VALUES (vcount) ;
END WHILE AsteroidPreload2
```

Esse código faz exatamente a mesma coisa que AsteroidPreload fez na seção anterior. Este é apenas mais um exemplo do fato frequentemente citado de que, com SQL, você geralmente tem várias maneiras de fazer qualquer tarefa. Use o método com que você se sinta mais confortável, assumindo que sua implementação permite ambos.

REPEAT...UNTIL...END REPEAT

O loop REPEAT é muito parecido com o loop WHILE, exceto que a condição é verificada após as instruções internas executarem e não antes. Por exemplo:

```
AsteroidPreload3:
SET vcount = 0 ;
REPEAT
   SET vcount = vcount + 1 ;
   INSERT INTO asteroid (AsteroidID)
      VALUES (vcount) ;
   UNTIL X = 10000
END REPEAT AsteroidPreload3
```

Embora possa realizar a mesma operação de três maneiras diferentes (com LOOP, WHILE e REPEAT), você vai encontrar alguns casos em que uma dessas estruturas é claramente melhor do que as outras duas. Tenha todos os três métodos em sua cartola de truques para que, quando uma situação como essa surgir, você pode decidir qual é a melhor ferramenta disponível para a situação.

FOR...DO...END FOR

O loop SQL FOR declara e abre um cursor, busca as linhas do cursor, executa o corpo da instrução FOR uma vez para cada linha e, então, fecha o cursor. Esse ciclo torna possível o processamento inteiramente dentro do SQL, em vez de mudar para uma linguagem host. Se sua implementação suporta loops SQL FOR, você pode usá-los como uma alternativa simples para o processamento de cursor descrito no Capítulo 19. Eis um exemplo:

```
FOR vcount AS Curs1 CURSOR FOR
   SELECT AsteroidID FROM asteroid
DO
   UPDATE asteroid SET Description = 'stony iron'
      WHERE CURRENT OF Curs1 ;
END FOR
```

Nesse exemplo, você atualiza a cada linha na tabela ASTEROID, colocando 'stony iron' no campo Description. Esse é um modo rápido de identificar as composições de asteroides, mas a tabela pode sofrer um pouco na questão de precisão. Talvez você fizesse melhor verificando as assinaturas espectrais dos asteroides e inserindo seus tipos individualmente.

ITERATE

A instrução ITERATE fornece uma maneira de mudar o fluxo de execução dentro de uma instrução SQL de iteração. As instruções SQL de iteração são LOOP, WHILE, REPEAT e FOR. Se a condição de iteração da instrução SQL de iteração for verdadeira ou não especificada, então a próxima iteração do loop começa imediatamente depois que a instrução ITERATE é executada. Se a condição de iteração da instrução SQL de iteração for falsa ou desconhecida, então a iteração cessa depois que a instrução ITERATE é executada. Por exemplo:

```
AsteroidPreload4:
SET vcount = 0 ;
WHILE
   vcount< 10000 DO
      SET vcount = vcount + 1 ;
      INSERT INTO asteroid (AsteroidID)
         VALUES (vcount) ;
      ITERATE AsteroidPreload4 ;
      SET vpreload = 'DONE' ;
END WHILE AsteroidPreload4
```

A execução volta ao topo da instrução WHILE imediatamente após a instrução ITERATE a cada passagem pelo loop até vcount ser igual a 9999.

Nessa iteração, vcount incrementa para 10000, a INSERT é feita, a instrução ITERATE deixa a iteração, vpreload é configurado como 'DONE' e a execução prossegue para a próxima instrução após o loop.

Procedimentos Armazenados

Os procedimentos armazenados (ou *stored procedures*) residem no banco de dados no servidor, em vez de executar no cliente — onde todos os procedimentos eram colocados antes do SQL/PSM. Depois de definir um procedimento armazenado, você pode invocá-lo com uma instrução CALL. Manter o procedimento localizado no servidor em vez de no cliente reduz o tráfego da rede, acelerando assim o desempenho. O único tráfego que tem de passar a partir do cliente para o servidor é a instrução CALL. Você pode criar esse procedimento da seguinte maneira:

```
EXEC SQL
   CREATE PROCEDURE ChessMatchScore
      ( IN score CHAR (3),
        OUT result CHAR (10) )
   BEGIN ATOMIC
     CASE score
        WHEN '1-0' THEN
           SET result = 'whitewins' ;
        WHEN '0-1' THEN
           SET result = 'blackwins' ;
        ELSE
           SET result = 'draw' ;
     END CASE
   END ;
```

Depois de ter criado um procedimento armazenado como o nesse exemplo, você pode invocá-lo com uma instrução CALL semelhante à seguinte instrução:

```
CALL ChessMatchScore ('1-0', :Outcome) ;
```

O primeiro argumento é um parâmetro de entrada, que alimenta o processo ChessMatchScore. O segundo argumento é uma variável incorporada, que aceita o valor atribuído ao parâmetro de saída que o procedimento ChessMatchScore usa para retornar seu resultado à rotina de chamada. Nesse caso, ele retorna 'white wins'.

O SQL:2011 acrescentou dois aprimoramentos para procedimentos armazenados. O primeiro desses é a introdução de argumentos nomeados. Eis o equivalente da chamada anterior, com argumentos nomeados:

```
CALL ChessMatchScore (result => :Outcome, score =>'1-0');
```

Como os argumentos são nomeados, eles podem ser escritos em qualquer ordem, sem o perigo de serem confundidos.

O segundo aprimoramento introduzido pelo SQL:2011 é a adição de argumentos de entrada padrão. Você pode especificar um argumento padrão para o parâmetro de entrada. Depois de fazer isso, você não precisa especificar um valor de entrada na instrução CALL; o valor padrão é assumido. (Obviamente você só desejaria fazer isso se o valor padrão fosse de fato o valor que você queria enviar para o procedimento.)

Eis um exemplo desse uso:

```
EXEC SQL
   CREATE PROCEDURE ChessMatchScore
       ( IN score CHAR (3) DEFAULT '1-0',
         OUT result CHAR (10) )
   BEGIN ATOMIC
      CASE score
         WHEN '1-0' THEN
            SET result = 'whitewins' ;
         WHEN '0-1' THEN
            SET result = 'blackwins' ;
         ELSE
            SET result = 'draw' ;
      END CASE
   END ;
```

Agora você pode chamar esse procedimento com o valor padrão assim:

```
CALL ChessMatchScore (:Outcome) ;
```

Obviamente, você só desejaria fazer isso se o valor padrão fosse de fato o valor que você queria enviar para o procedimento.

Funções Armazenadas

A função armazenada é semelhante em muitos aspectos a um procedimento armazenado. Coletivamente, as duas são referidas como *rotinas armazenadas*. Elas são diferentes sob vários aspectos, incluindo a forma como são invocados. Um procedimento armazenado é chamado com uma instrução CALL, e uma função armazenada é chamada com uma *chamada de função*, que pode substituir um argumento de uma instrução SQL. O que se segue é um exemplo de uma definição de função, seguido de um exemplo de uma chamada para essa função:

```
CREATE FUNCTION PurchaseHistory (CustID)
   RETURNS CHAR VARYING (200)

   BEGIN
      DECLARE purch CHAR VARYING (200)
```

```
            DEFAULT '' ;
      FOR x AS SELECT *
              FROM transactions t
              WHERE t.customerID = CustID
      DO
         IF a <>''
            THEN SET purch = purch || ', ' ;
         END IF ;
         SET purch = purch || t.description ;
      END FOR
      RETURN purch ;
   END ;
```

Essa definição de função cria uma lista de compras separadas por vírgulas feitas por um cliente que tem um número de cliente especificado, extraído da tabela TRANSACTIONS. A seguinte instrução UPDATE contém uma chamada de função para `PurchaseHistory`, que insere o mais recente histórico de compras do cliente número 314259 em seu registro na tabela CUSTOMER:

```
SET customerID = 314259 ;
UPDATE customer
   SET history = PurchaseHistory (customerID)
   WHERE customerID = 314259 ;
```

Privilégios

Discuti os vários privilégios que você pode conceder aos usuários no Capítulo 14. O proprietário do banco de dados pode conceder os seguintes privilégios para outros usuários:

- O direito de excluir (DELETE) linhas de uma tabela
- O direito de inserir (INSERT) linhas em uma tabela
- O direito de atualizar (UPDATE) linhas em uma tabela
- O direito de criar uma tabela que referencia (REFERENCES) outra tabela
- O direito de uso (USAGE) em um domínio

O SQL/PSM acrescenta mais um privilégio que pode ser concedido a um usuário — o privilégio de execução (EXECUTE). Eis dois exemplos:

```
GRANT EXECUTE on ChessMatchScore to TournamentDirector ;
```

```
GRANT EXECUTE on PurchaseHistory to SalesManager ;
```

Essas instruções permitem que o diretor do torneio de xadrez execute o procedimento `ChessMatchScore`, e o gerente de vendas da empresa execute a função `PurchaseHistory`. Pessoas sem o privilégio EXECUTE para uma rotina não são capazes de usá-la.

Módulos Armazenados

Um módulo armazenado pode conter múltiplas rotinas (procedimentos e/ou funções) que podem ser invocadas por SQL. Qualquer um que tem o privilégio EXECUTE para um módulo tem acesso a todas as rotinas do módulo. Privilégios sobre rotinas dentro de um módulo não podem ser concedidos individualmente. Eis um exemplo de um módulo armazenado:

```
CREATE MODULE mod1
   PROCEDURE MatchScore
      ( IN score CHAR (3),
        OUT result CHAR (10) )
   BEGIN ATOMIC
      CASE result
         WHEN '1-0' THEN
            SET result = 'whitewins' ;
         WHEN '0-1' THEN
            SET result = 'blackwins' ;
         ELSE
            SET result = 'draw' ;
      END CASE
   END ;
   FUNCTION PurchaseHistory (CustID)
   RETURNS CHAR VARYING (200)
   BEGIN
      DECLARE purch CHAR VARYING (200)
         DEFAULT '' ;
      FOR x AS SELECT *
               FROM transactions t
               WHERE t.customerID = CustID
      DO
         IF a <>''
            THEN SET purch = purch || ', ' ;
         END IF ;
         SET purch = purch || t.description ;
      END FOR
      RETURN purch ;
   END ;
END MODULE ;
```

As duas rotinas desse módulo (um procedimento e uma função) não têm muito em comum, mas não precisam. Você pode agrupar rotinas relacionadas em um único módulo, ou pode fixar todas as rotinas que provavelmente você usará em um único módulo, independentemente de elas terem alguma coisa em comum.

Capítulo 21
Tratando Erros

Neste capítulo
- Sinalizando condições de erro
- Direcionando para o código de tratamento de erros
- Determinando a natureza exata de um erro
- Descobrindo qual SGBD gerou uma condição de erro

Não seria ótimo se todos os aplicativos que você escrevesse sempre funcionassem perfeitamente? Sim, e também seria muito legal ganhar US$ 314,9 milhões na loteria. Infelizmente, ambas as possibilidades são igualmente improváveis. Condições de erro de um ou outro tipo são inevitáveis, assim é útil saber o que causa essas condições. O mecanismo do SQL para retornar informações sobre erros para você é o *parâmetro de status* SQLSTATE (ou *variável de host*). Com base no conteúdo do SQLSTATE, você pode tomar diferentes medidas para resolver a condição de erro.

Por exemplo, a diretiva WHENEVER permite tomar uma medida pré-determinada sempre que uma condição especificada (se SQLSTATE tiver um valor diferente de zero, por exemplo) é atendida. Você também pode encontrar informações detalhadas sobre o status da instrução SQL que você acabou de executar na área de diagnósticos. Neste capítulo, explicaremos esses recursos úteis de tratamento de erros e como usá-los.

SQLSTATE

SQLSTATE especifica várias condições anômalas. SQLSTATE é uma string de cinco caracteres em que apenas as letras maiúsculas de *A* a *Z* e numerais de 0 a 9 são caracteres válidos. A string de cinco caracteres é dividida em dois grupos: um código de classe de dois caracteres e um código de subclasse de três caracteres. O código de classe armazena um status após a conclusão de uma instrução SQL. Esse status pode indicar a conclusão bem-sucedida da instrução, ou um de uma série dos principais tipos de condição de erro. O código de subclasse fornece detalhes adicionais sobre uma execução particular da instrução. A Figura 21-1 ilustra o layout do SQLSTATE.

O padrão SQL define qualquer código de classe que começa com as letras de *A* a *H* ou os numerais de 0 a 4; portanto, esses códigos de classe significam a mesma coisa em qualquer implementação. Códigos de classe que começam com as letras *de I* a *Z* ou os numerais de 5 a 9 são mantidos abertos para que os implementadores (as pessoas que constroem sistemas de gerenciamento de banco de dados) definam porque a especificação SQL não pode prever todas as condições que podem surgir em cada implementação. Mas implementadores devem usar esses códigos de classe não padrão o mínimo possível para evitar problemas de migração de um SGBD para outro. Idealmente, os implementadores devem usar os códigos padrão na maioria das vezes e os códigos não padrão apenas sob as circunstâncias mais incomuns.

Figura 21-1:
O SQLSTATE de 00000 indica a conclusão bem-sucedida de uma instrução SQL ALTER VIEW

código de classe		código de subclasse		
0	0	0	0	0

Veremos o SQLSTATE no Capítulo 20, mas eis uma recapitulação. Um código de classe de 00 indica uma conclusão bem-sucedida. Um código de classe de 01 significa que a instrução foi executada com sucesso, mas produziu um alerta. Um código de classe de 02 indica uma condição de nenhum dado. Qualquer código de classe SQLSTATE com exceção de 00, 01 ou 02 indica que a instrução não foi executada com sucesso.

Como o SQLSTATE é atualizado após cada operação SQL, você pode verificá-lo depois que cada instrução é executada. Se SQLSTATE contiver 00000 (conclusão bem-sucedida), você pode passar para a próxima operação. Se ele contiver qualquer outra coisa, é recomendável estender a linha principal de seu código para lidar com a situação. O código de classe específico e o código de subclasse que um SQLSTATE armazena determinam qual das várias medidas possíveis você deve tomar.

Para usar SQLSTATE em um programa de linguagem de módulo (que descrevemos no Capítulo 16), inclua uma referência a ele em suas definições dos procedimentos, como mostra o exemplo a seguir:

```
PROCEDURE NUTRIENT
   (SQLSTATE, :foodname CHAR (20), :calories SMALLINT,
      :protein DECIMAL (5,1), :fat DECIMAL (5,1),
      :carbo DECIMAL (5,1))
INSERT INTO FOODS
   (FoodName, Calories, Protein, Fat, Carbohydrate)
   VALUES
      (:foodname, :calories, :protein, :fat, :carbo) ;
```

No local apropriado em seu programa de linguagem procedural, você pode disponibilizar os valores para os parâmetros (talvez os solicitando ao usuário) e então chamar o procedimento. A sintaxe da operação varia de uma linguagem para outra, mas se parece com isto:

```
foodname = "Okra, boiled" ;
calories = 29 ;
protein = 2.0 ;
fat = 0.3 ;
carbo = 6.0 ;
NUTRIENT(state, foodname, calories, protein, fat, carbo) ;
```

O estado do SQLSTATE retorna na variável state. Seu programa pode analisar essa variável e então tomar as medidas adequadas, com base no conteúdo da variável.

Cláusula WHENEVER

Qual é a importância de saber que uma operação SQL não foi executada com sucesso se você não pode fazer nada sobre isso? Se ocorrer um erro, você não quer que o aplicativo continue executando como se tudo estivesse normal. Você precisa ser capaz de reconhecer o erro e fazer algo para corrigi-lo. Se não for possível corrigir o erro, pelo menos é recomendável informar o usuário sobre o problema e fazer com que o aplicativo conclua elegantemente. A diretiva WHENEVER é o mecanismo do SQL para lidar com exceções de execução.

A diretiva WHENEVER é na verdade uma instrução e, portanto, está localizada na seção de declaração do SQL de seu aplicativo, antes do código SQL executável. A sintaxe é esta:

```
WHENEVER condição action ;
```

A condição pode ser SQLERROR ou NOT FOUND. A ação pode ser CONTINUE ou GOTO *address*. SQLERROR é True se SQLSTATE tiver um código de classe diferente de 00, 01 ou 02. NOT FOUND é True se SQLSTATE for 02000.

Se a ação for CONTINUE, nada especial acontece e a execução continua normalmente. Se a ação for GOTO *address* (ou GO TO *address*), a execução é direcionada para o endereço indicado no programa. No endereço de direcionamento, você pode inserir uma instrução condicional que examina SQLSTATE e toma diferentes medidas com base no que ele encontra. Eis alguns exemplos desse cenário:

```
WHENEVER SQLERROR GO TO error_trap ;
```

ou

```
WHENEVER NOT FOUND CONTINUE ;
```

A opção GO TO é simplesmente uma macro: a *implementação* (isto é, o pré-compilador incorporado na linguagem) insere o seguinte teste depois de cada instrução EXEC SQL

```
IF SQLSTATE <>'00000'
   AND SQLSTATE <>'00001'
   AND SQLSTATE <>'00002'
THEN GOTOerror_trap ;
```

A opção CONTINUE é essencialmente um NO-OP que diz "ignorar isso".

Áreas de Diagnóstico

Embora o SQLSTATE possa fornecer algumas informações sobre por que uma instrução específica falhou, as informações são muito breves. Assim, o SQL providencia a captura e retenção das informações adicionais de status nas áreas de diagnóstico.

Várias áreas de diagnóstico são mantidas na forma de uma pilha do tipo *último a entrar, primeiro a sair* (*last-in-first-out*, LIFO). Isto é, as informações sobre o erro mais recente podem ser encontradas no topo da pilha, com as informações sobre os erros mais antigos na parte mais inferior da lista. As informações adicionais de status em uma área de diagnóstico podem ser particularmente úteis nos casos em que a execução de uma única instrução SQL gera vários alertas seguidos por um erro. SQLSTATE informa a ocorrência de um único erro, mas a área de diagnósticos tem a capacidade de gerar relatórios sobre múltiplos erros (esperançosamente todos).

A área de diagnóstico é uma estrutura de dados gerenciada pelo SGBD que tem dois componentes:

- **Título.** O título contém informações gerais sobre a instrução SQL mais recente que foi executada.
- **Área de detalhes.** A área de detalhes contém informações sobre cada código (erro, alerta ou sucesso) que a instrução gerou.

Área de título de diagnóstico de título

Na instrução SET TRANSACTION (descrita no Capítulo 15), você pode especificar DIAGNOSTICS SIZE. O SIZE que você especifica é o número dr áreas de detalhe alocadas para informações de status. Se você não incluir uma cláusula DIAGNOSTICS SIZE na instrução SET TRANSACTION, o SGBD atribui um número padrão às áreas de detalhes, o que quer que possa ser.

A área de título contém vários itens, como listados na Tabela 21-1.

Tabela 21-1   Área de títulos de diagnósticos

Campos	Tipo de dados
NUMBER	Numérico exato sem parte fracionária
ROW_COUNT	Numérico exato sem parte fracionária
COMMAND_FUNCTION	VARCHAR (comprimento máximo definido pela implementação)
COMMAND_FUNCTION_CODE	Numérico exato sem parte fracionária
DYNAMIC_FUNCTION	VARCHAR (comprimento máximo definido pela implementação)
DYNAMIC_FUNCTION_CODE	Numérico exato sem parte fracionária
MORE	Numérico exato sem parte fracionária
TRANSACTIONS_COMMITTED	Numérico exato sem parte fracionária
TRANSACTIONS_ROLLED_BACK	Numérico exato sem parte fracionária
TRANSACTION_ACTIVE	Numérico exato sem parte fracionária

A lista a seguir descreve esses itens em mais detalhes:

- O campo NUMBER é o número das áreas de detalhes que foram preenchidos com informações de diagnóstico sobre a exceção atual.

- O campo ROW_COUNT contém o número de linhas afetadas se a instrução SQL anterior foi uma INSERT, UPDATE ou DELETE.

- O campo COMMAND_FUNCTION descreve a instrução SQL que acabou de ser executada.

- O campo COMMAND_FUNCTION_CODE dá o número do código à instrução SQL que acabou de ser executada. Cada função de comando tem um código numérico associado.

- O campo DYNAMIC_FUNCTION contém a instrução SQL dinâmica.

- O campo DYNAMIC_FUNCTION_CODE contém um código numérico correspondente à instrução SQL dinâmica.

- O campo MORE pode ser um 'Y' ou um 'N'. 'Y' indica que existem mais registros de status do que a área de detalhes pode armazenar. 'N' indica que todos os registros de status gerados estão presentes na área de detalhes. Dependendo de sua implementação, você pode ser capaz de expandir o número de registros que você pode tratar usando a instrução SET TRANSACTION.

- O campo `TRANSACTIONS_COMMITTED` contém o número de transações que foram confirmadas.
- O campo `TRANSACTIONS_ROLLED_BACK` contém o número de transações que foram revertidas.
- O campo `TRANSACTION_ACTIVE` contém um '1' se a transação estiver atualmente ativa e um '0' se não estiver. A transação é considerada ativa se um cursor estiver aberto ou se o SGBD estiver esperando um parâmetro diferido.

Área de detalhes de diagnóstico

As áreas de detalhes contêm dados sobre cada erro, alerta ou condição de sucesso individual. Cada área de detalhes contém 28 itens, como a Tabela 21-2 mostra.

Tabela 21-2   Área de detalhes de diagnósticos

Campos	Tipo de dados
CONDITION_NUMBER	Numérico exato sem nenhuma parte fracionária
RETURNED_SQLSTATE	CHAR (6)
MESSAGE_TEXT	VARCHAR (comprimento máximo definido pela implementação)
MESSAGE_LENGTH	Numérico exato sem nenhuma parte fracionária
MESSAGE_OCTET_LENGTH	Numérico exato sem nenhuma parte fracionária
CLASS_ORIGIN	VARCHAR (comprimento máximo definido pela implementação)
SUBCLASS_ORIGIN	VARCHAR (comprimento máximo definido pela implementação)
CONNECTION_NAME	VARCHAR (comprimento máximo definido pela implementação)
SERVER_NAME	VARCHAR (comprimento máximo definido pela implementação)
CONSTRAINT_CATALOG	VARCHAR (comprimento máximo definido pela implementação)
CONSTRAINT_SCHEMA	VARCHAR (comprimento máximo definido pela implementação)
CONSTRAINT_NAME	VARCHAR (comprimento máximo definido pela implementação)
CATALOG_NAME	VARCHAR (comprimento máximo definido pela implementação)
SCHEMA_NAME	VARCHAR (comprimento máximo definido pela implementação)
TABLE_NAME	VARCHAR (comprimento máximo definido pela implementação)
COLUMN_NAME	VARCHAR (comprimento máximo definido pela implementação)
CURSOR_NAME	VARCHAR (comprimento máximo definido pela implementação)
CONDITION_IDENTIFIER	VARCHAR (comprimento máximo definido pela implementação)
PARAMETER_NAME	VARCHAR (comprimento máximo definido pela implementação)
PARAMETER_ORDINAL_POSITION	Numérico exato sem nenhuma parte fracionária
PARAMETER_MODE	Numérico exato sem nenhuma parte fracionária

Campos	Tipo de dados
ROUTINE_CATALOG	VARCHAR (comprimento máximo definido pela implementação)
ROUTINE_SCHEMA	VARCHAR (comprimento máximo definido pela implementação)
ROUTINE_NAME	VARCHAR (comprimento máximo definido pela implementação)
SPECIFIC_NAME	VARCHAR (comprimento máximo definido pela implementação)
TRIGGER_CATALOG	VARCHAR (comprimento máximo definido pela implementação)
TRIGGER_SCHEMA	VARCHAR (comprimento máximo definido pela implementação)
TRIGGER_NAME	VARCHAR (comprimento máximo definido pela implementação)

CONDITION_NUMBER contém o número de sequência da área de detalhes. Se uma instrução gerar cinco itens de status que preenchem cinco áreas de detalhes, o CONDITION_NUMBER para a quinta área detalhes é 5. Para recuperar uma área de detalhes específica para análise, use uma instrução GET DIAGNOSTICS (descrita mais adiante neste capítulo na seção "Interpretando as informações retornadas por SQLSTATE") com o CONDITION_NUMBER desejado. RETURNED_SQLSTATE contém o valor SQLSTATE que fez essa área detalhe ser preenchida.

CLASS_ORIGIN informa a origem do valor do código de classe retornado em SQLSTATE. Se o padrão SQL definir o valor, CLASS_ORIGIN é 'ISO 9075'. Se sua implementação do SGBD definir o valor, CLASS_ORIGIN contém uma string que identifica a origem de seu SGBD. SUBCLASS_ORIGIN informa a origem do valor do código de subclasse retornado em SQLSTATE.

CLASS_ORIGIN é importante. Se você receber um SQLSTATE de '22012', por exemplo, os valores indicam que ele está no intervalo do padrão de SQLSTATEs, assim você sabe que isso significa a mesma coisa em todas as implementações SQL. Mas se o SQLSTATE for '22500', os dois primeiros caracteres estão no intervalo padrão e indicam uma exceção de dados, mas os três últimos caracteres estão no intervalo definido pela implementação. E se SQLSTATE for '90001', ele está completamente no intervalo definido pela implementação. Os valores SQLSTATE no intervalo definido pela implementação podem ter significados diferentes em diferentes implementações, embora o código em si possa ser o mesmo.

Portanto, como você descobre o significado detalhado de '22500' ou o significado de '90001'? Você deve procurar na documentação do implementador. Qual implementador? Se usar CONNECT, você pode estar se conectando a vários produtos. Para determinar qual produziu a condição de erro, examine CLASS_ORIGIN e SUBCLASS_ORIGIN: Elas têm valores que identificam cada implementação. Você pode testar a CLASS_ORIGIN e SUBCLASS_ORIGIN para ver se elas identificam implementadores para os quais você tem listagens SQLSTATE. Os valores reais inseridos em CLASS_ORIGIN e SUBCLASS_ORIGIN são definidos pelo implementador, mas também se espera que eles sejam nomes de empresas autoexplicativos.

Se o erro relatado for uma violação de restrição, o `CONSTRAINT_CATALOG`, `CONSTRAINT_SCHEMA` e `CONSTRAINT_NAME` identificam a restrição que é violada.

Exemplo de violação de restrição

É provável que informações sobre a violação de restrição sejam as informações mais importantes que `GET DIAGNOSTICS` fornece. Considere a tabela EMPLOYEE a seguir:

```
CREATE TABLE EMPLOYEE
   (ID CHAR(5) CONSTRAINT EmpPK PRIMARY KEY,
    Salary DEC(8,2) CONSTRAINT EmpSal CHECK Salary > 0,
    Dept CHAR(5) CONSTRAINT EmpDept,
       REFERENCES DEPARTMENT) ;
```

E a tabela DEPARTMENT:

```
CREATE TABLE DEPARTMENT
   (DeptNo CHAR(5),
    Budget DEC(12,2) CONSTRAINT DeptBudget
       CHECK(Budget >= SELECT SUM(Salary)
                         FROM EMPLOYEE
                         WHERE
           EMPLOYEE.Dept=DEPARTMENT.DeptNo),
    ...) ;
```

Agora considere uma `INSERT` como a seguir:

```
INSERT INTO EMPLOYEE VALUES(:ID_VAR, :SAL_VAR, :DEPT_VAR) ;
```

Suponha que você receba um `SQLSTATE` de `'23000'`. Você o procura na documentação do SQL e descobre que isso significa que a instrução está cometendo uma "violação de restrição de integridade". E agora? Esse valor `SQLSTATE` significa que uma das seguintes situações é verdadeira:

- **O valor em `ID_VAR` é uma duplicata de um valor `ID` existente.** Você violou a restrição `PRIMARY KEY`.

- **O valor em `SAL_VAR` é negativo.** Você violou a restrição `CHECK` em `Salary`.

- **O valor em `DEPT_VAR` não é um valor de chave válido para qualquer linha existente de DEPARTMENT.** Você violou a restrição `REFERENCES` em `Dept`.

- **O valor em `SAL_VAR` é grande o suficiente para que a soma dos salários dos funcionários nesse departamento exceda o `BUDGET`.** Você violou a restrição `CHECK` na coluna `BUDGET` de DEPARTMENT. (Lembre-se de que se você alterar o banco de dados, todas as restrições que podem ser afetadas são verificadas, não apenas aquelas definidas na tabela imediata).

Sob circunstâncias normais, você precisaria fazer uma grande quantidade de testes para descobrir o que está errado nessa INSERT. Mas você pode descobrir o que você precisa saber usando GET DIAGNOSTICS desta maneira:

```
DECLARE ConstNameVarCHAR(18) ;
GET DIAGNOSTICS EXCEPTION 1
   ConstNameVar = CONSTRAINT_NAME ;
```

Supondo que SQLSTATE seja '23000', esse GET DIAGNOSTICS define ConstNameVar como 'EmpPK', 'EmpSal', 'EmpDept' ou 'DeptBudget'. Observe que, na prática, você também quer obter o CONSTRAINT_SCHEMA e CONSTRAINT_CATALOG, para identificar de maneira única a restrição dada por CONSTRAINT_NAME.

Adicionando restrições a uma tabela

Esse uso de GET DIAGNOSTICS — determinar qual das várias restrições foi violada — é particularmente importante quando ALTER TABLE é usado para adicionar restrições que não existiam ao escrever o programa:

```
ALTER TABLE EMPLOYEE
   ADD CONSTRAINT SalLimitCHECK(Salary < 200000) ;
```

Agora, se inserir dados em EMPLOYEE ou atualizar a coluna Salary de EMPLOYEE, você recebe um SQLSTATE de '23000' se Salary for superior a US$ 200.000. Você pode programar a instrução INSERT de modo que, se receber um SQLSTATE de '23000' e não reconhecer o nome da restrição específica que esse GET DIAGNOSTICS retorna, você pode exibir uma mensagem útil, como Invalid INSERT: Violated constraint SalLimit.

Interpretando as informações retornadas por SQLSTATE

CONNECTION_NAME e ENVIRONMENT_NAME identificam a conexão e o ambiente aos quais você se conecta no momento em que a instrução SQL é executada.

Se o relatório aborda uma operação de tabela, CATALOG_NAME, SCHEMA_NAME e TABLE_NAME identificam a tabela. COLUMN_NAME identifica a coluna na tabela que fez o relatório ser gerado. Se a situação envolve um cursor, CURSOR_NAME recebe o nome dele.

Às vezes, um SGBD produz uma string de texto na linguagem natural para explicar a condição. O item MESSAGE_TEXT é para esse tipo de informação. O conteúdo desse item depende da implementação; o padrão

SQL não o define explicitamente. Se você tiver algo em `MESSAGE_TEXT`, o comprimento em caracteres é registrado em `MESSAGE_LENGTH`, e o comprimento em octetos é registrado em `MESSAGE_OCTET_LENGTH`. Se a mensagem estiver em caracteres ASCII normais, `MESSAGE_LENGTH` é igual a `MESSAGE_OCTET_LENGTH`. Se, por outro lado, a mensagem estiver no idioma kanji ou algum outro idioma, cujos caracteres requerem mais de um octeto para expressar, `MESSAGE_LENGTH` difere de `MESSAGE_OCTET_LENGTH`.

Para recuperar informações de diagnóstico a partir de um título da área de diagnósticos, use o seguinte:

```
GET DIAGNOSTICS status1 = item1 [, status2 = item2]... ;
```

statusn é um parâmetro ou variável de host; *itemn* pode ser qualquer das palavras-chave `NUMBER`, `MORE`, `COMMAND_FUNCTION`, `DYNAMIC_FUNCTION` ou `ROW_COUNT`.

Para recuperar informações de diagnóstico, a partir de uma área de detalhes de diagnósticos, use a sintaxe a seguir:

```
GET DIAGNOSTICS EXCEPTION condição-number
    status1 = item1 [, status2 = item2]... ;
```

Mais um vez, *statusn* é um parâmetro ou variável de host, e *itemn* é qualquer uma das 28 palavras-chave para os itens de detalhe listados na Tabela 21-2. O número da condição é (surpresa!) o item `CONDITION_NUMBER` da área de detalhes.

Tratando Exceções

Quando `SQLSTATE` indica uma condição de exceção contendo outro valor além de `00000`, `00001` ou `00002`, é recomendável lidar com a situação de uma das seguintes maneiras:

- Retorne o controle ao procedimento pai que chamou o subprocedimento que gerou a exceção.
- Use uma cláusula `WHENEVER` (como descrito no início deste capítulo) para direcionar para uma rotina de tratamento de exceção ou execute alguma outra ação.
- Trate a exceção no local com uma instrução SQL *composta* (como descrito no Capítulo 20). A instrução SQL composta consiste em uma ou mais instruções SQL simples, colocada entre as palavras-chave `BEGIN` e `END`.

A seguir há um exemplo de uma rotina de tratamento de exceção da instrução composta:

```
BEGIN
DECLARE  ValueOutOfRange EXCEPTION FOR SQLSTATE'73003' ;
   INSERT INTO FOODS
      (Calories)
      VALUES
      (:cal) ;
   SIGNAL ValueOutOfRange ;
   MESSAGE 'Process a new calorie value.'
   EXCEPTION
      WHEN ValueOutOfRange THEN
         MESSAGE 'Handling the calorie range error' ;
      WHEN OTHERS THEN
         RESIGNAL ;
END
```

Com uma ou mais instruções DECLARE, você pode atribuir nomes a valores SQLSTATE específicos que você acha que podem surgir. A instrução INSERT é a única que pode fazer com que uma exceção ocorra. Se o valor de :cal exceder o valor máximo para um item de dados SMALLINT, SQLSTATE é definido como "73003". A instrução SIGNAL sinaliza uma condição de exceção. Ela limpa a área de diagnósticos superior. Ela define o campo RETURNED_SQLSTATE da área de diagnósticos como SQLSTATE para a exceção nomeada. Se nenhuma exceção ocorreu, a série de instruções representadas pela instrução MESSAGE 'Process a new calorie value' é executada. Mas se uma exceção ocorreu, esta série de instruções é ignorada, e a instrução EXCEPTION é executada.

Se a exceção foi uma exceção ValueOutOfRange, então uma série de instruções representadas pela instrução MESSAGE 'Handling the calorie range error' é executada. A instrução RESIGNAL é executada se a exceção não for uma exceção ValueOutOfRange.

RESIGNAL simplesmente passa o controle da execução para o procedimento pai chamador. Esse procedimento pode ter código adicional de tratamento de erros para lidar com exceções além do erro esperado de valor fora do intervalo.

Capítulo 22
Gatilhos

Neste capítulo
- Criando gatilhos
- Considerações ao disparar um gatilho
- Executando um gatilho
- Disparando múltiplos gatilhos

Ao executar um aplicativo de banco de dados, podem surgir situações em que se ocorrer alguma ação específica, você quer que a ação provoque outra ou talvez que uma sucessão de ações ocorra. Em certo sentido, essa primeira ação *dispara* a execução das ações seguintes. O SQL oferece o mecanismo TRIGGER para fornecer essa capacidade.

Gatilhos, é claro, são mais bem conhecidos como as partes de uma arma de fogo que fazem com que ela seja disparada. De modo mais geral, um gatilho é uma ação ou evento que faz com que outro evento ocorra. No SQL, a palavra *gatilho* é utilizada nesse sentido mais geral. Uma instrução SQL disparadora faz com que outra instrução SQL (a instrução *disparada*) seja executada.

Examinando algumas Aplicações dos Gatilhos

O disparo de um gatilho é útil em algumas situações. Um exemplo é executar uma função de registro em log. Certas ações que são fundamentais para a integridade de um banco de dados — como inserir, editar ou excluir uma linha de tabela — podem disparar a criação de uma entrada em um log que documenta essa ação. Entradas de log podem registrar não apenas qual ação foi tomada, mas também quando ela foi tomada e por quem.

Gatilhos também podem ser usados para manter um banco de dados consistente. Em um aplicativo de entrada de pedidos, uma encomenda de um produto específico pode disparar uma instrução que muda o status desse produto na tabela de estoque, de disponível para reservado. Da mesma forma, a exclusão de uma linha na tabela de pedidos pode disparar uma instrução que muda o status do produto em questão de reservado para disponível.

Gatilhos oferecem melhor flexibilidade do que é ilustrado nos exemplos anteriores. O item disparado não precisa ser uma instrução SQL. Pode ser um procedimento da linguagem host que realiza alguma operação no mundo externo, como desativar uma linha de produção ou fazer com que um robô pegue uma cerveja na geladeira.

Criando um Gatilho

Você cria um gatilho, logicamente, com uma instrução CREATE TRIGGER. Após o gatilho ser criado, ele permanece em espera — aguardando o evento disparador ocorrer. Quando o evento disparador ocorre, bangue! O gatilho dispara.

A sintaxe para a instrução CREATE TRIGGER é relativamente complicada, mas você pode dividi-la em partes compreensíveis. Primeiro analise o quadro geral:

```
CREATE TRIGGER nome_do_gatilho
    ação-do-gatilho tempo-de-ação-do-gatilho
    ON nome_da_tabela
    [REFERENCING lista_de_aliases_de_valores_novos_ou_
            antigos]
    ação_disparada
```

O nome do gatilho é o identificador único para esse gatilho. O tempo de ação do gatilho é o tempo que você quer que a ação do gatilho ocorra: antes (BEFORE) ou depois (AFTER) do evento disparador. O fato de uma ação disparada poder ocorrer *antes* do evento que supostamente faz com que ela aconteça pode parecer um pouco estranho, mas, em alguns casos, essa capacidade pode ser muito útil (e pode ser alcançada sem invocar o tempo de viagem). Como o mecanismo de banco de dados sabe que ele está prestes a executar um evento disparador antes de realmente executá-lo, ele tem a capacidade de encaixar o evento disparado à frente da execução do evento disparador, se um tempo BEFORE for especificado para a ação do gatilho.

Três eventos disparadores possíveis podem fazer um gatilho disparar: a execução de uma instrução INSERT, DELETE ou UPDATE. Essas três instruções têm o poder de alterar o conteúdo de uma tabela de banco de dados. Assim, qualquer inserção de uma ou mais linhas de valores na tabela em questão, qualquer exclusão de uma ou mais linhas da tabela em questão ou qualquer atualização de uma ou mais colunas em uma ou mais linhas da tabela em questão podem fazer com que um gatilho seja disparado. ON nome_da_tabela, obviamente, refere-se à tabela para a qual uma INSERT, DELETE ou UPDATE foi especificada.

Instrução e gatilhos de linha

A `triggered_action` no exemplo anterior tem a seguinte sintaxe:

```
[ FOR EACH { ROW | STATEMENT }]
   WHEN (<condição de pesquisa>)
   <instrução SQL disparada>
```

Você pode especificar como o gatilho vai agir:

- **Gatilho de linha.** O gatilho será disparado ao encontrar a instrução INSERT, DELETE ou UPDATE que constitui o evento disparador.
- **Instrução de gatilho.** O gatilho será disparado múltiplas vezes, uma vez para cada linha na tabela em questão que é afetada pelo evento disparador.

Como indicado pelos colchetes, a cláusula FOR EACH é opcional. Apesar disso, o dispositivo disparador deve agir de um modo ou outro. Se nenhuma cláusula FOR EACH for especificada, o comportamento padrão é FOR EACH STATEMENT.

Quando um gatilho é disparado

A condição de pesquisa na cláusula WHEN permite especificar as circunstâncias em que um gatilho será disparado. Especifique um predicado e, se o predicado for verdadeiro, o gatilho será disparado; se for falso, não será. Essa capacidade aumenta significativamente a utilidade dos gatilhos. Você pode especificar que um gatilho seja disparado somente depois que certo valor limite tiver excedido ou quando qualquer outra condição puder ser determinada como verdadeira ou falsa.

A instrução SQL disparada

A instrução SQL disparada pode ser uma única instrução SQL ou uma sequência de instruções SQL executadas uma após a outra. No caso de uma única instrução SQL, a instrução SQL disparada é simplesmente uma instrução SQL comum. Para uma sequência de instruções SQL, porém, você deve garantir a atomicidade para assegurar que a operação não seja abortada no meio do fluxo, deixando o banco de dados em um estado indesejado. Você pode fazer isso com um bloco BEGIN-END que inclui a palavra-chave ATOMIC.

```
BEGIN ATOMIC
     { instrução SQL 1 }
     { instrução SQL 2 }
     ...
     { instrução SQL n }
END
```

Uma definição de exemplo de gatilho

Suponha que o gerente de recursos humanos da empresa quer ser informado sempre que um dos gerentes regionais contrata um novo funcionário. O gatilho a seguir pode lidar com essa situação muito bem:

```
CREATE TRIGGER newhire
   BEFORE INSERT ON employee
   FOR EACH STATEMENT
     BEGIN ATOMIC
        CALL sendmail ('HRDirector')
        INSERT INTO logtable
          VALUES ('NEWHIRE', CURRENT_USER, CURRENT_TIMESTAMP);
     END;
```

Sempre que uma nova linha é inserida na tabela NEWHIRE, um e-mail é disparado para o gerente de RH com os detalhes e o nome de login da pessoa que fez a inserção e o tempo da inserção são registrados em uma tabela de log, fornecendo uma trilha de auditoria.

Disparando uma Sucessão de Gatilhos

Provavelmente, você pode ver uma complicação na maneira como gatilhos operam. Suponha que você crie um gatilho que faz com que uma instrução SQL seja executada em uma tabela durante a execução de alguma instrução SQL anterior. E se a própria instrução disparada fizer com que um segundo gatilho seja disparado? Esse segundo gatilho dispara uma terceira instrução SQL, na segunda tabela, o que também pode disparar outro gatilho, afetando ainda outra tabela. Como é possível manter tudo funcionando? O SQL lida com esse gatilho disparador no estilo de arma de fogo com uma coisa chamada *contextos de execução de gatilho*.

Uma sucessão de operações INSERT, DELETE e UPDATE podem ser executadas aninhando os contextos em que elas ocorrem. Quando um gatilho é disparado, um contexto de execução é criado. Apenas um contexto de execução pode estar ativo de cada vez. Dentro desse contexto, pode ser executada uma instrução SQL que dispara um segundo gatilho. Nesse ponto, o contexto de execução existente é suspenso em uma operação análoga a colocar um valor em uma pilha. Um novo contexto de execução, correspondendo ao segundo gatilho, é criado, e sua operação é realizada. Não há limites arbitrários para a profundidade possível do aninhamento. Quando uma operação é concluída, seu contexto de execução é destruído e o próximo contexto de execução mais alto é "retirado da pilha" e reativado. Esse processo continua até que todas as ações tenham sido concluídas e todos os contextos de execução tenham sido destruídos.

Referenciando Valores Antigos e Novos

A única parte da sintaxe CREATE TRIGGER que não comentamos ainda é a frase REFERENCING lista_de_aliases_de_valor_novos_ou_antigos opcional. Esta permite criar um alias ou nome de correlação, que referencia os valores na tabela em questão do gatilho. Depois de criar um nome de correlação para novos valores ou um alias para o novo conteúdo da tabela, você pode então referenciar os valores que existirão depois de uma operação INSERT ou UPDATE. De maneira semelhante, depois de criar um nome de correlação para valores antigos ou um alias para o conteúdo antigo da tabela, você pode referenciar os valores que existiam na tabela em questão antes de uma operação UPDATE ou DELETE.

A lista_de_aliases_de_valor_novos_ou_antigos na sintaxe de CREATE TRIGGER pode ser uma ou mais das frases a seguir:

```
OLD [ ROW ] [ AS ] <nome de correlação de valores antigos>
```

ou

```
NEW [ ROW ] [ AS ] <nome de correlação de valores novos>
```

ou

```
OLD TABLE [ AS ] <alias de tabela de valores antigos>
```

ou

```
NEW TABLE [ AS ] <alias de tabela de valores novos>
```

Os aliases de tabela são identificadores para tabelas de transição, que não são persistentes, mas que só existem para facilitar a operação de referência. Como você esperaria, NEW ROW e NEW TABLE não podem ser especificados para um gatilho DELETE; e OLD ROW e OLD TABLE não podem ser especificados para um gatilho INSERT. Depois de excluir uma linha ou tabela, não há nenhum novo valor. Da mesma forma, OLD ROW e OLD TABLE não podem ser especificadas para um gatilho INSERT. Não há valores antigos a referenciar.

Em um gatilho de nível de linha, você pode usar um nome de correlação de valor antigo para referenciar os valores na linha, que é modificada ou excluída pela instrução SQL disparadora da maneira como essa linha existia antes da instrução modificar ou excluí-la. Da mesma forma, um alias de tabela de valor antigo é o que você usa para acessar os valores em toda a tabela da maneira como eles existiam antes de a ação da instrução SQL disparadora ter efeito.

Você não pode especificar OLD TABLE ou NEW TABLE com um gatilho BEFORE. É bem provável que as tabelas de transição criadas pela palavras-chave OLD TABLE ou NEW TABLE sejam afetadas pelas ações provocadas pela instrução SQL disparada. Para eliminar esse potencial problema, usar OLD TABLE e NEW TABLE com um gatilho BEFORE é proibido.

Disparando Vários Gatilhos em uma Única Tabela

Um tema final que quero abordar neste capítulo é o caso em que múltiplos gatilhos são criados e todos executam uma instrução SQL que opera na mesma tabela. Todos esses gatilhos estão preparados e prontos para disparar. Quando ocorre o evento disparador, qual é o primeiro? Esse enigma é resolvido por uma decisão executiva. O gatilho criado primeiro será o primeiro a ser disparado. O segundo gatilho criado é disparado em seguida e assim por diante descendo na fila. Assim, a potencial ambiguidade é evitada e a execução prossegue de forma ordenada.

Parte VII

a parte dos dez

Nesta parte...

- Erros comuns
- Recuperação rápida

Capítulo 23
Dez Erros Comuns

Neste capítulo
- Supondo que seus clientes sabem do que precisam
- Não se preocupando com o escopo do projeto
- Considerando apenas os fatores técnicos
- Nunca solicitando feedback ao usuário
- Usando apenas seu ambiente de desenvolvimento ou arquitetura de sistema favorito
- Criando tabelas de banco de dados separadamente
- Ignorando revisões de projeto, testes beta e documentação

Se você está lendo este livro, deve estar interessado em construir sistemas de banco de dados relacionais. Cá entre nós — ninguém estuda SQL por que é divertido. Você usa o SQL para construir aplicativos de banco de dados, mas antes que possa construir um, você precisa de um banco de dados. Infelizmente, muitos projetos dão errado antes mesmo de a primeira linha do aplicativo ser codificada. Se você não definir o banco de dados corretamente, o aplicativo está condenado — por melhor que você o escreva. Eis dez erros comuns ao criar bancos de dados aos quais você deve ficar atento.

Supor Que seus Clientes Sabem do Que Eles Precisam

Geralmente, os clientes o chamam para projetar um sistema de banco de dados quando eles têm problemas para obter as informações de que precisam porque os métodos atuais deles não funcionam. Os clientes muitas vezes acham que eles identificaram o problema e a solução. Eles imaginam que tudo o que eles precisam fazer é *informá-lo* o que fazer.

Dar aos clientes exatamente o que eles solicitam geralmente é uma receita infalível para desastre. A maioria dos usuários (e os gerentes) não possui o conhecimento ou as habilidades necessárias para identificar com precisão o problema, assim eles têm pouca chance de determinar a melhor solução.

Seu trabalho é convencer diplomaticamente o cliente de que você é especialista em análise e projeto de sistemas e que você deve fazer uma análise adequada para revelar a causa real do problema. Geralmente, a causa real do problema está escondida por trás dos sintomas mais óbvios.

Ignorar o Escopo de Projeto

Seu cliente diz o que ele espera do novo aplicativo no início do projeto de desenvolvimento. Infelizmente, o cliente quase sempre se esquece de informar algo — normalmente várias coisas. Ao longo do trabalho, surgem essas novas exigências e elas são abordadas no projeto. Se você é remunerado por projeto, em vez de por hora, esse aumento do escopo pode transformar o que era um promissor projeto lucrativo em um prejuízo real. Certifique-se de que tudo o que você é obrigado a fornecer esteja especificado por escrito antes de iniciar o projeto.

Considerar Apenas os Fatores Técnicos

Desenvolvedores de aplicativos muitas vezes avaliam potenciais projetos em termos de sua viabilidade técnica, e baseiam as estimativas de tempo e esforço nessa avaliação. Mas problemas de custo máximo, disponibilidade de recursos, exigências de cronograma e diretivas organizacionais podem ter um efeito importante sobre o projeto. Esses problemas podem transformar um projeto que é tecnicamente viável em um pesadelo. Certifique-se de que você compreende todos os fatores não técnicos relevantes antes de iniciar qualquer projeto de desenvolvimento. Você pode decidir que não faz sentido avançar; você está em uma situação melhor se chegar a essa conclusão no início do projeto do que depois de ter gasto esforços consideráveis.

Não Solicitar Feedback ao Cliente

Sua primeira tendência deve ser ouvir os gerentes que o contratam. Afinal de contas, os próprios usuários não têm qualquer influência e é certo que não são eles que vão pagar por seu trabalho. Por outro lado, também pode haver uma boa razão para ignorar os gerentes. Eles geralmente não fazem ideia do que os usuários realmente precisam. Espere um minuto! Não ignore todos ou suponha que você sabe mais do que um gerente ou usuário, sobre o que um banco de dados deve fazer e como ele deve funcionar. Funcionários que fazem entrada de dados normalmente não têm muita influência organizacional, e muitos gerentes só entendem parcialmente alguns aspectos do trabalho que esses funcionários fazem. Mas é quase certo que isolar-se de um ou outro grupo resultará em um sistema que resolve um problema que ninguém tem. Você pode aprender muito com gerentes e usuários fazendo as perguntas certas.

Sempre Utilizar seu Ambiente de Desenvolvimento Favorito

É provável que você investiu meses ou mesmo anos para tornar-se proficiente no uso de um SGBD ou ambiente de desenvolvimento de aplicativos específico. Mas seu ambiente favorito — não importa qual ele seja — tem pontos fortes e fracos. Às vezes, você se depara com uma tarefa de desenvolvimento que exige muito em uma área em que seu ambiente de desenvolvimento preferido é fraco. Assim, em vez de propor algo que na verdade não é a melhor solução, tome uma decisão. Você tem duas opções: entenda melhor uma ferramenta mais adequada e então a use, ou informe francamente seus clientes que o trabalho seria melhor feito com uma ferramenta em que você não é um especialista. Você então pode sugerir que o cliente contrate imediatamente alguém mais produtivo no uso dessa ferramenta. Conduta profissional desse tipo ganha respeito dos clientes. (Infelizmente, se você trabalha para uma empresa em vez de para você mesmo, essa conduta também pode fazer com que você seja demitido. A primeira opção é a melhor — aprofundar-se em um novo ambiente de desenvolvimento).

Usar sua Arquitetura de Sistema Favorita de Maneira Exclusiva

Ninguém pode ser um especialista em tudo. Sistemas de gerenciamento de banco de dados que funcionam em um ambiente de teleprocessamento são diferentes dos sistemas que funcionam em ambientes de banco de dados cliente/servidor, baseados na web ou em compartilhamento de recursos, ou distribuídos. Um ou dois sistemas em que você é especialista pode não ser o melhor para o trabalho em questão. De qualquer maneira escolha a melhor arquitetura, mesmo que isso signifique passar o trabalho para outra pessoa. Não conseguir o trabalho é melhor do que começá-lo e produzir um sistema que não atende as necessidades do cliente.

Projetar Tabelas de Banco de Dados Isoladamente

Se você identificar incorretamente objetos de dados e seus relacionamentos mútuos, suas tabelas de banco de dados podem introduzir erros nos dados e destruir a validade de quaisquer resultados. Para projetar um banco de dados sólido, você deve considerar a organização geral dos objetos de dados e determinar cuidadosamente como eles se relacionam entre si. Normalmente, não existe um único projeto *certo*. Você deve determinar o que é apropriado, considerando as necessidades atuais e projetadas de seu cliente.

Negligenciar Revisões de Projeto

Ninguém é perfeito. Mesmo o melhor projetista e desenvolvedor talvez não perceba pontos importantes que são evidentes para alguém que analise a situação, a partir de uma perspectiva diferente. Apresentar seu trabalho antes de uma revisão formal de projeto pode realmente torná-lo mais disciplinado em seu trabalho — provavelmente ajudando a evitar inúmeros problemas que de outro modo você poderia ter experimentado. Peça que um profissional competente faça uma revisão de sua proposta de projeto antes de iniciar o desenvolvimento. Você deve solicitar que um projetista de banco de dados verifique o projeto, mas também é recomendável mostrá-lo ao cliente.

Ignorar Testes Beta

Qualquer aplicativo de banco de dados suficientemente complexo para que seja verdadeiramente útil também é complexo o suficiente para conter erros. Mesmo se você testá-lo de todas as maneiras que você possa imaginar, é certo que o aplicativo conterá modos de falha que você não percebe. Testes beta significam dar o aplicativo às pessoas que não sabem como ele foi projetado. É provável que elas tenham problemas que você nunca encontrou porque você conhece o aplicativo muito bem. Se os usuários estiverem familiarizados com os dados, mas não com o banco de dados, é mais provável que também utilizem o aplicativo como usariam diariamente, assim podem identificar as consultas que levam muito tempo para gerar resultados. Você pode então corrigir os erros ou deficiências de desempenho que outros descobrem antes de o produto entrar oficialmente em uso.

Não Documentar seu Processo

Se você pensa que seu aplicativo é tão perfeito que nunca precisa ser analisado, novamente, pense duas vezes. A única coisa que você pode ter certeza absoluta nesse mundo é a mudança. Conte com isso. Daqui há seis meses, você não lembrará porque você projetou tudo desta maneira, a menos que esteja documentado cuidadosamente o que fez e por que fez isso dessa maneira. Se você for transferido para um departamento diferente ou ganhar na loteria e se aposentar, é quase certo que não haverá como a pessoa que o substituir modificar seu trabalho para atender as novas exigências, se você não documentou seu projeto. Sem uma documentação, a pessoa que o substitui talvez precise descartar a coisa toda e começar do zero.

Não apenas documente seu trabalho de forma adequada — superdocumente seu trabalho. Adicione mais detalhes além daqueles que você acha que são razoáveis. Se voltar a esse projeto seis ou oito meses mais tarde, você ficará feliz por tê-lo documentado em detalhes.

Capítulo 24
Dez Dicas de Recuperação

Neste capítulo
- Verificando a estrutura de seu banco de dados
- Utilizando bancos de dados de teste
- Analisando todas as consultas que contêm junções
- Examinando consultas que contêm subseleções
- Usando GROUP BY com funções de conjunto
- Entendendo restrições na cláusula GROUP BY
- Usando parênteses em expressões
- Protegendo o banco de dados controlando privilégios
- Fazendo regularmente o backup do banco de dados
- Antecipando e tratando erros

Um banco de dados pode ser um tesouro virtual cheio de informações, mas, como o tesouro dos Piratas do Caribe de muito tempo atrás, as coisas que você realmente quer provavelmente estão enterradas e ocultas. A instrução SQL SELECT é sua ferramenta para desenterrar essas informações ocultas. Mesmo se você tiver uma ideia clara do que você deseja recuperar, pode ser um desafio transformar essa ideia em SQL. Se sua fórmula estiver ligeiramente incorreta, você pode acabar com resultados errados — mas com resultados que são tão próximos do que você espera que eles podem enganá-lo. Para reduzir as chances de ser induzido a erros, use os dez princípios a seguir.

Verifique a Estrutura do Banco de Dados

Se você recuperar dados de um banco de dados e os resultados não parecem razoáveis, verifique o projeto do banco de dados. Muitos bancos de dados mal projetados estão em uso e, se você estiver trabalhando em um, corrija o projeto antes de tentar qualquer outra solução. Lembre-se de que um projeto bom é um pré-requisito da integridade dos dados.

Use um Banco de Dados de Teste

Crie um banco de dados de teste que tenha a mesma estrutura que seu banco de dados de produção, mas com apenas algumas linhas representativas nas tabelas. Escolha os dados de modo que você saiba de antemão os resultados que suas consultas devem conter. Execute cada consulta de teste nos dados de teste, e veja se os resultados correspondem a suas expectativas. Se não corresponderem, talvez você precise reformular as consultas. Se uma consulta for apropriadamente formulada, mas mesmo assim você obtém resultados errados, talvez você precise reestruturar seu banco de dados.

Construa vários conjuntos de dados de teste e não se esqueça de incluir os casos estranhos, como tabelas vazias e valores extremos no limite dos intervalos permissíveis. Tente pensar em cenários improváveis e verifique o comportamento adequado quando eles ocorrem. Ao verificar os casos improváveis, você pode ganhar uma percepção dos problemas que são mais prováveis de acontecer.

Verifique as Consultas com Junções

Junções são notoriamente contraintuitivas. Se sua consulta contém uma, certifique-se de que ela faz o que você espera antes de adicionar cláusulas `WHERE` ou outros fatores complicadores.

Verifique as Consultas com Subseleções

Consultas com subseleções extraem dados de uma tabela e, com base no que é recuperado, extraem alguns dados de outra tabela. Portanto, por definição, pode ser bem difícil fazer essas consultas da maneira certa. Certifique-se de que os dados que a `SELECT` interna recupera são os dados que a `SELECT` externa precisa para produzir o resultado desejado. Se houver dois ou mais níveis de subseleções, você precisará ser ainda mais cuidadoso.

Resuma os Dados com GROUP BY

Digamos que você tenha uma tabela (`NATIONAL`) que contém o nome (`Player`), o time (`Team`) e número de *home runs* (`Homers`) feitos por todos os jogadores de beisebol na Liga Nacional. Você pode recuperar o total de *home runs* para todos os times com uma consulta como esta:

```
SELECT Team, SUM (Homers)
    FROM NATIONAL
    GROUP BY Team ;
```

Essa consulta lista cada time, seguido pelo número total de *home runs* feito por todos os jogadores desse time.

Observe Restrições da Cláusula GROUP BY

Suponha que você queira uma lista dos melhores rebatedores da Liga Nacional. Considere a seguinte consulta:

```
SELECT Player, Team, Homers
    FROM NATIONAL
    WHERE Homers >= 20
    GROUP BY Team ;
```

Na maioria das implementações, essa consulta retorna um erro. Geralmente, apenas a coluna usada para agrupar ou as colunas usadas em uma função de conjunto podem aparecer na lista de seleção. Mas se você quiser visualizar esses dados, a fórmula a seguir funciona:

```
SELECT Player, Team, Homers
    FROM NATIONAL
    WHERE Homers >= 20
    GROUP BY Team, Player, Homers ;
```

Como todas as colunas que você quer exibir aparecem na cláusula GROUP BY, a consulta é bem-sucedida e fornece os resultados desejados. Essa fórmula classifica a lista resultante primeiro por Team, então por Player e finalmente por Homers.

Use Parênteses com AND, OR e NOT

Às vezes, ao combinar AND e OR, o SQL não processa a expressão na ordem em que você espera. Use parênteses em expressões complexas para certificar-se de que você obtém os resultados desejados. Pressionar algumas teclas extras é um preço pequeno a pagar para obter resultados melhores.

Os parênteses também ajudam a garantir que a palavra-chave NOT seja aplicada à expressão ou ao termo ao qual você deseja.

Controle os Privilégios de Recuperação

Muitas pessoas não usam os recursos de segurança disponíveis nos SGBD. Elas não querem se preocupar com eles porque acham que o uso indevido e malversação dos dados são coisas que só acontecem com outras pessoas. Não espere dar errado. Estabeleça e mantenha a segurança de todos os bancos de dados que têm qualquer valor.

Faça Backup de seus Bancos de Dados Regularmente

Advertência importante: é difícil recuperar os dados depois de uma sobrecarga de energia, incêndio, terremoto ou algum outro desastre que destrói o disco rígido. (Lembre-se de que às vezes os computadores simplesmente são destruídos sem nenhuma boa razão). Faça backups frequentes e armazene a mídia de backup em um local seguro.

O que constitui um lugar seguro depende da importância dos seus dados. Pode ser um cofre à prova de fogo na mesma sala que a do computador. Pode estar em outro prédio. Pode estar na nuvem. Pode estar em um *bunker* de concreto sob uma montanha que foi reforçada para resistir a um ataque nuclear. Decida qual é o nível de segurança adequado para seus dados.

Trate Condições de Erro Elegantemente

Se você estiver fazendo consultas *ad hoc* a partir de uma estação de trabalho ou incorporando consultas a um aplicativo, o SQL às vezes retorna uma mensagem de erro em vez dos resultados desejados. Na estação de trabalho, você pode decidir o que fazer em seguida com base na mensagem retornada. Em um aplicativo, a situação é diferente. O usuário do aplicativo provavelmente não sabe qual ação é apropriada. Insira tratamento extenso de erros em seus aplicativos para abranger cada concebível erro que possa ocorrer. Criar código de tratamento de erros exige muito esforço, mas é melhor do que deixar o usuário com um olhar estupefato diante de uma tela congelada.

Apêndice
Palavras reservadas do SQL:2011

ABS	BIGINT	CHECK	CROSS
ALL	BINARY	CLOB	CUBE
ALLOCATE	BLOB	CLOSE	CUME_DIST
ALTER	BOOLEAN	COALESCE	CURRENT
AND	BOTH	COLLATE	CURRENT_CATALOG
ANY	BY	COLLECT	
ARE	CALL	COLUMN	CURRENT_DATE
ARRAY	CALLED	COMMIT	CURRENT_DEFAULT_TRANSFORM_GROUP
ARRAY_AGG	CARDINALITY	CONDITION	
AS	CASCADED	CONNECT	CURRENT_PATH
ASENSITIVE	CASE	CONSTRAINT	CURRENT_ROLE
ASYMMETRIC	CAST	CONVERT	CURRENT_SCHEMA
AT	CEIL	CORR	CURRENT_TIME
ATOMIC	CEILING	CORRESPONDING	CURRENT_TIMESTAMP
AUTHORIZATION	CHAR	COUNT	
AVG	CHAR_LENGTH	COVAR_POP	CURRENT_TRANSFORM_GROUP_FOR_TYPE
BEGIN	CHARACTER	COVAR_SAMP	
BETWEEN	CHARACTER_LENGTH	CREATE	CURRENT_USER
			CURSOR

CYCLE	ESCAPE	GLOBAL	LAG
DATE	EVERY	GRANT	LANGUAGE
DAY	EXCEPT	GROUP	LARGE
DAYS	EXEC	GROUPING	LAST_VALUE
DEALLOCATE	EXECUTE	HAVING	LATERAL
DEC	EXISTS	HOLD	LEAD
DECIMAL	EXP	HOUR	LEADING
DECLARE	EXTERNAL	HOURS	LEFT
DEFAULT	EXTRACT	IDENTITY	LIKE
DELETE	FALSE	IN	LIKE_REGEX
DENSE_RANK	FETCH	INDICATOR	LN
DEREF	FILTER	INNER	LOCAL
DESCRIBE	FIRST_VALUE	INOUT	LOCALTIME
DETERMINISTIC	FLOAT	INSENSITIVE	LOCALTIMESTAMP
DISCONNECT	FLOOR	INSERT	LOWER
DISTINCT	FOR	INT	MATCH
DOUBLE	FOREVER	INTEGER	MAX
DROP	FOREIGN	INTERSECT	MAX_CARDINALITY
DYNAMIC	FREE	INTERSECTION	MEMBER
EACH	FROM	INTERVAL	MERGE
ELEMENT	FULL	INTO	METHOD
ELSE	FUNCTION	IS	MIN
END	FUSION	JOIN	MINUTE
END-EXEC	GET	KEEP	

MINUTES	OF	PRIMARY	RIGHT
MOD	OFFSET	PROCEDURE	ROLLBACK
MODIFIES	OLD	RANGE	ROLLUP
MODULE	ON	RANK	ROW
MONTH	ONLY	READS	ROW_NUMBER
MULTISET	OPEN	REAL	ROWS
NATIONAL	OR	RECURSIVE	SAVEPOINT
NATURAL	ORDER	REF	SCOPE
NCHAR	OUT	REFERENCES	SCROLL
NCLOB	OUTER	REFERENCING	SEARCH
NEW	OVER	REGR_AVGX	SECOND
NIL	OVERLAPS	REGR_AVGY	SECONDS
NO	OVERLAY	REGR_COUNT	SELECT
NONE	PARAMETER	REGR_INTERCEPT	SENSITIVE
NORMALIZE	PARTITION	REGR_R2	SESSION_USER
NOT	PERCENT_RANK	REGR_SLOPE	SET
NTH_VALUE	PERCENTILE_CONT	REGR_SXX	SIMILAR
NTILE		REGR_SXY	SMALLINT
NULL	PERCENTILE_DISC	REGR_SYY	SOME
NULLIF	POSITION	RELEASE	SPECIFIC
NUMERIC	POSITION_REGEX	RESULT	SPECIFICTYPE
OCCURRENCES_REGEX	POWER	RETURN	SQL
	PRECISION	RETURNS	SQLEXCEPTION
OCTET_LENGTH	PREPARE	REVOKE	SQLSTATE

SQLWARNING	TRANSLATE	VARCHAR
SQRT	TRANSLATE_REGEX	VARYING
START		VERSION
STATIC	TRANSLATION	VERSIONING
STDDEV_POP	TREAT	VERSIONS
STDDEV_SAMP	TRIGGER	WHEN
SUBMULTISET	TRUNCATE	WHENEVER
SUBSTRING	TRIM	WHERE
SUBSTRING_REGEX	TRIM_ARRAY	WIDTH_BUCKET
SUM	TRUE	WINDOW
SYMMETRIC	UESCAPE	WITH
SYSTEM	UNION	WITHIN
SYSTEM_USER	UNIQUE	WITHOUT
TABLE	UNKNOWN	YEAR
TABLESAMPLE	UNNEST	YEARS
THEN	UPDATE	
TIME	UPPER	
TIMESTAMP	USER	
TIMEZONE_HOUR	USING	
TIMEZONE_MINUTE	VALUE	
TO	VALUES	
TRAILING	VAR_POP	
	VAR_SAMP	
	VARBINARY	

Índice

• Símbolos e números •

caractere curinga % (sinal de porcentagem), 218–220
* (asterisco), 140, 245, 334
_ caractere curinga (sublinhado), 218–220
|| (operador de concatenação), 65–66, 178
= (operador de igual), 274
1NF (primeira forma normal), 132
2NF (segunda forma normal), 132–134
3FN (terceira forma normal), 53
4GLs (linguagens de quarta geração), 81

• A •

abrindo cursores, 388–390
ABS, função, 194
ABS, funções de valor de intervalo, 196
ABSOLUTE, orientação, 391
Access, Microsoft
  alterando a estrutura da tabela, 90–92
  consultas de definição de dados, 98–100
  excluindo tabelas, 94–95
  índices, criando, 92–94
  segurança, 100–101
  SQL em, 95–97, 342, 343–345
  visualização Datasheet, construindo tabelas de banco de dados, 83–84
  visualização Design, construindo tabelas de banco de dados, 84–86
  visualização Design, definindo propriedades de campo em, 86–90
acessando dados. *Ver também* WHERE, cláusulas
  cláusulas modificadoras, 211–213
  conectivos lógicos, 230–232
  FROM, cláusula, 213
  GROUP BY, cláusula, 232–234
  HAVING, cláusula, 234
  janelas, 238–242
  limitada, FETCH, capacidade, 236–238
  ORDER BY, cláusula, 235–236
  visão geral, 211
acesso simultâneo, 315–317
acordos escritos sobre projetos, 432
administrador de banco de dados (DBA), 298–299
administrador de sistema, 299
Alerta, ícone, 2
alias, 252, 427
ALL, predicado, 221–224
ALL, quantificador, consultas aninhadas, 275–276
ALTER TABLE, 53, 102, 123, 124, 419
ALTER, instrução, 62, 63
alterando a estrutura da tabela, 90–92, 102
ambientes de desenvolvimento de aplicativos, 433
ambientes de desenvolvimento integrado (IDEs), 81
análises de strings, 370
AND, conectivos lógicos, 69, 230–231, 437
aninhando funções de janela, 241–242
anomalia de exclusão, 130
anomalia de inserção, 130
anomalias de atualização, 120–123
anomalias de modificação, 129–130, 283–284
ANY, predicado, 221–224
ANY, quantificador, consultas aninhadas, 275–276
API (interface de programação de aplicativo), 352
APIs proprietárias, 352
aplicativo, interface ODBC, 351
aplicativos, SQL em
  * caractere curinga, 334
  chaves primárias, designando em, 162–163
  consultando, 164–165
  ferramentas RAD, 342–343

linguagem de módulo, 339–342
linguagens procedurais e SQL, 335–336
Microsoft Access, 343–345
pontos fortes e fracos do SQL, 334–335
restrições referenciais, aplicando a, 163–164
SQL embutido, 336–339
tabelas de período de tempo de aplicativo
visão geral, 159–162
visão geral, 333–334
aplicativos, 318, 423–424
applets, Java, 356–357
área de detalhe, diagnósticos, 414, 416–418
área de título, diagnóstico, 414–416
áreas de diagnóstico
área de detalhes, 416–418
área de título, 414–416
informações retornadas por `SQLSTATE`, interpretando, 419–420
restrições, adicionando às tabelas existentes, 419
violação de informações de restrição, 418–419
visão geral, 414
argumentos de entrada, padrão, 407
argumentos nomeados, 406–407
armazenamento de dados, 6
arquitetura de sistema, 433
arquitetura, sistema, 433
arquivos de dados externos, copiando de, 149
arquivos simples (flat file), 9–11
arquivos, copiando a partir de dados externos, 149
`ARRAY`, tipo de dados, 39–40, 378
`ARRAY_MAX_CARDINALITY`, função, 40, 193–194
arrays bidimensionais, 12
arrays, 193
`ASENSITIVE`, palavra-chave, 388
asserções, 126, 128–129
asterisco (*), 140, 245, 334
`AT LOCAL`, palavras-chave, 66
`ATOMIC`, palavra-chave, 395, 399
atomicidade, instruções compostas, 394–395
atribuição, em SQL/PSM, 400
atributos
dependência funcional, 132–133
dependência transitiva, 134
domínios, 17
modificado, criando visualizações com, 144–145

UDTs, 41
visão geral, 7, 13
atributos modificados, criando visualizações com, 144–145
atualizando
dados existentes, 151–154
linhas da tabela acessadas com cursores, 387
linhas em operações do cursor, 391–392
tabela de versão do sistema, 165
tabelas de banco de dados, 90–91
tabelas de período de tempo de aplicativo, 160–161
valores, com base em condições, 199–200
visões, 145
AutoNumber, tipo de dados, Microsoft Access, 85
`AUTHORIZATION`, cláusula, 341
`AVG`, função, 70–71, 183, 232

• *B* •

banco de dados departamentais, 8
banco de dados, objetos, 299, 324
bancos de dados ACID, 326
bancos de dados corporativos, 8
bancos de dados de grupo de trabalho, 8
bancos de dados de pessoal, 7
bancos de dados de teste, consultas em, 436
bancos de dados integrados, 7
bancos de dados NoSQL, 11
bancos de dados objetorrelacionais, 5, 18–19
bancos de dados relacionais
armazenamento de dados, 6
arquivos simples (*flat file*), 9–11
banco de dados, definido, 7
complexidade de, 7–8
componentes de, 12
domínios, 16, 17
esquemas, 16, 17
modelo objetorrelacional, 18–19
modelo relacional, 11–12
projeto de, 20
relações, 12–13
restrições, 16, 17–18
SGBD, 8–9
tamanhos de, 7–8
versus modelo de objeto, 18
visão geral, 5
visões, 14–16

bancos de dados relacionais multitabela.
  Ver também integridade de dados;
    normalização
  chaves, 112–114
  conjuntos de caracteres, 111–112
  conversões, 111–112
  definindo objetos, 106
  desenho, 105–106
  domínios, 111–112
  índices, 114–117
  intercalações, 111–112
  tabelas e colunas, identificando, 106–107
  tabelas, definindo, 107–111
  visão geral, 105
BEFORE, gatilhos, 428
BEGIN, palavra-chave, 394
BETWEEN, predicado, 215–217
biblioteca de vínculo dinâmico (DLL), 351
BIGINT, tipo de dados, 27
BINARY LARGE OBJECT (BLOB), tipo de
    dados, 33
BINARY VARYING, tipo de dados, 33
BINARY, strings, 32–33
BINARY, tipo de dados, 33
BLOB (BINARY LARGE OBJECT), tipo de
    dados, 33
BLOB, localizadores, 33
bloqueando objetos de banco de dados,
    324
BOOLEAN, tipo de dados, 33
bytes, 192–193

• C •

C, linguagem, 337–338
cadeia de dependência, 310
caixa de areia, 356
CALL, instruções, 406
campos, definidos, 172
capacidade de conter, cursor, 385
capacidade de retorno, cursor, 385
capacidade de rolagem, cursor, 384, 388, 391
caractere curinga sublinhado (_), 218–220
caracteres de escape, 186, 193
caracteres dos idiomas, 32
caracteres maiúsculos, convertendo
    strings de caracteres em, 188
caracteres minúsculos, convertendo
    strings de caracteres em, 189
caracteres, idioma, 32
cardinalidade dos arrays, 40
CARDINALITY, função, 40, 193

CASCADE, palavra-chave, 310
CASE, instrução, 198
CASE, expressões
  COALESCE, 204–205
  com condições de pesquisa, 198–200
  com valores, 200–202
  discussão geral, 197–198
  NULLIF, 202–204
CASE...END CASE, instruções, 401–402
CAST, expressões, 205–207, 336, 339
CATALOG_NAME, campo, 419
Catálogos, 52, 61–62
CEIL, função, 195
CEILING, função, 195
chamadas de função, 285, 350, 407–408
CHAR, valor, 172
CHARACTER LARGE OBJECT (CLOB), tipo
    de dados, 31–32, 361
CHARACTER VARYING, tipo de dados, 31
CHARACTER, tipo de dados, 31
CHARACTER_LENGTH, função, 192
chave primária
  alterações em, 122
  discussão geral, 112–114
  em índices, 93
  em tabelas de período de tempo de
    aplicativo, designando, 162–163
  em tabelas de versão de sistema,
    designando, 167
  nomes de campo descritivos para, 86
  visão geral, 53
chaves compostas, 113, 133
chaves estrangeiras, 73–74, 114, 121
chaves, 112–114
CHECK, restrição, 127
CLASS_ORIGIN, campo, área de detalhes
    de diagnóstico, 417
cláusula de capacidade de atualização,
  DECLARE CURSOR, instrução, 387
cláusulas modificadoras. *Ver também*
    WHERE, cláusulas
  discussão geral, 211–213
  FROM, cláusula, 213
  GROUP BY, cláusula, 232–234
  HAVING, cláusula, 234
  ORDER BY, cláusula, 235–236
clientes, 48–49
CLOB (CHARACTER LARGE OBJECT), tipo
    de dados, 31–32, 361
CLOB, localizador, 32
clústers, 52, 62
COALESCE, expressões
  discussão geral, 204–205

junções de união, usando com, 260, 263–265
código HTML para acesso de banco de dados, 354–355
COLLATE BY, cláusula, 386
COLUMN_NAME, campo, 419
colunas
  adicionando a tabelas existentes, 123
  adicionando dados a, 148
  excluindo das tabelas existentes, 124
  identificando, em bancos de dados relacionais multitabela, 106–107
  processamento de SGBD de, 12–13
  transferindo entre tabelas, 149–150
comentários, XML, 369
COMMAND_FUNCTION, campo, área de cabeçalho do diagnóstico, 415
COMMAND_FUNCTION_CODE, campo, área de cabeçalho do diagnóstico, 415
COMMIT, instrução, 72, 318, 324
complexidade dos bancos de dados, 7–8
concatenação de string, 65–66
concatenação, 65–66, 368
concedendo privilégios a usuários. Ver privilégios
condição de término, 287
condições de pesquisa,, CASE, expressões com, 198–200
condições de seleção, criando visualizações com, 143–144
condições, em instruções compostas, 396–400
CONDITION_NUMBER, campo, 417, 420
conectivos lógicos, 230–232
conectivos, 207
conjuntos de caracteres
  bancos de dados relacionais multitabela, 111–112
  CONVERT, função de valor, 189
  intercalação, 386
  mapeando, 362–363
  privilégios de acesso, atribuindo, 74
  TRANSLATE, função de valor, 189
CONNECTION_NAME, campo, 419
considerações de portabilidade, 103
consistência, 326, 423
constantes, 172
construindo a estrutura de banco de edifício. Ver também ferramentas de desenvolvimento rápido de aplicativos
  alterando a estrutura da tabela, 102
  considerações de portabilidade, 103

criando tabelas, 97–101
excluindo índices, 103
excluindo tabelas, 102
índices, criando, 101
usando SQL com Microsoft Access, 95–97
visão geral, 81
consultas *ad hoc*, a partir do teclado, 22
consultas aninhadas
  ALL, quantificador, 275–276
  ANY, quantificador, 275–276
  DELETE, instruções, 282–284
  INSERT, instruções, 282–284
  pipelined DML, 284
  retornando conjuntos de linhas com, 269–272
  retornando valores únicos com, 272–275
  SOME, quantificador, 275–276
  subconsultas correlacionadas, 278–281
  testes de existência, 277–278
  UPDATE, instruções, 282–284
  visão geral, 71, 267–268
consultas de definição de dados, Microsoft Access, 98–100
consultas recursivas
  discussão geral, 288
  economizando tempo com, 289–293
  recursão, 285–288
  usos para, 293–294
  visão geral, 285
consultas. *Ver também* consultas aninhadas; consultas recursivas
  a partir do teclado, 22
  com subseleções, verificando duas vezes, 436
  em bancos de dados de teste, 436
  em documentos XML, 361
  incluindo junções, verificando duas vezes, 436
  ordem de classificação para saída, 235
  tabela de versão do sistema, 168–169
  tabelas bitemporais, 170
  tabelas de período de tempo de aplicativo, 164–165
  visão geral, 22
contenção, 315
CONTENT, predicado, 372
contextos de execução de gatilho, 426
contextos de execução, gatilho, 426
CONTINUE, efeito, 399
controles ActiveX, Microsoft, 355
controles Microsoft ActiveX, 355
conversões, 111–112
CONVERT, função de valor, 189

copiando de arquivos de dados externos, 149
correspondências parciais, comparando, 218–220
CORRESPONDING, palavra-chave, 245–246, 247
corrupção de dados, vulnerabilidade a, 317–318
corrupção maliciosa, 125
COUNT, função, 69, 182–183
CREATE ASSERTION, instrução, 63
CREATE CHARACTER SET, instrução, 63
CREATE COLLATION, instrução, 63
CREATE DOMAIN, instrução, 63, 305, 306
CREATE SCHEMA, instrução, 63
CREATE TABLE, instrução, 53, 54, 63, 98
CREATE TRANSLATION, instrução, 63
CREATE TRIGGER, instrução, 424
CREATE TYPE, instrução, 308
CREATE VIEW, instruções, 59–60, 63
CREATE, instruções, 53, 62, 63, 166
CROSS JOIN, 253
CURRENT_DATE, função, 196
CURRENT_TIME, função, 196
CURRENT_TIMESTAMP, função, 196
CURRENT_USER, variável especial, 176
CURSOR_NAME, campo, 419
cursores
  abrindo, 388–390
  buscando dados de linhas únicas, 390–392
  declarando, 341, 384–388
  fechando, 392
  instruções compostas, declarando dentro, 396
  visão geral, 383–384

• D •

dados de entrada ruim, 124
dados obsoletos, excluindo, 156
dados temporais. *Ver também* tabelas de período de tempo de aplicativo
  períodos, 158–159
  tabela de versão do sistema, 165–169
  tabelas bitemporais, 169–170
  tempos, 158–159
  visão geral, 157
danos a bancos de dados, evitando, 71–72
data/hora válida, 158
datas/horas, 168–169
DATE, tipo de dados, 34
DATE, valor, 172

DBA (administrador de banco de dados), 298–299
DCL. *Ver* Linguagem de controle de dados
DDL. *Ver* Linguagem de definição de dados
DECIMAL, tipo de dados, 28
declarações em módulos, 340
DECLARE CURSOR, instrução, 384, 386, 387–388
DEFERRABLE, restrição, 327
definições de período, 158–159
DELETE, instruções
  acesso de usuário, 298
  consultas aninhadas, 282–284
  dados obsoletos, excluindo, 156
  eventos de gatilho, 424, 426
  pipelined DML, 284
  restringindo, 73
  tabela de versão do sistema, 166, 167
  tabelas bitemporais, 170
  usando com cursores, 391–392
dependência funcional, 132–133
dependência transitiva, 134
DIAGNOSTICS SIZE, cláusula, 414
dicionário de dados, 7
direção dos cursores, 391
DISTINCT, palavra-chave, 272
DISTINCT, predicado, 225
DK/NF (forma normal chave-domínio), 134–135
DLL (biblioteca de vínculo dinâmico), 351
DLL de drivers, interface ODBC, 351
DML. *Ver* Linguagem de manipulação de dados
DOCUMENT, componente de, VALID, predicado, 373
DOCUMENT, predicado, 371–372
documentando progresso, 434
domínios
  bancos de dados relacionais multitabela, 111–112
  criando, 63
  discussão geral, 17, 305–306
  integridade, 119–120
  mapeando para XML, 375–376
  privilégios de acesso, atribuindo a usuários, 74
  visão geral, 16
DOUBLE PRECISION, tipo de dados, 29–30
drivers nativos, 352
drivers, ODBC, 350, 352
DROP TABLE, comando, 102
DROP, instrução, 53, 62, 64
DROP, domínios, 306

durabilidade, 326
DYNAMIC_FUNCTION_CODE, campo, 415

• E •

END, palavra-chave, 394
engenharia social, 76
entrada automática de dados, 148
entrada de dados baseada em formulário, 146–148
ENVIRONMENT_NAME, campo, 419
EQUALS, predicados, 164
equijunções, 251–253
erro de operador, 124
erros, corrigindo, 434
escala dos números, 28
esquema de informações, 62
esquemas físicos, 61
esquemas lógicos, 61
esquemas XML, 359, 366
esquemas, XML, 359, 366
esquemas, 16, 17, 52, 61–63
estrutura de banco de dados, verificando, 435
estrutura do banco de dados, 9, 435
evitando exceção, 200
EXCEPT, operador, 248
excluindo dados
  dados obsoletos, 156, 304
  em tabelas de período de tempo de aplicativo, 161
  índices, 103
  linhas, em operações de cursor, 387, 391–392
  tabelas, 94–95, 102
exclusões em cascata, 121–122, 284
exclusões, em cascata, 121–122
EXEC, diretiva SQL, 339
EXECUTE, palavra-chave, 298
EXECUTE, privilégio, 408–409
EXISTS, predicado, 224–225, 277–278
EXIT, efeito, 399
EXP, função, 194
expressão de valor booleano, 67
expressões de consulta, 385
expressões de valor condicional, 180
expressões de valor de coleção, 67
expressões de valor de data/hora, 66–67, 179–180
expressões de valor de intervalo, 66–67, 180
expressões de valor de linha, 67, 207–209
expressões de valor de referência, 68

expressões de valor de string
  CONVERT, 189
  discussão geral, 65–66, 178
  LOWER, 189
  OVERLAY, 188
  SUBSTRING SIMILAR, 186
  SUBSTRING, 185–186
  SUBSTRING_REGEX, 186–187
  TRANSLATE, 189
  TRANSLATE_REGEX, 187–188
  TRIM, 189
  UPPER, 188
  visão geral, 184
expressões de valor numérico, 65, 179
expressões de valor. *Ver também* CASE, expressões
  CAST, 205–207
  condicional, 180
  data/hora, 179–180
  discussão geral, 64–68
  intervalo, 180
  linha, 207–209
  numérico, 179
  string, 178
  visão geral, 177–178
expressões, definidas, 171
eXtensible Markup Language. *Ver* XML
extensões cliente, 354–355
extensões de servidor, 353
EXTRACT, função, 192

• F •

falha de equipamento, 314–315
falha de equipamento, 314–315
falha mecânica, 124
falhas de hardware, 314–315
fazendo o backup dos dados, 314, 325, 438
feedback sobre projetos, ouvindo, 432
ferramentas de desenvolvimento rápido de aplicativos (RAD)
  alterando a estrutura da tabela, 90–92
  excluindo tabelas, 94–95
  índices, criando, 92–94
  monitorando informações, 82–83
  usando SQL com, 95–97, 342–343
  visão geral, 82
  visualização Datasheet, construindo tabelas de banco de dados, 83–84
  visualização Design, construindo tabelas de banco de dados, 84–86
  visualização Design, definindo propriedades de campo em, 86–90

ferramentas de desenvolvimento rápido de aplicativos (RAD) orientadas a objetos, 334, 342-343
ferramentas proprietárias, 141
ferramentas RAD. *Ver* ferramentas de desenvolvimento rápido de aplicativos
FETCH, instrução, 236-238, 390-391
Field Properties, painel, Microsoft Access, 85, 86
FIRST, orientação, 391
FIRST_VALUE, função, 241
FLOAT, tipo de dados, 30
FLOAT, valor, 172
FLOOR, função, 195
florestas de valores XML, produzindo, 368
fluxo da instrução de controle
   CASE...END CASE, instruções, 401-402
   FOR...DO...END FOR, instruções, 405
   IF...THEN...ELSE...END IF, instruções, 401
   ITERATE, instrução, 405-406
   LEAVE, instrução, 403
   LOOP...ENDLOOP, instruções, 402-403
   REPEAT...UNTIL...END REPEAT, instruções, 404
   visão geral, 400
   WHILE...DO...END WHILE, instruções, 404
folhas de estilo, 359
fonte de dados, interface ODBC, 351
FOR EACH, cláusula, 425
FOR...DO...END FOR, instruções, 405
forma anormal, 135-136
forma normal chave-domínio (DK/NF), 134-135
formas normais, 38
FORTRAN, 207
FROM, cláusula, 212
FULL, palavra-chave, 229-230
função de construtor, por UDTs estruturados, 43
função modificadora, para UDTs estruturados, 43
função observadora, para UDTs estruturados, 43
funções armazenadas, 407-408
funções de agregação, 181-184, 274. *Ver também* funções de conjunto
funções de conjunto
   AVG, 183
   COUNT, 182-183
   discussão geral, 69-71
   GROUP BY, cláusula, combinando com, 232
   MAX, 183
   MIN, 183
   SUM, 184
   visão geral, 181-183
funções de gerenciamento de banco de dados, 298
funções de registro em log, 423
funções de valor de data/hora, 196
funções de valor de intervalo, 196
funções de valor numérico, 190-196
funções de valor. *Ver também* expressões de valor de string
   data/hora, 196
   intervalo, 196
   numérico, 190-196
   visão geral, 184
funções. *Ver também* funções específicas por nome
   armazenadas, 407-408
   de conjunto, 181-184
   definição, 171
   para dados XML, 367-371
   recursão, 285
   visão geral, 181
fusos horários, 179-180

• **G** •

gatilhos
   aplicações de, 423-424
   contextos de execução de gatilho, 426
   criando, 424-426
   desencadeando múltiplos, em únicas tabelas, 428
   em tabelas de versão do sistema, 167
   referenciando valores novos e antigos, 427-428
   visão geral, 423
gatilhos de instrução, 425
gatilhos de linha, 425
GENERATED ALWAYS, palavra-chave, 166
gerenciador de drivers, interface ODBC, 351
gerentes, ouvindo opiniões dos, 432
grade QBE (Query By Example), 95
grade Query By Example (QBE), 95
GRANT DELETE, instrução, 74
GRANT INSERT, instrução, 74
GRANT OPTION FOR, cláusula, 310-311
GRANT REFERENCES, instrução, 74
GRANT SELECT, instrução, 74
GRANT UPDATE, instrução, 74
GRANT, instrução, 73, 300-301, 311-312

GROUP BY, cláusula
  discussão geral, 232–234
  HAVING, cláusula, subconsultas com, 281
  restrições, 437
  resumindo dados com, 436–437
  visão geral, 212
guia SQL View Object, Microsoft Access, 96–97, 98

• H •

hardware duplicado, 314
HAVING, cláusula, 212, 234, 281
hierarquia de contenção, 52
hierarquia de privilégios, 300
hierarquias, 307

• I •

Ícone de Dica, 2
Ícone Material Técnico, 2
ícones, utilizados no livro, 2
identificador de autorização, 341
identificadores delimitados, 363
identificadores, mapeando, 363
identity-constraint-option, componente de, VALID, predicado, 373
IDEs (ambientes de desenvolvimento integrado), 81
IF...THEN...ELSE...END IF, instruções, 401
IGNORE NULLS, palavras-chave, 240
IMMEDIATELY PRECEDES, predicados, 165
IMMEDIATELY SUCCEEDS, predicados, 165
implementações, 23
IN, predicado, 217–218, 270–271, 277–278
incompatibilidade de impedância, eliminando, 41
índices
  benefícios de, 116–117
  criando, 92–94, 101
  discussão geral, 114–116
  excluindo, 103
  mantendo, 117
INSENSITIVE, palavra-chave, 387–388
INSERT, instruções
  consultas aninhadas, 282–284
  copiando dados entre tabelas, 150–151
  eventos de gatilho, 424, 426
  expressões de valor de linha, utilizando com, 208

linhas, adicionando dados por, 147–148
pipelined DML, 284
privilégios, 298, 302
restringindo, 73
instabilidade de plataforma, 314
instabilidade, plataforma, 314
instruções
  DDL, 62–64
  SQL, 24–25
instruções compostas
  atomicidade, 394–395
  atribuição, 400
  condições, 396–400
  cursores, declarando dentro, 396
  rotina de tratamento de exceção, 420–421
  variáveis, 395–396
  visão geral, 393–394
instruções de início de transação, 322–323
instruções SQL desencadeadas, 425
INTEGER, tipo de dados, 27
integridade de dados
  colunas, adicionando a tabelas existentes, 123
  colunas, excluindo de tabelas existentes, 124
  integridade de domínio, 119–120
  integridade de entidade, 118–119
  integridade referencial, 120–123
  Manipulações Internet, executando manipulações de banco de dados por meio de, 49–50
  potenciais ameaças, 124–126
  restrições, 126–129, 147
  visão geral, 118
integridade de entidade, 118–119
integridade referencial, 75–77, 120–123
intercalação, 386
interface com o usuário, 335
interface de programação de aplicativo (API), 352
Interface ODBC, 350
interface, ODBC, 350
Internet, SQL através da, 49–50
INTERSECT, operador, 246–248
intervalo, tipo de dado, 35
intervalos ano/mês, 35, 66, 180

intervalos de horário do dia, 35, 66, 180
intranets, 49–50, 355
ISAM (método de acesso sequencial indexado), 351
isolamento, 326
ITERATE, instrução, 405–406

• J •

janelas, 238–242
JDBC (Java DataBase Connectivity), 355–357
junção básicas, 249–250
junção de condição, 254
junção de nome de coluna, 254–255
junção de união, 259–265
junção externa, 259
junção externa à direita, 258–259
junção externa à esquerda, 256–258
junção externa, 256–259
junção interna, 255–256
junção natural, 253–254

• L •

LAG, função, 239–240
LANGUAGE, cláusula, 341
LAST, orientação, 391
LAST_VALUE, função, 241
LEAD, função, 240
LEAVE, instrução, 403
leitura fantasma, 321–322
leitura não repetível, 321
leitura suja, 320
Lembre-se, ícone, 2
LIKE, predicado, 218–220
Linguagem de Controle de Dados (DCL)
  delegando a responsabilidade pela segurança, 77–78
  integridade referencial, 75–77
  privilégios de acesso, atribuindo a usuários, 73–75
  transações, 71–72
  visão geral, 51, 71, 298
Linguagem de Definição de Dados (DDL)
  agrupando tabelas em esquemas, 61
  Catálogos, 61–62
  criando tabelas, 109
  instruções, 62–64
  planejando bancos de dados, 52–53
  tabelas, criando, 53–55
  visão geral, 51, 52, 298
  visualizações de tabela única, 55–56
  visualizações multitabela, 56–60
Linguagem de Manipulação de Dados (DML)
  conectivos lógicos, 69
  expressões de valor, 64–68
  funções de conjunto, 69–71
  no Microsoft Access, 343
  predicados, 68
  subconsultas, 71
  visão geral, 51, 64, 298
linguagem de módulo, 339–342
linguagens de programação orientadas a objetos, 18
linguagens de quarta geração (4GLs), 81
linguagens de terceira geração, 81
linguagens host, usando, CAST, expressões com, 206–207
linguagens procedurais
  combinando SQL e, 335–336
  pontos fortes e fracos, 335
  visão geral, 21, 22, 333–334
linhas históricas, 165, 166–167
linhas. *Ver também* cursores
  blocos de, adicionado a tabelas, 148–151
  conjuntos de, retornando com consultas aninhadas, 269–272
  dados, adicionando a, 146–148
  excluindo, 156
  grupos de, avaliando em janelas, 242
  inserindo em tabelas de banco de dados, 91
  processamento de SGBD de, 12–13
  transferindo entre tabelas, 149–150
literais numéricos, 65
LN, função, 194
login, 299
LOOP...ENDLOOP, instruções, 402–403
LOWER, função de valor, 189

• M •

manipulação de banco de dados
  adicionando dados, 146–151
  atualizando dados existentes, 151–154
  atualizando visualizações, 145
  criando visualizações, 141–145
  excluindo dados obsoletos, 156
  recuperando dados, 139–141
  transferindo dados, 154–156
  visão geral, 139
mantissa, 29–30
mapeando
  conjuntos de caracteres, 362–363
  identificadores, 363
  tabelas, 364–365
  tipos de dados não predefinidos para XML, 375–379
  tipos de dados, 364
MATCH, predicado, 226–230
MAX, função, 70, 183

MERGE, instruções, 154–156, 284
MESSAGE_LENGTH, campo, 420
MESSAGE_OCTET_LENGTH, campo, 420
MESSAGE_TEXT, campo, 419–420
metadados, 7, 359
método de acesso sequencial indexado (ISAM), 351
métodos, UDTs, 41
Microsoft Access. *Ver* Access, Microsoft
MIN, função, 70, 183
MOD, função, 194
modelo de objeto, 5, 18
modelo relacional, 5, 11–13
modelos de banco de dados
   domínios, 16, 17
   esquemas, 16, 17
   modelo de objeto, 18
   modelo objetorrelacional, 18–19
   modelo relacional, 11–13
   restrições, 16, 17–18
   visões, 14–16
modificando dados de tabela, concedendo acesso de usuário a, 303
módulo, 194
Módulos Armazenados Persistentes. *Ver* SQL/PSM
módulos armazenados, 409–410
módulos, armazenados, 409–410
módulos, 339
MORE, campo, área de cabeçalho do diagnóstico, 415
multiconjuntos, 193, 379
multiproduto, 253
MULTISET, tipo de dados, 40

• *N* •

NAMES ARE, cláusula, 341
NATIONAL CHARACTER LARGE OBJECT, tipo de dados, 32
NATIONAL CHARACTER VARYING, tipo de dados, 32
NATIONAL CHARACTER, tipo de dados, 32
NEW TABLE, palavras-chave, 284
NEXT, orientação, 391
níveis de acesso de usuário, 298–300
níveis de isolamento, 320–322, 323
nível de acesso público, 300
nomes de correlação, 252, 427
nomes de usuário, 301–302
nomes XML, 363
normalização
   anomalias de modificação, 129–131

DK/NF, 134–135
forma anormal, 135–136
formas normais, 131–132
primeira forma normal, 132
reduzindo a complexidade das relações, 270
segunda forma normal, 132–134
terceira forma normal, 134
visão geral, 54, 129, 267
NOT DEFERRABLE, restrição, 327
NOT EXISTS, predicado, 277, 278
NOT IN, palavras-chave, 271–272
NOT IN, predicado, 217–218
NOT LIKE, predicado, 218–220
NOT NULL, restrições, 163, 327
NOT, conectivos lógicos, 69, 232, 437
NTH_VALUE, função, 240–241
NTILE, função de janela, particionando em segmentos com, 239
NULL, predicado, 220–221
NULLIF, expressões, 202–204
NUMBER, campo, área de cabeçalho do diagnóstico, 415
NUMERIC, tipo de dados, 27–28
número de ponto flutuante, 29
nuvem, 8, 354

• *O* •

objetos, definindo, 106
OCCURRENCES_REGEX, função, 191
OCTET_LENGTH, função, 192–193
ODBC (Open Database Connectivity)
   componentes de, 351
   e Internet, 352–353
   extensões cliente, 354–355
   extensões de servidor, 353
   Interface ODBC, 350
   intranets, 355
   no ambiente cliente/servidor, 352
   visão geral, 349–350
OFFSET, palavra-chave, 237
OLAP (processamento de aplicativos on-line), 195
ON, cláusulas, 266
Open Database Connectivity. *Ver* ODBC
OPEN, instrução, 388–390
operador de comparação quantificado, 272
operador de concatenação (||), 65–66, 178
operador de igualdade (=), 274
operadores de associação
   CROSS JOIN, 253

em visualizações, 56
equijunções, 251–253
junções básicas, 249–250
junções de condição, 254
junções de nome de coluna, 254–255
junções de união, 259–265
junções externas, 256–259
junções internas, 255–256
junções naturais, 253–254
ON, cláusulas, 266
produto cartesiano, 213
verificando duas vezes consultas incluindo, 436
visão geral, 249
WHERE, cláusulas, 266
operadores de comparação
  subconsultas correlacionadas introduzidas com, 279–281
  usando com subconsultas, 272–274
operadores relacionais. *Ver também* operadores de associação
  EXCEPT, 248
  INTERSECT, 246–248
  UNION, 243–246
  visão geral, 243
OR, conectivos lógicos, 69, 230–231, 437
ordem de classificação para saída, 235, 386
ORDER BY, cláusula
  discussão geral, 235–236
  usando com cursores, 385–386
  visão geral, 212–213
OUTER JOIN, operação, 205
OVERLAPS, predicado, 226
OVERLAY, função de valor, 188

• *P* •

padrão SQL ISO/IEC, 19
palavras reservadas, 26, 439–442
papéis, 301–302
parâmetro de status. *Ver* , SQLSTATE, parâmetro de status
parâmetros, 175
parênteses, usando com, AND, ,, OR, e, NOT, 437
PARTIAL, palavra-chave, 229–230
particionamento de larguras iguais, 195
particionando janelas em segmentos, 239
Pascal, 207
perda de dados, 6
pilha LIFO (último a entrar, primeiro a sair), 414

pilha, último a entrar, primeiro a sair (LIFO), 414
pipelined DML, 284
planejando bancos de dados, 52–53
pontos de salvamento, 325, 326–327
porcentagem (%), caractere curinga, 218–220
POSITION, função, 190–191
POSITION_REGEX, função, 191–192
POWER, função, 195
PRECEDES, predicados, 164
precisão dos números, 27
predicados de comparação, 68, 214, 215
predicados. *Ver também* predicados específicos por nome
  consultando tabelas de período de tempo de aplicativo, 164
  definição , 32
  discussão geral, 68
  para XML, 371–373
pré-processador, 337, 338
PRIMARY KEY, restrição, 127
primeira forma normal (1NF), 132
principais entidades, 106
PRIOR, orientação, 391
privilégios
  atribuindo a usuários, 73–75, 77–78
  da delegação de acesso, 309
  DBA, 298–299
  entre diferentes níveis, concedendo, 307–309
  excluindo linhas obsoletas, 304
  inserindo dados, 302
  mantendo ao mapear tabelas para XML, 364
  modificando os dados da tabela, 303
  para usar domínios, 306
  proprietários dos objetos de banco de dados, 298–299
  recuperação de dados, 437
  referenciando tabelas relacionadas, 304–305
  revogando, 310–311
  SQL/PSM, 408–409
  TRIGGER, 306–307
  utilizando, GRANT, e, REVOKE, juntos, 311–312
  visualizando dados, 302–303
privilégios de acesso de usuário. *Ver* privilégios
privilégios de acesso. *Ver* privilégios
procedimentos, armazenados, 406–407
procedimentos, 339

procedimentos armazenados, 406–407
processamento de aplicativos on-line (OLAP), 195
processamento de materiais, 293
processamento de transações, 315
produto cartesiano, 213, 250, 253
programas, incorporando código SQL a, 23
projeto de bancos de dados, 20, 105–106
propriedade Indexed, Microsoft Access, 88
proprietários dos objetos de banco de dados, 298–299
protegendo dados. *Ver também* transações SQL
  acesso simultâneo, 315–317
  falha de equipamento, 314–315
  instabilidade de plataforma, 314
  restrições, 327–331
  visão geral, 313

• Q •

qualificando linhas, 199

• R •

READ COMMITTED, nível de isolamento, 321, 322
READ UNCOMMITTED, nível de isolamento, 320–321, 322
READ-WRITE, modo, 320
REAL, tipo de dados, 29
REAL, valor, 172
recuperando dados
  consultas com subseleções, verificando duas vezes, 436
  consultas em bancos de dados de teste, 436
  consultas incluindo junções, verificando duas vezes, 436
  dados de resumo com, GROUP BY, 436–437
  discussão geral, 139–141
  fazendo o backup dos dados, 438
  GROUP BY, cláusula, restrições em, 437
  parênteses, usando com, AND, , OR, e, NOT, 437
  privilégios, controlando, 437
  tratamento de erros em aplicativos, 438
  verificando a estrutura de banco de dados, 435
  visão geral, 435
recursão, 285–288
recurso de conversão de formato, 149

redundância de dados, 125
redundância, 125, 314
REF IS, cláusula, 309
REF, tipos de dados, 41
REFERENCES, privilégio, 74, 77, 298
referenciando tabelas relacionadas, concedendo acesso a, 304–305
referências de coluna, 176–177
REFERENCING lista_de_aliases_de_valor_novos_ou_antigos, frase, 427–428
registros auditáveis das entradas de banco de dados. *Ver* tabela de versão do sistema
registros, 7, 13
regras de integridade referencial, e, MATCH, predicado, 228–230
relação pai-filho, 120–121
relacionamentos de um para muitos, 58, 110
relações, 12–13
RELATIVE, orientação, 391
REPEAT...UNTIL...END REPEAT, instruções, 404
REPEATABLE READ, nível de isolamento, 321–322
repetindo grupos, 39
RESIGNAL, instrução, 399, 400, 421
restrições
  adicionando a tabelas existentes, 419
  chave primária, em tabelas de período de tempo de aplicativo, 162
  dentro de transações, 327–331
  discussão geral, 17–18, 46–47
  especificando, 63
  informações de violação, 418–419
  tipos de, 126–129
  visão geral, 16
restrições de coluna, 126–127
restrições de integridade referencial, 102, 163–164, 168
restrições de tabela, 126, 127–128
restrições nomeadas, 127
RESTRICT, palavra-chave, 310–311
resumindo dados com, GROUP BY, 436–437
revisões de projeto, 434
revisões feitas por profissionais de projeto, 434
revogando privilégios, 310–311
REVOKE DELETE, instrução, 74
REVOKE INSERT, instrução, 74
REVOKE REFERENCES, instrução, 74

REVOKE SELECT, instrução, 74
REVOKE UPDATE, instrução, 74
REVOKE, instrução, 73, 310–312
ROLLBACK, instrução, 72, 318, 324
ROLLBACK, função, 317
rotina de tratamento de condições, 398–399
rotina de tratamento de exceção, 420–421
rotinas armazenadas, 407
rotinas de tratamento, condição, 398–399
rotinas, armazenadas, 407
ROW, tipo de dados, 38–39, 377
ROW_COUNT, campo, área de cabeçalho do diagnóstico, 415

• S •

SAVEPOINT, instrução, 325, 326–327
SCHEMA, cláusula, 341
SCHEMA_NAME, campo, 419
Scripts, 355
SCROLL, palavra-chave, 388
segmentos de declaração para variáveis host, 339
segmentos, particionando janelas em, 239
segunda forma normal (2NF), 132–134
segurança. *Ver também* privilégios
  delegando responsabilidade por, 77–78
  domínios, 305–306
  executando manipulações de banco de dados por meio da Internet, 49–50
  instruções DCL, 298
  integridade referencial, 75–77
  Microsoft Access, 100–101
  níveis de acesso de usuário, 298–300
  papéis, 301–302
  visão geral, 297
  visualizações, criando, 145
SELECT, instruções
  acesso de usuário, 298
  como expressões de consulta, 385
  pipelined DML, 284
  recuperando dados com, 140
  restringindo, 73
  transferindo dados entre tabelas, 150
senhas, 299
sensibilidade, cursor, 384, 387–388
SEQUEL (Structured English QUEry Language), 23
sequências de intercalação, 63, 74, 111–112
SERIALIZABLE, nível de isolamento, 320, 322, 323

serializando transações simultâneas, 317
servidores, 47–48
SESSION_USER, variável especial, 176
sessões anteriores, 176
sessões correntes, 176
sessões inativas, 176
sessões, 176
SET CONSTRAINTS DEFERRED, instrução, 329–330
SET TRANSACTION, instrução, 319, 323, 414
SGBD. *Ver* sistema de gerenciamento de banco de dados
SIMILAR, predicado, 220
SIMPLE, palavra-chave, 229–230
sintaxe do SQL, 23
sistema de gerenciamento de banco de dados (SGBD)
  discussão geral, 8–9
  excedendo a capacidade de, 126
  manutenção de índice, 117
  modelo objetorrelacional, 18–19
  preferido, utilizando em projetos, 433
sistemas cliente/servidor
  ODBC em, 352
  SQL em, 47–49
sistemas de banco de dados baseados na Internet, 352–353
sistemas de banco de dados baseados na web, 352–354
sistemas de gerenciamento de banco de dados escalonáveis, 8
SMALLINT, tipo de dados, 27
sobreposição de intervalo, determinando, 226
software, estabilidade de, 314
SOME, predicado, 221–224
SOME, quantificador, consultas aninhadas, 275–276
SQL
  discussão geral, 21–23
  em intranets, 49–50
  em sistemas cliente/servidor, 47–49
  histórico de, 23–24
  instruções, 24–25
  na Internet, 49–50
  palavras reservadas, 26, 439–442
  visão geral, 21
SQL embutido, 175, 336–339
SQL interativo, 333
SQL/PSM (módulos armazenados persistentes). *Ver também* instruções compostas

fluxo da instrução de controle, 400–406
funções armazenadas, 407–408
módulos armazenados, 409–410
privilégios, 408–409
procedimentos armazenados, 406–407
visão geral, 393
SQL:2008 palavras reservadas, 439–442
SQL:2011, 24. *Ver também* dados temporais
SQLSTATE, parâmetro de status
  discussão geral, 396–398, 411–413
  interpretando informações retornadas por, 419–420
SQRT, função, 195
strings de caracteres, 30–32
Structured English QUEry Language (SEQUEL), 23
SUBCLASS_ORIGIN, campo, área de detalhes de diagnóstico, 417
subconsultas
  ALL, quantificador, 275–276
  ANY, quantificador, 275–276
  DELETE, instruções, 282–284
  EXISTS, predicado, usando com, 224–225
  INSERT, instruções, 282–284
  pipelined DML, 284
  retornando conjuntos de linhas com, 269–272
  retornando valores únicos com, 272–275
  SOME, quantificador, 275–276
  subconsultas correlacionadas, 278–281
  testes de existência, 277–278
  UNIQUE, predicado, usando com, 225
  UPDATE, instruções, 282–284
  visão geral, 71, 267–268
subconsultas correlacionadas, 277–281, 282–283
sublinguagem, 22
subseleções, 150, 153, 436
SUBSTRING SIMILAR, função de valor, 186
SUBSTRING, função de valor, 185–186
SUBSTRING_REGEX, função de valor, 186–187
substrings, 185, 188
subtipos adequados dos UDTs estruturados, 43
subtipos de folhas dos UDTs estruturados, 43
subtipos dos UDTs estruturados, 43
subtransações, 325, 326–327
SUCCEEDS, predicados, 165
SUM, função, 70, 184

supertipos máximos dos UDTs estruturados, 43
superusuário, 299
SYSTEM_TIME AS OF, Sintaxe, 168
SYSTEM_TIME, palavra-chave, 159
SYSTEM_USER, variável especial, 176

• T •

tabela de versão do sistema, 166–169
tabelas base, 141
tabelas bitemporais, 169–170
tabelas compatíveis com união, 243–245
tabelas de conversão, 63, 74
tabelas delta, 284
tabelas tipificadas, 307–308
tabelas virtuais, 14–16, 141
tabelas. *Ver também* tabelas de período de tempo de aplicativo; visualizações
  agrupando em esquemas, 61
  alterando, 63, 102
  alterando dados em, 12
  atualizando dados existentes, 151–154
  bitemporal, 169–170
  blocos de linhas, adicionando a, 148–151
  colunas, adicionando a existentes, 123
  colunas, excluindo de existentes, 124
  com a versão do sistema, 165–169
  criando, 53–55, 63, 97–101
  dados XML, transformando em, 373–374
  definindo, em bancos de dados relacionais multitabela, 107–111
  desencadeando múltiplos gatilhos, 428
  excluindo, 94–95, 102
  excluindo linhas em, concedendo privilégios a, 304
  identificando, em bancos de dados relacionais multitabela, 106–107
  mapeando para documentos XML, 364–365
  privilégios de acesso, atribuindo, 74
  Removendo, 64
  restrições, adicionando a existentes, 419
  tipificadas, 307–308
  transferindo dados entre, 149–150
  visões, 14–16, 142–143
TABLE_NAME, campo, 419
tamanhos de registro, 29
tempo de transação, 158
tempos, 158–159, 179–180, 226
terceira forma normal (3FN), 53
teste beta, 434

Índice

testes de existência, consultas aninhadas, 277–278
TIME WITH TIME ZONE, tipo de dados, 35
TIME WITHOUT TIME ZONE, tipo de dados, 34
TIMESTAMP WITH TIME ZONE, tipo de dados, 35
TIMESTAMP WITHOUT TIME ZONE, tipo de dados, 34
TIMESTAMP, valor, 172
tipo de dados de data/hora, 33–35
tipos de dados
  BINARY, strings, 32–33
  BOOLEAN, 33
  coleção, 39–40
  convertendo com, CAST, expressões, 205–207, 339
  datas/horas, 33–35
  intervalos, 35
  linguagens procedurais *versus* SQL, 336
  mapeando, 364, 375–379
  numéricos aproximados, 29–30
  numéricos exatos, 27–28
  privilégios de usuário, 298
  REF, 41
  ROW, 38–39
  strings de caracteres, 30–32
  tabela de, 45
  UDTs, 41–44
  visão geral, 26
  XML, 35–38, 360–362
  XMLCAST, função, 371
tipos de dados de coleção, 39–40, 44
tipos de dados não predefinidos, mapeando para XML, 375–379
tipos de dados numéricos aproximados, 29–30
tipos de dados numéricos exatos, 27–28
tipos de folhas, 307
tipos de origem, 42
tipos definidos pelo usuário (UDTs), 41–44, 67, 376
tipos estruturados definidos pelo usuário, 43–44, 307–308
transações atômicas, 326
transações SQL
  bancos de dados ACID, 326
  bloqueando objetos de banco de dados, 324
  COMMIT, instrução, 324
  fazendo o backup dos dados, 325

instruções de início de transação, 322–323
níveis de isolamento, 320–322
padrão, 319–320
pontos de salvamento, 325, 326–327
restrições em, 327–331
ROLLBACK, instrução, 324
SET TRANSACTION, instrução, 323
subtransações, 325, 326–327
transações SQL padrão, 319–320
transações, 71–72
TRANSACTION_ACTIVE, campo, 416
TRANSACTIONS_COMMITTED, campo, 416
TRANSACTIONS_ROLLED_BACK, campo, 416
transferindo dados, 149–150, 154–156
TRANSLATE, função de valor, 189
TRANSLATE_REGEX, função de valor, 187–188
tratamento de erros
  adicionado a aplicativos, 438
  áreas de diagnóstico, 414–420
  condições que causam erros, 200
  SQLSTATE, parâmetro de status, 411–413
  tratando exceções, 420–421
  visão geral, 411
  WHENEVER, cláusula, 413–414
tratando exceções, 420–421
TRIGGER, palavra-chave, 298
TRIGGER, privilégios, concedendo, 306–307
TRIM, função de valor, 189
TRIM_ARRAY, função, 40, 194

• U •

UDTs (tipos definidos pelo usuário), 41–44, 67, 376
UNDER, palavra-chave, 298
UNDO, efeito, 399
Unicode, 363
UNION ALL, operação, 245
UNION CORRESPONDING, operação, 245–246
UNION, operador, 150, 243–246
UNIQUE, palavra-chave, 229–230
UNIQUE, predicado, 225
UPDATE, instruções
  acesso de usuário, 298
  CASE, expressões, usando com, 199–200
  consultas aninhadas, 282–284
  discussão geral, 151–154

eventos de gatilho, 424, 426
pipelined DML, 284
restringindo, 73
tabela de versão do sistema, 166, 167
tabelas bitemporais, 170
usando com cursores, 391–392
UPPER, função de valor, 188
USAGE, palavra-chave, 298

• V •

VALID, predicado, 372–373
valor escalar, 172
valores atômicos, 172
valores de data/hora, corrigindo, 389
valores de linha, 172
valores delimitados por vírgula, 146
valores literais, 172–174
valores nulos
  alterando valores para, com CASE, expressões, 202–204
  discussão geral, 46
  em XML, tratando, 365
  localizando linhas com, 220–221
  MATCH, predicado, 229–230
  razões para utilizar, 182
valores padrão, 208
valores relacionais, convertendo em elementos XML, 367
valores. *Ver também* funções; funções de valor
  atualizando com base em condições, 199–200
  CASE, expressões com, 200–202
  COALESCE, expressões, 204–205
  expressões de valor, 177–180
  linha, 172
  literal, 172–174
  referências de coluna, 176–177
  tipos de, 171–172
  variáveis especiais, 176
  variáveis, 174–175
  visão geral, 171
VARBINARY, tipo de dados, 33
variáveis especiais, 176
variáveis host, 175, 205–207, 339, 411
variáveis, 172, 174–175, 395–396
verificação de intervalo, 124
verificações de validação, 355
verificando a estrutura de banco de dados, 435
viabilidade de projetos, 432
views

atualizando, 145
criando, 141–145
discussão geral, 14–16
multitabela, 56–60
tabela única, 55–56
visão geral, 55
visão conceitual, 17
visualizando dados, concedendo acesso de usuário a, 302–303

• W •

WHEN, cláusula, 425
WHENEVER, cláusula, 413–414
WHERE, cláusulas. *Ver também* consultas aninhadas
  ALL, predicado, 221–224
  ANY, predicado, 221–224
  BETWEEN, predicado, 215–217
  com instruções UPDATE, 153
  consultas recursivas, 292
  discussão geral, 213–215
  DISTINCT, predicado, 225
  equijunções, 251–253
  EXISTS, predicado, 224–225
  IN, predicado, 217–218
  LIKE, predicado, 218–220
  MATCH, predicado, 226–228
  NOT IN, predicado, 217–218
  NOT LIKE, predicado, 218–220
  NULL, predicado, 220–221
  operadores de associação, 266
  OVERLAPS, predicado, 226
  predicados de comparação, 215
  regras de integridade referencial e, MATCH, predicado, 228–230
  SIMILAR, predicado, 220
  SOME, predicado, 221–224
  visão geral, 140, 212
  UNIQUE, predicado, 225
WHILE...DO...END WHILE, instruções, 404
WIDTH_BUCKET, função, 195–196
WITH GRANT OPTION, cláusula, 77–78, 309
WITH IDENTITY CONSTRAINTS GLOBAL, componente de, VALID, predicado, 373
WITH IDENTITY CONSTRAINTS LOCAL, componente de, VALID, predicado, 373
WITH SYSTEM VERSIONING, palavra-chave, 166

WITH TIES, Sintaxe, 237–238
WITHOUT IDENTITY CONSTRAINTS,
    componente de, VALID, predicado,
    373
WORK, palavra-chave, 324

• X •

XML (eXtensible Markup Language)
  conjuntos de caracteres, mapeando,
    362–363
  e SQL, 359–360, 379–380
  funções SQL para dados XML, 367–371
  gerando esquemas XML, 366
  identificadores, mapeando, 363
  predicados, 371–373
  tabelas, mapeando, 364–365
  tipo de dados XML, 360–362
  tipos de dados não predefinidos,
    mapeando para, 375–379
  tipos de dados, mapeando, 364
  transformando em tabelas SQL, 373–374
  valores nulos, tratando, 365
  visão geral, 359
XML(CONTENT(ANY)), tipo, 36–37
XML(CONTENT(UNTYPED)), tipo, 37
XML(CONTENT(XMLSCHEMA)), subtipo, 37
XML(DOCUMENT(ANY)), subtipo, 37
XML(DOCUMENT(UNTYPED)), tipo, 37–38
XML(SEQUENCE), tipo, 36
XML, tipo de dados, 35–38, 360–362
XMLAGG, função, 369
XMLCAST, função, 371
XMLCOMMENT, função, 369
XMLCONCAT, função, 368
XMLDOCUMENT, função, 367
XMLELEMENT, função, 367
XMLEXISTS, predicado, 372
XMLFOREST, função, 368
XMLPARSE, função, 370
XMLPI, função, 370
XMLQUERY, função, 370–371
XMLTABLE, pseudofunção, 373–374
XQuery
  padrões de expressões regulares,
    pesquisando em strings, 186–187
  padrões de expressões regulares,
    substituindo por strings de
    substituição, 187–188
visão geral, 36, 367
XMLQUERY, função, 370–371

Conheça outros livros da série PARA LEIGOS

Todas as imagens são meramente ilustrativas

Chinês para Leigos
Martin Cohen

Filosofia para Leigos
Martin Cohen

Genética para Leigos
Dra. Tara Rodden Robinson

Astrologia para Leigos
Rae Orion

Java para Leigos
Barry Burd, PhD

Hacking para Leigos
Kevin Beaver, CISSP

Cerveja para Leigos
Marty Nachel com Steve Ettlinger

ALTA BOOKS EDITORA

- Idiomas
- Culinária
- Informática
- Negócios
- Guias de Viagem
- Interesse Geral

Visite também nosso site para conhecer lançamentos e futuras publicações!

www.altabooks.com.br

/altabooks   /altabooks

Seja autor da Alta Books

Todo o custo de produção fica por conta da editora e você ainda recebe direitos autorais pela venda no período de contrato.*

Envie a sua proposta para autoria@altabooks.com.br ou encaminhe o seu texto** para:
Rua Viúva Cláudio 291 - CEP: 20970-031 Rio de Janeiro

*Caso o projeto seja aprovado pelo Conselho Editorial.

**Qualquer material encaminhado à editora não será devolvido.

Este livro foi impresso nas oficinas gráficas da Editora Vozes Ltda.,
Rua Frei Luís, 100 – Petrópolis, RJ.